Ensino de empreendedorismo no BRASIL

Organizadora:
Rose Mary Almeida Lopes

Ensino de empreendedorismo no BRASIL

■ PANORAMA, TENDÊNCIAS E MELHORES PRÁTICAS ■

ALTA BOOKS
EDITORA
Rio de Janeiro, 2017

Ensino de Empreendedorismo no Brasil — Panorama, Tendências e Melhores Práticas
Copyright © 2017 da Starlin Alta Editora e Consultoria Eireli. ISBN: 978-85-508-0147-6

Todos os direitos estão reservados e protegidos por Lei. Nenhuma parte deste livro, sem autorização prévia por escrito da editora, poderá ser reproduzida ou transmitida. A violação dos Direitos Autorais é crime estabelecido na Lei nº 9.610/98 e com punição de acordo com o artigo 184 do Código Penal.

A editora não se responsabiliza pelo conteúdo da obra, formulada exclusivamente pelo(s) autor(es).

Marcas Registradas: Todos os termos mencionados e reconhecidos como Marca Registrada e/ou Comercial são de responsabilidade de seus proprietários. A editora informa não estar associada a nenhum produto e/ou fornecedor apresentado no livro.

Impresso no Brasil — 1ª Edição, 2017 - Edição revisada conforme o Acordo Ortográfico da Língua Portuguesa de 2009.

Obra disponível para venda corporativa e/ou personalizada. Para mais informações, fale com projetos@altabooks.com.br

Produção Editorial Editora Alta Books	**Gerência Editorial** Anderson Vieira	**Marketing Editorial** Silas Amaro marketing@altabooks.com.br	**Editor de Aquisição** José Rugeri j.rugeri@altabooks.com.br	**Vendas Atacado e Varejo** Daniele Fonseca Viviane Paiva comercial@altabooks.com.br
Produtor Editorial Claudia Braga Thiê Alves	**Supervisão de Qualidade Editorial** Sergio de Souza		**Vendas Corporativas** Sandro Souza sandro@altabooks.com.br	
Produtor Editorial (Design) Aurélio Corrêa	**Assistente Editorial** Christian Danniel			**Ouvidoria** ouvidoria@altabooks.com.br
Equipe Editorial	Bianca Teodoro	Illysabelle Trajano	Juliana de Oliveira	Renan Castro
Revisão Gramatical Carolina Gaio Wendy Campos	**Layout e Diagramação** Lucia Quaresma	**Capa** Aurélio Corrêa		

Erratas e arquivos de apoio: No site da editora relatamos, com a devida correção, qualquer erro encontrado em nossos livros, bem como disponibilizamos arquivos de apoio se aplicáveis à obra em questão.

Acesse o site www.altabooks.com.br e procure pelo título do livro desejado para ter acesso às erratas, aos arquivos de apoio e/ou a outros conteúdos aplicáveis à obra.

Suporte Técnico: A obra é comercializada na forma em que está, sem direito a suporte técnico ou orientação pessoal/exclusiva ao leitor.

Dados Internacionais de Catalogação na Publicação (CIP)
Vagner Rodolfo CRB-8/9410

B864e   Lopes, Rose Mary Almeida

        Ensino de Empreendedorismo no Brasil: panorama, Tendências e Melhores Práticas / Rose Mary Almeida Lopes [et al.] ; organizado por Rose Mary Almeida Lopes. - Rio de Janeiro : Alta Books, 2017.
        352 p. : il. ; 17cm x 24cm.

        Inclui índice e bibliografia.
        ISBN: 978-85-508-0147-6

        1. Administração. 2. Empreendedorismo. 3. Brasil. Século XXI. I. Título.

        CDD 658.110981
        CDU 65.016(81)

Rua Viúva Cláudio, 291 — Bairro Industrial do Jacaré
CEP: 20970-031 — Rio de Janeiro - RJ
Tels.: (21) 3278-8069 / 3278-8419
www.altabooks.com.br — altabooks@altabooks.com.br
www.facebook.com/altabooks

SOBRE OS AUTORES

Aislan Rafael R. Sousa

Mestre em engenharia de software, professor do Instituto Federal do Piauí (IFPI), cofundador do GestorBOX e diretor de tecnologia do Instituto Multicom de Tecnologia Gerencial.

Ana Cecília Bisso Nunes

Coordenadora acadêmica do IDEAR — Laboratório Interdisciplinar de Empreendedorismo e Inovação, na PUCRS, e professora dos cursos de graduação de jornalismo e publicidade e propaganda da mesma universidade, lecionando disciplinas sobre empreendedorismo, inovação e comunicação digital. Doutoranda pelo Programa de Pós-Graduação da Faculdade de Comunicação Social da PUCRS (PPGCOM/PUCRS), pesquisando sobre inovação em mídia. Mestra em comunicação social pela PUCRS, realizou master intensivo em media studies na Universidade de Oslo, na Noruega, e faz parte da equipe do Laboratório de Convergência e Ubiquidade Midiática (Ubilab/PUCRS). Formada em jornalismo pela PUCRS. Suas pesquisas situam-se na intersecção entre a inovação, o empreendedorismo e a comunicação/mídia.

Barbara Kobuszewski Volles

Possui graduação em comunicação social: publicidade e propaganda, pela Fundação Universidade Regional de Blumenau (Furb), mestrado em marketing internacional pela Universidade de Halmstad, na Suécia. Atualmente, cursa graduação em tecnologia em marketing e mestrado em administração pela Furb. Tem experiência profissional e acadêmica nas áreas de comunicação — eventos, administração —, empreendedorismo e marketing — marketing internacional.

Celso Sekiguchi

É economista e mestre em sociologia e netweaver, com especialização em gestão de mídias sociais para projetos comunitários, educador, facilitador e colaborador em cursos e programas de pós-graduação em empreendedorismo e em responsabilidade social, consultor em sustentabilidade e processos de educação inovadora e colaborativa, vem atuando em projetos e iniciativas envolvendo temas relacionados a economias criativa e solidária, educação aberta e responsabilidade social de organizações, pela Humana (empresa livre) e outras iniciativas de empreendedorismo social em rede, como a comunidade de aprendizagem "the tribe. nova educação".

Clóvis Ferratoni

É coordenador do curso tecnólogo em gestão comercial e docente dos cursos superiores de moda (modelagem e estilismo) do Centro Universitário Senac, coordenador do curso de bacharelado em administração do Centro Universitário Anhanguera, professor dos cursos de pós-graduação em fashion marketing e em design estratégico e inovação do Istituto Europeo di Design (IED) e também consultor do Centro Ricerche (Cried — IED).Coach e consultor na área de gestão de negócios, atua no setor de moda e decoração há mais de dez anos, em particular, na capacitação de jovens empreendedores e suas startups. Trabalhou por mais de 15 anos em marketing industrial, de varejo e de serviços e em comunicação de produto, corporativa e promocional. Por outros dez anos foi consultor em marketing, comunicações e treinamento de vendas, produto e motivacional. Formado em publicidade e propaganda, e pós-graduado em marketing na Escola Superior de Propaganda e Marketing (ESPM). É especializado em gerência pelo Instituto Mauá de Tecnologia/Escola de Engenharia Mauá (IMT) e mestre em administração pela Universidade Presbiteriana Mackenzie. É habilitado pelo Babson Program for Entrepreneurship Educators e também pelo Babson Entrepreneurship Program, da Babson College, EUA. Recentemente, concluiu o Team Academy Mastery, considerado um dos programas mais arrojados na área de empreendedorismo, criado na Universidade de Jyväskylä, Finlândia.

Elena Martinis

Pesquisadora, consultora, escritora e palestrante na área de empreendedorismo feminino, atua há duas décadas com gestão estratégica e do conhecimento, gestão de micro e pequenas empresas, responsabilidade social e direitos humanos. Possui mestrado em geociências pela UFRJ e MBA em gestão estratégica do conhecimento e capital intelectual e também em gestão de pequenas e médias empresas e em responsabilidade social. É palestrante convidada em diversas instituições, como a COPPE/UFRJ, Ibmec, Universidade Petrobras, Asplande e Inap. Membro fundadora da rede de mulheres líderes pela sustentabilidade do Ministério do Meio Ambiente, consultora de negócios da Rádio Globo (RJ) e autora do livro *Mulheres de Negócio: Faça Sua Empresa Acontecer*.

Edmilson de Oliveira Lima

É Ph.D. em administração pela HEC Montreal, Canadá, onde foi orientado pelo professor Ph.D. Louis Jacques Filion. Professor e pesquisador do Programa de Pós-Graduação em Administração (mestrado e doutorado) e do programa de mestrado profissional em gestão do esporte da Universidade Nove de Julho (Uninove). Atua nas áreas de ensino e de pesquisa em gestão de pequenas organizações, empreendedorismo e teoria das organizações. Tem diversas publicações nacionais e internacionais — livro, capítulos de livro, artigos para revistas acadêmicas e trabalhos apresentados em congressos. É fundador e coordenador do Grupo de Estudo sobre Administração de Pequenas Organizações e Empreendedorismo (Apoe) da Uninove, além de membro pesquisador da cátedra de empreendedorismo Rogers — J.A. Bombardier na HEC Montreal, Canadá. Foi cofundador e secretário-geral da Associação Nacional de Estudos em Empreendedorismo e Gestão de Pequenas Empresas (Anegepe), sendo atualmente presidente de seu conselho fiscal. Adicionalmente, desempenha o papel de vice-presidente para o Brasil na Association Internationale de Recherche em Entrepreneuriat et PM (AIREPME), com base na França. É o coordenador nacional do Estudo GUESSS Brasil. A coordenação dessa pesquisa já a conduziu à obtenção de três prêmios internacionais, ficando o Brasil em destaque entre mais de 30 países realizadores da mesma pesquisa no mundo.

Elizabeth R. Tschá

Possui doutorado em administração pela Universidade Federal de Pernambuco (UFPE), com foco em organizações e sociedade, e graduação em administração. Atua como professora e pesquisadora da Universidade Federal Rural de Pernambuco (UFRPE), da disciplina de empreendedorismo. Atua como coordenadora de educação continuada na UFRPE. É representante do projeto premiado em educação e formação empreendedora na UFRPE, Células Empreendedoras, integrante da rede de educação empreendedora, coordenadora do projeto educação empreendedora do Sebrae/Endeavor na UFRPE (Programa Bota pra Fazer). Autora de artigos e capítulo de livro sobre empreendedorismo, é também pesquisadora das áreas de empreendedorismo, inovação e gestão do conhecimento.

Eraldo Guerra

CEO & fundador do ecossistema de Células Empreendedoras Life-up, é mestre em engenharia de software pelo Cesar.Edu; pós-graduado em MBA de gestão de tecnologia da informação pela UFPE; professor de empreendedorismo do Cesar.Edu; coorganizador do programa Startup360 da Campus Party Recife; ganhador de diversos prêmios de empreendedorismo: Creative Business Cup 2014, Desafio Brasil 2013, Desafio Intel 2013, Mostratec 2012 e 2013 e Brasil Criativo 2014, Imagine Cup 2014 e 2015; entre outros.

Esther Hermes Luck

É professora adjunta do Departamento de Ciência da Informação da UFF, graduada em biblioteconomia pela UEL, graduada em educação física pela Unopar, com especialização em gestão universitária pela Organização Universitária Interamericana, especialização em documentação científica pela UFRJ é mestre em ciência da informação também pela UFRJ. É doutora em políticas públicas e formação humana pela UERJ, foi pró-reitora de graduação da UFF (1998–2006), coordenadora do curso de complementação de estudos em empreendedorismo e inovação e vice-coordenadora do MBA em gestão empreendedora, com ênfase em educação. Tem experiência na área de educação superior, com ênfase em gestão universitária, atuando principalmente nos seguintes temas: ensino superior, formação de professores, educação a distância, educação empreendedora e políticas públicas em educação.

Fábio Roberto Fowler

É professor da Universidade Federal de Itajubá (Unifei), diretor de empreendedorismo da Nitte/Unifei e engenheiro mecânico (Unifei). Tem mestrado e doutorado em administração pela USP, especialização em educação empreendedora pela Durham University Business School, na Inglaterra. Tem atuado com ensino, pesquisa e extensão nas áreas de administração e engenharia, com ênfase em empreendedorismo. Seus projetos especiais contam com: a coordenação do PET Empreendedorismo, do Startup Weekend Unifei, a coorganização do Smart HackLabs, de um programa de mentoria para jovens profissionais. É palestrante do TEDx Itajubá e idealizador e coordenador do Bota pra Fazer Unifei. Inquieto desde sempre, introduziu a palavra "empreendedorismo" em nosso dicionário. É alucinado por empreendedorismo e projetos hardcore.

Fernando Grisi

É graduado em administração de empresas pela PUC-SP, tem MBA executivo em gestão empresarial pela ESPM e mestrado em administração de empresas pela PUC-SP. É coordenador de startups na PUC-SP, pesquisador do Núcleo de Estudos do Futuro (NEF) na PUC-SP, cofundador da Escola de Empreendedorismo — Cultura Empreendedora e participou do projeto de introdução ao ensino de empreendedorismo (formação de professores).

Gabriela Cardozo Ferreira

Atua nas áreas de gestão da inovação e empreendedorismo, entendidas como estratégias de competitividade e desenvolvimento. Tem formação interdisciplinar, sendo doutora em administração pela UFRGS (2002), mestre em economia rural pela UFRGS (1996) e engenheira agrônoma pela UFRGS (1992). Atua na coordenação de projetos envolvendo instituições, setores e pessoas, de forma a conectar recursos para obtenção de resultados. Sua experiência mais recente é em interação universidade-empresa-governo com foco em transferência de conhecimento, atualmente na área de inovação da PUCRS, ocupando o cargo de diretora de inovação e desenvolvimento da universidade. É professora titular e pesquisadora da Escola de Negócios da PUCRS. Suas áreas de interesse são estratégia, inovação e empreendedorismo com foco no trabalho em rede, especialmente em novos modelos de relacionamento interorganizacional e educação empreendedora.

Gabriella Sant'Anna

Graduada em administração de empresas pela Universidade Federal de Itajubá. Evangelista no Centro de Empreendedorismo da Unifei. Associada na 4LAB, uma organização sem fins lucrativos que tem como missão apoiar empreendedores tecnológicos a desenvolver tecnologias disruptivas. Facilitadora da TechStars Brasil para os programas do Startup Weekend e coordenadora de projetos de empreendedorismo e inovação da Secretaria de Desenvolvimento Econômico, Ciência, Tecnologia e Ensino Superior do Estado de Minas Gerais. Foi responsável por organizar o primeiro Startup Weekend Universitário do país e o primeiro Startup Weekend Maker da América do Sul. Cocriou o Ninja Startup Job, um programa de estágio de férias em startups e o LAB001, o programa de pré-aceleração de startups de hardware e hard-sciences da Universidade Federal de Itajubá. É palestrante da Campus Party, Virada Empreendedora, Hacktown entre outros eventos. Acredita em formação e educação empreendedora, por isso se dedica a diversos projetos para desenvolvimento de comportamento empreendedor nas pessoas. Tech-Girl, entusiasta do movimento maker, de tecnologias de alto impacto e grande incentivadora de transferência de tecnologia e da construção de ecossistemas empreendedores vibrantes no Estado de Minas Gerais.

Genésio Gomes

É doutor em ciência da computação pelo Cin/UFPE; professor de empreendedorismo da Universidade de Pernambuco; idealizador do Células Empreendedoras; gestor do programa Startup&Makers CPRecife 2014; gestor do programa STARTUP 360 da Campus Party Recife 2015; coorganizador de maratonas de negócio CPBrasil 2015. Recebeu o prêmio Educação Empreendedora Brasil, do Endeavor/Sebrae, 2012, e o prêmio Santander Universidades Emprendedorismo, de 2012 (como mentor do melhor projeto em economia criativa). É correalizador/editor do pilar Capital Humano no Projeto Brasil+Empreendedor.

Hérmani Magalhães

Possui graduação e mestrado em economia pela Universidade Federal de Alagoas (Ufal), em que trabalha como professor-assistente e assessor para a educação empreendedora do Programa de Inovação Tecnológica e Empreendedorismo da Ufal (Pite-Ufal). Desde 2013, desenvolve ações de empreendedorismo e educação empreendedora em Alagoas, sendo coidealizador do seminário "Pontapé — toda grande ideia precisa de um!", o maior seminário de disseminação e fomento do empreendedorismo do estado.

Josealdo Tonholo

É bacharel e licenciado em química pela Faculdade de Filosofia, Ciências e Letras de Ribeirão Preto (1988), mestre e doutor em físico-química pelo Instituto de Química de São Carlos (1991 e 1997), da Universidade de São Paulo. É professor associado da Universidade Federal de Alagoas, vinculado ao Instituto de Química e Biotecnologia. Na área de gestão em ciência, tecnologia e inovação, é ativo em sistemas de inovação, empreendedorismo inovador, proteção do conhecimento, transferência de tecnologia, interação universidade--empresa e incubadoras de empresas. É orientador do quadro permanente dos PPGs em química e biotecnologia do IQB/Ufal e da rede Renorbio. É bolsista de produtividade DT/CNPq desde 2006. Foi bolsista de pós-doutorado do CNPq, no departamento de materiais da Universidade de Loughborough, Inglaterra, sob a supervisão do professor G. D. Wilcox, em 2013–2014. Foi diretor da Associação Brasileira de Parques Tecnológicos e Incubadoras de Empresas (Anprotec) de 2003 a 2009.

Julia Bloomfield Gama Zardo

É doutoranda do Programa de Pós-Graduação em Políticas Públicas, Estratégias e Desenvolvimento do Instituto de Economia (PPED) da UFRJ, possui mestrado em comunicação pela UFRJ (2006) e graduação em comunicação social pela Pontifícia Universidade Católica do Rio de Janeiro (PUC-Rio) (2002). Atualmente, é gerente do programa de cultura empreendedora do Instituto Gênesis da PUC-Rio, em que coordenou e coordena vários projetos, dentre os quais estudos de cadeias produtivas e implementação das incubadoras criativas do estado do Rio de Janeiro (Rio Criativo), em 2014. Tem experiência na área de comunicação, com ênfase em jornalismo e editoração, atuando principalmente nos seguintes temas: empreendedorismo, empreendedorismo cultural, indústrias criativas, inovação, novos empreendimentos, gestão, desenvolvimento local e incubadoras.

Juliana Caminha Noronha

É professora de empreendedorismo e marketing na Universidade Federal de Itajubá (Unifei). Apaixonada por projetos empreendedores e tecnológicos. Carrega cadeiras e mobiliza o ecossistema local. Graduada em marketing pela ESPM e em administração de empresas pela Unifei. É mestre em desenvolvimento de produto e inovação pela Unifei. Possui especialização em desenvolvimento de produtos e serviços pela FGV; formação em trendhunting pela University of Arts London (UAL) e habilitação em educação empreendedora pela Babson School. Tem atuação prévia em inovação e desenvolvimento de produtos, no Sebrae-SP. Atua como diretora de empreendedorismo e inovação da Unifei. Coordena projetos do Centro de Empreendedorismo, entre eles o LAB001, o programa de pré-aceleração de startups de hardware e hard sciences da universidade. Foi idealizadora e organizadora do 1º Startup Weekend Universitário do país e do 1º Startup Weekend Maker da América do Sul. Em 2014 foi premiada com a melhor prática de educação empreendedora pelo REE (Endeavor). Palestrante e curadora da Campus Party Brasil. Pesquisadora no campo de empreendedorismo e startups. Entusiasta nos temas inovação aberta, movimento maker e tendências.

Luciana Ronchi

Possui graduação em turismo e lazer pela Fundação Universidade Regional de Blumenau (Furb) (2002) e comunicação social com habilitação em publicidade e propaganda pelo Ibes-Sociesc (2014). Possui especialização em marketing e vendas pelo Instituto Catarinense de Pós-graduação (2007). Atualmente, cursa mestrado em administração pela Universidade Regional de Blumenau (Furb). Tem experiência profissional na área de comunicação — eventos e marketing B2B, é integrante do grupo de pesquisa em estratégia e competitividade de organizações (Furb) e bolsista de pesquisa Capes.

Sobre os Autores

Luis Humberto de Melo Villwock

Doutor em administração (UFRGS – 2002), mestre em economia rural (UFRGS – 1993), especialista em comércio exterior (Unisinos/FGV/RJ – 1990), engenheiro agrônomo (UFRGS – 1989). Atualmente é coordenador do CriaLab — Laboratório de Criatividade do Tecnopuc. Também é professor adjunto TI 40 da Escola de Negócios da PUCRS, professor colaborador da FGV para especializações em agronegócios. sócio-fundador da Villwock Consultores Associados Ltda, desde 1997. Foi gestor de relacionamento do Tecnopuc/PUCRS. Coordenador da Rede Inovapucrs. Coordenador do Núcleo Empreendedor PUCRS, coordenador dos Grupos Temáticos da Rede de Inovação e Prospecção do Agronegócio para o Rio Grande do Sul (RIPA/RS). Coordenador do MBA em economia e gestão de agronegócios — Unisinos, em parceria com PENSA/FIA/USP de 2005 a 2006. Consultor contratado pelo IICA — Instituto Interamericano de Cooperação para Agricultura da OEA, para atender as necessidades do PCT-IICA/Secretaria de Agricultura e Abastecimento do Rio Grande do Sul, de 1995 a 2002.

Marcos Hashimoto

É doutor em administração de empresas pela Eaesp/FGV, professor pesquisador do mestrado profissional em administração da Faculdade Campo Limpo Paulista, sócio-fundador e tesoureiro da Associação Nacional de Estudos em Empreendedorismo e Pequenas Empresas e professor em programas de MBA e educação executiva. Exerceu cargos executivos em multinacionais como Citibank e Cargill Agrícola, coordenou o centro de empreendedorismo e foi professor da Faap e do Insper, foi professor da Business School São Paulo, ESPM, EAESP/FGV, em que coordenou a Competição Internacional de Planos de Negócios, o Moot Corp Latin America. É colaborador do Instituto Empreender Endeavor e colunista do site da revista *Pequenas Empresas Grandes Negócios*, do Portal Administradores e do Portal Santander Empreendedor, além de autor dos livros: *Espírito Empreendedor nas Organizações*, *Lições de Empreendedorismo*, *Práticas de Empreendedorismo* e *Plano de Negócio em 40 Lições*. É autor do software de Plano de Negócios SP Plan do Sebrae–SP/Fiesp. Foi professor visitante da Universidade do Texas, em San Antonio, e da Universidad los Andes, na Colômbia, e professor mentor do programa REE Fellows da Universidade de Stanford. Tem artigos publicados em revistas acadêmicas e em congressos internacionais, e prêmios de educação empreendedora pela Endeavor e pelo Global Consortium of Entrepreneurship Centers.

Marcus Linhares

É doutor em biotecnologia industrial pela Renorbio, da UFBA, mestre em ciências da educação pelo ULHT, Lisboa, PT/UFPE e graduado em administração. Tem MBA em gestão empresarial, especialização em marketing e especialização em educação, desenvolvimento e políticas educativas. É professor efetivo do Instituto Federal do Piauí (IFPI); diretor administrativo do Instituto Multicom de tecnologia gerencial; cofundador do GestorBOX (redegbox.com.br); autor do livro: *C.H.O.Q.U.E.: Tratamento para o Surto Empreendedor* (choqueonline.com.br); consultor e instrutor do Sebrae. Tem 14 anos de experiência com ensino de empreendedorismo; é bicampeão do prêmio Educação Empreendedora Brasil, uma iniciativa da Endeavor e do Sebrae, e campeão do prêmio Tecnologias que Transformam, da fundação Telefônica/Vivo.

MARIANNE HOELTGEBAUM

Possui graduação pela Escola Superior de Administração e Gerência (ESAG), pela Universidade do Estado de Santa Catarina (1997), mestrado em administração, pela Universidad de Alcalá de Henares (1998) e doutorado em administração, pela Wissenschaftliche Hochschule Für Unternehmensführung (2001). É professora titular da Fundação Universidade Regional de Blumenau desde 2001 e atua no Programa de Pós-Graduação em Administração desde seu início. É editora da *Revista de Negócios* desde 2014, e, na década de 1990, foi responsável pela revista do Zentrum fuer Lateinamerika Studien na Alemanha. Tem experiência em aulas de mestrado na Alemanha, no Brasil, na Suécia e no Peru; ensinando sobre temas relacionados ao empreendedorismo, em inglês, alemão e espanhol; além de participar de conferências em dezenas de países em que palestrou. Desenvolve pesquisas na área de administração, atuando principalmente nos seguintes temas relacionados ao empreendedorismo: corporativo, institucional, internacional e social; e no fomento, na criação, na gestão e na análise de MPME's. Possui dezenas de livros e capítulos de livros publicados em inglês, alemão, português e espanhol; além de centenas de artigos publicados em revistas e eventos. Ajudou no desenvolvimento de softwares e plataformas web, prestou consultoria para empresas privadas e públicas e ajudou a montar o primeiro negócio com 17 anos, desde então não parou mais, sendo hoje sócia de diversas empresas.

NAIRA MARIA LOBRAICO LIBERMANN

É doutoranda em ciências da educação na Universidade de Trás-os-Montes e Alto Douro (UTAD), em Portugal, mestre em administração pela Universidade Federal do Rio Grande do Sul (2001), graduada em administração pela Pontifícia Universidade Católica do Rio Grande do Sul (1993) e em pedagogia (licenciatura plena) pela Pontifícia Universidade Católica do Rio Grande do Sul (1988), e foi diretora executiva do Sebrae–RS. Atualmente é coordenadora do núcleo empreendedor da PUCRS e professora da mesma universidade e diretora da Criare Consultoria Empresarial. Tem experiência na área de administração, atuando principalmente nos seguintes temas: pequenas empresas, empreendedorismo, gestão empresarial e redes de empresas e gestão da inovação.

NEWTON M. CAMPOS

É doutor em empreendedorismo pela FGV EAESP (2010), tem MBA pela IE Business School de Madri e pelo Indian Institute of Management (IIM) de Calcutá (2002) e é contador formado pela PUC-SP. Atualmente é professor de inovação e empreendedorismo da FGV EAESP e professor visitante da IE Business School (Espanha) e da Universidad del Pacifico (Peru), além de coordenador do GVcepe Centro de Estudos em Private Equity e Venture Capital da FGV EAESP, coordenador do Programa Nacional de Empreendedorismo da Guiné-Bissau para o Banco Mundial, membro do Conselho Consultivo da Associação Brasileira de Startups, sócio-diretor da empresa Sóliph Empreendedorismo e Serviços Educacionais e blogueiro de educação e tecnologia do jornal *O Estado de São Paulo*. Autor do livro *The Myth of the Idea and the Upsidedown Startup* (2015), acumula mais de 20 anos de experiência na área de desenvolvimento de novos negócios para os setores de educação e tecnologia, sendo mais de três destes como diretor responsável pelos MBAs a distância da IE Business School, os principais do mundo na atualidade.

Rose Mary Almeida Lopes

É psicóloga graduada pela UFRJ, mestre em psicologia do aconselhamento pelo Lesley College Graduate School (Cambridge, MA), especialista em marketing pela ESPM de São Paulo, mestre e doutora em psicologia social pela USP, sendo que sua pesquisa abarcou competências e tipos psicológicos de empreendedores. É presidente da Associação Nacional de Estudos de Empreendedorismo e de Gestão de Pequenas Empresas (Anegepe). É pesquisadora da área de empreendedorismo e educação empreendedora e apresentou trabalhos científicos em conferências, no Brasil e exterior, destacando-se: Babson College Entrepreneurship Research Conference, Internationalizing Entrepreneurship Education and Training, Enanpad e Egepe. Participou de todas as edições do REE Brasil. Em julho de 2009, participou do International Entrepreneurship and Business Seminar no Babson College. Organizou um dos primeiros livros brasileiros de educação empreendedora pela Editora Campus Elsevier (2010); é coautora do livro *Práticas de Empreendedorismo: Casos e Planos de Negócios*, pela mesma editora (2012) e tem capítulo no livro *Empreendedorismo Inovador*, pela Editora Évora (2010). Foi colunista semanal no UOL Empreendedorismo e articulista da revista *Gestão & Negócios*. Coordenou atividades de empreendedorismo no núcleo de empreendedorismo da ESPM, instituição em que foi professora do curso de administração de 2007 a 2015. Foi professora da pós-graduação na ESPM e na FAAP (São Paulo e São José dos Campos) e selecionadora credenciada do Empretec durante vários anos.

Ruth Espinola Soriano de Mello

É doutoranda em ciências sociais pela PUC-Rio (2014-2017), mestre em desenvolvimento, agricultura e sociedade pelo CPDA/UFFRJ (2006), especialista em políticas públicas e governo pelo Iuperj/Ucam (2003) e graduada em ciências econômicas pelo IE/UFRJ (2000). Atualmente, é professora da PUC-Rio e assessora do Instituto Gênesis, da PUC-Rio, em que apoiou a coordenação das Incubadoras Criativas do Estado do Rio de Janeiro (Rio Criativo), projeto da PUC-Rio e da Secretaria de Estado de Cultura do Rio de Janeiro, durante o ano de 2014; é ainda tutora da empresa junior da PUC-Rio desde 2009.

SANDRA R. H. MARIANO

É professora associada ao Departamento de Empreendedorismo e Gestão da Faculdade de Administração e Ciências Contábeis da Universidade Federal Fluminense (UFF), pesquisadora na área de empreendedorismo e gestão educacional. Seus interesses se estendem ao tema do empreendedorismo social, da liderança, bem como às questões relacionadas às tecnologias educacionais, entre elas a EAD e os recursos educacionais abertos (REA). É mestre e doutora em engenharia de sistemas e computação pela Coppe/UFRJ (1992,1997), com desenvolvimento de parte da tese de doutorado na Université de Montréal e CPCL pela Harvard Business School (2012). É pós-graduada em sistemas de informação pelo Jica (Japan Internacional Cooperation Agency), Okinawa, Japão (1989). Coordena o Programa de Pós-graduação em Gestão e Empreendedorismo (PPGE/UFF). É docente do mestrado profissional em administração (UFF – Volta Redonda), coordenadora do Projeto OportUnidad no Brasil, financiado pela European Comission (EC) e consultora de empresas e do MBA em gestão empreendedora — educação. É chefe do departamento de empreendedorismo e gestão da Universidade Federal Fluminense e vice-presidente da Associação Nacional de Estudos de Empreendedorismo e de Gestão de Pequenas Empresas (Anegepe).

SÁVIO CARNAÚBA

É graduado em administração (UFAL), liderou a criação da Federação das Empresas Juniores de Alagoas, em que foi presidente do conselho. Participou do programa Agentes Locais de Inovação (Sebrae–AL), foi gerente de fomento às micro e pequenas empresas e diretor de relações com o mercado da Secretaria de Estado do Planejamento e do Desenvolvimento Econômico de Alagoas. Foi mentor e multiplicador do programa LabX da fundação Estudar. Atualmente, é superintendente de qualificação profissional pela Secretaria de Estado do Trabalho e Emprego de Alagoas e sócio da empresa Inspire Estratégias Criativas.

SÍLVIA BEATRIZ BEGER UCHÔA

Possui graduação em engenharia civil pela Universidade Federal de Mato Grosso (1984); mestrado em arquitetura e planejamento pela Escola de Engenharia de São Carlos da Universidade de São Paulo (1989) e doutorado em química e biotecnologia pelo Instituto de Química e Biotecnologia da Ufal (2007). Atualmente, é professora associada da Universidade Federal de Alagoas e Coordenadora do Núcleo de Inovação Tecnológica e de Programas Especiais da Propep/Ufal, coordenando o Programa Institucional de Bolsas de Iniciação em Desenvolvimento Tecnológico e Inovação (Pibiti). Foi vice-coordenadora do Fortec Regional NE de abril de 2010 a abril de 2012. Atualmente, integra o conselho fiscal do Fortec e é suplente no conselho fiscal da Anprotec.

Tião Rocha

É educador popular, contador de histórias (inspirado por Guimarães Rosa, Paulo Freire etc.), atleticano, empreendedor social (Prêmio Folha de SP/Fundação Schwab, entre outros) e criador e mentor do Centro Popular de Cultura e Desenvolvimento (CPCD), com trabalhos reconhecidos nacional e internacionalmente em Curvelo e Araçuaí, no Vale do Jequitinhonha, em Minas Gerais. É criador de pedagogias como a do biscoito ("escrevido"), do abraço e do sabão, assim como de TACs — Tecnologiais de Aprendizagem e Convivência —, como o "empodimento", a fabriqueta, o IPDH — Índice do Potencial de Desenvolvimento Humano, ou do verbo "paulofreirar" (só conjugado no presente do indicativo), entre outras, que inspiraram a criação do termo "empreendizagem", pois "o professor é quem ensina e o educador é aquele que aprende".

Vânia Maria Jorge Nassif

É livre-docente na área de recursos humanos pela Fearp/USP, tem pós-doutorado na linha de empreendedorismo e competências empreendedoras na FGV-SP, é doutora em administração de empresas pela Universidade Presbiteriana Mackenzie, tem mestrado em educação pela Universidade de Ribeirão Preto e graduação em psicologia pela FFCL-RAP/USP. É pesquisadora Fapesp, professora e pesquisadora do Programa de Pós-graduação em Administração e do Programa de Mestrado Profissional em Administração e Gestão do Esporte da Universidade Nove de Julho (Uninove–SP), líder do Grupo de Estudo e Pesquisa em Gestão do Esporte, Estratégia e Governança da Uninove (Genove). É ainda avaliadora de periódicos científicos, de projetos de diferentes fontes de fomento à pesquisa e de congressos nacionais e internacionais e autora de artigos científicos e de capítulos de livros. Atuou como presidente da Associação Nacional de Estudos em Empreendedorismo e Gestão de Pequenas Empresas da Anegepe, de 2011 até 2016.

Vicente Henrique Bastos Zanella

Graduado em economia pela Universidade Federal de Juiz de Fora (1988), possui mestrado em administração de empresas pela Universidade Federal do Rio Grande do Sul (1997) e doutorado não finalizado em administração de empresas na USP. Atualmente é membro do Laboratório de Inovação e Empreendedorismo da PUCRS — IDEAR —, professor adjunto da Escola de Negócios e da Faculdade de Comunicação Social na mesma universidade e supervisor do Programa Redes de Cooperação do Governo do Estado desenvolvido em parceria com a PUCRS, que atende Porto Alegre e região metropolitana, litoral norte e o Delta do Jacuí. Possui experiência na área de administração, com ênfase em administração de empresas, atuando principalmente nos seguintes temas: consumidor, incubadora, planejamento, marketing, imagem e processo. De 2003 a 2008 foi coordenador acadêmico da Incubadora Raiar da Pontifícia Universidade Católica do Rio Grande do Sul, no período de sua implantação e nos primeiros anos de sua operação.

Wilson Azevedo

Atuou junto ao Programa Nacional de Educação Empreendedora e integrou a equipe do Centro de Referência em Educação Empreendedora do Sebrae. Doutorando em educação, possui formação em filosofia e antropologia social. É diretor da Aquifolium Educacional, uma empresa especializada em educação online e inovação educacional.

SUMÁRIO

PREFÁCIO   XXI

INTRODUÇÃO   XXIII

PARTE I: CONTEXTO E ALGUMAS TENDÊNCIAS   1

Capítulo 1: CONTEXTUALIZAÇÃO SOBRE EMPREENDEDORISMO   3

Rose Mary Almeida Lopes

Capítulo 2: PANORAMA SOBRE A EDUCAÇÃO PARA O EMPREENDEDORISMO   21

Rose Mary Almeida Lopes • Edmilson de Oliveira Lima • Vânia Maria Jorge Nassif

Capítulo 3: EMPREENDIZAGENS   55

Celso Sekiguchi • Wilson Azevedo • Elena Martinis • Tião Rocha

Capítulo 4: O ENSINO DE EMPREENDEDORISMO A DISTÂNCIA   81

Newton M. Campos

PARTE II: ESTRATÉGIAS DE IMPLEMENTAÇÃO DA EDUCAÇÃO EMPREENDEDORA NAS UNIVERSIDADES   97

Capítulo 5: ECOSSISTEMA EMPREENDEDOR DA PUC-RIO   99

Ruth Espínola Soriano de Mello • Julia Bloomfield Gama Zardo

Capítulo 6: DESENVOLVENDO EMPREENDEDORISMO DE ALTO IMPACTO: ESTUDO DE CASO DO CENTRO DE EMPREENDEDORISMO DA UNIFEI   119

Juliana Caminha Noronha • Fábio Roberto Fowler • Gabriella Sant'Anna

Ensino de Empreendedorismo no Brasil

Capítulo 7: INOVAÇÃO E EMPREENDEDORISMO NA FORMAÇÃO ACADÊMICA DA PUCRS: CONSTRUINDO A EDUCAÇÃO DO FUTURO — **141**

Ana Cecília Bisso Nunes • Gabriela Cardozo Ferreira • Luis Humberto de Mello Villwock • Naira Maria Lobraico Libermann • Vicente Zanela

Capítulo 8: CONSTRUÇÃO DE UM ESPAÇO ACADÊMICO PARA EDUCAÇÃO EMPREENDEDORA EM UMA INSTITUIÇÃO DE ENSINO SUPERIOR PÚBLICA: O CASO DA UFF — **159**

Sandra Regina Holanda Mariano • Esther Hermes Luck • Fabiane Costa e Silva

Capítulo 9: EDUCAÇÃO EMPREENDEDORA EM ALAGOAS: RESULTADOS DE UMA TRAJETÓRIA EM ASCENSÃO — **183**

Josealdo Tonholo • Sávio Carnaúba • Hérmani Magalhães • Silvia Uchoa

PARTE III: METODOLOGIAS E TÉCNICAS DE EDUCAÇÃO EMPREENDEDORA E FORMAÇÃO DE PROFESSORES — **199**

Capítulo 10: O ENSINO DE EMPREENDEDORISMO NOS CURSOS DE GRADUAÇÃO DE SANTA CATARINA: TÉCNICAS E RESULTADOS — **201**

Marianne Hoeltgebaum • Barbara Kobuszewski Volles • Luciana Ronchi

Capítulo 11: EDUCAÇÃO EMPREENDEDORA DE FORMA TRANSVERSAL COM BASE NO PROJETO CÉLULAS EMPREENDEDORAS EM PERNAMBUCO — **221**

Elizabeth R. Tschá • Genésio Gomes • Eraldo Guerra

Capítulo 12: A GAMIFICAÇÃO COMO EXPERIÊNCIA DIDÁTICA NO ENSINO DE EMPREENDEDORISMO — **243**

Marcus Linhares • Aislan Rafael R. Sousa

Capítulo 13: A PRÁTICA DA FORMAÇÃO DE PROFESSORES DE EMPREENDEDORISMO — **259**

Marcos Hashimoto • Fernando Correa Grisi

Parte IV: EDUCAÇÃO EMPREENDEDORA NAS INSTITUIÇÕES SEBRAE-SP, SENAC-SP E IED-SP — 281

Capítulo 14: O Papel do Sebrae no Ensino de Empreendedorismo e o Caso da Escola de Negócios Sebrae-SP Alencar Burti — 283

Rose Mary Almeida Lopes

Capítulo 15: Como Aprender pelo Invisível: Breve Relato e Considerações sobre uma Aplicação da Metodologia do *Team Academy* no Centro Universitário Senac e no IED São Paulo — 297

Clóvis Ferratoni

Índice — 319

PREFÁCIO

As abordagens na preparação para se tornar um empreendedor estão em ebulição em todo o planeta, e o Brasil não é exceção. A leitura do livro organizado sob a direção de Rose Mary Almeida Lopes oferece uma síntese de perspectivas e de abordagens cada vez mais inovadoras, para melhor apoiar o aprendizado de todos e todas que desejam criar uma empresa, tornando-se empreendedores.

Constatamos mesmo uma diversidade não apenas das abordagens de ensino, mas também dos apoios para os universitários, que se multiplicaram para dar sustentação ao aprendizado do empreendedorismo no Brasil.

Considerando a diversidade de sua cultura e de sua situação geográfica, o Brasil apresenta uma configuração especial no que diz respeito ao modelo mental a desenvolver, para se tornar vantajosamente inovador e estar em condições de passar à ação empreendedora.

Visto do exterior, o brasileiro apresenta-se como um ser naturalmente criativo e empreendedor. É de se perguntar se a educação do empreendedorismo deveria ocorrer como em outros países, lá centrada sobre o desenvolvimento da criatividade, ou se não seria o caso de focar esta natural criatividade na concepção de configurações inovadoras que alcancem bons resultados.

Mais de 30 autores colaboraram nesta obra, trazendo cada qual um inegável valor agregado, estimulante, para se refletir sobre a abordagem segundo a qual cada um de nós que ensina empreendedorismo — ou pretende ensiná-lo — possa melhor articular-se e preparar-se para fazê-lo.

Esta obra também evidencia a flexibilidade destes professores e pesquisadores, pois frequentemente é necessário reconhecer a diferença entre resultados de pesquisas, e as maneiras segundo as quais poderão utilizar estes novos saberes oriundos da pesquisa, para ensinar o aspirante-empreendedor a pensar de forma coerente e estruturada. Estamos em condições de constatar que o Brasil está desenvolvendo abordagens que lhe são próprias, melhor adaptadas às suas características, bem como a contextos por vezes muito diferentes entre as regiões (Nordeste, Sul etc.) ou os estados. Este livro mostra claramente uma identidade brasileira em processo de definição, nas abordagens para a educação do empreendedorismo.

A diversidade de formações, experiências, temáticas de pesquisas de cada um dos autores reflete-se em objetivos que apresentam perspectivas simultaneamente estimulantes e complementares. Tendo exercido um papel relevante na formação dos primeiros educadores em empreendedorismo no Brasil, nos anos 1990, é motivador constatar que os educadores precursores não cessaram de se renovar, sem dúvida também estimulados pelo surgimento de uma boa diversidade de recém-chegados, cujas manifestações e apresentações temos tido condição de escutar regularmente, em viagens ao Brasil, por ocasião de grandes colóquios internacionais.

É com entusiasmo que recomendo a leitura deste livro — o primeiro que conheço —, que oferece tão grande número de perspectivas sobre o impulso que está se desenvolvendo para a educação em empreendedorismo no Brasil.

Louis Jacques Filion
Professor Honorário
Hautes Études Commerciales (HEC) de Montréal

INTRODUÇÃO

Em 2010, foi publicado o primeiro livro de educação empreendedora que organizamos. Desde aquela época, este assunto se disseminou e milhares de iniciativas, nos diversos níveis de ensino, foram feitas no Brasil, por professores, facilitadores e entusiastas do ensino de empreendedorismo.

O ensino de empreendedorismo enseja muitos debates sobre seus objetivos, abordagens, técnicas, impactos e resultados, além de tratar sobre como formar aqueles que vão ensinar ou facilitar este ensino.

As publicações acadêmicas sobre este assunto e seus temas têm se intensificado. Há muitos pesquisadores e professores investigando, pesquisando e publicando sobre ele em fóruns acadêmicos especializados, ou fazendo apresentações e debatendo em eventos científicos, e disseminando o assunto na sociedade por diversos meios de comunicação.

Por outro lado, muitas universidades e faculdades, que adotaram o ensino de empreendedorismo e diversas outras formas de estimular e desenvolver o potencial empreendedor de seus alunos, percorreram trajetórias em que acumularam muita experiência, quer no ensino formal, dentro do currículo escolar, quer fora dele, e até encontraram maneiras de se estender para além de suas fronteiras, oferecendo eventos, oficinas, propondo competições para a comunidade em seu entorno e para a sociedade de forma geral, criando laços com os cidadãos, os empreendedores, os negócios, as organizações, as instituições e o poder público.

Várias delas já despontam com lições e resultados muito interessantes, com práticas que podem compartilhar e que devem ser disseminadas e imitadas, no todo ou em parte.

Assim, em 2015, percebemos que havia uma lacuna no mercado editorial, pois pouco se publicou em ensino de empreendedorismo para o público mais amplo. Havia uma oportunidade de oferecer um livro que revelasse o que está sendo feito no Brasil, que pudesse mostrar um pouco deste tema que está em franco crescimento, em todas as regiões do país, em todo tipo de instituição de ensino: privadas, públicas, organizações não governamentais, escolas, faculdades, universidades, organizações sociais e comunitárias.

Então, procuramos muitos professores e pesquisadores que estão envolvidos com estes esforços. Propositadamente, buscamos tanto experiências mais amadurecidas e já renomadas, quanto algumas mais novas. Pedimos indicações, sobretudo para sairmos do sudeste do país, para que pudéssemos mostrar diferentes estados do Brasil.

Quando fechamos o projeto, iniciamos a etapa de buscar uma editora que por ele se interessasse. O cenário era bem diverso daquele que tivemos em 2009. Felizmente, a Editora Alta Books o avaliou, se interessou e nele apostou. Afinal, não é fácil apostar em um livro ainda em fase de projeto. Ainda mais quando reúne um grupo muito grande de autores — 35, incluindo a organizadora. Este número e sua diversidade colocam desafios: desde estilos, demandas diversas que concorrem com a redação do capítulo, maior ou menor sinergia entre os autores, maior ou menor rapidez de resposta. Até nos aspectos legais o processo se torna mais complexo, pois há que se chegar a um acordo que torne mais fácil formalizar este "consórcio de autores".

E foram muitos meses de trabalho. De recebimento das versões, das revisões e sugestões de melhoria. Mesmo a organizadora, como autora, passou por um processo como este, dado que escreveu alguns capítulos, e um deles é um estudo de caso. Assim, também compartilhou com os autores este processo de idas e vindas que provoca sentimentos e demanda ações.

Deste modo, chegamos a este formato final, que lhes apresentamos agora.

O livro *Ensino de Empreendedorismo no Brasil: Panorama, Tendências e Melhores Práticas* é composto por 15 capítulos:

- O Capítulo 1, **Contextualização sobre Empreendedorismo,** situa o leitor acerca do que se entende por empreendedorismo, como ele se relaciona com o desenvolvimento econômico, como o Brasil se posiciona em termos de empreendedorismo, quão fácil é fazer negócios no país, geração de negócios de alto impacto, como o Brasil se situa em termos de inovação, dados do ensino superior brasileiro e a necessidade de preparação dos universitários para empreender.

- O Capítulo 2, **Panorama sobre a Educação para o Empreendedorismo,** aborda o conceito de ensino de empreendedorismo (EE), o que são as competências empreendedoras, os impactos provocados pela oferta de EE nas IES, a inserção da EE nos currículos, as estratégias para a promoção da EE, as abordagens e as metodologias para EE e a formação de professores de EE.

- O Capítulo 3, **Empreendizagens,** explora as aproximações e as conexões entre a educação geral e o empreendedorismo, encarando a aprendizagem como uma jornada pessoal de construção da autonomia e do conhecimento, empreendida por quem aprende. Questiona, analisa e provoca o pensamento por meio de várias experiências desenvolvidas, por exemplo, na escola do projeto Âncora, no Centro Popular de Cultura e Desenvolvimento (CPCD), que, mesmo não trabalhando de forma explícita o empreendedorismo, acaba desenvolvendo atitudes nos seus alunos que os caracterizam como empreendedores em geral.

- O Capítulo 4, **O Ensino de Empreendedorismo a Distância,** discute a nova conjuntura do ensino a distância, em que cada vez mais temos instituições e alunos que demandam o ensino de empreendedorismo. Deste modo, o capítulo apresenta os desafios que devem ser enfrentados e superados com novas soluções, possíveis via novas metodologias, que, no caso do ensino a distância, envolvem a sincronicidade ou assincronicidade das aulas e dos recursos oferecidos, bem como as formas de mensurar o desempenho dos alunos. Descreve as novas oportunidades advindas do formato híbrido ou semipresencial e aponta as conclusões, descortinando em que se progrediu e o que ainda está por vir.

- O Capítulo 5, **Ecossistema Empreendedor da PUC-Rio,** mostra como esta universidade tem desenvolvido todas as vertentes de uma universidade empreendedora — ensino, pesquisa e extensão. Particularmente na extensão, enfoca como surgiram os principais programas de formação empreendedora do Instituto Gênesis nos últimos dez anos. O primeiro deles é o domínio adicional em empreendedorismo; o segundo é o Inove Carreiras & Negócios; e o terceiro é o Meu Futuro Negócio. Revela diferentes formas pelas quais esta incubadora se tornou uma das melhores do mundo, e como tem ajudado a desenvolver empreendedores inovadores.

- O Capítulo 6, **Desenvolvendo Empreendedorismo de Alto Impacto: Estudo de Caso do Centro de Empreendedorismo da Unifei,** discute com o leitor o que são os centros de empreendedorismo, seus programas e atividades. Enfocando principalmente o empreendedorismo tecnológico, os autores mostram os princípios e os projetos que norteiam as ações do Centro de Empreendedorismo da Universidade Federal de Itajubá (CEU). Assim, eles abordam a evolução e o movimento do CEU no sentido de promover ações que façam com que os alunos aprendam na prática, quer em atividades curriculares como extracurriculares. E apontam como têm desenvolvido o ecossistema empreendedor para que favoreça o surgimento de negócios de alto impacto, mas que, acima de tudo, promova o empreendedorismo como método de vida.

- O Capítulo 7, **Inovação e Empreendedorismo na Formação Acadêmica da PUCRS: Construindo a Educação do Futuro,** revela como a Pontifícia Universidade Católica do Rio Grande do Sul (PUCRS), ao longo de sua trajetória, assume a estratégia de incentivar e promover a inovação e o desenvolvimento do empreendedorismo. Os autores mostram a trajetória da formação da rede InovaPUCRS e as iniciativas de EE: Torneio Empreendedor, Projeto Desafios: Inovação e Impacto Social e CriaLab.

- O Capítulo 8, **Construção de um Espaço Acadêmico para Educação Empreendedora em uma Instituição de Ensino Superior Pública: O Caso da UFF,** mostra como a introdução e a oferta sistemática de conteúdos de empreendedorismo no curso de administração, seguidas pelo minor de empreendedorismo, o MBA em gestão empreendedora e o curso de graduação tecnológica em processos gerenciais, com ênfase em empreendedorismo, redundaram na conquista de um departamento de empreendedorismo e gestão, voltado tanto para o ensino quanto para a pesquisa e a extensão, e que tem por propósito a difusão da cultura empreendedora dentro e fora da instituição.

- O Capítulo 9, **Educação Empreendedora em Alagoas: Resultados de uma Trajetória em Ascensão,** mostra como a grave crise do governo do estado (em 1997) foi estimuladora para que alguns professores e atores tomassem iniciativas no sentido de iniciar projetos como o Softstart, para estimular a geração de empresas na área de software, a estruturação da primeira incubadora de empresas do estado, graças aos esforços de 11 instituições. E os autores seguem descrevendo diversas ações de promoção do empreendedorismo resultantes dos esforços sinérgicos dos diversos setores — privado e público —, bem como das instituições de nível superior, que se estenderam da capital para o interior de Alagoas.

- O Capítulo 10, **O Ensino de Empreendedorismo nos Cursos de Graduação de Santa Catarina: Técnicas e Resultados,** aborda, inicialmente, uma retrospectiva da EE no Brasil, sua inserção nas instituições de ensino superior, os objetivos, os procedimentos metodológicos e as metodologias de ensino, para depois focalizar o ensino de empreendedorismo no estado. Assim, a partir de pesquisas secundárias, mostra como este tema tem sido tratado pelas diversas instituições catarinenses, os cursos que mais o ofertam, os semestres, as cargas horárias, os conteúdos mais frequentes nas ementas e os autores mais utilizados.

- O Capítulo 11, **Educação Empreendedora de Forma Transversal com Base no Projeto Células Empreendedoras em Pernambuco,** enfoca como este programa/metodologia, criado em 2008, se espalhou por diversos cursos e instituições de ensino pernambucanos, bem como para outros estados. Deste modo, ele tem fomentado o empreendedorismo coletivamente em uma abordagem transversal. Os autores tratam da transversalidade da EE, resumem a trajetória das Células Empreendedoras, as ações e a prática, quer em eventos ou instituições, e como a metodologia desenvolvida está sendo replicada, com etapas definidas de modo a estimular e promover o empreendedorismo e a formação do ecossistema empreendedor local/regional.

- O Capítulo 12, **A Gamificação como Experiência Didática no Ensino de Empreendedorismo,** discute a utilização de jogos na EE. Mostra como a gamificação de situações e conteúdos cria uma metodologia interativa que estimula o engajamento e a aprendizagem, facilitando o "aprender jogando e jogar aprendendo". Descreve os passos para que os jogos possam ser utilizados nos ambientes de ensino e aprendizagem e enfoca como o jogo GestorBOX cria um ambiente virtual para a EE, de modo divertido e atraente. Deste modo, os alunos são estimulados a desenvolver as suas competências como decisores e gestores.

- O Capítulo 13, **A Prática da Formação de Professores de Empreendedorismo,** trata deste tema que é tão importante para a disseminação do ensino do empreendedorismo com qualidade. A seguir, mostra o resultado desses debates a partir, primeiramente, de uma contextualização do ensino e da formação de empreendedores nas Instituições de Ensino Superior (IES), e, depois, da apresentação de um estudo de caso, que consiste no programa de introdução ao ensino de empreendedorismo no Brasil, pelo qual foram qualificados 110 professores até 2015.

- O Capítulo 14, **O Papel do Sebrae no Ensino de Empreendedorismo e o Caso da Escola de Negócios Sebrae-SP Alencar Burti,** apresenta as iniciativas e os programas do Sebrae no estímulo e na disseminação da educação e, especialmente, o caso da Escola de Negócios Sebrae-SP Alencar Burti, voltada para a capacitação empreendedora de alunos de ensino técnico (18 meses) e tecnológico (36 meses) em administração, gestão, logística e marketing. Seu projeto pedagógico contempla a integração da educação, as pesquisas e práticas de trabalho em um mesmo ambiente, propiciando a experimentação de situações reais e futuras do mercado de trabalho, bem como do próprio negócio.

- O Capítulo 15, **Como Aprender pelo Invisível: Breve Relato e Considerações sobre uma Aplicação da Metodologia do** *Team Academy* **no Centro Universitário Senac e IED São Paulo,** aborda a metodologia *Team Academy*, criada por Johannes Partanen, na Universidade de Jyväskylä, na Finlândia, que tem se destacado não só pelo inusitado formato de suas abordagens, mas pela rara e surpreendente qualidade dos projetos que são entregues pelos seus aprendizes. O autor relata como tem sido possível adaptar esse rico método a currículos tradicionais de alguns cursos superiores e de pós-graduação do Centro Universitário Senac e do Istituto Europeo di Design (IED).

Assim, esperamos que o conteúdo aqui apresentado possa contribuir para a discussão, o avanço e a disseminação da EE, e que os professores, os coordenadores, os diretores das IES, os funcionários públicos, os governantes, os políticos e todos os envolvidos e interessados neste tema tão importante encontrem aqui inspiração, estímulo, ideias, modelos e indicações para a definição estratégica da inserção da EE, abordagens e metodologias mais apropriadas e modelos de práticas de sucesso que ajudem a fomentar um ecossistema empreendedor mais efetivo no país.

Rose Mary Almeida Lopes
Presidente da Anegepe
Diretora da Consultraining
Consultora associada da Food Design
Ex-professora da ESPM e FAAP

Parte I
CONTEXTO E ALGUMAS TENDÊNCIAS

PARTE I

CONTEXTO
E ALGUMAS
TENDÊNCIAS

CAPÍTULO 1

CONTEXTUALIZAÇÃO SOBRE EMPREENDEDORISMO

Rose Mary Almeida Lopes[1]

Desde que organizamos e lançamos o primeiro livro de educação empreendedora[2], em 2010, temos um cenário bem diferente no Brasil. Não só no que se refere ao empreendedorismo quanto à educação empreendedora (EE). Tanto os cenários socioeconômico e político mudaram quanto as iniciativas de EE proliferaram, na educação formal quanto fora dela. Houve crescimento do interesse sobre os dois temas por parte dos diversos agentes da sociedade: dos estudantes, das instituições de ensino, tanto de seus dirigentes como de seus professores, de políticos e do governo, de diversos tipos de organizações, da mídia e do público em geral.

Os termos empreendedorismo, empreendedor, educação empreendedora foram introduzidos há não muito tempo na nossa sociedade e passaram de uma época de quase completa estranheza a praticamente terem sido incorporados no vocabulário cotidiano das pessoas e no assunto de artigos, revistas, vídeos, notícias. Enfim, da sociedade.

Só para se ter uma referência, mesmo no meio acadêmico, quando comecei a investigar sobre o tema (1994), mesmo nas bibliotecas de reputadas instituições como as da Faculdade de Economia e Administração da Universidade de São Paulo (USP) ou da Fundação Getúlio Vargas (FGV) em São Paulo, quase nada havia de literatura acadêmica sobre o assunto. Nada de periódicos sobre empreendedorismo ou pequenas empresas, internacionais ou nacionais. Raros eram os livros ou a produção científica que tratavam destes assuntos. Na época (lembre-se o leitor, era pré-internet!), tive que viajar para a região de Boston nos EUA, para pesquisar nas bibliotecas do Massachussets Institute of Technology (MIT), Harvard University e Babson College.[3] Em 1999, a ficha catalográfica

---

[1] Presidente da Associação Nacional de Estudos de Empreendedorismo e Gestão de Pequenas Empresas (Anegepe), ex-professora da ESPM e FAAP.

[2] Embora sejamos de opinião que a adjetivação da educação como empreendedora se refira a uma qualificação da educação de forma geral, e não especificamente ao ensino de empreendedorismo ou à educação para o empreendedorismo, esta designação é muito recorrente e utilizada amplamente na literatura. Assim, a utilizaremos também, mas nos referindo ao sentido específico de ensino de empreendedorismo. Para todos os casos, a sigla utilizada é EE.

[3] Todas estas instituições são reputadas na área de empreendedorismo.

da minha dissertação de mestrado, no Instituto de Psicologia da USP, foi o primeiro trabalho que usou os termos empreendedor e empreendedorismo.

Todavia, se um dos aspectos do empreendedorismo é a criação de negócios, empresas ou diversos tipos de organização, o Brasil sempre teve empreendedores, certo? Sim, de fato, não só o Brasil, como os outros países. O que pode ser relativamente novo é o estudo deste fenômeno, de suas características, dos fatores que o afetam, da relação entre o impulso empreendedor, a inovação, a competitividade e os impactos no crescimento da economia e na sociedade. E o debate sobre os tipos de empreendedorismo, se seria um fenômeno inato ou se poderia ser ensinado etc.

Assim, a difusão foi tão rápida que, hoje, um dos sonhos mais importantes e mais frequentes entre os brasileiros é o de empreender: 34% dos brasileiros entre 18 e 64 anos têm entre seus principais sonhos o de empreender. De 70% a 80% concordaram que a carreira de empreendedor é desejável, e 39,3% estavam envolvidos com negócios, sendo que 21% deles estavam envolvidos com as etapas iniciais do negócio, segundo dados do estudo Empreendedorismo no Brasil, de 2015 (Global Entrepreneurship Monitor — GEM).

Outra pesquisa, realizada em parceria entre o Instituto Empreender Endeavor Brasil[4] e o Sebrae, denominada Empreendedorismo nas Universidades Brasileiras, de 2014, em seus dados quantitativos, revelava que praticamente 58% dos alunos pensavam em abrir um negócio no futuro, e que este futuro era próximo — máximo de três anos — para 60% deles. E que um a cada quatro estudantes já estava empreendendo: 11,2%, ou já tinha empreendido: 12,3%.

O Estudo GUESSS Brasil, em seu relatório de 2015, mostrou que a intenção de empreender, entre o momento da graduação e cinco anos depois, se ampliava para 33,5% dos universitários respondentes, aos quais se somavam mais 2,3% que pretendiam ser sucessores em negócios de familiares.

Para que se possa situar o leitor no contexto geral do empreendedorismo, temos por objetivo abordar neste capítulo: o que se entende por empreendedorismo, como o empreendedorismo se relaciona com o desenvolvimento econômico, como o Brasil se situa em termos de empreendedorismo, quão fácil é fazer negócios no país, sobre a geração de negócios de alto impacto, como o Brasil se situa em termos de inovação, sobre os dados do ensino superior brasileiro e a necessidade de preparação dos universitários para empreender.

---

[4] É uma organização que se dedica ao empreendedorismo de alto impacto no mundo e que já está em mais de dez países. No Brasil, iniciou suas atividades em 2000. Consulte o site endeavor.org.br.

1.1. ENTÃO, O QUE É EMPREENDEDORISMO?

Ao longo do tempo, muitas propostas de definição de empreendedorismo foram feitas, por diversos autores, focalizando diferentes aspectos deste fenômeno humano. Por um lado, é um campo que abarcaria estudar "por que, como e o que acontece quando os empreendedores agem", como propuseram Stevenson e Jarillo (1990). Por outro, refere-se à capacidade da pessoa de partir de ideias e da percepção de oportunidades para a realização de ações que satisfazem necessidades, resolvem problemas e agregam valor, quer em produtos ou serviços. Assim, implica em utilização de criatividade, da capacidade de elaborar um plano, mobilizar recursos, gerar inovação e assumir risco para atingir o objetivo proposto.

Para o Parlamento e a Comissão Europeia (2005), "o empreendedorismo se refere à habilidade individual do indivíduo para transformar ideias em ação". Destacam que é preciso ir da identificação de oportunidades, da inovação, da elaboração de um plano, do estabelecimento de objetivos para a transformação disto tudo em realidade, em realizações concretas. Estas instituições entendem que esta habilidade é aplicável por todos os indivíduos, em todas as esferas da atividade humana. Destacam que, no caso específico dos empreendedores, que fundam empreendimentos comerciais ou sociais, ela seria a base para que outros conhecimentos e habilidades fossem aplicados. Em 2012, a Comissão Europeia adicionou "a consciência de valores éticos e a promoção de boa governança".

Há outra definição interessante, elaborada pelos autores Stevenson (1983) e Stevenson e Jarillo (1991), que destaca "a busca de oportunidades indo além dos recursos presentemente controlados pelo indivíduo". Este entendimento traz à luz o aspecto não comodista dos empreendedores. Coloca foco na determinação e controle internos destas pessoas que não se detêm ante os obstáculos, como o de não possuir os recursos necessários para viabilizar o que pretendem. Mas, a despeito disto, elas encontram formas alternativas para seguir em frente e implementarem o que desejam.

O resultado desta ação empreendedora pode ter várias formas: reestruturar negócios e empresas, propor projetos, produtos ou novos negócios para uma organização existente, iniciar um novo negócio ou empresa, estruturar um projeto ou negócio social, estruturar negócio ou empresa a partir da universidade. Muito comumente, o objetivo é o de fazer crescer o negócio ou a organização.

Wennekers (2006) alerta que existem duas conceituações de empreendedorismo, e, no cotidiano, elas costumam ser mescladas, o que ocasiona certa confusão. Uma conceituação, que possui uma raiz mais antiga (pelo menos desde o século XVIII), entende o empreendedorismo como carreira ou ocupação. Neste caso, empreendedor seria a pessoa que se ocupa de realizar coisas por conta própria, assumindo os riscos de suas ações e iniciativas. Age de forma autônoma, gerando seu próprio emprego ou atividade, possuindo seu próprio negócio.

Deste modo, o campo de empreendedorismo abarca desde pré-startups e as etapas posteriores de desenvolvimento do negócio, aos aspectos como propriedade intelectual e a oferta pública de ações. Refere-se ao processo pelo qual os empreendedores criam valor, sobretudo econômico. Aliás, há publicação da Organização para Cooperação Econômica e Desenvolvimento (OCDE) dos entendimentos do que seriam o empreendedorismo, a atividade empreendedora e os empreendedores; segundo Ahmad e Seymour (2008), o empreendedorismo se liga à atividade empreendedora. Esta seria vinculada à geração de valor, que advém de novos mercados, processos e produtos viabilizados por novas atividades econômicas ou por sua expansão.

Em uma segunda conceituação, mais recente, o uso se faz de forma mais frouxa, e tem a ver com o comportamento empreendedor, com o fato de a pessoa identificar, ou até mesmo criar uma oportunidade, e de agir para aproveitá-la. Neste segundo caso, a pessoa pode até ser empregada e agir de forma intraempreendedora, ter projetos empreendedores para sua vida, ou ter a postura de propor soluções para os problemas. Esta linha coincide com o entendimento, pela Comissão Europeia, de que o empreendedorismo abarca a ação criativa e inovadora, em todas as esferas da vida da pessoa.

Aliás, cabe aqui reforçar, então, que estas duas conceituações vão na linha da distinção entre empreendedor e atividade empreendedora, feita pela Comissão Europeia (2012). Assim, quando se tem a existência de empreendedores, necessariamente se tem a atividade empreendedora. No entanto, é possível ter-se a atividade empreendedora por parte de indivíduos que são empregados, e que não têm participação acionária na empresa. Ou seja, é possível que se tenha executivos, diretores e gestores que se comportem de forma empreendedora, o que redunda em resultados para a empresa e para a sociedade.

Nesta mesma linha, tem-se a proposição de Fábio Fowler (1997), segunda a qual "ser empreendedor é criar e gerenciar projetos". Deste modo, Fowler parece destacar que o mais relevante é o comportamento empreendedor, e o resultado deste comportamento pode assumir diversas formas, com impactos variados. Indo de encontro à segunda conceituação da Comissão Europeia.

Chamamos a atenção de que, para os governantes, políticos e demais interessados no desenvolvimento econômico do país, por exemplo, a OECD, o foco usualmente é a primeira conceituação.

Seguem-se as definições de empreendedorismo que implicam em conceituações sobre o que é o empreendedor. Shane (2003, p. 247) considera que "empreendedores criam novas organizações por meio de um processo dinâmico que envolve atividades como obtenção de equipamento, estabelecimento de processos de produção, atração de empregados e criação de entidades legais". Deste modo, parece se alinhar também com o primeiro entendimento do que seja o empreendedorismo.

Cremos que o leitor já esteja agora mais preparado para, quando se defrontar com outras conceituações, entender como os autores se posicionam. Todavia, no contexto deste livro, se está interessado nas duas conceituações e nas implicações delas.

1.2. HÁ DE FATO LIGAÇÃO ENTRE EMPREENDEDORISMO E DESENVOLVIMENTO ECONÔMICO?

Embora nos alinhemos com a conceituação mais ampla de empreendedorismo, para os que decidem sobre estratégias macro, políticas e investimentos, quer seja no nível federal, estadual, municipal, é importante para eles saber se, de fato, existem comprovações a respeito do impacto causado pelo empreendedorismo no desenvolvimento econômico.

Principalmente porque se tem apontado conclusões contraditórias ou não claras como as de Nyström (2008) e de Henrekson e Stenkula (2007) a respeito dos resultados de empreendedorismo no crescimento do nível de emprego. Por outro lado, Nyström (2009) afirma que, a longo prazo, é importante o papel que o empreendedorismo exerce no desenvolvimento econômico. É uma condição necessária, mas não suficiente, pois os impactos variam tanto no tempo quanto no espaço.

Uma dificuldade é que, muitas vezes, os estudos não adotam uma perspectiva dinâmica dos impactos provocados pelos novos empreendedores e suas empresas. Ahn (2001), examinando a relação entre a dinâmica das empresas e o aumento de produtividade, indicou que, relativamente, elas impactam mais no setor de serviços do que no de manufatura. A curto prazo, as novas empresas impactam negativamente; mas, a longo prazo, provocam impactos positivos.

Nyström (2009), em uma perspectiva dinâmica, concluiu que a abertura de novas empresas provoca um efeito direto na agregação de pessoas na cadeia, sobretudo na de fornecedores. Todavia, a médio prazo, muitas das novas empresas não sobrevivem. Entretanto, se introduziram alguma inovação, isto repercute nas empresas concorrentes, podendo provocar melhorias/ganhos de produção ou mesmo outras inovações e ganhos de eficiência.

Vale apontar aqui um criterioso estudo, desenvolvido na mesma época por Van Praag e Versloot (2007), que examinou as relações entre o empreendedorismo com: inovação, produtividade, emprego, nível de utilidade dos indivíduos e crescimento econômico.

Estes autores se debruçaram sobre estudos quantitativos, enfocando estas relações. Fizeram uma seleção e revisão criteriosa dos 57 melhores, que ofereciam explicitamente 87 análises empíricas, com comparações com grupos de controle. Definiram empreendedores ou empresas empreendedoras como sendo os novos entrantes nos mercados, com menos de sete anos e 100 empregados. E o grupo das empresas ou empreendedores com os quais foram comparados estava acima destes critérios.

Em termos de *inovação*, os achados revelaram que os empreendedores e as empresas menores e mais jovens não apresentam mais inovações radicais, produtos arrojados, tecnologias e patentes. Não absorvem inovação mais rapidamente ou investem mais em pesquisa e desenvolvimento do que as empresas maiores e mais velhas. Todavia, comparativamente, os empreendedores contribuem para a geração de inovações de qualidade (citações em patentes) e comercializam mais as novidades.

Quanto à *produtividade*, encontraram que os empreendedores impactam menos na produtividade da mão de obra e na produtividade em geral. Entretanto, na comparação da taxa de crescimento de produtividade e de valor agregado, eles levariam vantagem.

As conclusões sobre *empregos* apontam que os empreendedores e as respectivas empresas dinâmicas oferecem mais empregos, em proporção ao seu tamanho. Mas, devido à dinâmica de fechamento de parte destas empresas, elas impactam na insegurança e instabilidade dos empregos. Entretanto, a longo prazo, criam efeitos positivos tanto nas menores e mais jovens empresas quanto nas outras, maiores e mais velhas.

O que sucede é que os empreendedores/empresas empreendedoras geralmente contratam pessoas com menor capital humano, pagam salários menores, oferecem menos benefícios e um horizonte mais inseguro. No entanto, comparativamente, seus empregados se sentem mais satisfeitos do que nas empresas maiores e mais velhas. E isto somente pode ser explicado por fatores intangíveis oferecidos pelas menores e mais novas empresas.

A *utilidade* refere-se à comparação em termos de nível salarial, desigualdade e volatilidade na remuneração e nível de satisfação com o trabalho. Tomando-se a média e a moda dos ganhos dos empreendedores, em geral, eles ganham menos ou empatam com os trabalhadores assalariados, e a variabilidade e incerteza nos seus ganhos é muito maior do que dos empregados. Ganhos maiores podem acontecer com empreendedores de casos muito específicos. Entretanto, os empreendedores se mostram mais satisfeitos, o que pode ser explicado por aspectos intangíveis como autonomia, maior tolerância a risco, mais otimismo e irracionalidade do que seus congêneres.

Entretanto, as empresas maiores e mais antigas também contribuem significativamente, visto que representam uma parcela importante do mercado de trabalho, com empregos mais seguros e menos passageiros, oferecendo remuneração mais elevada; contribuem para boa parte do PIB e desempenham um papel muito ativo na geração de inovações e na adoção delas. Assim, percebe-se que a resposta sobre o impacto provocado pelos novos empreendedores e as empresas nascentes e novas não é simples. Ele apresenta nuances e depende de qual aspecto se considera, o setor da atividade, o período de tempo e o tipo de impacto considerado. Mas pode-se concluir que, no balanço geral, exerce um impacto importante e interessante, tem um papel a cumprir, papel que se complementa e articula com os impactos proporcionados pelas empresas maiores.

Vejamos agora como está o nível de empreendedorismo no Brasil.

1.3. ATUALMENTE, COMO O BRASIL SE SITUA EM TERMOS DE EMPREENDEDORISMO?

O Brasil já participa, desde 1999, do estudo Monitoramento Global de Empreendedorismo (GEM). O relatório de 2015 mostrou que 39,3% dos pesquisados (entre 18 e 64 anos) estavam envolvidos com empreendedorismo (nascente, novo ou estabelecido — até 42 meses), formais ou informais. E apontou para um crescimento, sobretudo no estágio nascente. Extrapolando-se para toda a população, isto significava 52 milhões de pessoas envolvidas com empreendedorismo.

Entre os empreendedores iniciais, 52% deles estavam na faixa etária entre 18 e 34 anos. E praticamente 40% deles tinham escolaridade de segundo grau completo e incompleto (23%) a superior completo (17%).

Os dados também apontaram uma inflexão muito significativa: de 33% (2014) para 46% de empreendedorismo por necessidade; ou seja, aquele em que, por falta de emprego, a pessoa se vê empurrada para o empreendedorismo. Este estudo revelou que, em 2015, devido à crise econômica que afetou o país e fez recrudescer a taxa de desemprego (11,8%, totalizando 12 milhões de junho a agosto de 2016, segundo o IBGE, na Pesquisa Nacional por Amostra de Domicílios Contínua [PNA]), reverteu-se a tendência de ter-se, a cada ano, uma proporção maior de empreendedores que empreendiam por visualizar uma oportunidade. Mesmo que os que empreendem por oportunidade fossem ainda 56,5%, a redução foi bastante importante.

Quando o indivíduo empreende por necessidade, geralmente a sua ambição é menor do que quando empreende por oportunidade. Porque, usualmente, eles são menos preparados, têm habilidades menos desenvolvidas e esperam ganhar e crescer menos do que os empreendedores por oportunidade (GEDI, 2016, p. 20).

Uma outra forma de examinar como está o ambiente geral para empreender é por meio da pesquisa Global Entrepreneurship Index (GEDI), de 2016. Ela trabalha com um modelo do ecossistema empreendedor, levando em conta tanto a dinâmica empreendedora de erro e acerto, quanto as condições do quadro de referência empreendedor. Nela, o Brasil atingiu um índice de 26, se posicionando como 92º entre os 132 países participantes. Sendo, regionalmente, o 16º na América Latina e Caribe (entre 24 países).

Comparativamente às médias mundiais e regionais, o Brasil se saiu muito acima em percepção de oportunidade, em rede de relacionamento e de suporte cultural. Os piores pontos foram em internacionalização, inovação em produtos, capital humano, processo de inovação, alto crescimento, capital de risco, habilidades para iniciar uma startup e oportunidades de startup.

Deste modo, nossos resultados no GEDI revelam porque são mais raros os negócios realmente inovadores no Brasil. Não admira que o porte típico das empresas ativas brasi-

Parte I: Contexto e Algumas Tendências

leiras seja micro ou pequena, com pouca possibilidade de trazerem modelos de negócios inovadores ou terem condições de acesso às tecnologias inovadoras.

Mesmo que nos posicionemos com o entendimento de que o empreendedorismo signifique comportamento empreendedor, interessa, sobretudo quando se pensa em desenvolvimento econômico, examinar esta relação entre empreendedorismo e o número de empresas no país.

E nos deparamos com diferentes números, e a falta de unanimidade nos dados se deve ao fato de que diferentes bases de dados são utilizadas.

Ainda que se contabilize as empresas por seu número identificador, mudanças podem ocorrer: nas características, na estrutura das empresas e na dinâmica de criação e extinção de empresas. Ao menos parcialmente estas podem ser causas das contagens distintas, além das fontes de dados e das metodologias. Por exemplo, a demografia das empresas do IBGE (2013) não contabiliza os microempreendedores individuais (MEI) (explicamos na sequência). Assim, em 2013, o Cadastro Central de Empresas (Cempre) continha 4,8 milhões de empresas ativas que ocupavam 41,9 milhões de pessoas, sendo 35,1 milhões (83,6%) como assalariadas e 6,9 milhões (6,4%) na condição de sócio ou proprietário.

Entre as empresas, o regime jurídico MEI permite às pessoas que trabalhem por conta própria e faturem no máximo R$60 mil anuais seguir um esquema simplificado de formalização. Segundo o Portal do Empreendedor MEI, o total acumulado, até 15/10/2016, era de 6.383.828. Este número já era bem superior ao total de micro e pequenas empresas (MPE) de cerca de 4,8 milhões de empresas. Assim, se somarmos estas cifras, percebe-se que o Brasil possuía cerca de 11,2 milhões de micro e pequenas empresas. No entanto, este número pode ser ainda maior.

Há uma ferramenta e um site denominado Empresômetro. Esta ferramenta foi idealizada pelo Instituto Brasileiro de Planejamento e Tributação (IBPT), e utiliza diversas fontes oficiais para simular, em tempo real, o número das empresas ativas no país — entidades privadas e públicas — portadoras de Cadastro Nacional de Pessoa Jurídica (CNPJ). Inclui todos os tipos jurídicos, entidades privadas e públicas e matrizes e filiais.

Assim, segundo o Empresômetro, o número de empresas ativas atingia mais de 19,5 milhões, apontando crescimento em todos os setores, em relação a 2014. A maioria delas — 56% —, ou seja, 8,2 milhões, era MEI, sendo que o tipo sociedade empresária limitada contabilizava mais de 5,2 milhões, representando 28,5% do total.

No número total das empresas, a participação dos setores econômicos com maior prevalência é do setor de serviços — 48% —, seguido pelo comércio — 38% —, a indústria com pouco mais de 7%, o agronegócio com pouco mais de 4,5% e o financeiro com quase 1,3%.

Se analisados os números de empresas por atividade econômica, entre as 100 primeiras mais comuns, são raras as que, de fato, podem agregar inovação e novas tecnologias e crescer. Por exemplo: o desenvolvimento de programas de computador sob encomenda se situa na 100ª posição em número de empresas criadas, evidenciando que negócios com alto conhecimento agregado são abertos com menos frequência.

Entretanto, são bastante importantes. O Serviço Brasileiro de Apoio às Micro e Pequenas Empresas (Sebrae), em 2015, indicava que, em 2011, as MPEs representavam 27% do PIB, 99% do universo empresarial brasileiro, 52% dos empregos formais. E elas representam 60% do PIB em termos do total do Valor Adicionado, significando cerca de 570 bilhões de reais. Segundo o Cadastro Geral de Empregados e Desempregados (Caged), de 2011 a 2014, elas geraram 3,5 milhões de empregos.

1.4. MAS QUÃO FÁCIL É FAZER NEGÓCIOS NO BRASIL?

O comparativo global Doing Business, em sua edição de 2016, indica que o empreendedor encontra dificuldades para abrir e implantar um negócio novo no país. Entre os 189 países comparados, o Brasil se situou na 116ª posição, perdendo cinco posições desde o ano anterior. Especificamente a respeito dos procedimentos burocráticos para iniciar um negócio, o país ficou na 174ª posição, bem abaixo da média da América Latina e Caribe; e o Chile, neste aspecto, ficou classificado em 62º. Outros pontos críticos são: pagamento de impostos (refere-se aos procedimentos, não à quantidade de impostos), em que nos situamos na 178ª posição. A dificuldade para lidar com autorizações para construção nos colocou na 169ª, as providências para negócio com o exterior nos situaram em 145ª, e o registro de propriedade, em 130ª.

Segundo a opinião dos especialistas ouvidos no estudo Empreendedorismo no Brasil, em 2015, (GRECO, S. M. S. S. et al., 2015, p. 18), as políticas públicas são percebidas como um importante fator limitador por 54%. Assim, eles propõem que as melhorias das políticas governamentais para as MPEs deveriam abarcar iniciativas para simplificar a legislação trabalhista e tributária, a desburocratização de procedimentos administrativos e a oferta de programas visando estimular o empreendedor nas primeiras etapas de vida do negócio.

No entanto, apesar de estarmos ainda distantes da situação ideal, há que se reconhecer os avanços feitos recentemente na legislação federal, no sentido de melhorar as condições para as MPEs. A Lei Geral da Micro e Pequena Empresa foi instituída há dez anos, e assegura os direitos dos pequenos negócios. Por exemplo, porcentual de participação nas licitações públicas e tratamento diferenciado. De 2006 para cá, decretos, leis complementares e regulamentações foram feitos, no sentido de proporcionar tanto a desburocratização quanto a facilitação de condições mais justas de concorrência.

O Simples Nacional, para as micro e pequenas empresas, engloba em uma única guia o recolhimento de oito impostos IRPJ, CSLL, PIS/Pasep, COFINS, IPI, CPP, ICMS e ISS. No caso do MEI, este sistema engloba valores mensais fixos de três impostos — CPP, ICMS

Parte I: Contexto e Algumas Tendências

e ISS. Destaque-se que, em 2014, houve alteração do Simples Nacional, que adicionou centenas de atividades (incluindo atividades de profissionais de nível superior) ao regime tributário especial e facultativo.

Por outro lado, em 2016, leis complementares e os decretos instituíram novas alterações:

- Permissão de que o MEI utilize sua residência como sede do estabelecimento.

- A metodologia de apuração do imposto devido por optantes pelo Simples Nacional foi reorganizada e simplificada.

- Para pagamento das dívidas tributárias, houve ampliação para 120 prestações.

- A partir de 2018, os limites de faturamento anual dos optantes pelo Supersimples serão alterados para R$81 mil para os MEI, R$900 mil para as microempresas e para R$4,8 milhões para as empresas de pequeno porte.

- Procedimentos simplificados nas operações de exportação das MPEs optantes pelo Simples Nacional.

- Instituição e regulamentação dos investidores anjo, reconhecendo e possibilitando os investimentos e sociedade nas startups.

- Possibilidade de que o setor de bebidas (vinho, caninha e cerveja artesanal) optem pelo Simples Nacional.

- Setor de beleza poderá pagar aos diversos profissionais que nele trabalham um porcentual pela prestação de serviços.

Decerto que estas alterações acenam com facilitações, mas há ainda muito o que fazer em outras variáveis que afetam a vida do empreendedor e dos negócios. Entretanto, apesar das dificuldades, já destacamos anteriormente que a carreira do empreendedor é valorizada pelos brasileiros, e empreender é um dos principais sonhos dos brasileiros com idade entre 18 a 64 anos, faixa em que quase 40% estavam envolvidos com negócios. Entretanto, há muitos fatores que impactam em suas possibilidades de sucesso e de gerar negócios realmente inovadores e que causem alto impacto no desenvolvimento econômico.

1.5. QUAL É A POSSIBILIDADE DE OS NEGÓCIOS GERAREM ALTO IMPACTO?

Ante um cenário em que sobrevivem, no Brasil, apenas 75,6% das empresas (excluindo-se as MEI) após dois anos de criadas (Sebrae, 2013), fazer um negócio crescer é um desafio. E nem todos os empreendedores querem ou estão preparados para isto. O Estudo Endeavor e Sebrae (2014) aponta que mesmo entre os universitários, mais capacitados, com melhores condições de empreender por oportunidade, a maioria dos que já empreendiam pretendia ter pequenos negócios (17,4%), esperando não ter mais que 25 funcionários em cinco anos, e este porcentual caía para 11% entre os que esperavam empreender futuramente.

Portanto, pode-se inferir que seria muito menor a proporção de empreendedores que almejariam fazer o negócio crescer continuamente. Pois isto é uma tarefa extremamente desafiadora. Tarefa que apenas uma pequena parcela das empresas consegue cumprir: aquelas que provocam alto impacto econômico graças à utilização de modelos de negócio arrojados e escalonáveis, que incorporam inovação a seus produtos, serviços, processos ou marketing etc.

A Organização para a Cooperação e Desenvolvimento Econômicos (OCDE, Eurostat–OECD, 2007) utiliza o pessoal ocupado como parâmetro para classificação de empresas de alto impacto. Para ser assim classificada, a empresa precisa ter pelo menos dez pessoas ocupadas no ano inicial e crescer 20% ou mais por três anos consecutivos. As empresas que sustentam este ritmo de crescimento por cinco anos ou mais são denominadas empresas gazelas, em analogia a estes animais que chegam a correr à velocidade de até 80km/h.

Para verificar qual era o número destas empresas no país, a Endeavor Brasil desenvolveu uma pesquisa, em cooperação técnica com o Instituto Brasileiro de Geografia e Estatística (IBGE). Assim, em 2010, descobriram que as empresas de alto crescimento totalizavam 33.320. Como o crescimento contínuo (nos patamares indicados) é um fenômeno raro, no ano seguinte, 13.300 delas (39,9%) mostraram crescimento superior a 20% e, em 2012, este grupo já se reduzira a 5.730 (17,2%). Todavia, seu impacto era desproporcional, pois contratavam 1,8 milhão de pessoas, pagando R$39,6 bilhões. Assim, estas empresas de crescimento continuado, entre 2010–2012 ofertavam 3,3 milhões de postos de trabalho (33,5%) e se responsabilizavam por 36,4% dos salários.

Os dados da Demografia das Empresas IBGE, em 2013 (com dados até 31/12/2013), indicavam que as empresas de alto crescimento somavam 77.903 (1,7% do total), com 4.977.380 de pessoas assalariadas (16,7% do total), e que o total de empresas gazelas era de 23.644 (0,7% do total de empresas), que empregavam 1.356.485 pessoas (4,7%). Mais uma vez, mostrando a intensidade do impacto destas empresas.

Deve-se alertar que Henrekson e Johansson (2009) descobriram que empresas no setor de serviço, as novas e pequenas, estavam super-representadas entre as empresas gazelas, mais do que as empresas de alta tecnologia.

Isto pode se dar pelo fato de apresentarem modelos de negócios diferenciados, com agregação de inovação, atendendo às necessidades dos clientes, obtendo formas de financiar seu crescimento. Decerto que estes negócios também aliam outras condições para crescer: capital humano, rede de contatos, entre outras. Mas assegurar fontes de investimento e inovação é fundamental para a diferenciação e competitividade. Bem como de capacitação e até de mentoria para ajudá-las neste crescimento.

1.6. PORÉM, COMO O BRASIL SE SITUA NO QUE SE REFERE À INOVAÇÃO?

Em outro comparativo global, o Global Innovation Index (GII), 2016, o Brasil, com escore de 33,2, se classificou na 69ª posição entre 128 países. Regionalmente, é o 7º. E, em termos de eficiência (significa a razão entre subfatores de input e de output de inovação), nosso escore foi de 0,6, nos situando na 100ª posição.

Pontos fortes destacados foram: educação, qualidade das publicações científicas e a indústria de alta tecnologia. Um dos pilares mais fortes do Brasil em 2016 foi a sofisticação de negócios, em que é um dos mais altos no ranking de pagamentos por Internet Protocol (IP) (8º), tamanho do mercado interno (7º) e as despesas médias das três principais empresas globais de Investigação & Desenvolvimento (I&D) (17º).

Além dos pontos fracos já detectados no Doing Business, em 2016, apontaram vários outros gargalos:

- Em capital humano e pesquisa, os nossos resultados de leitura, matemática e de ciências na avaliação no Programme for International Student Assessment (Pisa), da OECD, nos situaram em 53ª posição. Ainda é baixa nossa porcentagem relativa de formados em Ciência e Engenharia (96ª) e o recebimento de alunos e professores universitários estrangeiros no país, em que nos situamos na 98ª posição.

- Na infraestrutura geral, a nossa formação bruta de capital nos colocou na 98ª posição.

- Em sofisticação de mercado, o fator em que pior nos situamos foi na taxa média ponderada das tarifas aplicadas, que nos jogou para a 103ª posição.

- Em sofisticação dos negócios, aparece em vínculos de inovação o item taxa por bilhão de negócios de *joint venture*, ou aliança estratégica, na 66ª posição.

- Em saída (output) de conhecimento e tecnologia, um dos fatores de impacto do conhecimento é a taxa de crescimento do produto interno bruto por pessoa empregada, em que ficamos na 85ª posição. Outro fator em bens e serviços criativos, quanto às gráficas e editoras, nos situamos na 74ª posição.

- Quanto ao desempenho do governo, o Brasil ocupa a 79ª posição em eficiência governamental, atrás de países como Rússia e México; porém, apresenta-se como o 49º país com maior presença de serviços públicos online.

Deste modo, o relatório constata que, especialmente para o Brasil, é extremamente importante que se supere estes gargalos, bem como as dificuldades econômicas e políticas para que se tenha uma definição estratégica para a inovação, assumindo compromissos e resultados a perseguir a longo prazo. Deste modo, diminuiríamos os deficits tecnológicos que o país produz.

Para se ter ideia do que nos tem custado a não agregação de mais tecnologia aos produtos industrializados, existe uma classificação, utilizada pela OCDE, que divide os produtos em quatro categorias segundo a intensidade de conhecimento e de tecnologia agregada: de baixa intensidade (exemplos, alimentos, papel para impressão) até alta intensidade (exemplos, produtos farmacêuticos, eletrônicos, aeroespaciais, computadores etc.). Até 2013, havia um esforço conjunto entre a Sociedade Brasileira de Pró-Inovação Tecnológica (Protec) e a Rede de Entidades Tecnológicas Setoriais (RETS), que media, na balança comercial brasileira (exportações e importações), o deficit provocado no país pela menor intensidade de agregação tecnológica. Havíamos atingindo a cifra de US$93 bilhões de dólares, valor que crescera em 12,5% em relação ao ano de 2012. Ou seja, isto representa um grande sinal de alerta, pois indica a necessidade de o Brasil intensificar seus esforços na direção da geração e implementação de inovação em todos os setores. Caso contrário, pagaremos cada vez mais pela inovação e tecnologia agregadas em produtos e serviços gerados no exterior.

Cabe aqui perguntar se os nossos potenciais e atuais empreendedores estão preparados para isto. E, especialmente, como a educação superior e os universitários podem contribuir para diminuir este deficit de inovação e, sobretudo, de negócios promissores e de alto impacto.

Como o foco deste livro é a EE no nível superior, vale apresentar um resumo do que este setor representa em termos de número de vagas, alunos matriculados, cursos mais procurados e modalidades.

1.7. QUAIS SÃO OS DADOS SOBRE O ENSINO SUPERIOR NO BRASIL?

Segundo o Semesp (Sindicato das Mantenedoras de Ensino Superior), o número de Instituições de Ensino Superior (IES) no Brasil esteve em constante ascensão nos últimos 13 anos, com um crescimento total de 102,6%; sendo 108,2% nas IES privadas e 71% nas públicas. No entanto, em 2013, o setor da educação de nível superior decresceu cerca de 1%, totalizando 2.391 instituições: 2.090 IES privadas e 301 públicas.

Em 2015, os matriculados no nível superior atingiram o total de 8.033.574, superando os alunos matriculados no ensino médio. Estes dados são do Censo da Educação Superior 2015, divulgados pelo Instituto Nacional de Estudos e Pesquisas Educacionais Anísio Teixeira (Inep). E, em relação a 2014, apresentou um crescimento de 2,5%. A maior parte dos alunos estuda em instituições privadas — 87,5% contra 12,5% nas públicas.

A maioria dos estudantes está matriculada em cursos de bacharelado (68,7%), seguidos pela licenciatura (18,3%) e cursos tecnológicos (12,6%). Os cursos de graduação com maior número de estudantes matriculados em 2015 são direito, administração e pedagogia.

Parte I: Contexto e Algumas Tendências

As matrículas na graduação da educação presencial (6.633.545) superam muito as da educação a distância (1.393.752). Entre 2014 e 2015, as matrículas nessa modalidade cresceram 3,9%. Assim, o número de alunos na modalidade a distância vem crescendo, e representa uma participação de 17,4% no total de matrículas da educação superior. Em 2013, enquanto o crescimento do ensino a distância (EAD) na rede privada alcançou 7,2%, na rede pública, a queda chegou a 14,9%. O curso de pedagogia liderou a procura, com um total de 262,9 mil matrículas. Os cursos tecnológicos presenciais de gestão de pessoal/recursos humanos e de gestão e logística se destacaram entre os mais procurados no período de 2012 a 2013. Com relação aos cursos tecnológicos de nível superior, de 2009 a 2013, as matrículas tiveram um aumento de 26,4%.

Mas observou-se uma desaceleração nas matrículas, havendo dificuldade em ocupar todas as vagas. Assim, 5,6 milhões ficaram ociosas em 2015, segundo o Censo da Educação Superior, tanto na rede pública quanto na privada (5.377.580 na privada). Este decréscimo pode ser atribuído à crise econômica e à menor oferta de financiamento pelo FIES, devido às novas regras impostas pelo Ministério de Educação e Cultura favorecendo a formação de profissionais nas áreas de engenharia, saúde e educação, à elevação da taxa de juros e às restrições orçamentárias. Houve uma queda superior a 50% no número de novos contratos ainda em 2015.

Por outro lado, segundo o Censo da Educação Superior do MEC, em 2013, a taxa de evasão anual dos cursos presenciais atingiu o índice de 24,9%, sendo 17,8% na rede pública e 27,4% na privada. Nos cursos EAD, o índice chegou a 28,8%, sendo 25,6% na rede pública e 29,2% na privada.

Mesmo ante o decréscimo de matrículas, há um enorme contingente de pessoas que representa um potencial imenso, uma reserva de capital humano a ser adicionado à sociedade e à economia. Ainda mais se suas competências forem desenvolvidas adequadamente, ampliando-se sua visão de possibilidades de carreira, e se aos universitários forem possibilitadas oportunidades de testar seu potencial empreendedor.

Por outro lado, o Mapa do Ensino Superior, de 2015, mostra que 18,5% dos 49 milhões de trabalhadores empregados com carteira assinada têm nível superior completo. Parece que, especialmente em época de crise, pelo menos parte dos universitários teria que empreender. Entretanto, mesmo que a EE, no país, ainda se concentre na educação universitária, 57,9% dos alunos respondentes à pesquisa GUESSS Brasil, de 2013–2014, não tinham feito qualquer disciplina de empreendedorismo. Contudo, é grande o interesse deles pela carreira empreendedora, como vimos anteriormente, e eles apresentam diversas motivações para segui-la. Mas como eles próprios percebem a sua capacitação para empreender?

1.8. NOSSOS UNIVERSITÁRIOS ESTÃO PREPARADOS PARA EMPREENDER?

A maioria dos universitários — 58% — respondentes ao estudo GEM Brasil, de 2015, potenciais empreendedores, achava que tinha conhecimento, habilidade e atitudes necessárias para iniciar um novo negócio. Pode até ser que sim. Mas fica a dúvida sobre o tipo e o porte de negócios para os quais estariam de fato preparados, se não estariam superestimando sua capacitação, e se estariam preparados para inovar.

Por outro lado, há outros indicativos preocupantes: no estudo GUESSS, com 25.000 estudantes amostrados, Lima Lopes, Nassif e Silva (2015a) observaram uma *relação negativa da EE com a intenção de empreender e a autoeficácia*[5] *empreendedoras*. O que levanta dúvidas até sobre a qualidade da EE que está sendo oferecida no Brasil. A má qualidade impõe um grave risco, pois pode afetar negativamente o potencial empreendedor dos jovens.

Shane (2009) alerta que mais do que ampliar a quantidade de novas empresas, o que se precisa é melhorar a qualidade das startups geradas, e que é importante estimular a criação de negócios/empresas capazes de crescer e gerar alto impacto.

Ora, no esforço de maior agregação de inovação, os novos empreendedores, as novas empresas ou os novos negócios (podem ser sociais) podem contribuir. Bem como as universidades e faculdades, pois são geradoras de conhecimento e de tecnologia que podem ser agregados em startups ou em empresas abertas por alunos. Ou podem ajudar as empresas e os negócios da região, ao resolver os seus problemas.

Podemos inferir que existe a necessidade e a oportunidade de que as IES participem deste esforço. Assim, podem contribuir com a oferta de programas e iniciativas de EE de qualidade, com apoio para a transferência e aproveitamento do conhecimento e da tecnologia gerados, com estímulos para a inovação, com a criação de formas e ambientes para desenvolvimento de ideias em startups, com a oferta de mentoria e supervisão de professores, com acesso a recursos existentes, com maior inserção na comunidade e interação com empresas e outros agentes, e, sobretudo, através de um maior protagonismo em seu posicionamento.

No capítulo seguinte, expomos um panorama sobre a educação para o empreendedorismo.

---

[5] Conceito psicológico introduzido por Albert Bandura (1982). Tem a ver com a convicção da pessoa de que tem capacidade para lidar com os problemas e situações, que tem valor e potencialidades. Pode ser tanto positiva quanto negativa.

Parte I: Contexto e Algumas Tendências

1.9. REFERÊNCIAS BIBLIOGRÁFICAS

AHN, S. *Firm Dynamics and Productivity Growth: A Review of Micro Evidence from OECD Countries.* OECD Economics Department Working Paper NO. 297,OECD, Paris: 2001.

BRASIL. Portal do Microempreendedor Individual. Disponível em: http://www.portaldoempreendedor.gov.br/estatistica/lista-dos-relatorios-estatisticos-do-mei. Acesso em: 30/11/2016.

COMMISSION OF THE EUROPEAN COMMUNITIES. *Proposal for a Recommendation of the European Parliament and of the Council on Key Competences for Lifelong Learning.* Brussels: 2005. COM(2005)548 final. Disponível em: http://www.cedefop.europa.eu/en/news-and-press/news/proposal-recommendation-key-competences-lifelong-learning. Acesso em: 23/08/2016.

EUROESTAT. *Entrepreneurship determinants: culture and capabilities.* European Union: 2005.

EUROPEAN COMMISSION. *Effects and impact of entrepreneurship programmes in higher education.* Entrepreneurship Unit Directorate-General for Enterprise and Industry. B-1049 Brussels, 2012.

GRECO, S. M. S. S. et al. *Empreendedorismo no Brasil 2015 — GEM* (Global Entrepreneurship Monitor). Disponível em: http://www.bibliotecas.sebrae.com.br/chronus/ARQUIVOS_CHRONUS/bds/bds.nsf/c6de907fe0574c8ccb36328e24b2412e/$File/5904.pdf. Acesso em: 17/08/2016.

HENREKSON, M. AND JOHANSSON, D.*Gazelles as Job Creators — A Survey and Interpretation of the Evidence.* Stockholm, Sweden: IFN Working Paper No. 733, 2008. Disponível em: http://www.ifn.se/Wfiles/wp/wp733.pdf. Acesso em: 14/08/2016.

IBGE. *Demografia das empresas: 2013 / IBGE*, Coordenação de Metodologia das Estatísticas de Empresas, Cadastros e Classificações. Rio de Janeiro: IBGE, 2013. 4 p. Estudos e pesquisas. Informação econômica, ISSN 679-480X; n. 25.

_____. *Estatísticas de empreendedorismo: 2012.* Rio de Janeiro: IBGE, 2014. 87 p. Estudos e pesquisas. Informação econômica, ISSN 1679-480X; n. 24.

INSTITUTO BRASILEIRO DE PLANEJAMENTO E TRIBUTAÇÃO. IBPT, 2016. *Empresômetro.* Disponível em: http://www.empresometro.com.br/site/inicio. Acesso em: 02/10/2016.

JORNAL CONTÁBIL. *Registro de MEIs supera abertura de micro e pequenas empresas abertas no Brasil*, 2016. Disponível em: http://www.jornalcontabil.com.br/registro-de-meis-supera-abertura-de-micro-e-pequenas-empresas-abertas-no-brasil/. Acesso em: 14/10/2016.

LIMA, E., LOPES, R. M., NASSIF, V., & SILVA, D. Opportunities to improve entrepreneurship education: Contributions considering brazilian challenges.*Journal of Small Business Management*, 53(4), 1033–1051, 2015a.

_____. *Educação Superior em Empreendedorismo e Intenções Empreendedoras dos Estudantes* –Relatório do Estudo GUESSS Brasil 2013–2014. Grupo de Estudo sobre Administração de Pequenas Organizações e Empreendedorismo (Apoe), PPGA-Uninove. Caderno de pesquisa, n. 2014-03. São Paulo: Grupo APOE. 2014.

NYSTRÖM, K. *Economic growth and the quantity and quality of entrepreneurship.* The Royal Institute of Technology e The Royal Institute of Technology, 2009. Disponível em: http://entreprenorskapsforum.se/wp-content/uploads/2009/12/pdf_ungtpris_K_Nystrom.pdf. Acesso em: 12/11/2016.

SEBRAE. *Sobrevivência das empresas no Brasil*. Coleção estudos e pesquisas. Brasília: Sebrae, Unidade de Gestão Estratégica, 2013.

_____. *Participação das Micro e Pequenas Empresas na Economia Brasileira. Relatório executivo.* Fevereiro/2015. Sebrae, 2015.

SHANE, S. Why encouraging more people to become entrepreneurs is bad public policy. *Small Busines Economics*. August, Volume 33, Issue 2, pp 141–149, 2009. Disponível em: http://link.springer.com/article/10.1007/s11187-009-9215-5. Acesso em: 27/11/2015.

STEVENSON, H. *A Perspective On Entrepreneurship*. Harvard Business School Working Paper 9-384-131, 1983.

STEVENSON, H. & J. JARILLO. A New Entrepreneurial Paradigm, in A. Etzioni and P. R. Lawrence (eds.), *Socioeconomics: Toward a New Synthesis*, M.E. Sharpe, Inc., New York. 1991.

VAN PRAAG, C. M., & VERSLOOT, P. H., *What Is the Value of Entrepreneurship? A Review of Recent Research*. Discussion Paper Series. Institute for the Study of Labor, IZA DP No. 3014, august 2007. Disponível em: http://ssrn.com/abstract=1010568. Acesso em: 10/08/2016.

WENNEKERS, S. Entrepreneurship at Country Level — Economic and Non-economic Determinants. Erasmus Research Institute of Management (ERIM). RSM Erasmus University / Erasmus School of Economics; *ERIM Ph.D. Series Research in Management*, 81 ISBN-10: 90-5892-115-8; ISBN-13: 978-90-5892-115-4, 2006. Disponível em: http://www.erim.eur.nl. Acesso em: 10/11/2016.

CAPÍTULO 2

PANORAMA SOBRE A EDUCAÇÃO PARA O EMPREENDEDORISMO

Rose Mary Almeida Lopes
Edmilson de Oliveira Lima[1]
Vânia Maria Jorge Nassif[2]

S em dúvida, nesta última década, o panorama da educação para o empreendedorismo avançou no Brasil. Ganhou tração, assim como fora do país. Esta disseminação não se mede apenas em quantidade, mas também na diversidade de iniciativas proporcionadas tanto no sistema educacional formal quanto nas atividades estruturadas e oferecidas pelas mais diversas organizações da sociedade civil.

Este tema se tornou frequente e importante. Revistas, congressos, teses e repositórios da internet mostram considerável aumento do interesse pelo tema no país, principalmente nos últimos cinco anos. Razões para este interesse pelos diferentes agentes da sociedade são várias. Desde a crença de que este tipo de educação proporciona o desenvolvimento de competências importantes para os indivíduos no especial estágio da sociedade do conhecimento, ou permite que, especialmente nos casos dos jovens, estes estejam melhor preparados para outras opções de carreira que não a de ser empregado em organizações criadas e dirigidas pelos outros. Ajuda-os a alargar as possibilidades de carreira para incluir: o autoemprego, iniciar o próprio negócio, ser intraempreendedor dentro de uma organização, fundar/participar de um projeto ou negócio social e até desenvolver uma perspectiva mais empreendedora da própria vida e inserção na sociedade.

Razões mais pragmáticas apontam para a necessidade de se estimular o desenvolvimento econômico. Ainda mais em um contexto de crise, em que o número de desempregados cresce e as oportunidades de emprego encurtam, mesmo para o segmento de jovens mais capacitados, como é o caso dos universitários. Daí que ajudá-los a desenvolver uma perspectiva mais ampla de suas carreiras, estimular uma mentalidade empreendedora e capacitá-los nessas competências são alternativas para prepará-los para a sociedade do

---

[1] Programas de pós-graduação em administração (mestrado e doutorado) e de mestrado profissional em gestão do esporte da Universidade Nove de Julho (Uninove–SP).

[2] Programa de pós-graduação em administração e de mestrado profissional em administração e gestão do esporte da Universidade Nove de Julho (Uninove–SP).

conhecimento e também para contextos mais incertos. Esta é uma contribuição muito importante da educação empreendedora (EE).

Assim, neste capítulo, aborda-se o que é a educação empreendedora (EE), o que são as competências empreendedoras, os impactos da oferta da EE pelas IES, estratégias para a promoção da EE e formas de inserção da EE nos currículos das IES, abordagens e metodologias para EE e formação de professores de EE.

2.1. O QUE É EDUCAÇÃO EMPREENDEDORA OU ENSINO DE EMPREENDEDORISMO?

No Brasil, geralmente, temos mais informações sobre os esforços realizados nos EUA a respeito do incentivo ao empreendedorismo nas escolas e universidades. Naquele país, menciona-se que o primeiro curso de empreendedorismo foi oferecido em 1927, pela Universidade de Michigan (que hoje oferece 59), e que a Universidade de Harvard ofereceria o seu primeiro curso em 1947 (hoje oferece 28).

A educação para o empreendedorismo (EE) floresceu nos EUA, em que há muitos anos existem sistemas de classificação das escolas, tanto as de graduação quanto as de pós-graduação, a respeito da promoção da EE e da oportunidade de desenvolver experiências práticas de empreendedorismo, ainda enquanto aluno. Ver a este respeito, por exemplo, as classificações nos sites: Entrepreneur, CollegeChoice, U.S. News & World Report, Best Masters e Forbes.

Queremos adicionar aqui a visão da Comunidade Europeia (CE). Esta enfatizou a importância da educação empreendedora (EE) em 2003 e, desde então, vem trabalhando com o tema, pois entende que o empreendedorismo é a chave para o desenvolvimento econômico e social dos países. Neste sentido, vem impulsionando estudos, iniciativas, levantando e difundindo as melhores práticas, além de estimular os países-membros a inserir a EE em suas estratégias e políticas.

Para balizar os seus membros tanto no entendimento do assunto quanto para orientar seus esforços, um grupo de trabalho temático da CE elaborou uma definição comum, que apresenta um foco duplo. Inicialmente, focaliza o desenvolvimento propriamente dito das competências empreendedoras, integrando os conhecimentos, as habilidades e as atitudes que permitiriam colocar as ideias em ação. E, em um segundo aspecto, enfatiza que o empreendedorismo vai além dos desejados impactos econômicos por meio da criação de novos negócios e empresas, pois abarca a ação criativa e inovadora que pode acontecer em todas as áreas da vida e da sociedade, tanto em novas iniciativas e projetos, quanto dentro das organizações já existentes, ou seja, quando o indivíduo se comporta de modo intraempreendedor.

Propôs-se, então, a seguinte definição: "EE se refere ao desenvolvimento de habilidades e do espírito empreendedor pelos aprendizes, de modo que se tornem capazes de transformar ideias criativas em ação." Esta ação sobre oportunidades e ideias leva à sua transformação em valor, de uma forma ampla, financeira, cultural ou social, ou até um híbrido destes aspectos (FFE-YE, 2012). Enfatiza-se que é uma competência-chave, transversal e aplicável pelas pessoas, grupos e organizações a quaisquer situações e contextos (BACIGALUPO, KAMPYLIS, PUNIE & VAN DEN BRANDE, 2016, p. 12) e suporta o desenvolvimento pessoal, cidadania ativa, inclusão social e empregabilidade.

Alertam que quanto mais cedo esta educação for oferecida, melhor, pois na educação no ensino fundamental é que se forma a mentalidade empreendedora, e, no nível superior, o principal objetivo da EE seria o de desenvolver as habilidades empreendedoras (EUROPEAN COMMISSION, 2012, p. 44).

O mesmo relatório da Comissão Europeia (2012, p. 45) indica que, pelo menos, um dos seguintes elementos devem constar na educação para que ela seja considerada empreendedora:

1. Estimular atitudes e habilidades como iniciativa, criatividade, assumir risco, independência, autoconfiança, planejar para atingir objetivos, dentre outras, que são básicas da mentalidade ou comportamento do empreendedor.

2. Ampliar a consciência dos alunos sobre as possibilidades de carreira como autônomo (autoemprego) e empreendedor.

3. Utilizar metodologias práticas em que os alunos se engajem em projetos ou atividades fora dos limites da instituição de ensino, vinculando-os com a comunidade local ou o mundo dos negócios.

4. Desenvolver habilidades básicas de negócios, conhecimentos sobre como abrir e desenvolver atividades comerciais ou sociais e instrumentalizar os alunos para criar o próprio emprego ou se autogerirem.

Em outro documento (2012, p. 43), destacam-se três elementos:

1. **Conhecimento**: significa aprender/entender sobre empreendedorismo.

2. **Habilidades empreendedoras**: significam aprender a se tornar empreendedor.

3. **Atitudes**: corresponderiam a aprender a ter mentalidade ou espírito empreendedores.

O conjunto destes elementos se expressa em processo e comportamento. O processo empreendedor é apresentado em quatro etapas: intenção, busca de oportunidade e descoberta, decisão de explorar a oportunidade e a exploração dela. Estas etapas correspondem aos comportamentos de proatividade (procurar e estabelecer objetivos ativamente), inovação (buscar a oportunidade, lidando e apreciando a incerteza), mudança (assumir comportamentos de risco, tendo flexibilidade para lidar com os desafios) e ação (assumir a responsabilidade de forma independente, solucionar problemas e conflitos criativamente, convencer os outros e ter comprometimento em fazer as coisas acontecer). Percebe-se aqui

Parte I: Contexto e Algumas Tendências

que a visão do processo empreendedor é linear. E que os comportamentos referem-se a diversas competências.

Ora, todo o esforço da educação para o empreendedorismo é no sentido de ampliar a visão de possibilidades de carreira, como de estimular e favorecer o desenvolvimento da mentalidade e o comportamento empreendedores, que são expressões das competências empreendedoras. Cotidianamente, estas competências são mencionadas sem um exame conceitual mais apurado, o que propomos fazer agora.

2.2. COMPETÊNCIAS EMPREENDEDORAS

Vamos nos apoiar nos resultados de um estudo aprofundado e complexo, que envolveu diversas etapas, muitos especialistas e organizações, para oferecer um quadro referencial de competências. Este relatório, também uma iniciativa da Comissão Europeia, com autoria de Bacigalupo, Kampylis, Punie e Van den Brande, foi publicado em 2016.

Estes autores alertam que a competência empreendedora é relevante e transversal ao longo do processo de aprendizagem, durante toda a vida, em todas as disciplinas de aprendizagem e formas de educação e treinamento — formais e informais —, e contribuem para o espírito ou o comportamento empreendedor, com ou sem objetivos comerciais.

Conceituam a competência empreendedora como a capacidade de transformar ideias e oportunidades em ação, lançando mão de recursos que podem ser controlados ou não pelo indivíduo. Estes recursos podem ser: pessoais (motivação, consciência de si mesmo, autoeficácia, autoconceito, perseverança etc.); materiais (dinheiro, investimentos, máquinas, equipamentos, ferramentas, instalações, matérias-primas, materiais etc.) e não materiais (pessoas, conhecimentos, atitudes ou habilidades específicas, rede de relacionamentos, dentre outras) (BACIGALUPO, KAMPYLIS, PUNIE e VAN DEN BRANDE, 2016, p. 10).

Assim, o quadro referencial abreviado pela EntreComp divide as competências em três áreas:

1. **Ideias e oportunidades.**
2. **Recursos.**
3. **Ação.**

Por sua vez, cada área se subdivide em cinco competências, que são entendidas evoluindo em uma progressão de oito níveis. Daí que o quadro final abarca o total de 442 resultados de aprendizagem (BACIGALUPO, KAMPYLIS, PUNIE E VAN DEN BRANDE, 2016, p. 5). Resultados de aprendizagem são frases afirmativas do que se espera que "o aprendiz saiba, entenda e seja capaz de fazer ao completar a aprendizagem" (GONZÁLEZ, WAGENAAR, 2003, apud CEDEFOP, 2009, p. 17).

Este quadro referencial — EntreComp — serve como base de consulta, referência e inspiração para todos os agentes responsáveis por planejar programas, ações e atividades nos contextos educacionais ou nas diferentes formas de aplicação.

Descrevemos agora estas três áreas e as respectivas competências que elas compreendem (BACIGALUPO, KAMPYLIS, PUNIE e VAN DEN BRANDE, 2016, p. 12–13).

1. A área de **ideias e oportunidades** se subdivide em:
   - *Identificação de oportunidades*: uso da imaginação e das habilidades para identificar oportunidades de criação de valor.
   - *Criatividade*: desenvolver ideias criativas com um propósito.
   - *Visão*: trabalhar em prol da própria visão de futuro.
   - *Maximização do valor das ideias*: extrair o melhor das ideias e das oportunidades imaginadas ou identificadas.
   - *Pensamento ético e sustentável*: acessar o impacto das ideias, das oportunidades e das ações a longo prazo e agir de modo responsável.

2. A área de **recursos** envolve:
   - *Consciência de si e autoeficácia*: tem a ver com acreditar em si mesmo e nas próprias capacidades, mas mantendo-se em constante desenvolvimento.
   - *Motivação e perseverança (resiliência)*: permanecer focado nos objetivos e não desistir.
   - *Mobilização de recursos*: angariar/buscar e administrar os recursos necessários.
   - *Conhecimentos básicos sobre finanças e economia*: desenvolvimento de know-how financeiro e econômico.
   - *Mobilização de pessoas/terceiros*: inspirar, entusiasmar e fazer com que outros adiram/embarquem no projeto.

3. A área de **ação** abarca as seguintes competências:
   - *Tomar iniciativa*: iniciar o processo, independentemente, assumindo o desafio.
   - *Planejamento e administração*: priorização, organização e acompanhamento das prioridades e dos planos.
   - *Lidar com a incerteza*: tomar as decisões necessárias ante às incertezas, ambiguidade e risco.
   - *Trabalhar com os outros*: formação de equipe, colaboração e rede de relacionamento.
   - *Aprender com a experiência*: aprender fazendo, mas retirando as lições dos resultados positivos e negativos.

Portanto, o quadro referencial pode ser entendido como composto por 15 blocos que estão intimamente relacionados. Entretanto, as competências indicadas nas áreas não se relacionam com as outras. Cabe alertar que as competências podem ser desenvolvidas em diferentes níveis por determinado indivíduo. Mas a competência empreendedora seria a expressão de todas as áreas juntas.

É importante esclarecer que não há nenhuma hierarquia entre estas áreas e competências, e que tampouco implicam em sequência de aprendizagem. Mas a progressão do desenvolvimento destas competências envolve dois aspectos:

1. O desenvolvimento da própria autonomia e da capacidade de assumir a responsabilidade de agir e criar valor sobre as ideias e as oportunidades.

2. A pessoa se tornaria sucessivamente mais capaz de gerar valor desde as situações e ambientes mais simples e previsíveis até os ambientes e as situações cada vez mais complexos e incertos.

Deste modo, o desenvolvimento das competências se faz progressiva e transversalmente no sentido de atingir níveis subsequentes, em quatro patamares: fundamental, intermediário, avançado e especialista. Há que se considerar que esta evolução é um processo de aprendizagem ao longo das diferentes etapas da vida. Segundo este modelo, na evolução da autonomia, a pessoa parte do nível fundamental em que precisa do apoio de pessoas e organizações externas para gerar valor, e progride de modo que prescinde cada vez mais destes apoios externos, até que, no nível avançado, já se torna totalmente responsável por transformar suas ideias, sonhos e projetos em ação. No último nível, de especialista, o valor gerado tem maior impacto, e a pessoa se transforma em uma referência para o seu entorno. Trata-se, portanto, de um nível muito acima da média e muito relacionado ao contexto, por isso os seus descritores não são retratados no quadro referencial.

Para que se tenha uma ideia de como esta evolução do nível de competências é retratada nos descritores (resultados de aprendizagem), apresentamos um exemplo de competência de cada área, em três níveis de desenvolvimento.

ÁREA: IDEIAS E OPORTUNIDADES — COMPETÊNCIA: IDENTIFICAÇÃO DE OPORTUNIDADE		
NÍVEL FUNDAMENTAL	**NÍVEL INTERMEDIÁRIO**	**NÍVEL AVANÇADO**
Os aprendizes (alunos de quaisquer níveis de ensino, empregados, candidatos a emprego, cidadãos ou empreendedores) conseguem encontrar oportunidades para gerar valor para os outros.	Os aprendizes conseguem reconhecer oportunidades relacionadas às necessidades das pessoas (ou consumidores) que ainda não foram atendidas.	Os aprendizes agarram e modelam a oportunidade respondendo aos desafios de criar valor para os outros.

ÁREA: RECURSOS — COMPETÊNCIA: CONSCIÊNCIA DE SI E AUTOEFICÁCIA		
Nível fundamental	**Nível intermediário**	**Nível avançado**
Os aprendizes confiam em suas habilidades para gerar valor para os outros.	Os aprendizes conseguem extrair o máximo de seus pontos fortes e fracos.	Os aprendizes compensam seus pontos fracos estabelecendo equipe ou parceria com outros e desenvolvendo mais seus pontos fortes.

ÁREA: AÇÃO — COMPETÊNCIA: TOMANDO A INICIATIVA		
Nível fundamental	**Nível intermediário**	**Nível avançado**
Os aprendizes se dispõem a cooperar com a solução de problemas que afetam suas comunidades.	Os aprendizes iniciam atividades de criação de valor.	Os aprendizes buscam oportunidades para tomar a iniciativa para agregar ou gerar valor.

Quadro 2.1: Exemplos de competências.

Fonte: adaptado de Bacigalupo, Kampylis, Punie & Van den Brande (2016, p. 18 e 19).

Este quadro referencial não é normativo. Tampouco se espera que a pessoa desenvolva todas as competências em todas as áreas no maior nível de proficiência possível. Mas cabe lembrar que este quadro tem o propósito de ajudar e orientar o planejamento de atividades e de currículo no setor educacional formal; assim, nortearia o planejamento das atividades de aprendizagem de modo a estimular as competências. E, também no setor informal, no desenho de programas de treinamento para o estímulo de determinadas competências.

Este quadro serve de base para orientar a concepção do ambiente de aprendizagem, na escolha das diferentes abordagens pedagógicas ou metodologias, bem como as formas de avaliação dos resultados, permitindo desenvolver indicadores de desempenho ligados aos objetivos educacionais específicos e adequados ao contexto.

Incentiva-se que este quadro referencial seja testado, adaptado e utilizado nos mais diferentes contextos.

Independentemente do quadro referencial adotado no que se refira às competências empreendedoras, sempre se coloca a questão: quais os efeitos provocados pelos programas e cursos de empreendedorismo? Então, vamos tratar deste assunto na próxima seção.

2.3. IMPACTO DA OFERTA DE EE PELAS IES

Os resultados advindos das ofertas de EE são extremamente importantes para nortear as decisões dos diferentes agentes. Todavia, dependem de formas de monitoramento e

Parte I: Contexto e Algumas Tendências

de avaliação dos resultados, sobretudo a médio e longo prazos. Vários pesquisadores e organizações têm apontado que a avaliação dos efeitos da EE tem sido relegada, ou que os estudos desenvolvidos dificilmente atendem ao rigor acadêmico recomendado. E, por vezes, mostram resultados contraditórios, como no estudo GUESSS Brasil,[3] com 25 mil estudantes respondentes, em que Lima, Lopes, Nassif e Silva (2015) notaram uma relação negativa da EE com a intenção e a autoeficácia empreendedoras.

Este tema já foi discutido em profundidade em Lopes (1999), em que mencionamos que, na área de avaliação de ações de educação e treinamento, uma referência clássica é Kirpatrick (1987) que indica a avaliação em quatro níveis em ordem crescente de complexidade: reação, aprendizagem, comportamento e resultados, e Fayolle (2008), que sugeriu adaptar este modelo para a área de treinamento e EE.

Ben Nasr & Boujelbene (2014) sugerem avaliar estes impactos em quatro dimensões: na competência-chave empreendedora, nas intenções de empreender, na empregabilidade do aluno e na sociedade/economia.

Além disto, frequentemente as pesquisas existentes apresentam falhas, como período de tempo curto, amostras viesadas (sem medir, por exemplo, a intenção anterior do aluno ou sua predisposição) e/ou pequenas, falta de grupo de controle, mistura de empreendedores que se dedicam integralmente com os que têm dedicação parcial, baseadas quase que totalmente em autoavaliação, e que os tratamentos estatísticos, quando muito, são descritivos. Poucas pesquisas apresentam um quadro teórico do qual derivam as hipóteses.

Assim, um estudo da Euroestat, da União Europeia (2012), alerta que ainda existem poucas avaliações dos cursos e programas educacionais de empreendedorismo, o que está em franco descompasso tanto com o número de iniciativas, quanto do volume de dinheiro investido. E já não seria sem tempo ter-se um sistema e formas padronizadas de avaliação.

Entretanto, alertam que a recomendação do rigor conflita com outras necessidades, como a de se ter metodologias de avaliação que não sejam caras, muito demoradas ou difíceis de ser aplicadas. Recomendações que tornariam impeditivas a replicação, tanto no tempo, como em vários países. Os indicadores como os instrumentos deveriam ser focados e relativamente curtos para favorecer maior alcance em termos de respondentes, de realização de estudos longitudinais e de comparações multinacionais. Só assim se teriam bases de dados suficientes para se ter confiabilidade. Decorre daí a necessidade de desenvolver indicadores específicos. No entanto, dado que se tem uma gama de programas com objetivos de aprendizagem e públicos diferentes, o que se pode almejar é desenvolver uma variedade de indicadores e recomendações para sua aplicação. E procurar avaliar os

---

[3] A sigla GUESSS refere-se a *Global University Entrepreneurial Spirit Students' Survey*. É um estudo multinacional do qual o Brasil faz parte, que pesquisa sobre o espírito, as atividades e a intenção de empreender dos estudantes universitários, bem como as condições de ensino e apoio às atividades empreendedoras dos alunos de graduação e pós-graduação, de todos os cursos das IES de que participam.

impactos tanto no nível do conhecimento sobre empreendedorismo quanto no das competências empreendedoras — atitudes, habilidades e comportamentos. Consequentemente, a Comissão Europeia (2012) recomenda que os países-membros deveriam trabalhar no sentido de todos seguirem um mesmo quadro referencial para avaliar o efeito das ações de EE. Deste modo, indicam que este impacto deveria ser analisado em quatro níveis:

- Na intenção de empreender.
- Nas principais competências empreendedoras.
- Na empregabilidade do ex-aluno.
- No nível da economia e da sociedade.

Já se pode adiantar que é mais frequente a avaliação no plano das intenções de empreender; por exemplo, a percepção destes alunos em sua intenção de carreira entre o momento da graduação e um prazo posterior de cinco anos, como no estudo GUESSS Brasil, já mencionado. Geralmente, as pesquisas empíricas sustentam que cursos de EE afetariam positivamente a intenção de empreender, sobretudo a curto prazo. Entretanto, ainda faltam estudos que mostrem o quanto desta intenção de empreender provocada entre os que são expostos aos programas e iniciativas de EE se converte posteriormente em iniciativas empreendedoras (LANGE, MARRAM, JAWAHAR, YONG & BYGRAVE, 2011). Porém, ainda que os indicadores sejam padronizados, há que se superar os dois maiores problemas que são o viés de autosseleção e a validade externa. O viés de autosseleção tem a ver com a procura de cursos e atividades de EE por pessoas com interesse, intenção prévia ou mesmo alguma exposição ao empreendedorismo. Para que se adote a prática de comparar estas pessoas com outras que não participaram destes cursos ou atividades mandatórias, ou que tenham participado de outras, se faz necessário ter medidas/indicadores antes e depois dos cursos. E a dificuldade de se ter grupos de controle é ainda maior quando se trata de cursos opcionais.

Martin, McNally, Jeffrey, Kay e Michael (2013, p. 213) chamam a atenção para outras distorções que podem contribuir para gerar resultados inflados a favor ou contraditórios sobre os efeitos da EE: erros amostrais, erros de medida e de outros artefatos. Assim, os estudos de revisão baseados em narrativas não seriam suficientes para dirimir as dúvidas.

A validade externa também é outra barreira, pois mesmo que se utilize os mesmos indicadores, existem variáveis que podem introduzir diferenças nas avaliações, tais como, variação nos professores, nos grupos de alunos, na região do país. Este problema só poderá ser minimizado quando se utilizar formas de avaliação que tenham a mesma base referencial usada, por exemplo, pelo Entrepreneurial Indicators Programme (EIP)[4] ou pela National Foundation for Teaching Entrepreneurship (NFTE) (EUROSTAT, p. 71). Isto somente reforça

---

[4] O Entrepreneurial Indicators Programme (EIP) iniciou-se em 2005, e trata-se de um esforço conjunto entre a Eurostat e a OECD, com o apoio de organizações de ponta, como a Kauffman Foundation. Em 2012, já compreendia indicadores referentes a algumas categorias em 23 países.

a necessidade de se desenvolver comparações de resultados, e, para isso, é importante que se articule cooperações internacionais visando a criação de bases de dados.

Outros desafios a serem superados são a defasagem de tempo decorrido e também o objetivo da educação (EUROSTAT, 2012, p. 93). Geralmente, quando as IES avaliam os resultados de suas ações de EE, o fazem a curto prazo; porém, estes resultados não expressam de fato os efeitos que a educação e, em particular, os que a EE podem ter. Fayolle et al. (2006) já alertavam que os efeitos da EE são de fato complexos, e que somente se tornariam mais palpáveis e visíveis após um período de tempo. Medir o comportamento é mais complexo devido à defasagem entre o término dos estudos e o início de uma startup ou abertura de uma empresa. No entanto, no nível superior, há interesse em saber o que funcionou ou não, e também as razões (EUROSTAT, 2012, p. 94).

Uma contribuição importante para o desenvolvimento da EE veio das pesquisas sobre os aspectos psicológicos — motivação de realização, lócus de controle. A ponte entre estes conceitos e a real atividade empreendedora passa pela intenção, pela autoeficácia,[5] e pelo comportamento planejado.[6] Inserindo-se estas variáveis, deseja-se saber qual é o impacto na autoeficácia, opções de carreira, intenção de empreender, taxas de abertura de empresas, comportamento e desempenho (EUROSTAT, 2012, p. 94). Conclusões distintas sobre o impacto, por exemplo, na autoeficácia, escolha de carreira e intenção de empreender podem acontecer, pois o aluno pode concluir que esta opção não se compatibiliza a ele, daí a sua intenção de empreender diminui. A obrigatoriedade ou não dos cursos também pode explicar os resultados diferentes, em função dos interesses prévios dos alunos.

Examinemos agora alguns estudos que procuraram analisar o que já se possuía de evidência a respeito dos efeitos da EE, ou que buscaram maior rigor metodológico e/ou no tratamento dos dados.

Estes estudos foram iniciados por Pittaway e Cope (2007), visto que estes autores foram os primeiros a realizar uma revisão sistemática da literatura, e basearam-se na narrativa, ou seja, em uma análise que contabilizou quantas relações significativas foram encontradas nas pesquisas publicadas. Assim, encontraram evidências de que a EE tinha efeito no aumento da intencionalidade e da disposição dos alunos para empreender. Todavia, os estudos analisados não conseguiam responder sobre o impacto da EE na atividade empreendedora dos ex-alunos e, tampouco, sobre a qualidade destes empreendedores, ou seja, a efetividade deles. Isto só corrobora a ressalva feita por Martin, McNally, Jeffrey, Kay e Michael (2013) de que os estudos de revisão baseados em narrativas não seriam suficientes para dirimir as dúvidas (p. 213).

---

[5] Conceito desenvolvido por Albert Bandura, que o publicou em 1977. Refere-se à firmeza da crença que a pessoa tem sobre a sua capacidade de completar uma tarefa ou atingir um objetivo.

[6] Teoria do comportamento planejado, proposta por I. Ajzen (1991).

Nesta brecha é que se situou a pesquisa feita por Lange, Marram, Jawahar, Yong e Bygrave (2011), com uma amostra de alunos do destacado Babson College.[7] Cabe lembrar que esta faculdade oferece cursos de EE desde o primeiro ano da graduação, demanda que os alunos abram negócios, emprestando US$3 mil a cada equipe; assim, os alunos cobrem o espectro do processo empreendedor desde a atividade nascente, até o crescimento e o encerramento.

A amostra compreendeu 3.775 alunos, que se formaram em um período de 25 anos, como bacharéis (42%), em cursos de MBA (48%) e poucos no mestrado em ciências (MS). O questionário aplicado tinha 55 perguntas. A maior parte era de homens: 67,6%. Durante seus cursos, apenas uma terça parte não foi exposta a qualquer curso de EE, e os outros 67% fizeram ao menos um curso eletivo de EE.

Os resultados apontaram que praticamente um quarto da amostra — 24,2% (913) — tinha se tornado empreendedor, sendo fundadores ou sócios, se envolvendo com um ou mais negócios; assim, tinham começado 1.300 negócios, dedicando-se a eles em período integral. Na média, estes negócios tinham 5,5 anos, 27 empregados e faturamento anual de US$5,5 milhões. Estes alunos geraram 25 mil postos de trabalho (LANGE, MARRAM, JAWAHAR, YONG & BYGRAVE, p. 217).

Antes mesmo de ingressarem na escola, 7% já eram empreendedores em tempo integral, e quase 39% já tinham intenção de futuramente se tornar empreendedores. Deste modo, na análise dos dados, os autores tiveram o cuidado de controlar a predisposição inicial de se tornar empreendedor. Utilizaram a análise de regressão logística binária para testar as 12 hipóteses construídas. Vejamos os resultados.

Um achado interessante foi o de que a influência dos modelos parentais não foi significativa.

Para os alunos que já eram empreendedores antes de iniciar seus cursos, esta influência foi mais forte do que as demais, e impactou no fato de se tornarem empreendedores em tempo integral já na formatura ou posteriormente. Esta predisposição inicial para empreender e seguir uma carreira empreendedora depois dos cursos foi significativa em todos os modelos analisados.

Os resultados foram significativos na influência dos cursos na carreira dos alunos, transformando a intenção em trajetória real como empreendedores, mesmo controlando o período de tempo de cinco anos após a graduação.

As evidências apontam que fazer apenas um curso de EE não tem forte impacto, ajudando apenas na investigação da possibilidade do empreendedorismo como carreira, ao passo que fazer dois ou três de fato influenciou tanto na intenção de empreender quanto na de se tornar de fato um empreendedor.

---

[7] Fundado em 1919, situado em Wellesley, MA, EUA, é instituição líder na educação para o empreendedorismo. Pelo 20º ano consecutivo, se classificou como a primeira IES de graduação em empreendedorismo, segundo o *U.S. News & World Report*.

Outras evidências sugerem que escrever um plano de negócios influencia na intenção de empreender dos alunos, mas não em se tornar de fato empreendedores. Assim, uma implicação importante que os autores derivam dos dados é a de que a influência de escrever um plano de negócios não é tão forte quanto à de se fazer cursos de EE. Isto alerta para não se enfatizar demasiadamente os planos de negócios, o que não significa que se deva deixar de ensiná-los.

Há que se ter certo cuidado na generalização dos resultados deste estudo, visto que se trata de uma faculdade que se tem destacado mundialmente na EE, seus cursos possuem forte componente experiencial e a escola oferece um ecossistema empreendedor muito dinâmico.

Outro estudo interessante foi desenvolvido pelo Diretorado Geral para Empresas e Indústrias (EUROPEAN COMMISSION, 2012). Foi realizada uma *survey* entre ex-alunos de nove IES, de países diferentes. As IES foram escolhidas por terem melhores práticas de EE, pelo número de alunos, o ano em que iniciaram o programa e também a localização. Além disto, também pesquisaram alunos envolvidos com empresas juniores. A European Confederation of Junior Enterprises (JADE), no caso, por ser uma experiência educacional não formal com impacto em EE.

Estes autores chamam a atenção para uma questão central: se a EE produz empreendedores ou empreendedores melhores, no caso de os alunos não receberem a EE (EUROPEAN COMMISSION, 2012).

A pesquisa foi feita online, com dois grupos de ex-alunos de cada IES — os que participaram e os que não participaram dos programas de EE (ou seja, um grupo experimental e um de controle). Obtiveram uma amostra de 851 ex-alunos empreendedores, de 1.482 ex-alunos no grupo de controle e 288 ex-alunos do JADE.

Consideraram o viés de autosseleção para atividades de EE, entretanto a diferença foi considerada muito pequena, de modo que as variações dos efeitos da EE poderiam ser atribuídas mais aos cursos de empreendedorismo do que ao viés de autosseleção.

Tanto para os ex-alunos que foram expostos à EE, bem como para os que tiveram experiência JADE, os resultados encontrados foram positivos da EE, tanto na mentalidade empreendedora, na intenção de empreender e na empregabilidade, quanto no papel na sociedade e na economia. Ficou demonstrado que a EE proporcionada nas IES desenvolveu competências empreendedoras chave. Os ex-alunos expostos à EE obtiveram melhores resultados em dez das 12 competências empreendedoras.

Mesmo estando empregados, os ex-alunos de EE e JADE mostraram mais chances de se envolver com startups ou considerar a abertura de novas empresas. No grupo de controle, havia 3% de empreendedores, ao passo que eram 8% entre os ex-alunos que fizeram EE e 9% dos que se envolveram com as empresas juniores.

O problema deste estudo foi que ele se ateve mais às análises de estatística descritiva. Assim, parece ter perdido a chance de fazer um trabalho estatístico inferencial, pois havia dados dos grupos experimental e de controle. Apenas em duas notas de rodapé foram indicadas a significância estatística das diferenças encontradas.

Atentando para estes e outros pontos falhos, McNally, Jeffrey, Kay e Michael (2013) realizaram uma pesquisa na qual utilizaram como quadro teórico as indicações de trabalhos sobre a relação entre o capital humano em termos de conhecimento, habilidades e atitudes e os resultados em atividade empreendedora e sucesso (basearam-se em Unger et al., 2011, citados por McNally, Jeffrey, Kay e Michael, 2013). Resumindo: a premissa básica desta teoria é a de que o indivíduo ou o grupo que possua melhor nível de competência — conhecimento, habilidades e atitudes — conseguiria emplacar resultados de desempenho melhores. Utilizaram também um conceito da psicologia educacional que se refere à transferência de aprendizagem fazendo uso da distinção perto/distante, ou seja, a distância entre a similaridade dos contextos de aprendizagem e dos de aplicação e de domínio de conteúdo.

Assim, os autores realizaram o primeiro estudo quantitativo de metanálise abordando e revendo, sob o ponto de vista dinâmico da teoria do capital humano, qual seria o impacto das intervenções focadas em EE, tanto por parte das instituições acadêmicas quanto das intervenções educacionais focadas em treinamento. Relacionando-os com os investimentos (tempo e dinheiro investidos), o conhecimento, as habilidades desenvolvidas e os resultados — abrir e fazer crescer um negócio.

Identificaram 79 trabalhos que focalizaram a relação entre educação e treinamento para o empreendedorismo (EET), recursos do capital humano e os resultados em termos de empreendedorismo. O número de estudos que encontrou relações positivas foi muito mais numeroso do que o que as negou ou nada encontrou. As relações positivas encontradas entre EET e capital humano (output) se referiam a: conhecimento e habilidades, percepção favorável de empreendedorismo e intenção de iniciar um negócio.

Procuraram evidências se, de fato, a EE aumentaria o número e a qualidade dos empreendedores. Os autores encontraram e trabalharam com 42 estudos (publicados e não publicados, a maioria de países europeus e dos EUA, poucos de fora destas regiões, como Peru, África do Sul, Paquistão, Austrália e Coreia), e, por meio de metanálise, a amostra composta por todas as subamostras totalizou 16.657 participantes. Eles definiram 25 variáveis, divididas em cinco categorias, se referindo a:

1. **Empreendedorismo e recursos de capital humano.**
2. **Resultados de empreendedorismo.**
3. **Moderadores.**
4. **Metodologia.**
5. **Viés de publicação.**

Algumas destas categorias, como empreendedorismo e recursos relacionados com capital humano e resultados de empreendedorismo, foram subdivididas.

Parte I: Contexto e Algumas Tendências

As análises mostraram que a relação entre EET e o capital humano empreendedor é significativa de modo geral, e também no que se refere aos subcomponentes: conhecimento e habilidades, percepção favorável do empreendedorismo, intenção de empreender. As relações com os resultados empreendedores também foram positivas, quais sejam: na abertura de empresas (startups) e no desempenho empreendedor (em termos de sucesso financeiro e duração do empreendimento).

Os achados indicaram que as relações são mais robustas para o caso das ações e atividades promovidas pelas IES do que nas ações de treinamento (ao contrário do que hipotetizaram). Atribuíram ao fato de que os cursos e intervenções acadêmicas de EE permitiriam que os alunos aprendessem a decidir em contextos dinâmicos e ambíguos, mais similares aos ambientes com que se defrontariam para manter um negócio por mais tempo e para alcançar resultados financeiros positivos. E que os treinamentos geralmente enfocam algumas habilidades específicas, ao contrário dos cursos que lidam com uma gama mais ampla de competências que se aproximariam mais do que é colocado em ação na prática empreendedora.

Ante a heterogeneidade das correlações, recomendaram que estudos de melhor qualidade sejam realizados para que se tenha mais bases para admitir estes impactos. Estudos que incorporem, por exemplo, medidas pré e pós-curso ou atividade de EE, com grupos de controle, bem como atentem tanto para o tamanho do efeito de EET quanto para as potenciais variáveis moderadoras. Entre estas, deve-se examinar mais o tipo de curso/atividade de EE oferecida, ou seja, estrutura e conteúdo, metodologias utilizadas (exemplo, mais tradicionais X baseadas em projetos; diferentes níveis de interatividade ou experiencial, simulação de criação de empresas online X projeto de criação real de negócios etc.).

Estes resultados representam boas-novas. Significam que de fato as ações de EE e de treinamento para o empreendedorismo influenciam tanto no interesse quanto nas habilidades, e também melhoram o desempenho financeiro dos futuros empreendedores. E devem ajudar as decisões e políticas públicas, bem como as IES públicas e privadas no direcionamento de mais esforços. Sinalizam também que, em geral, há muito espaço para que se desenvolvam estudos mais rigorosos no Brasil e, sobretudo, que se faça avaliação longitudinal, comparando grupos que participaram e não participaram das ofertas de EE.

Passemos agora para a discussão sobre as formas de inserção da EE nos currículos e sobre as estratégias no plano nacional.

2.4. ESTRATÉGIAS PARA A PROMOÇÃO DA EE E FORMAS DE INSERÇÃO DA EE NOS CURRÍCULOS DAS IES

Tanto a OECD quanto a Comissão Europeia tem insistido, nas últimas décadas, que a EE precisa ocupar lugar central na política de educação dos países-membros, ainda mais em épocas de crise, em que há mais dificuldade para gerar desenvolvimento econômico.

Mas reconhecem que, no plano nacional, os países diferem no grau de amadurecimento de suas estratégias e de políticas no que se refere à inserção da EE. Assim, a Comissão Europeia (EUROPEAN COMMISSION/EACEA/EURYDICE, 2016, p. 35) aponta as seguintes estratégias a nível nacional:

- **Estratégias específicas, mais pontuais, que focalizam apenas a EE**: propõem uma visão comum para os governos, indicando e refletindo as prioridades de políticas bem como de ações relacionadas a determinado número de ministérios, geralmente os encarregados pela educação, inovação, e/ou desenvolvimento econômico.
- **Estratégias amplas de educação**: inserem os objetivos de EE nas políticas que tratam da educação, treinamento, juventude e/ou educação contínua.
- **Estratégias econômicas amplas**: focalizam o emprego, o empreendedorismo e as diferentes estratégias para promoção e desenvolvimento de pequenas e médias empresas.

Percebe-se, portanto, que tanto a temática da EE pode ser tratada pontualmente, como pode ser articulada com a educação geral e, em outra vertente, articular-se de modo mais macro, com estratégias gerais de educação e de desenvolvimento econômico.

O mesmo relatório sobre a EE nas Escolas da Europa apresenta indicadores que apontam para o estágio da EE tanto nas políticas educacionais como nas práticas nacionais. E sugerem um modelo de progressão com quatro grandes etapas, cujos indicadores e características seriam:

1. **Pré-estratégia**: corresponde ao início, em que existem apenas iniciativas individuais e locais; não há cooperação interministerial ou esta cooperação é mínima; não existe definição de alocação de fundos; neste estágio ainda não se tem uma abordagem estratégica quanto à inserção da EE nos currículos ou esta é incipiente; mostra tendência de ser focalizada em níveis secundários[8] de educação ou em assuntos específicos; normalmente, se propõe que a EE seja oferecida como atividades extracurriculares, em horários fora das principais atividades escolares.
2. **Desenvolvimento da estratégia**: tipicamente duraria de zero a dois anos; neste estágio, a estratégia já foi planejada ou recentemente lançada; já se definiu o mecanismo de cooperação entre os principais ministérios, há o mapeamento e a análise da EE e o levantamento e a indicação de melhores práticas; os objetivos da EE já estão identificados e se chegou a um acordo sobre eles; já se estabeleceram, no plano nacional, as fontes de recursos /orçamento para a EE; começa a inserção da EE no currículo como um conjunto de competências; já se disponibilizam informações, recursos, manuais, metodologias para os professores; já se referem a boas práticas de capacitação de professores ou desenvolvimento profissional contínuo.

---

[8] No Brasil, diríamos que estão mais concentrados no nível superior.

Parte I: Contexto e Algumas Tendências

3. **Consolidação da estratégia**: ocorreria entre o terceiro e o quinto anos; neste estágio, há um progressivo desenvolvimento e implementação da prática de EE, com identificação de objetivos, indicadores e públicos-alvo; os recursos para a EE já foram alocados; a EE já é tratada no currículo como um assunto separado ou está inserida no currículo como conceito de ensino; já se oferece treinamento/capacitação dos professores, quer como educação inicial ou profissional continuada; é crescente o número de professores treinados/capacitados; há apoio e rede para os professores; há progressiva implementação e desenvolvimento da prática.

4. **EE como tendência principal**: estágio em que as estratégias, sejam amplas ou específicas, estão bem estabelecidas, prevendo um vasto repertório de ações de EE; já se prevê monitoramento contínuo e avaliação regular da qualidade das atividades e dos objetivos de aprendizagem; já foram estabelecidos mecanismos robustos de recursos para EE; já se disponibiliza EE de alta qualidade para os estudantes de todos os níveis e tipos de educação; todos os professores recebem EE, quer como parte de sua formação inicial ou como desenvolvimento profissional contínuo; se disponibilizam fortes redes tanto de contatos quanto de recursos, com ampla oferta de informações e de métodos efetivos de ensino. Temporalmente, já seria além dos cinco primeiros anos desde que as primeiras iniciativas foram tomadas.

2.4.1. Situação da legislação a respeito da EE no Brasil

Segundo a opinião dos especialistas ouvidos no estudo Empreendedorismo no Brasil, de 2015, (GRECO, S. M. S. S. et al., 2015, p. 18-19), 49% deles consideraram a educação e a capacitação dos empreendedores como um fator limitador. Então, reforçaram a necessidade de que haja oferta de EE e de capacitação para os empreendedores, e defenderam a posição de que a EE deveria ser disciplina presente de forma transversal em todos os níveis de ensino, lançando mão das tecnologias de informação para a sua disseminação. Entretanto, há necessidade, segundo eles, de ampliar a oferta e a quantidade e qualidade dos agentes que compõem o ecossistema empreendedor. Especialmente das incubadoras, aceleradoras, hackerspaces[9] e fablabs[10].

Assim, os especialistas recomendam que, para a melhoria da EE no plano nacional, é essencial que as diretrizes legais na área de educação introduzam a EE nos planos de estudo, de modo que não seja mais tratada como uma disciplina ou conteúdo eletivo, que é a prática mais comum. Há necessidade que se amplie a oferta de ações e programas de

---

[9] Hackerspace também denominado hacklab ou makerspace ou creative space é uma espécie de laboratório compartilhado regido pela ética hacker, que nasceu no início dos anos 1980 e influenciou o movimento do software livre e o código aberto. Neste espaço os participantes se encontram, cooperam e se socializam, dividindo interesses comuns, compartilhando experiências e construindo coisas juntos.

[10] Fablabs são oficinas em que se proporciona acesso às máquinas de produção digital, de modo a permitir o desenvolvimento de protótipos de novos produtos, para o que se disponibilizam impressoras 3D.

EE, fazendo a inclusão de conteúdos ou de abordagem de EE nos cursos existentes, sobretudo nos cursos universitários em que mais tipicamente se formam mais empregados.

De fato, já está existindo uma tendência nesta direção. Há razões para que sejamos mais otimistas, dado que um projeto de lei do Senado, a de nº 772, de 2015, propõe a alteração da Lei nº 9.394, de 20/12/1996, a Lei de Diretrizes e Bases (LDB), para dispor que os currículos do ensino fundamental, nos anos finais, e do ensino médio incluam o empreendedorismo como tema transversal. Pontua ainda a orientação para o trabalho e para o empreendedorismo como diretriz dos conteúdos. Este projeto já recebeu aprovação em junho de 2016, no relatório da Comissão de Educação, Cultura e Esporte (Secretaria de Apoio à Comissão de Educação, Cultura e Esporte), e, em final de outubro, já constava sua inclusão na pauta de reunião da mesma Comissão. Conseguindo-se a aprovação desta lei, e sua posterior regulamentação, isto sinaliza que o país adentraria na etapa dois de desenvolvimento da estratégia.

Pode-se antever aqui o impacto que tal lei criará, visto que ampliará em muito a demanda das IES por profissionais que estejam preparados para implementar a EE — desde coordenadores, líderes de área, diretores até os professores. Aliás, o ponto crítico da EE é a capacitação dos professores (ponto que abordamos em seção específica), que devem atuar como facilitadores de aprendizagem, curadores de conteúdo e criadores de ambientes propícios para que a experiência seja prática, seguindo as metodologias contemporâneas, que defina os resultados de aprendizagem a serem medidos, fomente a reflexão ao longo do processo e a articulação para além da sala de aula. Assim, a formação de professores empreendedores será um ponto fundamental, e poderá ser o gargalo para a expansão e sistematização eficaz da EE.

Em outra vertente, temos avanços no que se refere à experiência dos alunos nas empresas juniores. Resultados obtidos por ex-alunos que trabalharam nas empresas juniores na UE (EUROPEAN COMMISSION, 2012) demonstram que este tipo de experiência deve ser ampliada. E, certamente, a recente legislação brasileira deu um passo pioneiro, pois é a primeira no mundo que disciplina o funcionamento das empresas juniores: a Lei das Empresas Juniores, nº 13.267, foi aprovada em abril de 2016. E tem por objetivo oferecer "oportunidade de vivenciar o mercado de trabalho em caráter de formação para o exercício da futura profissão e desenvolver o espírito crítico, analítico e empreendedor". Assim, as atividades desenvolvidas serão reconhecidas como extensão universitária, sendo validadas no plano de estudo (currículo) dos estudantes. Os professores-orientadores contarão as horas específicas que dedicam aos alunos, e as empresas juniores ganharão isenções fiscais e garantia de espaço físico dentro das IES.

2.4.2. Inserção da EE nos currículos das IES

A respeito da inserção da EE nas atividades e/ou currículos escolares, no relatório sobre a EE nas Escolas na Europa (EUROPEAN COMMISSION/EACEA/EURYDICE, 2016, p. 65), três abordagens foram identificadas. Embora este relatório tenha focalizado as escolas dos níveis fundamental e secundário, estas abordagens também são válidas quando se trata da EE no nível superior.

São elas:

- Método interdisciplinar nos currículos; assim, os objetivos da EE ou aparecem de forma transversal ou horizontal nos diferentes cursos e disciplinas.

- De forma obrigatória tanto como assunto ou disciplinas separadas e compulsórias, ou como parte de um assunto ou disciplina também obrigatória.

- Como um assunto ou disciplina opcional ou como parte de assunto ou disciplina opcional.

No Brasil, em uma visão mais ampla, de regiões ou do país, pode-se comentar que tem sido muito mais fácil e comum iniciar com a EE como assunto ou disciplinas opcionais, como complementares ao currículo ou até mesmo como extracurriculares. Ou seja, a EE tem entrado apenas como uma adição e, por vezes, nos últimos anos do programa ou do curso. De forma geral, também se pode dizer que há um porcentual de IES que introduzem a EE como obrigatória. Entretanto, têm sido muito mais raros os casos em que a EE é transversal ao currículo, em que é considerada como parte integrante do programa e como tema tratado e inserido em qualquer disciplina. Todavia, o projeto de lei, nº 772, de 2015, já mencionado, poderá impactar na inserção da EE como transversal.

Como exemplo de transversalidade, vale conferir o Capítulo 11 sobre o projeto de células empreendedoras como base da educação empreendedora, em Pernambuco.

Outra discussão, extremamente relevante para a EE, é sobre as abordagens e metodologias desenvolvidas e empregadas na área, pois podem impactar mais ou menos no desenvolvimento da intenção e das competências empreendedoras. Passamos a enfocar este assunto na próxima seção.

2.5. ABORDAGENS E METODOLOGIAS DE EE

A EE reflete toda a discussão e as mudanças que ocorrem na educação de forma geral sobre a necessidade de utilização de metodologias ativas. Para se comportar de forma empreendedora, para estimular o desenvolvimento das competências empreendedoras, a aprendizagem ativa — o aprender fazendo — é condição fundamental. Assim, todas as metodologias contemporâneas — aprendizagem baseada em problemas, aprendizagem baseada em projetos, aprendizagem independente, aprendizagem experiencial, mais as atividades fora de sala de aula — são mais do que necessárias na EE. Além disso, é fundamental expor os alunos a situações da vida real, fora da sala de aula, ou aproximar-se o máximo possível desta realidade. É importante estimular o relacionamento dos aprendizes com os negócios, empreendedores e com a comunidade local.

Então, já se tem razoável acordo sobre o fato de que o método e a didática pedagógicas tradicionais podem ensinar alguém sobre empreendedorismo, mas não levar a experimentar o que seja o processo de empreender, de partir de uma ideia para chegar a implantar um projeto, produto ou serviço. Assim, os aspectos práticos, as competências mais intangíveis do ser ou se comportar de forma empreendedora, são desenvolvidos por meio do engajamento ativo dos estudantes. Não só a participação, como a interdisciplinaridade e até os elementos de internacionalização são importantes na EE (EUROESTAT EUROPEAN COMMISSION, 2012, p. 103).

Já em 2012, a União Europeia conclamava os países-membros para proporcionar pelo menos uma experiência prática ao longo da educação do aluno, para que aprendessem fazendo. Esta atividade prática de empreendedorismo possibilita que os estudantes escolham, eles mesmos, uma boa ideia para transformá-la em resultado concreto, mediante ação individual ou como parte de uma pequena equipe. Neste processo, os alunos têm a oportunidade de desenvolver diversas competências, como a de identificar problemas ou oportunidades, propor soluções, agir de modo a indicar a solução proposta, com impacto no desenvolvimento da confiança (EUROPEAN COMMISSION, 2012a).

Assim, os alunos devem ser estimulados a realizar trabalhos baseados em um projeto, ou podem participar de desafios práticos apresentados pela comunidade, o que os estimularia a buscar soluções criativas para os problemas locais enfrentados pelas empresas, ou outras organizações da comunidade. Isso pode ter o formato de criação de uma miniempresa (para lucro ou com um propósito social) ou de uma empresa junior, incentivando os estudantes a planejar a partir da fase de ideia até sua operação e gestão por determinado período de tempo; iniciativas estudantis de microfinanciamento — desenvolver ideias concretamente por intermédio de projetos —, lucrativos ou sociais — de financiamento compartilhado (EUROPEAN COMMISSION/EACEA/EURYDICE, 2016, p. 77).

A valorização desta experiência prática é tão intensa nos EUA que, na classificação das melhores IES, tanto nos cursos de graduação, quanto nos de pós-graduação, vários aspectos são examinados, como as oportunidades de desenvolver um negócio no próprio campus, desenvolver um plano estratégico, de participar de uma aceleradora de negócios, participar de empresas que funcionam no campus e são dirigidas por estudantes (cafeterias, armazenamento etc.), competições diversas etc. Assim, há uma classificação específica quanto às escolas que mais oferecem experiências práticas ao longo do programa (consultar o site entrepreneur.com).

É interessante apresentar aqui a contribuição de Neck e Greene (2011) a respeito das abordagens metodológicas. Elas enfatizam a necessidade de se ensinar empreendedorismo

Parte I: Contexto e Algumas Tendências

de forma diferente do ensino de administração ou gestão, e conclamam para se evitar uma abordagem racional e linear. Elas destacam que o ensino de empreendedorismo deve escapar desta ênfase racional, pois a ação e o pensamento empreendedores exigem agir, lidar com situações e problemas reais não estruturados, incompletos, incertos, complexos, que ensejam multidisciplinaridade e abordagem holística para buscar soluções adequadas e que agreguem valor.

Estas autoras destacam que, para uma parte dos alunos, a EE se refere à escolha de uma trajetória de vida. O que advogam é muito mais amplo do que a andragogia, pois se trata de um enfoque muito diferente de ensinar empreendedorismo. Elas ressaltam que a EE é um método ensinável, que se pode aprender, muito embora não se possa prever, pois vai além do desenvolvimento de conhecimento e habilidades cognitivas, como saber, compreender e discursar, ou falar a respeito. A EE demanda agir, aplicar e usar, qual seja, demanda praticar.

Assim, as autoras reuniram as abordagens do ensino de empreendedorismo em quatro categorias, a elas se referindo como mundos. O leitor poderá perceber que muito do que conhecemos como EE segue um ou mais destes mundos. Vejamos quais são estes quatro mundos (ou paradigmas):

1. **Mundo do empreendedor**: neste paradigma, se focaliza muito na pessoa do empreendedor, abordando seus traços, características e o mítico empreendedor herói; promove-se discussão sobre natureza X criação, diferenças entre tipos de empreendedores, empreendedores de sucesso (e os critérios de sucesso) e motivação do empreendedor. Palestras costumam ser a metodologia mais utilizada, seguida pelo convite para empreendedores de sucesso (frequentemente são homens brancos). A implicação pedagógica que se segue é que os estudantes se defrontam com modelos de empreendedores, e o encontro de pontos de semelhança com eles é dificultado; deste modo, criam-se obstáculos para que se identifiquem com os empreendedores. Então, os alunos passam a se preocupar se têm ou não as características para ser um empreendedor.

2. **Mundo do processo**: este paradigma foi influenciado por especialistas da área da estratégia, que enfatizaram o nível organizacional da análise e o processo do empreendedorismo, e que impactaram na ampliação do campo do empreendedorismo que passou a compreender da criação até a saída do negócio, com ênfase no mercado, desempenho, alocação de recursos e crescimento. Normalmente, este paradigma é utilizado em um curso introdutório seguido de outros cursos, normalmente eletivos, de aprofundamento em aspectos do plano de negócios ou do processo. Nesta visão, o ensino de empreendedorismo segue um processo linear, com planejamento e previsão. Os métodos pedagógicos mais frequentes são o plano de negócios e os estudos de caso que parecem mais fáceis de ensinar, mas minimizam a ação no mundo concreto. Geralmente, se limitam a modelos

de negócios existentes, e, consequentemente, há pouca inovação. Enfatiza-se tanto a necessidade de se ter um plano de negócios que até esquece-se de alertar os alunos de que os investidores valorizam mais a prova do conceito e da ação. Raramente os professores são capacitados e usam os estudos de caso corretamente.

3. **Mundo cognitivo**: esta abordagem não tem mais do que 20 anos, mas penetrou no ensino há aproximadamente dez. Ela adota uma perspectiva de que se pode aprender a pensar de forma empreendedora. Assim, foca o empreendedor e a equipe empreendedora, de uma forma dinâmica, procurando examinar como o empreendedor pensa, avalia e chega a seus julgamentos. Assim, o ensino focaliza o pensar e o agir, e os modelos mentais subjacentes tanto ao processo de tomada de decisão quanto ao de se tornar um empreendedor, bem como analisa os roteiros/scripts de especialistas, esquemas, modelos mentais e heurística. Despende-se mais tempo na etapa de descoberta, na identificação e exploração da oportunidade. Faz-se uso de casos e de simulações, enfocando o processo de tomada de decisão no processo empreendedor. Examina-se a riqueza e a diversidade de enfoques cognitivos, a diversidade de motivações dos empreendedores, as definições de sucesso e dos resultados desejados.

4. **Empreendedorismo como método**: segundo este paradigma, ensina-se os estudantes a entender e a desenvolver as habilidades necessárias para o empreendedorismo produtivo, e a praticá-las (NECK & GREENE, 2011, p. 61). Ele é um método que exige aplicar, usar, agir, praticar. O professor estimula o aluno a ir além do entendimento, em direção à criação, à prática; porém, a uma prática reflexiva. O aluno age e reflete, age e aprende. Assim, trata-se de um método que se aplica a qualquer nível de experiência e tipo de aprendiz, e que concebe o sucesso como idiossincrático e multidimensional.

A EE como um método "é uma forma de pensar e de agir, articulada sobre um conjunto de premissas, e lança mão de um portfólio de técnicas para criar" (NECK & GREENE, 2011, p. 55). Deste modo, o cerne do método é fazer com que os alunos realmente aprendam o empreendedorismo por meio de pedagogias baseadas no aprender fazendo. O leque de técnicas utilizadas inclui simulações, criação de negócio como parte das atividades da disciplina, jogos sérios, prática reflexiva e aprendizagem baseada em design. Estas técnicas são descritas a seguir (NECK & GREENE, 2011, p. 55).

- **Iniciar um negócio como parte do curso**: no caso do Babson College,[11] existe, no primeiro ano, uma disciplina obrigatória para todos os alunos — Foundations of Management and Entrepreneurship —, em que se promove uma experiência de

---
[11] O Babson College continua como o primeiro no ranking de melhores escolas de graduação na promoção do empreendedorismo com experiências práticas/mão na massa (consultar o site Entrepreneur.com ou *U.S. News & World Repor*). Nesta disciplina, os alunos recebem US$3 mil para iniciar o negócio, e são mentorados por dois professores ao longo desta experiência, na qual aprendem desde a abertura até a venda ou encerramento do negócio.

curta duração para permitir a mistura de prática e teoria, com desenvolvimento de competências como identificação de oportunidade, uso parcimonioso de recursos, trabalho, desenvolvimento do time, pensamento holístico, criação de valor e colheita. Os alunos experimentam o mundo real aprendendo todas as funções de uma empresa, fazendo uso de tecnologias para tomada de decisão e exercitando a responsabilidade; e o resultado do negócio é revertido para uma organização de caridade. Isso gera confiança, pois o estudante aprende fazendo, agindo sob incerteza e lidando com a variação de sentimentos provocados pelos sucessos e insucessos do negócio. Além disso, alavanca a startup do zero, aprendendo a importância do fator humano, da confiança e da delegação na equipe. As autoras recomendam que este tipo de experiência deve acontecer no início do curso, para que o aluno vivencie os vários aspectos de uma empresa, o que lhe permitirá depois entender a gestão do negócio e os assuntos correlatos.

- **Jogos sérios:**[12] os jogos são cada vez mais utilizados como um recurso educacional e de treinamento profissional. E o jogo sério entra em espaços em que anteriormente se utilizava a simulação. A gamificação agrega os aspectos de expectativa de diversão e de jogo (regras), permitindo que se integrem à aprendizagem com o envolvimento e a participação dos estudantes, em uma atividade que mistura desafios reais em um ambiente virtual. Neck e Greene têm feito experiências com o uso dos jogos. Um deles é um jogo para ensinar os professores sobre mídia social, para que eles se familiarizem com o que já está disponível, e que pode auxiliar os empreendedores reais e o ensino do empreendedorismo. Outra experiência inclui os jogos prontos, de prateleira. Um dos experimentos envolve a aplicação da teoria de *effectuaction*, de Sara Sarasvathy (2008), para fazer com que os alunos se familiarizem com o modo como o empreendedor pensa ao se defrontar com situações de incerteza, em que não detém todos os recursos e não sabe tudo o que pode afetar os resultados.

- **Aprendizagem baseada em design**: as autoras advogam a favor do uso do enfoque do design no ensino de empreendedorismo, incluindo metodologias e técnicas como observação, criatividade, pensamento crítico, expressão de ideias por meio visual, geração de alternativas para solução de problemas e síntese e obtenção de feedback, em um processo de divergência e convergência. Deste modo, elas enfatizam a necessidade de fazer com que, na educação para o empreendedorismo, o aluno participe e desenvolva a criatividade no processo de busca e descoberta da oportunidade, de tal modo que possa criar e fazer a oportunidade acontecer.

- **Prática reflexiva**: Neck e Greene resgatam Donald Schön (1983, 1987 apud Neck & Greene, 2011), que distinguiu reflexão sobre a ação, que é o processo de fazer-aprender-pensar, da reflexão na prática, o fazer-aprender-pensar, como comportamento. Assim, na educação para o empreendedorismo, é importante estimular o

---

[12] Ver a este respeito o Capítulo 12 sobre gamificação.

desenvolvimento do aluno como empreendedor reflexivo, colocando em ação estas duas formas — reflexão sobre a ação e reflexão na ação —, pois ambas permitirão o aprofundamento da aprendizagem.

Posteriormente, Neck, Greene e Brush (2014) desenvolveram o empreendedorismo como método, e o apresentaram em um livro. Nele, os autores apresentam as cinco práticas que recomendam que sejam seguidas na educação empreendedora, de modo a oferecer um portfólio que ofereça as oportunidades de sentir, jogar, observar, criar e pensar o empreendedorismo:

1. Jogar.
2. Empatia.
3. Criação.
4. Experimentação.
5. Reflexão.

Assim, para a EE, é importante incorporar a prática de jogar, ou seja, fazer uso de brincadeiras (quebra-cabeças, competição de avião de papel, torre de marshmallow, ponte de macarrão etc.), de jogos e da gamificação, bem como a utilização de jogos (de prateleira ou criados especialmente com esta finalidade), dinâmicas e simulações, com o propósito de desenvolver a imaginação e estimular a visão de possibilidades.

A prática da empatia, uma habilidade complexa do ser humano de se colocar na situação vivida pelos outros, de modo a entender a sua perspectiva, suas necessidades, motivações e intenções, seus pensamentos e emoções, tem muito sentido no empreendedorismo, pois o empreendedor precisa, primeiramente, se conectar com a vida e com o papel exercido pelos empreendedores e se autoavaliar, ponderando as suas competências e o que deseja para sua vida, de modo a perceber suas possibilidades como futuro empreendedor. Ele necessita também praticar a observação, entender as dificuldades e os problemas dos clientes e da sociedade de forma geral, para poder propor alternativas de solução em sua inserção nas redes de contato, no relacionamento com grupos de trabalho, com seus pares e outras pessoas, aprendendo o que é importante, o que valorizam e o que as situações e a experiência significam para esses grupos; no exercício da liderança, o indivíduo também desenvolve a empatia.

O desenvolvimento da criatividade é condição fundamental para o ensino do empreendedorismo e para o comportamento empreendedor. Assim, a educação empreendedora deve oferecer ambientes, situações (por exemplo, Imagine it!,[13] tendências e ideias de

---

[13] Imagine it! é um desafio criado pela professora Tina Seelig, da Universidade de Stanford, no qual se demanda que os alunos criem valor a partir de um objeto banal, como os post-its, clips e outros.

Parte I: Contexto e Algumas Tendências

oportunidades), técnicas (brainstorming, mapa mental, Triz[14] etc.) e estímulos ao pensamento divergente e ao lado direito do cérebro, que demandem efetivamente que os alunos criem e inovem.

A prática da experimentação faz com que os alunos se defrontem com interações e experiências em torno de problemas e necessidades, sejam eles colocados pelo mercado, propostos por empresas reais, ou como parte de uma oportunidade de negócios que esteja sendo perseguida pelos próprios estudantes. A experimentação exige testes, tentativas e a verificação dos resultados, para que se aprenda com eles. A experimentação está no cerne da atividade do empreendedor. Assim, a educação deve propiciar projetos e situações que sejam como um laboratório e que façam com que os alunos experimentem e se aproximem do mundo real e dos negócios, para que possam sentir, perceber e aprender, como no processo empreendedor, em que continuamente acontecem novos fatos e resultados que precisam ser incorporados, fazendo com que se redirecione, reconfigure e adapte o negócio.

A prática de reflexão, muito embora colocada por último, de fato ocorre durante todo o processo, em todas as práticas, e é central no processo de aprender fazendo e na EE. Ao fazer com que o aluno se envolva de modo ativo, o aprofundamento da aprendizagem é favorecido, pois estimula a necessidade de pensar enquanto age, cria, experimenta e constrói, de modo a refletir, sintetizando a experiência para dela extrair o sentido.

2.5.1. E no Brasil?

A literatura não explicita um claro aperfeiçoamento da EE brasileira nos moldes das melhores práticas apontadas pelos especialistas internacionais, ou seja, com metodologias pedagógicas baseadas em aprendizagem situacional e prática, ou como método, conforme Neck e Greene (2011).

Trabalhos publicados a partir do Estudo GUESSS Brasil têm alertado para uma predominante limitação da EE ao PN. Ainda seriam raros os exemplos e experiências de EE formal no Brasil que, de fato, se encaixem no mundo do empreendedorismo como método.

Publicações de membros do Grupo APOE apoiadas também em entrevistas e grupos de foco com amplo espectro de professores e estudantes universitários de variadas regiões do país (LIMA, HASHIMOTO, MELHADO, ROCHA, 2015) apontam carências internacionalmente comuns, tais como:

- Abordagem mais prática.
- Adequada preparação de professores em número suficiente.
- Mais aproximação dos alunos e da EE com os empreendedores.

---

[14] TRIZ é a sigla de uma técnica desenvolvida pelo soviético Genrich Altshuller com seus colaboradores, a partir de 1946. Significa teoria da resolução inventiva de problemas.

- Mais oferta (e maior diversidade) de EE.

Todavia, existem IES e professores que estão acompanhando as novas abordagens acadêmicas e estão oferecendo cursos e atividades inseridos no currículo ou opcionais, que fazem uso das metodologias ativas. Sabemos que a UFF repensou seu minor de empreendedorismo e inovação segundo o empreendedorismo como método, tal como proposto por Neck, Greene e Brush (2014). Alguns destes exemplos estão inseridos aqui neste livro. Há experiências até mais radicais, como o caso da metodologia Team Academy, da Finlândia, que também já está sendo introduzida no Brasil, decerto que pontualmente (ver o Capítulo 15).

Isto nos mostra que, apesar de tudo, ocorre a difusão destas metodologias, além de uma profusão de eventos e treinamentos não formais de EE, em que estas metodologias e novas técnicas parecem se disseminar ainda mais rapidamente, com a consequência de expor tanto os participantes quanto os facilitadores, professores e outros interessados a elas, o que termina por influenciar no setor formal de educação.

Como um último ponto, cabe abordar o ensino a distância (EAD), que tem crescido no país. E que tem sido usado, também, para ofertar a EE. Entretanto, como afirmam Michels e Aragón (2016), os empregos das tecnologias de informação e de comunicação não são condição suficiente para potencializar a aprendizagem. Transplantar para o EAD cursos e programas de EE que empreguem metodologias tradicionais, que correspondam aos paradigmas do empreendedor, do processo ou do mundo cognitivo, não vai fazer com que se potencialize o desenvolvimento das competências empreendedoras que têm mais a ver com a ação empreendedora.

A EE a distância precisa propor atividades que engajem os participantes, que os desafiem e façam agir individualmente ou em grupos. Michels e Aragón (2016) enfatizam que os alunos precisam ser desafiados por situações problematizadoras, que os desequilibrem cognitivamente, instigando a ação, a experimentação e a reflexão; ou seja, não basta usar a internet e uma plataforma ou software educacional, é preciso ter um trabalho de concepção em que confluam objetivos educacionais, abordagem pedagógica, conteúdo, planejamento de tempo e de espaço.

O EAD faz uso de cursos online, jogos sérios, jogos e simulações de negócios e Massive Open Online Course (MOOC).

Já existem movimentos nesta direção no Brasil. Fora das IES, a Endeavor e o Sebrae oferecem cursos online. Este último oferece uma plataforma, que é o Desafio Universitário Empreendedor, uma competição nacional que oferece ferramentas pedagógicas para complementar o ensino de empreendedorismo, bem como da gestão de negócios. Tanto os alunos quanto seus professores e a própria IES recebem pontuações no Desafio. Há milhares de estudantes inscritos na plataforma (em 03/11/2016, eram 87.320).

Parte I: Contexto e Algumas Tendências

Em algumas universidades, já existem experiências de EE que usam EAD. Ver, por exemplo, a XIV Maratona de Empreendedorismo da UFRGS, que utilizou um modelo híbrido presencial e online (MICHELS & ARAGÓN, 2016).

A respeito da EAD, remetemos o leitor ao Capítulo 4.

Quer seja presencial ou com recursos online, um ponto nevrálgico da EE é a atuação do professor. A este respeito, enfocamos a seguir a formação de professores de EE.

2.6. FORMAÇÃO DE PROFESSORES DE EE

Os professores de empreendedorismo nas IES, tanto no nível da graduação quanto no da pós-graduação, necessitam ser competentes para abrir novas perspectivas de carreira e estimular o desenvolvimento das competências empreendedoras. São eles que podem ajudar as IES a promover negócios, utilizando conhecimento e criando inovações, de modo a gerar atividades orientadas para o crescimento e a internacionalização (FINLAND, 2009, p. 23).

Os professores são um ponto importante para o sucesso, o crescimento e a melhoria das ações e atividades de EE, pois, por meio de sua didática, inspiram, motivam, desafiam, questionam e propõem as situações de aprendizagem ativas para que os alunos se envolvam e procurem resolver os problemas com que foram desafiados, e desenvolvam suas competências empreendedoras; assim, seu papel é crítico na facilitação, no apoio e no estímulo a ideias, criatividade, ação e reflexão. É interessante e necessário que os professores não adotem uma postura de palestrantes ou de transmissores de conhecimentos, pois, para promover o desenvolvimento individual e dos grupos, eles precisam fazer uso das competências típicas de facilitador, de um mentor, daquele que coloca perguntas e não oferece respostas prontas. Eles precisam, portanto, desenvolver um grande espectro de competências.

Cabe lembrar aqui o debate a respeito do melhor perfil para um professor de empreendedorismo: se seria condição imprescindível para ensinar empreendedorismo ser ou ter sido empreendedor. Decerto que a experiência de empreender acrescenta na bagagem do professor; entretanto, isso não precisa ser um obstáculo, dado que pode complementar sua formação com maior aproximação com os empreendedores e com as pessoas de negócios, para aprender com eles, ou até usá-los como recursos em suas atividades de ensino. Na direção contrária, o empreendedor que se interessa pelo ensino precisa complementar suas habilidades em termos pedagógicos. De qualquer modo, é decisivo que, em um caso ou outro, que busquem desenvolver seu conhecimento sobre a EE, suas pedagogias e habilidades.

Na União Europeia, o Guia para educadores de EE (EUROPEAN COMMISSION, 2014) aborda que a formação de professores com a mentalidade empreendedora remete à necessidade de que os seus educadores, em relação ao conceito de empreendedorismo, superem o viés da percepção do lucro como uma apropriação, e não como processo de geração de lucro. Neste sentido, o conceito de empreendedorismo social parece ajudar. Também é importante que as escolas ofereçam um ambiente que propicie a inovação e a experiência prática, via adoção de métodos pedagógicos adequados à EE e de materiais práticos e concretos, que se definam os resultados de aprendizagem de modo mais tangível para acompanhamento do desenvolvimento e as sistemáticas de obtenção de feedback dos alunos.

O guia sinaliza também que a formação deve mostrar como qualquer currículo oferece pontos de contato e oportunidades para o ensino do empreendedorismo; ele enfatiza que os professores aprendem a valorizar o processo e não apenas os resultados, aceitando as falhas e destacando a aprendizagem, e que eles devem, ainda, incentivar a iniciativa, a responsabilidade e a postura de assumir riscos, porém aprendem a mitigá-lo.

No mesmo guia (EUROPEAN COMMISSION, 2014, p. 10), arrolam-se as condições necessárias e interrelacionadas para que se tenham professores com mentalidade empreendedora. Elas indicam que, mesmo na União Europeia, os países-membros variam bastante em termos do estágio em que estão no que se refere à implantação destas condições e da EE.

- **Instituições de ensino de professores com visão e estratégia empreendedoras**: as instituições formadoras dos professores devem, elas mesmas, adotar a visão e objetivos de aprendizagem da EE, de modo que o programa de formação dos alunos seja permeado (abordagem transversal) pelas competências empreendedoras chave fundamentais para o futuro professor.

- **Boa educação inicial para professor**: idealmente, em sua formação, ele deveria ter a oportunidade de desenvolver tanto o conhecimento quanto as atitudes e habilidades necessárias para implementar eficazmente a EE, sendo inovador e capaz de instigar a centelha empreendedora em seus alunos. A clareza quanto ao quadro teórico de EE facilitará seu entendimento e implantação. Os futuros professores precisam passar também pela experiência da aprendizagem empreendedora com as novas metodologias e por tópicos típicos da EE.

- **Programas de educação de professores devem se alicerçar em novas pedagogias**: os novos professores devem passar pela experiência, em algum curso, programa ou atividade, com as pedagogias contemporâneas centradas no aluno, como aprendizagem ativa, baseada em problemas, baseada em projetos e aprendizagem independente, bem como devem experimentar situações reais fora de sala de aula. E, com as oportunidades de discussão, acarreta a reflexão e a avaliação do próprio processo de aprendizagem.

- **A escola precisa valorizar o espírito empreendedor e seus líderes necessitam oferecer apoio efetivo**: desenvolver visão clara de como a EE se ajusta ao seu plano e currículos, e oferecer apoio efetivo de seus líderes são importantes, pois os professores preparados com mentalidade empreendedora ganham melhores condições ao se deparar, em suas carreiras, com escolas que não adotam a filosofia e os métodos da EE.

- **Desenvolvimento profissional continuado**: os professores precisam ter acesso a cursos e atividades de qualidade, que façam parte de um programa de desenvolvimento profissional continuado. Esta oportunidade de desenvolvimento é ainda mais crítica para o caso (que é a esmagadora maioria no Brasil) de professores que não foram expostos em suas formações tanto à EE quanto às metodologias adequadas.

- **Parcerias na comunidade**: para dar suporte e viabilizar o currículo empreendedor, é importante o desenvolvimento de parcerias com os diversos agentes da comunidade, organizações, empreendedores, empresas, órgãos de apoio e com a indústria criativa. Sobretudo para trazer expertise que não tenham na escola. E especialmente as pessoas da indústria criativa podem ajudar a destravar e fazer aflorar o potencial criativo, ampliando as aspirações dos alunos.

- **Rede de Ensino de Empreendedorismo**: encontros regulares para troca de materiais, de planos e de experiências são importantes para apoio e desenvolvimento, nos níveis local, regional, nacional e internacional.

No caso específico do desenvolvimento profissional continuado de qualidade, ressalta-se ainda que a escola precisa estar comprometida com uma educação que prepare os alunos para o futuro, tenha um time administrativo que aceite mudanças e que seja engajado com a gestão da escola.

Neste guia, oferecem-se muitos exemplos de programas e iniciativas tanto de formação inicial do professor, quanto de desenvolvimento profissional continuado.

Entretanto, as condições recomendadas e as melhores práticas ainda distam do que acontece em muitos dos países-membros. Assim, entre 23 países pesquisados, europeus ou não, em um estudo desenvolvido pela OECD (2010) sobre as práticas utilizadas pelos professores, as atividades centradas no aluno e baseadas em projeto eram menos frequentemente utilizadas, ao passo que ainda se usava muito mais a aprendizagem baseada em formatos mais estruturados. Estes resultados se alinham com os apontados por um estudo anterior em que 50 programas de cursos de EE, da Áustria, Finlândia, Inglaterra e Irlanda foram examinados por Hytti e Gordon (2004). Os métodos mais frequentemente utilizados, após os tradicionais, são: simulações de negócios, visitas, jogos e competições e atividades práticas.

A Finlândia já incluiu a EE em suas políticas educacionais desde meados dos anos 1990. Em 2009, a EE já estava incluída na formação inicial dos professores. Ainda assim, na maioria dos institutos de educação, ela era assunto eletivo, e obrigatório apenas em três. Entretanto, ainda havia inconsistência na orientação prática do ensino dos professores, visto que a maioria não era exposta ao assunto, ainda que o tema do empreendedorismo fosse transversal nos ensinos básico e secundário (FINLAND, 2009). Além disso, sinalizava-se um esforço para atrair e recrutar candidatos com experiência prévia de empreendedorismo, o que contabilizava pontos a mais na inscrição (FINLAND, 2009, p. 28).

Na Inglaterra, existe o Centro Nacional para o Empreendedorismo na Educação (NCEE), cujo trabalho tem sido o de dar apoio para que lideranças, professores e profissionais das IES desenvolvam a capacidade empreendedora. O NCEE oferece o programa para as Lideranças Universitárias (EULP) e para os Educadores Internacionais de Empreendedorismo (IEEP). Foram criados prêmios nacionais anuais tanto para o educador quanto para a universidade, além da organização de uma Conferência Internacional de Educadores de Empreendedorismo, de três dias de duração, cujo público é o de educadores de empreendedorismo e outros profissionais do setor.

O NCEE já avançou no sentido de oferecer um MA em educação em empreendedorismo e empreendimentos, em associação com a Conventry University. A ênfase do programa é dar apoio ao desenvolvimento da mentalidade empreendedora entre os jovens.

Nos EUA, o Babson College se destaca também por oferecer programas de preparação de professores há mais de 29 anos. Desde 1984, ele já capacitou 3.200 educadores, de 750 IES, em 68 países. Um deles denomina-se Módulos para Educadores de Empreendedorismo (MEE). O programa compõe-se por seis módulos, que podem ser customizados e objetivam preparar os participantes da IES (professores e gestores) para oferecer a EE eficazmente, usando o quadro referencial de Pensamento e Ação Empreendedores® através de diversos recursos metodológicos. Este programa já foi desenvolvido em diferentes países (até no Brasil).

Outro recurso é o Programa SEE Global (Simpósio para Educadores de Empreendedorismo), que objetiva promover o desenvolvimento econômico regional por meio da EE. Ele aborda de forma dinâmica as melhores práticas de EE, o estudo de caso e as pedagogias.

Também já desenvolveram o SEE Asia, para professores das escolas de negócios de Hong Kong, China e Twaiwan, com duração de dez dias, em regime de imersão, no campus do Babson. Nele, se aprofunda o ensino de empreendedorismo como um método de pensamento e de ação empreendedora (NECK, GREENE, 2011), como criar atividades curriculares e cocurriculares, ecossistemas empreendedores e técnicas de ensino inovadoras.

2.6.1. Formação de professores no Brasil

O Movimento Brasil + Empreendedor, surgido da sociedade civil visando mobilizar as lideranças e empreendedores do país em prol de orientar uma pauta para políticas públicas de empreendedorismo, reconhece que, muito frequentemente, os professores de empreendedorismo não possuem formação e bagagem para ensinar esta disciplina, e é comum não terem empreendido. O que indica, portanto, que este é um gargalo para a disseminação da EE de qualidade nas IES e nos outros níveis de ensino.

No Brasil, ainda hoje são poucos os casos de IES que se dedicam para a formação dos professores de empreendedorismo. Sem a pretensão de sermos exaustivos, destacamos aqui algumas iniciativas importantes. Neste sentido, há que se reconhecer o pioneirismo do professor Fernando Dolabela na formação de professores de empreendedorismo. Para o nível da educação superior, ele criou a metodologia Oficina do Empreendedor (e escreveu um livro com o mesmo nome), no contexto do Programa Softstart (nacional, iniciado em 1996), vinculado ao Softex do CNPq, que objetivava introduzir a EE em cursos de informática. Ele criou e participou de outros programas voltados ao ensino superior — REUNE-MG, REUNE-Brasil e Programa Softex Genesis (nacional). Esta metodologia é utilizada em projetos do Instituto Euvaldo Lodi (IEL), Sebrae, CNPq e outros órgãos. Assim, desde 1996, ela foi implementada em mais de centenas de IES, já atingiu milhares de professores e, indiretamente, impactou mais de centenas de milhares de alunos/ano.

Em termos institucionais, o Sebrae se impôs objetivos relacionados à promoção da educação e da cultura empreendedora, e se posicionou de modo a desenvolver e oferecer soluções educacionais para os diversos níveis dos ensinos básico, médio, técnico, profissional e superior, tanto de escolas públicas quanto de privadas. Estas soluções podem ser oferecidas como atividades extracurriculares, que suplementam o currículo ou o integram. Para disseminar a educação empreendedora, o Sebrae propôs, desde 2013, o Programa Nacional de Educação Empreendedora (PNEE), composto por um grande portfólio de soluções para que as instituições de ensino de todos os níveis pudessem estimular o desenvolvimento das competências empreendedoras.

Concebeu, também, uma forma de apoiar as IES na inserção do empreendedorismo em seus currículos e práticas de ensino. Depois de uma primeira experiência piloto com poucas instituições (entre elas a Escola Superior de Propaganda e Marketing [ESPM][15]), o Sebrae Nacional passou a oferecer editais com chamadas públicas, anualmente, a partir de 2013, para que as IES apresentem projetos que incorporem soluções concebidas pelo Sebrae, além de iniciativas e metodologias das próprias IES, e que oferecem contrapartida financeira. O Sebrae, via unidades estaduais, celebra os acordos pelos quais oferece apoio financeiro e técnico — para uso das soluções de EE.

Uma solução disponibilizada para o Ensino Superior é a *Disciplina de Empreendedorismo*,[16] que pode ser ofertada dentro ou fora da grade curricular obrigatória, para qualquer aluno de cursos de graduação. Está estruturada em três módulos, cada um com cinco encontros, somando 20 horas cada módulo, e 60 no total.

Os professores são os mediadores da disciplina que oferece uma metodologia aberta, que pode e deve ser aclimatada à realidade social e cultural em que se insere cada IES. Esta

---

[15] Onde a primeira autora teve oportunidade de ser a representante técnica do acordo de parceria técnico-financeira.

[16] Pode ser ofertada às IES separadamente do Edital.

metodologia também favorece a transdisciplinaridade e a articulação entre os diferentes professores, além de fomentar as ligações com a comunidade local. Para implementá-la, os professores recebem uma capacitação de 24 horas.

Outro recurso é o Bota pra Fazer, uma plataforma educacional para estimular o empreendedorismo. Trata-se de um curso da Kauffman Foundation[17] que, originalmente, se denominava Fast Track, e que foi trazido ao Brasil pela Endeavor, que coordenou a versão para o português e as revisões acadêmica e jurídica, em 2010. Ele visa o desenvolvimento dos alunos em sua capacidade de identificação de oportunidades e de iniciar um novo negócio, ou seja, sua capacidade empreendedora. Em seu formato presencial, oferece às IES a formação dos professores. Deste modo, muitas IES, em todas as regiões do país, têm treinado seus professores nos cursos de graduação, pós-graduação, MBA e extensão utilizando esta metodologia, adquirindo-a isoladamente ou como parte das soluções planejadas no contexto de acordo técnico-financeiro com o Sebrae. Atualmente, esta plataforma é também disponibilizada gratuitamente online, por meio da parceria entre a Endeavor e o Sebrae.

Existe uma iniciativa de formação de professores, fora destas organizações, que é apresentada no Capítulo 13.

Antes de apresentar as considerações finais, um ponto a ressaltar é que ainda existem poucas oportunidades para que os professores, facilitadores, e interessados na EE possam trocar experiências e recursos. Ainda que, desde 2011, a Endeavor em parceria com o Sebrae organize e promova a Rodada de Educação Empreendedora (REE), há a necessidade de se criar outros fóruns regionais e formas de favorecer a criação desta rede de suporte e de apoio, presenciais e virtuais. Algumas tentativas já foram feitas na direção da formação desta rede, mas sem muito sucesso, até pela falta de maior engajamento dos próprios professores. A tentativa mais recente, ainda em implantação, se denomina Movimento de Educação Empreendedora, tendo como realizadores o Sebrae e a Endeavor. Conta com uma plataforma que, além de possibilitar a conexão entre os agentes da EE e interessados, serve para angariar e compartilhar recursos sobre EE: materiais didáticos, estudos de caso, boas práticas, eventos e pesquisas.

Como considerações finais, gostaríamos de destacar que ainda temos obstáculos para o avanço da EE de qualidade. Entre eles:

- A falta de um debate mais aprofundado sobre a EE, de tal modo que se tenha um razoável acordo sobre o que significa, seus distintos objetivos e metodologias.
- Ainda se aguarda uma política nacional de educação que realmente favoreça a EE e que ofereça fundos e recursos para o seu avanço.

---

[17] Ewin Marion Kauffman Foundation, foi fundada em Kansas City, em meados dos anos 60, com a visão de estimular a independência econômica dos indivíduos, atua em duas áreas — empreendedorismo e educação — tidas por seu fundador como polos de um continuum.

Parte I: Contexto e Algumas Tendências

- Boa parte das IES ainda não tem clareza a respeito da EE, como se alinha com a estratégia institucional e não se compromete com a inserção e a articulação da EE com o currículo dos cursos.

- Os professores que se dedicam ou aos quais são atribuídas disciplinas e atividades dificilmente têm formação específica.

- São poucas as IES que oferecem, para os professores, recursos de formação continuada e em que se ofertam capacitações relativas à EE ou às metodologias mais adequadas.

- São parcos os ambientes educacionais com infraestrutura que proporcione maior flexibilidade e que criem o ambiente mais adequado para as atividades dos alunos e das equipes quando tentam implementar suas ideias e aproveitar oportunidades.

- Faltam mais e melhores recursos: jogos, simulações, recursos financeiros mínimos para criar atividades e propor desafios.

- Não existe muita flexibilidade para desenvolver atividades fora da sala de aula, e se acercar mais da realidade dos negócios, dos empreendedores e da comunidade.

- Há que se considerar que as universidades, principalmente as públicas, mas em alguma medida, também as privadas, enfrentam fortes limitações de custo; assim, existe a tendência para limitar-se ao plano de estudos mínimo.

- Para muitas faculdades/universidades, a EE é um discurso, uma peça de marketing para criar a imagem de que são de vanguarda e oferecem ensino de qualidade, o que não corresponderia à realidade.

- Outro ponto tem a ver com fatores de ordem cultural, pois a cultura brasileira parece promover mais as práticas de compadrio, favorecendo quem se conhece em detrimento do desempenho e do mérito das pessoas. Estes valores são diferentes daqueles desenvolvidos sob a motivação de realização (David C. McClelland foi o pesquisador que mais apontou que as pessoas com mais probabilidade de ser tornarem empreendedores são aquelas com intensa motivação de realização).

- Outro item a destacar é a falta de continuidade de estratégias, programas, cursos. Assim, é relativamente comum que, na sucessão dos dirigentes, haja descontinuidade, pois os novos ocupantes dos cargos lutam por deixar sua marca pessoal, em detrimento da continuidade de resultados.

2.7. REFERÊNCIAS BIBLIOGRÁFICAS

BACIGALUPO, M., KAMPYLIS, P., PUNIE, Y., VAN DEN BRANDE, G. *EntreComp: The Entrepreneur-ship Competence Framework*. Luxembourg: Publication Office of the European Union; EUR 27939 EN; doi:10.2791/593884, 2016.

BEN NASR, K., BOUJELBENE, Y. Assessing the impact of entrepreneurship education. *Procedia – Social and Behavioral Sciences* 109 (2014) 712 – 715, 2014.

CEDEFOP. The shift to learning outcomes. Policies and practices in Europe. *Cedefop Reference series*. Luxembourg: Office for Official Publications of the European Communities, 2009.

CORNELL UNIVERSITY, INSEAD & WIPO. *The Global Innovation Index 2016: Winning with Global Innovation*. Ithaca, Fontainebleau, and Geneva. ISSN 2263-3693. ISBN 979-10-95870-01-2, 2016. Disponível em: http://www.wipo.int/edocs/pubdocs/en/wipo_pub_gii_2016.pdf. Acesso em: 12/08/2016.

EUROESTAT. *Entrepreneurship determinants: culture and capabilities*. Luxembourg: Publications Office of the European Union, 2012. Disponível em: http://ec.europa.eu/eurostat/documents/3217494/5748437/KS-31-12-758-EN.PDF. Acesso em: 02/09/2016.

EUROPEAN COMMISSION. *Rethinking education: investing in skills for better socio-economic outcomes*. Strasbourg, France: European Commission, 2012a. Disponível em: http://www.eqavet.eu/gns/library/policy-documents/policy-documents-2012.aspx. Acesso em: 30/09/2016.

_____. *Effects and impact of entrepreneurship programmes in higher education*. Brussels: Entrepreneurship Unit. Directorate General for Enterprise and Industry, 2012.

_____. *Entrepreneurship Education: A Guide for Educators*. Brussels: Entrepreneurship 2020 Unit. Directorate-General for Enterprise and Industry, 2014.

EUROPEAN COMMISSION/EACEA/EURYDICE. *Entrepreneurship Education at School in Europe. Eurydice Report*. Luxembourg: Publications Office of the European Union, 2016. PDF ISBN 978-92-9492-092-8 doi:10.2797/301610 EC-02-16-104-EN-N.

FAYOLLE, A., GAILLY. B. & LASSAS-CLERC,N. Assessing the impact of entrepreneurship education programmes: A new methodology. *Journal of European Industrial Training*, vol. 30 No.9, pp. 701-720, 2016.

FFE-YE. *Impact of Entrepreneurship Education in Denmark – 2011*. In L. Vestergaard, K. Moberg & C. Jørgensen (Eds.). Odense: The Danish Foundation for Entrepreneurship – Young Enterprise, 2012.

FINLAND. MINISTRY OF EDUCATION. *Guidelines for entrepreneurship education*. Department for Education and Science Policy, 2009. Disponível em: http://www.minedu.fi/export/sites/default/OPM/Julkaisut/2009/liitteet/opm09.pdf. Acesso em: 03/10/2016.

GRECO, S. M. S. S. et al. *Empreendedorismo no Brasil 2015* – Global Entrepreneurship Monitor (GEM), 2015. Disponível em: http://www.bibliotecas.sebrae.com.br/chronus/ARQUIVOS_CHRONUS/bds/bds.nsf/c6de907fe0574c8ccb36328e24b2412e/$File/5904.pdf. Acesso em: 10/11/2016

HYTTI, U.; O`GORMAN. What is enterprise education? An analysis of the objectives and methods of enterprise education programmers in four European countries, 2004. *Education + Training*, v. 46, n.1, 11–23.

INSTITUTO NACIONAL DE ESTUDOS E PESQUISAS EDUCACIONAIS ANÍSIO TEIXEIRA (Inep). *Censo da Educação Superior 2015*. Brasília: Ineo. 06/10/2016. Disponível em: http://download.inep.gov.br/educacao_superior/censo_superior/apresentacao/2015/Apresentacao_Censo_Superior_2015.pdf. Acesso em: 13/10/2016.

LANGE, J. E.; MARRAM, E.; JAWAHAR, A. S.; YONG, W.; & BYGRAVE, W. Does an entrepreneurship education have lasting value? A study of careers of 4,000 alumni. *Frontiers of Entrepreneurship Research*, Vol. 31: Iss. 6, Article 2, 2011. Disponível em: http://digitalknowledge.babson.edu/cgi/viewcontent.cgi?article=2183&context=fer. Acesso em: 19/03/2014.

LIMA, E., HASHIMOTO, M., MELHADO, J., & ROCHA, R. *Brasil: em busca de uma educação superior em empreendedorismo de qualidade*. In F. P. Gimenez, E. C. Camargo, A. D. L. Moraes, & F. Klosowski (Orgs.), *Educação para o empreendedorismo* (pp. 128-149). Curitiba: UFPR, 2014.

LIMA, E., LOPES, R. M. A., NASSIF, V. M. J., & SILVA, D. Ser seu Próprio Patrão? Aperfeiçoando-se a Educação Superior em Empreendedorismo/Interested in Being a Business Owner? Improving Higher Education in Entrepreneurship. *Revista de Administração Contemporânea*,19(4), 419, 2015b.

_____. Opportunities to improve entrepreneurship education: Contributions considering brazilian challenges. *Journal of Small Business Management*, 53(4), 1033-1051, 2015a.

_____. *Educação Superior em Empreendedorismo e Intenções Empreendedoras dos Estudantes —* Relatório do Estudo GUESSS Brasil 2013-2014. Grupo de Estudo sobre Administração de Pequenas Organizações e Empreendedorismo (Apoe), PPGA-Uninove, 2014. Caderno de pesquisa, n. 2014-03. São Paulo: Grupo Apoe, 2014.

LOPES, R. M. A. *Avaliação de Resultados de um Programa de Treinamento Comportamental para Empreendedores — Empretec*. Dissertação de Mestrado, IPUSP, 1999.

MARTIN, B. C., MCNALLY, J. J., KAY, M. J. Examining the formation of human capital in entrepreneurship: A meta-analysis of entrepreneurship education outcomes. *Journal of Business Venturing*, 28, 211–224, 2013.

MICHELS, A. B., & ARAGÓN, R. Arquiteturas pedagógicas no processo de empreender: do fazer ao compreender. *RIED. Revista Iberoamericana de Educación a Distancia*.19(2), pp. 263-281.DOI: http://dx.doi.org/10.5944/ried.19.2.14738 — ISSN: 1138-2783 — E-ISSN: 1390-330, 2016.

NECK, H. M., & GREENE, P. G. Entrepreneurship education: known worlds and new frontiers. *Journal of Small Business Management*, 49(1), 55-70, 2011.

NECK, H. M., GREENE, P. G. & , BRUSH, C. G. *Teaching entrepreneurship: A practice-based approach*. Northampton, MA: Edward Elgar Publishing Co, 2014

PITTAWAY, L., COPE, J. Entrepreneurship education: a systematic review of the evidence. *International Small Business Journal*, 2007, 25:479. Reviews 5-6 (3-4):137-68.

SARASVATHY, S. D. *Effectuation: Elements of entrepreneurial expertise*. Massachussets, USA: Edward Elgar Publishing, Inc, 2008.

SINDICATO DAS MANTENEDORAS DE ENSINO SUPERIOR (SEMESP). Mapa do Ensino Superior no Brasil 2015. Mapa do Ensino Superior 2015. Disponível em: http://convergenciacom.net/pdf/mapa-ensino-superior-brasil-2015.pdf. Acesso em: 10/10/2016.

CAPÍTULO 3
EMPREENDIZAGENS

Celso Sekiguchi[1]
Wilson Azevedo[2]
Elena Martinis[3]
Tião Rocha[4]

3.1. EMPREENDIZAGEM:[5] UMA JORNADA DE APRENDIZAGEM SOBRE COMO EMPREENDER COM BASE EM EXPERIÊNCIAS DO SEBRAE[6] E DE OUTRAS ORGANIZAÇÕES NO BRASIL E NO MUNDO

Em um contexto de complexidade e incertezas tanto políticas, sociais e econômicas, quanto de inovações tecnológicas cada vez mais aceleradas, que não permitem aos indivíduos e às coletividades se adaptarem e refletirem sobre os impactos dessas inovações, um dos maiores desafios é o da promoção e viabilização de processos formativos e de educação adequados para esses contextos. Isto se aplica seja para quem lidera processos relacionados a potenciais avanços científicos e tecnológicos (ou, também, de evoluções e involuções políticas, econômicas, culturais, sociais, ambientais etc.), seja para os demais setores, indivíduos ou coletividades passíveis de serem impactados por essas transformações e que necessitam de instrumentais, os mais diversos, para lidar com as consequências dessas mudanças em suas vidas.

---

[1] Humana Sustentável — empresa livre e the tribe. nova educação.

[2] Aquifolium Educacional.

[3] Palestrante, consultora e pesquisadora.

[4] Centro Popular de Cultura e Desenvolvimento (CPCD).

[5] Capacidade de empreender seu próprio aprendizado ou conhecimento e de aprender a empreender de maneira autônoma e interdependente (com os outros — ou seja, via uma educação colaborativa e solidária — e não "autossuficiente" — competitiva, isolada e, portanto, solitária — conforme José Pacheco), remetendo também a conceitos de educação dialógica e dialética de Paulo Freire, e tomando como base experiências e práticas como as de Marcos Arruda, Tião Rocha, "Tia Dag" (Dagmar Garroux), além de metodologias e técnicas de "empreendizagens" mais recentes, como a dos Oásis, do Instituto Elos de Santos/SP, entre outras.

[6] Serviço Brasileiro de Apoio às Micro e Pequenas Empresas (Sebrae) e também sobre o Programa Nacional de Educação Empreendedora (PNEE). Consultar: www.sebrae.com.br.

Parte I: Contexto e Algumas Tendências

Este capítulo pretende explorar as aproximações e conexões entre educação e empreendedorismo, partindo da ideia de que a aprendizagem é um empreendimento a um só tempo pessoal e social, demonstrando, por meio de algumas das mais relevantes iniciativas de educação empreendedora, que já há toda uma nova proposta em realização que poderá trazer uma melhora efetiva na educação brasileira. Ao mesmo tempo, possibilita a integração de diversos saberes de fontes diferentes, que não somente os ministrados dentro das escolas ou na academia, mas que ocorrem na vida em sociedade e nas comunidades. Com isso, procura-se reafirmar que aprender é uma jornada de construção do conhecimento empreendida por quem aprende, em suas relações com os outros e "mediatizadas pelo mundo", como nos ensina Paulo Freire.

Assim sendo, a educação empreendedora (e a "empreendizagem" em si) pode ser definida como aquela que ocorre por meio de sujeitos que empreendem sua própria aprendizagem, a fim de viabilizar algum projeto próprio, com outras pessoas, grupos ou mesmo de organizações e redes diversas. Nesse sentido, é toda educação genuína, que vise o desenvolvimento ou a realização de empreendimentos, em sentido amplo (de ideias e projetos a serem "prototipados" ou propostas acadêmicas e de aprendizagem, até o desenvolvimento de produtos, serviços, empresas e organizações ou articulações em redes com uma maior complexidade), e gere aprendizados individuais e coletivos a partir da interação entre sujeitos autônomos, responsáveis e solidários, pode ser denominada de empreendedora.

Essas constatações sobre a "empreendizagem" (ou uma educação empreendedora) emergem a partir de práticas educativas concretas, que se notabilizam pela constante busca do desenvolvimento da autonomia dos sujeitos aprendizes. Experiências pedagógicas concretas, como as desenvolvidas no projeto Cidade Educadora Âncora,[7] no Centro Popular de Cultura e Desenvolvimento (CPCD),[8] no Programa Nacional de Educação Empreendedora (PNEE) do Sebrae, em conjunto com várias outras, serão citadas, apresentadas e discutidas ou comparadas, mesmo que sucintamente, de forma a descrever essas aproximações e conexões. Não como "modelos", e, sim, para demonstrar que processos como esses são possíveis, necessários e fundamentais para o restabelecimento de processos educativos que permitam a "transformação social e cidadã", assim como já vêm sendo realizados com resultados efetivos e cada vez mais animadores. Esses resultados vêm sendo alcançados, cada vez mais, via promoção de uma integração e da geração de espaços de compartilhamento de conhecimentos e colaborações na sociedade, as quais passam a se dar de forma mais respeitosa e colaborativa (solidária), ética (responsável), democrática e emancipadora (autônoma) e, portanto, sustentável (de forma íntegra e integral).

---

[7] Sobre a Cidade Educadora Âncora e o Projeto Âncora, que completou seus 21 anos em setembro de 2016, consultar: www.projetoancora.org.br. Links e vídeos ao final deste capítulo.

[8] Sobre o Centro Popular de Cultura e Desenvolvimento (CPCD), veja links, artigos e vídeos citados com participações do educador Tião Rocha e da equipe do CPCD.

Capítulo 3: Empreendizagens

Pensar a aprendizagem como empreendimento; possibilitar a educadores e educandos o desenvolvimento de atitudes empreendedoras, tornando-os empreendedores de seus próprios processos de "aprendizagem e convivência", e propiciar a geração de novos conhecimentos com base em práticas concretas e em questionamentos constantes sobre a própria realidade, com tentativas e erros, persistência, superação de desafios e obstáculos, assim como com a sistematização, disseminação e compartilhamento desses conhecimentos são alguns dos grandes objetivos e desafios que se pretende alcançar e superar com a educação empreendedora.

Tudo isto se aproxima muito do que acontece nos processos já citados da Cidade Educadora Âncora, do CPCD, do PNEE/Sebrae, assim como em outros projetos educativos promovidos por diversos setores ligados ao apoio e desenvolvimento de empreendedores. Desde as incubadoras técnicas ou acadêmicas, as aceleradoras e outros espaços de "coworking"[9] ocupados por empreendedores e suas "startups",[10] até mesmo as universidades corporativas ou outras formas de educação permanente empregadas por empresas e outras organizações, que, mesmo não trabalhando de forma explícita o empreendedorismo (ou o "intraempreendedorismo"), acabam promovendo atitudes que caracterizam o espírito empreendedor.

Essas reflexões e interações entre diferentes processos, que ainda não se conectam de maneira efetiva, constituem algumas das possibilidades de aprimoramento que se buscará ressaltar na tentativa de vislumbrar as potencialidades de uma educação empreendedora para a viabilização de novos espaços de aprendizagem e de integração, assim como para o fortalecimento de práticas voltadas para a cidadania, a responsabilidade social e as questões éticas do empreendedorismo.

---

[9] Espaços de trabalho compartilhados, que podem abrigar diversos empreendedores ou potenciais empreendedores. Podem formar um ambiente mais colaborativo entre empreendimentos de naturezas semelhantes ("coworkings" temáticos ou mais relacionados a um setor de atividade, como comunicação, design, TI, inovação e negócios socioambientais e/ou "de impacto"); ou formando um "ecossistema" de empreendimentos passíveis de ser "incubados" por uma incubadora ou aceleradora, visando criar sinergias entre empreendedores e seus projetos, aumentando o potencial de geração de negócios e resultados e potencializando a emergência dessas "cultura e atitudes empreendedoras", voltadas principalmente às "startups".

No Rio de Janeiro, talvez, de uma forma diferenciada em relação a outras localidades, como em Recife (em que a experiência de 15 anos do Porto Digital propicia uma iniciativa inédita no Brasil de articulação entre políticas públicas, pesquisas aplicadas e atuação cidadã de diversas empresas e "startups", de maneira muito bem-sucedida), São Paulo ou outras capitais brasileiras, surgem também iniciativas de "casas colaborativas", que se articulam cada vez mais, não apenas como espaços de trabalho, mas de moradia, convivência e de vidas compartilhadas ("cohousings" e "colivings", como algumas iniciativas de "ecovilas urbanas", também em sinergia com outros movimentos e redes, tais como as de "homeschooling", famílias educadoras, bairros-escola e/ou cidades educadoras, assim como os grupos de consumidores-produtores, apenas como exemplos).

[10] Termo empregado originalmente para se referir às "empresas nascentes" ou "em implantação", ou seja, a novos "modelos" para o desenvolvimento de negócios, muito voltados para as empresas de tecnologia (por exemplo, no Vale do Silício, na Califórnia/EUA, em Israel etc.), mas que hoje considera uma gama muito maior de empresas "inovadoras", da "nova economia" ou da "economia criativa", podendo se referir desde a empresas dos setores culturais, de arte ou design, até consultorias em redes (empresas abertas ou livres), que atuam com processos de inovação, facilitação de processos de diálogo e interação, sustentabilidade ou de "inteligência sistêmica", entre outros, utilizando-se ou não de tecnologias de informática e/ou comunicação.

Como um primeiro exemplo de abordagem compatível com essas noções de "empreendizagem", pode-se citar o Programa Nacional de Educação Empreendedora (PNEE), criado pelo Sebrae, em 2013. Vale ressaltar que, até por não se tratar de uma formação relacionada diretamente a "empreendimentos ou negócios sociais", a simples existência e formulação desse programa, empregando práticas educativas relacionadas com a empreendizagem, já demonstra que essas práticas não se restringem a empreendedores sociais. Portanto, pode-se supor que tais abordagens se adequam também a uma gama cada vez mais diversa de formações, desde as relacionadas com o empreendedorismo em geral, passando por propostas de cursos inovadores voltados para experimentações e vivências nas instituições acadêmicas e educacionais, como as que se aplicam às diferentes iniciativas de formação relacionadas a negócios socioambientais, criativos e/ou comunitários.

Nesse sentido, o PNEE foi constituído com o objetivo de "ampliar, promover e disseminar a educação empreendedora nas instituições de ensino com vistas à consolidação da cultura empreendedora". O público-alvo desse programa é constituído pelo que o Sebrae designa como "potenciais empreendedores", ou seja, aqueles que ainda não possuem ou não consideram, ainda, a hipótese de empreender um negócio, porém podem vir a fazê-lo. Entre os "potenciais empreendedores", encontram-se os estudantes de diversos níveis do ensino formal, do fundamental ao superior, passando pelo médio e o profissionalizante.

Antes de 2013, o Sebrae já desenvolvia algumas ações voltadas para este público específico, mas não de forma articulada nacionalmente. Os bons resultados colhidos por conta dessas experiências inspiraram a ideia de se "nacionalizá-las", ampliando o alcance de iniciativas locais e regionais para que fossem implementadas em todo o país, possibilitando que se desenvolvesse e se adaptasse algumas soluções educacionais para cada nível do ensino formal. No ensino fundamental, a solução inicialmente desenvolvida e aplicada no estado de São Paulo, Jovens Empreendedores Primeiros Passos (JEPP), foi redesenhada para ser ofertada em todas as UFs. No nível médio, três outras soluções ("Crescendo e Empreendendo", "Despertar" e "Formação de Jovens Empreendedores"), que já vinham sendo aplicadas com sucesso no Ceará, no Rio Grande do Norte e em São Paulo, foram "nacionalizadas".

Para o ensino técnico, foi desenvolvido, ainda, o "Pronatec[11] Empreendedor", por meio da inserção de uma disciplina de empreendedorismo em cursos de formação inicial de curta duração e cursos técnicos, de longa duração. E, no nível superior, o "Desafio Universitário Empreendedor" sucedeu o "Desafio Sebrae", uma competição nacional focada no desenvolvimento de habilidades e atitudes empreendedoras, além da disciplina "Empreendedorismo", passível de ser inserida nos currículos dos cursos de graduação.

Esse conjunto de soluções educacionais é operacionalizado em parceria com instituições e sistemas de ensino, bem como com redes públicas ou privadas. Em essência, o Sebrae capacita, orienta e acompanha docentes dessas instituições, sistemas e redes para

---

[11] O Programa Nacional de Acesso ao Ensino Técnico e Emprego (Pronatec), do Ministério da Educação (MEC).

que apliquem as soluções junto a suas turmas de alunos, desenvolvendo também todo o material didático utilizado nessas capacitações. Em seus primeiros dois anos, o PNEE/Sebrae chegou a mais de um milhão e meio de estudantes em todas as 27 UFs, formando um programa de amplo alcance e de grande potencial de expansão para a disseminação da cultura empreendedora.

Nessa mesma linha do PNEE, há iniciativas como o projeto Escolas Associadas à Unesco[12], no qual pelo menos uma de suas escolas (dos ensinos fundamental e médio, em São Paulo/SP), utiliza metodologias, formações para docentes e material desenvolvido pelo Sebrae, aplicando cursos e formando estudantes do 1º ano do ensino fundamental ao 3º do ensino médio, com disciplinas relacionadas ao empreendedorismo.

Feita essa apresentação inicial, as próximas seções tratam de exemplos de formação relacionados mais de perto ao empreendedorismo social, na tentativa de mostrar as sinergias e as possíveis complementaridades entre algumas dessas iniciativas. Com isso, visa-se aprofundar também algumas questões de fundo, relacionadas a um empreendedorismo ético, responsável, participativo e sustentável, propondo-se pontos de melhoria e reflexões sobre essas formações, alinhando-as a iniciativas inovadoras em educação aberta, democrática ou integral, já em desenvolvimento, e a disseminação em todo o território nacional e também no exterior.

3.2. APROFUNDAMENTO DE CONCEITOS E EXPERIÊNCIAS DE EMPREENDEDORISMO SOCIAL E DE EDUCAÇÃO NA "EMPREENDIZAGEM"

Empreendedorismo e negócios sociais são termos com enorme crescimento desde meados da primeira década dos anos 2000, decorrentes também do aumento no movimento de startups e do impulso dado aos negócios e empreendimentos com impacto social. A partir disso, intensificaram-se também os questionamentos e as reflexões críticas acerca de seus propósitos, agregação de valor para as comunidades e sociedades, assim como de seus resultados e impactos[13] sobre cada parte interessada (stakeholders[14]). Dessa forma, todo um campo de discussões, de dentro e para fora desses movimentos, vem procurando distinguir os diferentes tipos de empreendedores e de empreendedorismo, principalmente no que se refere aos empreendimentos ou negócios sociais e comunitários.

---

[12] Sobre a Rede de Escolas Associadas à Unesco: no mundo, já são mais de 9.700 escolas associadas, que atuam com temas como cultura de paz e sustentabilidade, incluindo, em alguns casos, outros, como o empreendedorismo e as questões sociais.

[13] Nesse ponto, em particular, veja-se Endeavor (2016), assim como a Fundação W. K. Kellogg (2004).

[14] Parte interessada (ou stakeholder): segundo definição da ABNT NBR ISO 26000:2010, norma internacional de responsabilidade social, constitui-se de "indivíduo ou grupo que tem um interesse em quaisquer decisões ou atividades de uma organização".

Dado esse contexto e as considerações sobre o PNEE do Sebrae, o que se procurará destacar a partir desta seção são outras experiências fora do âmbito meramente acadêmico, mas voltadas também para práticas educativas e empreendedoras com enfoques propositivos e solucionadores de problemas e desafios cada vez mais complexos e sinérgicos, relacionando-as com os eixos do "aprender a fazer" e "aprender a conviver", especificado no Relatório Delors, elaborado para a Unesco (2010),[15] o qual destaca a importância da educação para uma cultura de paz.

Tomando como base algumas recomendações desse relatório, pode-se citar as seguintes questões: a primeira, decorrente dos riscos políticos e sociais, que podem ser assumidos a partir da "ruptura entre uma minoria apta a movimentar-se neste novo mundo em formação e uma maioria que viesse a sentir-se à mercê dos acontecimentos, incapaz de exercer influência sobre o destino coletivo", assim como ao de se assistir "a um recuo democrático e a múltiplas revoltas", caso não se trate de maneira efetiva das questões relacionadas às desigualdades e iniquidades sociais.

Em segundo lugar, Delors e sua equipe citam que se deve deixar "orientar pela utopia que faz convergir o mundo para uma maior compreensão mútua, acompanhada por um sentido mais arraigado de responsabilidade e mais solidariedade, na aceitação de nossas diferenças de natureza espiritual e cultural." E que, "ao permitir que todos tenham acesso ao conhecimento, a educação desempenha um papel bem concreto na plena realização desta tarefa universal: ajudar a compreender o mundo e o outro, a fim de que cada um adquira maior compreensão de si mesmo" (UNESCO, 2010, p. 26).

Portanto, buscando corroborar o que se aponta nessas recomendações como potenciais riscos de não se tratar os temas relacionados à segregação e as disparidades socioeconômicas entre os setores ditos "incluídos" e "excluídos" da sociedade, e, por outro lado, enfatizando o papel da educação na superação desses desafios; o que se procurará apontar nas experiências educacionais que vêm se realizando tanto no âmbito das organizações e corporações (empresas, públicas ou privadas, com gestão mais hierárquica, padronizada ou centralizada), como em outras formas de empreendimentos (institutos, associações, cooperativas ou negócios sociais, incubadoras e aceleradoras, e demais programas de apoio a empreendedores sociais) são algumas possibilidades de transformação desses processos de educação, possibilitando que se alcance um novo patamar em termos de uma educação empreendedora, que faça jus a essa gama enorme de desafios.

E isto terá que se dar — aliás, como já vem ocorrendo em cada vez mais setores da economia e da sociedade — ao mesmo tempo em que se desenvolvam modos de gestão

---

[15] UNESCO (2010). Relatório Delors: "Educação: um tesouro a descobrir" (de 1996). Ver também: MORIN (2000). "Os sete saberes necessários para uma educação do futuro" (de 1999). No caso das abordagens aqui apresentadas (por exemplo, na visão de José Pacheco, do Projeto Âncora), para além dos quatro pilares da educação (UNESCO, 2010), visando uma educação na cidadania e na sustentabilidade, há que se considerar, também, outros três: "aprender a desaprender", "aprender a desobedecer" e "aprender a desaparecer", citados por Pacheco em sua intervenção no "TEDx Unisinos", cujos links podem ser solicitados ao 1º autor.

Capítulo 3: Empreendizagens

mais descentralizados e participativos, que possam ampliar as práticas e discussões sobre quais alternativas de educação podem levar a processos, que favoreçam a formação de cidadãos e empreendedores mais conscientes, responsáveis e solidários, e, portanto, à emergência de culturas organizacionais e sociais de cunho empreendedor. Para isso, o que também já vêm aumentando são a adoção de novas práticas e metodologias de formação, o fortalecimento e a disseminação de culturas e atitudes empreendedoras, com ênfase em questões éticas e potencializadoras de práticas de gestão inclusivas, horizontais e transparentes, ainda que isso venha se dando mais no nível dos discursos e dos conceitos, necessitando ser mais praticados e adotados em termos concretos e efetivos pelos assim chamados "negócios ou empreendimentos sociais" e os demais setores da sociedade.

Quanto mais essas práticas se disseminarem, o que se vislumbra é a possibilidade de formação de redes colaborativas ainda mais flexíveis e adaptáveis a diferentes contextos e realidades nessa época de transformações aceleradas. Entre as iniciativas alinhadas a isso, pode-se citar: tanto as redes como a do Programa de Escolas Associadas à Unesco (PEA/Unesco), como outros empreendimentos sociais mais localizados ou com expressões regionais, nacionais e até internacionais, sejam brasileiros, sejam de outros países e regiões; assim como outras experiências relacionadas a uma educação mais humanista, aberta ou democrática, como alguns dos exemplos citados no capítulo.

Todas essas iniciativas só poderão propiciar o alcance desses objetivos se estiverem voltadas para uma educação que conduza a um empreendedorismo consciente e responsável, assim como se estiverem integradas também via redes cada vez mais amplas, sinérgicas e integralizadoras. Assim, são necessárias também a constituição, a implementação e a operacionalização de projetos individuais ou coletivos. A interação entre esses projetos resulta em novas formas de parcerias intra e intersetoriais, aliados, ainda, a processos formativos que gerem empreendedores cidadãos que se tornam cada vez mais autônomos e colaborativos, ou seja, interdependentes.

Exemplos de como isso pode ocorrer não precisam "copiar" nem reproduzir experiências não tão replicáveis em todas os países e continentes, como os casos bastante conhecidos do Vale do Silício, na Califórnia, EUA, de Israel ou de cooperativas e associações entre empresas e governos, seja no norte e nordeste da Itália (a chamada "Terceira Itália"[16]), ou na região de Mondragón, na Espanha. Em termos nacionais, podem ser citados exemplos concretos como os do Porto Digital, em Recife/PE, ou do Investimento Comunitário (Iable), Floripa, na Grande Florianópolis/SC, que devem "sulear" nossas visões e propostas sobre como conceber e articular iniciativas de empreendedorismo social, economias criativa e colaborativa, políticas públicas e atração de investidores, pesquisas "de ponta" com inovações tecnológicas e sociais, associadas a soluções para

---

[16] Sobre este e outros pontos relacionados à formação de Arranjos Produtivos Locais (APLs), também trabalhados pelo Sebrae, vide, entre outros: Redesist, 2004.

Parte I: Contexto e Algumas Tendências

o desenvolvimento local e educação empreendedora, para se poder dar continuidade e sustentabilidade a todos esses processos.

O contraponto a essa perspectiva pode ocorrer se, nesse ambiente socioeconômico, político e organizacional em transformação, passar a vigorar um "diálogo de surdos" entre movimentos em prol de um empreendedorismo apresentado simples e unicamente como alternativa às formas tradicionais de geração de emprego e renda e outros que "advoguem" pela necessidade de ampliar os espaços de empreendedores sociais conscientes, a fim de levar adiante processos cada vez mais interativos e sinérgicos de mudanças sociais em direção a uma sociedade mais equitativa, solidária e justa.

No contexto atual de crise de valores e mesmo tendo em vista os cenários políticos, econômicos e sociais, tanto nacional, quanto mundial, ambos os movimentos justificam a emergência de empreendimentos "autônomos" devido à ocorrência de um maior contingente da população desempregada, advindo da precarização do mercado e das condições de trabalho, assim como da redução dos empregos formais, provocando um aumento no volume de trabalhadores autônomos ou de potenciais empreendedores formais e informais, nesses momentos cíclicos e estruturais de crise econômica.

Uma vez que o primeiro tipo de empreendedorismo tenha como foco primordial apenas os objetivos econômicos e de retorno financeiro, ele raramente considera quaisquer aspectos ou impactos sociais, ambientais, políticos, éticos ou culturais, exceto quando, reativamente, alguns desses fatores terminem afetando seu objetivo prioritário, a rentabilidade ou o lucro. Buscar esse objetivo em si não é uma questão. O que se coloca como problema, dentro desse contexto, é buscar alcançar esse objetivo a todo custo e sempre a curto prazo, sem considerar outros fatores e impactos, o que, nesses casos, ainda é o que vigora em sua grande maioria.

Porém, dentro desse debate, têm-se ainda aqueles setores que enxergam no empreendedorismo um movimento mais amplo (por exemplo, de "humanização do sistema capitalista" atual) e intrinsecamente benéfico para a maioria da população. Este pensamento também é amplificado nesse momento atual de crises e oportunidades, mas se coaduna também com as atitudes e as percepções das novas gerações, que se relacionam entre si com as novas tecnologias e com as inovações, em geral, de maneira mais aberta, estando imersas nessa cultura voltada a um "novo empreendedorismo", aos movimentos de startups e de negócios sociais ou "de impacto".

Do diálogo ou das possíveis confrontações entre essas duas perspectivas, também se vislumbra a emergência de novas possibilidades de formação de empreendedores, assim como da organização de empreendimentos ligados às economias criativas e colaborativas. E, portanto, é nesse cenário que se coloca a necessidade de se esclarecer o que se entende e se pretende com cada tipo ou conceito de "empreendedorismo" com os quais se lida ou ao qual nos referimos em cada momento.

Capítulo 3: Empreendizagens

3.2.1. Do empreendedorismo social e suas relações com a "empreendizagem"

No âmbito do empreendedorismo social, que representa o maior foco deste capítulo, pode-se perguntar nesse sentido: o que são e como se desenvolvem os negócios sociais? De quais temas eles tratam e como se desenvolvem? A quem eles servem? E como vêm ocorrendo os processos de formação para esses modelos de negócio e de gestão?

Procurando responder às perguntas acima, pode-se dizer que existem duas formas para se definir um empreendimento como "negócio social":[17]

1. **A primeira trata de seus objetivos, relacionando-se com a finalidade última da empresa/negócio social:**

   Se dentre os objetivos do negócio estiverem contemplados a solução ou minimização de um problema social (nas áreas de saúde, educação, habitação, saneamento etc. ou questões que envolvam outras, também ligadas a direitos humanos, como a segurança pública, violências, discriminações, qualidade de vida etc.), pode-se denominar um empreendimento ou negócio como social. Porém, deve-se considerar, ainda, a questão do formato jurídico da organização/negócio, cujas características podem ser a de uma empresa lucrativa e com gestão privada, mesmo que seu objeto ou finalidade seja de caráter social, outras formas de propriedade mais ou menos coletivas ou compartilhadas, ou mesmo constituindo-se como uma organização sem fins lucrativos, uma cooperativa ou fundação.

   Um outro aspecto que se coloca em discussão para considerar se o negócio pode ser mais ou menos social são seus níveis de transparência e também de governança, bastante relacionados entre si. Nesse sentido, um empreendimento social pode ser gerido de forma mais participativa, com envolvimento dos públicos internos e de outras partes interessadas, como prestando conta de suas atividades, produtos e processos, podendo incorporar um nível maior ou menor de transparência em seus processos de gestão, análises de risco e tomada de decisões, tornando-se mais aberta e transparente com relação a seus impactos, estratégias e operações, mesmo que pertencendo a um grupo privado ou de investidores, que desejem demonstrar esse nível de transparência, independentemente da forma de apropriação e distribuição de seus resultados.

   Assim, as empresas ou negócios sociais tenderiam a ter uma gestão mais aberta, horizontal, transparente e participativa. Desse modo, sua gestão teria que se dar consultando ou prestando contas a um maior número de parceiros (públicos

---

[17] Para uma rápida introdução sobre termos e conceitos afins, consulte também: *Empresas B, ONGs, negócios de impacto... Entenda o bê-á-bá do empreendedorismo social*. Portal DRAFT: publicado por Fernanda Cury, em 21/07/2016. Disponível em: http://projetodraft.com/empresas-b-ongs-negocios-de-impacto-entenda-o-bea-ba-do-empreendedorismo-social/.

Parte I: Contexto e Algumas Tendências

internos, clientes, consumidores, parceiros e as comunidades). Isso, tanto em termos do desenvolvimento de seus produtos, serviços, atividades e processos, bem como da própria gestão e tomadas de decisão sobre os rumos do empreendimento ou negócio.

2. **A segunda forma para se definir um negócio como social, tem relação mais direta com a forma de apropriação ou distribuição/compartilhamento de seus resultados, ou seja, sobre como é reinvestido o lucro da empresa, a fim de gerar um impacto social positivo**:

Se o objetivo do negócio for a geração de impactos sociais positivos (por exemplo, para as populações na "base da pirâmide"), isto, por si só, não caracteriza um empreendimento como negócio[18] nem, tampouco, como "negócio social".

Para muitos autores (Yunus,[19] entre outros), o negócio é denominado social quando os seus lucros são reinvestidos no próprio negócio para gerar maiores impactos sociais positivos. Mas o maior diferencial em relação aos negócios tradicionais é que o lucro não é apenas para ser distribuído entre os acionistas e investidores, e sim para gerar esse impacto positivo em uma comunidade ou em determinados setores da sociedade (em geral, entre os mais vulneráveis).

No limite, não apenas os lucros devem ser destinados para a melhoria das condições de vida ou de trabalho de algum setor específico da sociedade, como esses empreendimentos podem constituir negócios adicionais (por exemplo, via microcréditos ou outras formas de capitalização ou atração de investidores), sendo liderados ou criados por agentes já empoderados e detentores de conhecimentos, ou que possuam parcerias que os possibilitem implementar, desenvolver e gerir seus próprios negócios sociais ou comunitários.

3.2.2. Como formar empreendedores com uma visão de empreendedorismo social, via educação empreendedora?

As perguntas colocadas anteriormente provocam algumas reflexões adicionais que vão desde:

- A própria questão sobre se e como esses ambientes e exemplos concretos poderão ensejar mudanças estruturais e sistêmicas no tocante às empresas, instituições, organizações e às próprias sociedades e comunidades em geral.

---

[18] Poderia constituir um outro tipo de organização, que não uma empresa, tal como uma Organização da Sociedade Civil (OSC) sem fins lucrativos, como uma cooperativa, entre outras formas jurídicas (fundações, associações etc.).

[19] Mohamed Yunus, empresário de Bangladesh, Prêmio Nobel da Paz em 2006, fundador do Grameen Bank. Ver também Rattner (2010), para comparar as iniciativas de Yunus e de outro empresário "bangladesh" criador de uma iniciativa ainda mais abrangente e antiga, mas menos conhecida, o Bangladesh Rehabilitation Assistance Committee (BRAC), fundado em 1972 por Fazle Hasan Abed, sem toda essa repercussão alcançada pelo Grameen Bank e por Yunus. Disponível em: http://www.cidade.usp.br/desenvolvimento-teoria-pratica-historia/.

- No que diz respeito a como essas novas formas de educação empreendedora poderão promover transformações em direção a uma civilização e sociedades mais solidárias, justas e sustentáveis.

Cabe refletir também se, com essas transformações (possíveis ou desejáveis?), todas as pessoas, independentemente de suas condições iniciais, terão mais liberdade, autonomia (como interdependência e não autossuficiência) e responsabilidade exercitando suas vocações de habitantes cidadãos em "comunidades de empreendizagem",[20] enquanto sujeitos ativos que contribuem de forma efetiva para a melhoria de condições de vida de suas próprias comunidades e das sociedades como um todo.

Esses são alguns questionamentos que ensejam e merecem possíveis reflexões, ainda que de forma sintética e esquemática e não conclusiva dentro deste capítulo. Seus desdobramentos implicam em analisar e tratar adequadamente informações, hoje, disponíveis de forma mais qualitativa. Para apontar caminhos mais consistentes para uma educação empreendedora, o que se fará necessário é aprofundar as análises sobre como os empreendimentos ditos sociais (independentemente da classificação adotada para sua definição, como vista até aqui) podem gerar o maior benefício social possível para cada setor de uma comunidade ou para a sociedade, em geral, à luz da realidade vivida por cada um dos setores dessa sociedade.

Uma primeira indicação de como poderá se dar essa educação empreendedora, formando gestores e empreendedores (homens ou mulheres de negócio, mas com essa visão de negócios sociais) é a de que isso terá que se dar em um diálogo e interação permanente entre os empreendedores e as comunidades nas quais os negócios se insiram.

A segunda indicação, passível de ser verificada ou assinalada dentro deste capítulo, é a que deverá se basear nas experiências existentes, e servirá como exemplo do quanto já se avançou ou de quanto ou o que ainda falta aprimorar para se alcançar uma efetiva formação em "empreendizagem" no contexto geral da educação empreendedora, notadamente no Brasil, mas também buscando referências em formações empreendedoras internacionais.

---

[20] Baseado no conceito de "comunidades de aprendizagem", tal como utilizado pelo projeto Cidade Educadora Âncora, em Cotia/SP, prototipado por José Pacheco e pela comunidade do Projeto Âncora sob a influência da "escola de comunidade", de Lauro de Oliveira Lima.

3.3. INICIATIVAS DE FORMAÇÃO EM EMPREENDEDORISMO SOCIAL E SUAS ARTICULAÇÕES: FOMENTANDO PARCERIAS E ATUAÇÕES EM REDES

Ao se buscar a palavra "empreendedorismo" na internet, o volume de cursos pagos, gratuitos e de formações presenciais, mistas ou a distância, que aparece dá uma amostra do potencial do tema "educação empreendedora".

Dentre essas iniciativas, incluem-se desde experiências conhecidas e desenvolvidas pelo próprio Sebrae, como o Empretec[21], como outras em desenvolvimento e aprimoramento por uma série de organizações sem fins lucrativos (ONGs), universidades, consultorias ou outras instituições e empresas formadas especificamente para esse fim, oferecendo uma gama diversificada de formações para empreendedores. Entre essas, podem ser citadas, desde os programas e cursos abertos como os da Endeavor, programas de empreendedorismo social de organizações como a Ashoka, Artemísia, entre outras. Existem também iniciativas de educação empreendedora, como as da Team Academy (Finlândia e Mondragón, na Espanha), da Kaos Pilot (Dinamarca), ou a do YIP (Suécia),[22] desenvolvidas por diferentes tipos de iniciativas voltadas não somente para o empreendedorismo, como também para a cidadania, como as oferecidas por escolas da já citada Rede de Escolas Associadas à Unesco, no Brasil e no exterior (desenvolvendo tanto um olhar voltado para o empreendedorismo social, quanto para a conscientização sobre a cultura da paz).

No âmbito mais específico das "empreendizagens" e dos empreendimentos sociais, algumas das iniciativas de maior repercussão entre os empreendedores referem-se a:

1. Incubadoras tecnológicas ou de empreendimentos sociais (em universidades, ONGs ou fundos de investimento que participam ou investem nesses tipos de startups).

2. Aceleradoras de impacto, que promovem o aperfeiçoamento de modelos de negócio e de gestão, preparando os empreendimentos para seu lançamento no mercado, por meio do aumento de sua escala, viabilidade ou oferecimento a um *pool* de potenciais parceiros ou investidores.

3. Canais de diálogo e de apresentações a potenciais investidores, promovidos por aceleradoras de impacto ou outras plataformas de fomento a empreendedores sociais

---

[21] Metodologia criada em um projeto de pesquisa financiado pela Agência dos Estados Unidos para o Desenvolvimento Internacional (USAID) e adotada pelo Sebrae. Vide notas sobre o Sebrae/Empretec ao final do capítulo.

[22] Ver também o livro *Volta ao mundo em 13 escolas* (SHIMAHARA et al., 2015) para mais informações sobre essas e outras iniciativas de educação aberta no Brasil e no exterior.

(via, por exemplo, hackatons e pitches[23] de apresentação de projetos ou protótipos de empreendimentos e seus modelos ou em rodadas de negócio).

4. Espaços de coworking temáticos ou como ecossistemas de apoio ao desenvolvimento e de interação entre empreendedores e suas startups, visando inclusive ao fomento e à interação entre os diferentes empreendimentos situados no mesmo ambiente de negócios.

5. Ambientes de trabalho e de cooperação para empreendedores sociais ou coletivos de trabalho e empreendedorismo, desenvolvidos em comunidades de aprendizagem e de negócios pelos próprios membros (incluindo exemplos crescentes de "empresas livres" ou "redes colaborativas").

6. Outras formas de interação, conhecimento e disseminação de ideias, projetos, protótipos e de "negócios sociais" (como alguns já citados nas notas anteriores), em fases embrionárias ou em alguma etapa de desenvolvimento mais avançada, mesmo que já apoiados ou estruturados como negócios sociais maduros e "rodando" (empreendimentos "escalonáveis" ou passíveis de ser "replicados" mais facilmente).

Para cada uma dessas alternativas de desenvolvimento do próprio negócio, os empreendedores contam ainda com cursos ou iniciativas de aprendizado presencial ou a distância diversificadas, tais como:

- Participação em processos seletivos, com apoio para a criação e estruturação de seus modelos e planos de negócio.

- Iniciativas para aumento da visibilidade com apoio à divulgação, promoção e viabilização de seus empreendimentos.

---

[23] Os hackatons constituem eventos em que se lança um desafio a ser enfrentado ou solucionado em um tipo de maratona colaborativa e interativa entre os diversos participantes, que atuam em rede, de forma a buscar soluções para o desafio passíveis de ser apresentadas pelos proponentes dos hackatons. Estes podem ser "abertos" — quando os participantes se inscrevem livremente — ou mais "fechados" — quando se convida ou seleciona os potenciais participantes de cada evento. Já os pitches têm como exemplo limite os "pitches de elevador". Nesse caso, você possui uma grande ideia ou proposta de valor e surge uma oportunidade única de apresentá-la a um potencial apoiador ou investidor em somente 30 segundos. Como apresentar a essência de seu projeto, de modo a atrair a atenção e eventualmente conseguir "vender" seu projeto nesse tempo restrito? Os treinamentos e fóruns de empreendedores acabam se voltando para criar esse ambiente, para apresentações de três a cinco ou de até dez minutos cada, em que empreendedores com suas startups acabam apresentando o seu projeto e os respectivos modelos ou planos de negócio para uma banca avaliadora ou para potenciais financiadores, apoiadores ou investidores.

O que se tem verificado, em termos de "culturas empreendedoras", é que no caso dos EUA e outras regiões, normalmente os pitches ocorrem mais em forma de concursos ou "feiras", nos quais os empreendedores competem entre si para tentar obter um apoiador ou investidor para seus projetos (ocorrendo um ambiente conhecido como o de uma "cultura ou ambiente de escassez"). Já no Brasil e em outras localidades, em que a cultura de colaboração e "de abundância" é mais propícia (e os recursos disponíveis para investimentos, tanto governamentais, quanto privados também são mais escassos), acaba surgindo um ambiente de maior colaboração e fortalecimento de parcerias, e eventos como os hackatons tornam-se cada vez mais difundidos e promovidos, buscando-se soluções mais integradas e integradoras.

Parte I: Contexto e Algumas Tendências

- Atração de investidores que agreguem valor e aportem recursos para o desenvolvimento ou a aceleração desses negócios, com potenciais avaliações dos impactos sociais ou de outras variáveis relevantes para esse mercado, seus apoiadores e participantes (os próprios empreendedores e suas comunidades, e as demais partes interessadas nos empreendimentos, seus produtos, serviços ou atividades).

Feita esta breve caracterização do ambiente em que se desenvolvem os chamados "negócios" ou "empreendimentos sociais", cabe apresentar também outras iniciativas com visões mais críticas sobre os potenciais impactos desses negócios, especialmente no que se refere às suas apropriações e geração de benefícios para determinados setores da sociedade. Em outros termos, de que forma os empreendimentos sociais ou comunitários podem gerar e ser geridos de forma participativa pelas "comunidades-alvo" e seus membros?

Nesse sentido, existem também diferentes enfoques de educação, seguindo linhas de atuação diversas. Podem ser simplesmente criadoras ou propagadoras do mito do "empreendedor" — como agente isolado, que tem uma grande ideia, aposta na mesma e realiza tudo ou "vence" sozinho, lutando contra tudo e contra todos, na linha do *self-made man* (ou do *Do It Yourself,* cada vez mais substituído pelo *Do It Ourselves*, especialmente em se tratando de negócios sociais).

Ou podem seguir uma formação de cunho mais "democrático", participativo e em conjunto com as práticas, necessidades e anuências das "comunidades de empreendizagens". Todos esses processos podendo seguir linhas como as da educação democrática, integral, ou outras formas de educação participativas e colaborativas, que caracterizam diversas iniciativas inovadoras em educação,[24] tanto no Brasil quanto no mundo, e que propiciam também um empoderamento,[25] e fortalecem a autonomia dos educandos em

---

[24] Além das citadas no livro sobre a *Volta ao mundo em 13 escolas* (SHIMAHARA et al., *op.cit.*) ou nos filmes citados nas referências ao final deste capítulo, assim como a *Casa do Zezinho*, da Banca Jovem — Audácia Jovem com Ação (de DJ Bola e cias.), no Jardim Ângela, Zona Sul de São Paulo, ou do Instituto Nova União da Arte (NUA), em Vila Nova União, Jardim Pantanal, Zona Leste de São Paulo, ou das Comunidades Monte Azul e Horizonte Azul no Jardim São Luiz, e para além do Jardim Ângela — quase no limite, entre São Paulo e Embu-Guaçu, município este em que se encontra outro projeto —, o da Associação Aramitan (levado a cabo por uma comunidade de jovens "empreendizadores" em conexão com o YIP, da Suécia), assim como outras iniciativas internacionais, algumas com ramificações e derivações também no Brasil, como a Team Academy, o Impact Journey, a Schumacher College, a Singularity University e a Kaos Pilot, além de outras abordagens como a "Teoria do U" (Otto Scharmer, do MIT, EUA) ou da economia criativa e a Fluxonomia 4D, sistematizada por Lala Deheinzelin, no Brasil, entre outras.

[25] Ou de "empodimento", na experiência do Centro Popular de Cultura e Desenvolvimento (CPCD) e de Tião Rocha, em Minas Gerais e em outras regiões do Brasil, e também na América Latina.

relação a seus próprios aprendizados, relacionando-se com as práticas de "aprendizagem" e não de "ensinagem".[26]

Também cabem ser citadas algumas experiências de educação a distância, que agregam valor aos processos de formação e de conhecimento para todos os participantes dessas iniciativas de "empreendizagens", como a Sala de Aula Invertida, empregada por Wilson Azevedo nos cursos desenvolvidos por sua empresa,[27] ou outras iniciativas, como as do curso Fazendo a Ponte, em Portugal (na Escola da Ponte, de Vila das Aves, seus educadores e comunidades), como no Brasil (Projeto Âncora e a Cidade Educadora Âncora, incluindo o educador José Pacheco e os participantes desses dois projetos inovadores de educação, em Cotia/SP). Além dessas vivências e experimentações voltadas mais para educadores e outros interessados em uma educação com maior significado, em termos de empreendedorismo criativo, há que se ressaltar alguns dos programas já citados anteriormente, como o curso telepresencial, desenvolvido por Lala Deheinzelin e sua equipe da Fluxonomia 4D, cuja primeira edição no primeiro semestre de 2016 envolveu cerca de 40 coletivos (CoLabs) espalhados por todo o Brasil, mas possibilitando a participação a distância, inclusive de pessoas no exterior, participando simultaneamente de grupos locais e regionais, que se encontravam presencialmente, com a instrutora coordenando atividades e ministrando o curso, em sua base de São Paulo. Na mesma linha, pode-se citar também o curso voltado para um empreendedorismo coletivo (nos U-Labs), ministrado por Otto Scharmer e uma equipe do Massachusetts Institute of Technology (MIT), que, em suas últimas edições, atingiu um público de mais de 40 mil pessoas ao redor do mundo.

Por fim, pode-se apontar também algumas das razões vislumbradas para a utilização do conceito de "empreendizagem", tanto no caso do Sebrae, como para a perspectiva de uma "educação empreendedora":

- O conceito de "empreendizagem" apareceu sob a forma de uma espécie de "efeito colateral", não necessariamente planejado nas iniciativas do Sebrae. Educadores que aplicavam soluções de educação empreendedora nos diversos níveis relataram a ocorrência de melhorias no desempenho escolar/acadêmico dos alunos que se envolviam com empreendedorismo.

---

[26] Sobre "aprendizagem" — de onde emerge o termo "empreendizagem" — e "ensinagem", também de acordo com Tião Rocha, coautor deste capítulo, com base em seu trabalho no CPCD: "Professor é aquele que `ensina' (aquilo que só ele sabe, e que todos têm que aprender); educador é aquele que aprende (ou seja, que tem curiosidade de aprender com os outros e constrói conhecimentos coletivamente)!" Ou, ainda, segundo José Pacheco, baseado em Paulo Freire, educador é aquele que exercita a educação dialógica, que só se dá na relação entre diferentes (e não a "educação bancária" — também passível de se associar aos bancos escolares — remetendo mais a suas características de uma educação "burocratizada" e padronizada, que não leva a uma visão crítica, nem do educando como protagonista do seu processo de aprendizagem, pois essa forma de educação — que se mantém desde a 1ª Revolução Industrial — visa reproduzir "conhecimentos" e não possibilita a criação de novos sujeitos com pensamentos próprios ou visões críticas, interagindo com outros e que passem a gerar e gerir seus próprios processos de aprendizados e "cocriação" de novos conhecimentos).

[27] Vide www.aquifolium.com.br, http://www.aquifolium.com.br/educacional/flip/ e http://porvir.org/curso-ensina-criar-uma-sala-de-aula-invertida/.

Parte I: Contexto e Algumas Tendências

- As soluções do Sebrae possuem um embasamento no Ciclo de Aprendizagem Vivencial (CAV), que visa provocar sobretudo mudanças atitudinais. O desenvolvimento de atitudes empreendedoras nos educandos tornou-se, assim, o alvo principal dessas mudanças, que acabavam impactando positivamente a aprendizagem. Dessa forma, educadores que atuavam com soluções de educação empreendedora em suas escolas também reportaram uma melhoria nesses aspectos pela utilização de abordagens mais interativas e participativas.

- Igualmente, a atitude empreendedora e a aprendizagem convergem e combinam produzindo este "efeito colateral". Dessa forma, o termo "empreendizagem" se tornou muito adequado para caracterizar esse processo de aprendizado e mudanças de atitudes como um todo, em relação ao próprio aprendizado relacionado com o empreendedorismo.

- Isso tudo evocou nos educandos a postura de poder assumir sua aprendizagem como um empreendimento, requerendo atitudes mais proativas e responsáveis de sua parte. Dessa forma, pôde-se extrair dos educandos e dos educadores (enquanto facilitadores de processos de empreendizagem) um planejamento e uma orientação para resultados, que costumam ser o objeto por excelência da formação para o empreendedorismo.

Concluindo, pode-se afirmar que, ao pensar a aprendizagem como um empreendimento, os educandos são levados a desenvolver, perante sua própria aprendizagem, uma atitude empreendedora, e a tornar-se empreendedores nesse processo. Todas essas iniciativas relatadas aproximam-se também do que ocorre em processos de educação mais abertos ou inovadores, como no Projeto Âncora, no CPCD e na Escola da Ponte, entre outras iniciativas de empreendizagens ou de educação aberta, inovadora, integral, ou, ainda, democrática, já citadas anteriormente.

Assim, o que resta verificar é que mesmo não se trabalhando de forma explícita o empreendedorismo social, todas essas iniciativas acabam servindo como exemplos práticos sobre como desenvolver atitudes proativas e responsáveis nos participantes dessas formas de educação, o que favorece também o desenvolvimento do espírito e as atitudes empreendedoras, de maneira geral.

Buscando-se também respostas para algumas das questões levantadas até o momento, pode-se delinear possíveis caminhos e alternativas para a consecução dos objetivos acima, como em um trecho do artigo de Rattner (2010), em que o autor propõe as seguintes possibilidades, quando comenta o livro *Desenvolvimento como Liberdade*, de Amartya Sen, prêmio Nobel de Economia:

> Nos anos de 1990, surgiu a obra de Amartya Sen, prêmio Nobel de Economia, intitulada `Desenvolvimento como Liberdade´, ou seja, segundo o autor, a ampliação da capacidade dos indivíduos de ter opções, fazer escolhas.

Nesse contexto, ressalta-se que, ao relativizar a importância dos fatores materiais e dos indicadores econômicos, esse autor insiste na ampliação do horizonte social e cultural na vida das pessoas. Assim, segundo a interpretação de Rattner (2010), a base material do desenvolvimento deve ser considerada um meio e não um fim em si:

> O desafio para a sociedade é formular políticas que permitam, além do crescimento da economia, a distribuição mais equitativa da renda e o pleno funcionamento da democracia.

Dessa forma, tecendo uma análise sobre os Índices de Desenvolvimento Humano (IDHs) calculados pelo Programa das Nações Unidas para o Desenvolvimento (PNUD), segundo propostas do próprio economista Amartya Sen, Rattner argumenta que esses índices revelam, além da capacidade produtiva, a confiança das pessoas umas nas outras e no futuro da sociedade. Com isso, ressalta ele:

> Ao postular a melhora da qualidade de vida em comum, destaca-se as possibilidades de as pessoas levarem adiante iniciativas e inovações que lhes permitam concretizar seu potencial criativo e contribuir efetivamente para a vida coletiva. Seguindo esse raciocínio, Sen resume suas ideias sobre o desenvolvimento como as possibilidades de "poder contar com a ajuda dos amigos", ou seja, a cooperação e a solidariedade entre os membros da sociedade que constrói seu capital social.

Portanto, ainda segundo Rattner (2010), devido à consideração de Sen, os valores éticos dos empresários e dos governantes devem constituir parte relevante dos recursos produtivos, assim orientando os seus investimentos, em vez de orientá-los para a especulação e desde que as inovações tecnológicas contribuam para a inclusão social:

> Quanto maior o capital social — a rede de relações sociais e o grau de confiança mútua, menor a corrupção e a sonegação de impostos e maiores os incentivos para criar programas e projetos que favoreçam a igualdade e equidade e que estimulem melhores serviços públicos de educação e saúde, que impulsionariam o crescimento econômico e possibilitariam a governabilidade democrática.

3.4. TENDÊNCIAS E PERSPECTIVAS DE INOVAÇÃO NA TRANSFORMAÇÃO DE UM CONHECIMENTO MERAMENTE TÉCNICO E BUROCRATIZADO RUMO A UM CONHECIMENTO COMPARTILHADO

Apresentadas essas considerações sobre o contexto geral da educação empreendedora e algumas das iniciativas e desafios para o aprimoramento do empreendedorismo social, voltados tanto para o desenvolvimento dos empreendedores e seus negócios, como

Parte I: Contexto e Algumas Tendências

também de suas repercussões para a sociedade e comunidades, analisam-se os seguintes pontos nas duas seções finais:

1. Quais inovações e possibilidades de compartilhamento desses conhecimentos podem servir e efetivamente gerar um impacto social positivo, levando a uma melhoria nas condições de vida, trabalho, de relacionamentos etc., considerando a maioria da população (em geral excluída, ou considerada como "público-alvo") como protagonista desses processos e seus desdobramentos?

2. E, também, que tipo de inovação passível de gerar maior compartilhamento de conhecimentos já foi desenvolvida e poderá potencializar as iniciativas de educação empreendedora? E que tenha propósito de melhorar as condições de vida da grande maioria da população mundial, gerando esses impactos sociais (ou ambientais, culturais, éticos, políticos e também os impactos econômicos) positivos?

Esses dois desafios de grande parte dos empreendimentos sociais — para as novas e emergentes startups, mas também para a maioria das corporações transnacionais, empresas e organizações da sociedade pós-industrial — tendem a servir quase como um mantra — para grande parte dos chamados "negócios sociais de impacto".

Porém, quantos deles realmente geram todo esse impacto social? E, quando geram (ou que os impactos sejam medidos, mesmo que qualitativamente), com que nível de replicação ou influência sobre outras organizações ou políticas públicas esses negócios propiciam uma cadeia de efeitos positivos, provocando uma verdadeira mudança em qualquer aspecto de uma dada sociedade (ou comunidade)?

Certamente, essas são algumas indagações que não possuem respostas definidas ou sistematizadas no presente momento. Porém, servem de roteiro para futuros estudos e análises sobre o desenvolvimento do empreendedorismo social, à medida que essas práticas forem ganhando relevância nas economias e na vida social de cada comunidade.

Com relação ao primeiro desafio — quais seriam as inovações e possibilidades de compartilhamento desses conhecimentos que podem gerar um impacto social positivo —, pode-se pautar, em parte, em duas análises feitas pelo Grupo de Institutos, Fundações e Empresas (GIFE).[28]

Quando se pensa somente nas articulações intersetoriais, normalmente se apresentam os governos como Primeiro Setor e o maior responsável, tanto pela implementação de políticas públicas, como também fomentador de processos para a sua efetivação. As empresas (as grandes empresas, as pequenas e microempresas (PMEs) ou mesmo as empresas sociais, que por seu turno constituiriam um setor 2,5 — dois e meio —, das empresas ditas sociais ou com fins de sustentabilidade) como segundo setor e apoiadoras ou financiadoras desses

---

[28] Vide: Silva e Andrade (2016); e GIFE, 2015.

Capítulo 3: Empreendizagens

processos, incluindo as fundações e institutos responsáveis pelos seus investimentos sociais privados. Finalmente, no terceiro setor, contemplando as Organizações da Sociedade Civil (OSCs, também denominadas Organizações Não Governamentais [ONGs]) —, que podem incluir as mais diversas articulações e organizações, desde entidades apoiadas ou que apoiam sindicatos de trabalhadores, até entidades que lidam com direitos de diversos setores da sociedade, como parcialmente responsáveis pela articulação e apoio ao desenvolvimento de projetos que governos e empresas não conseguem realizar; de outro lado, como agentes de controle social sobre a execução de atividades relacionadas às políticas públicas, segundo seus interesses específicos.

O debate, que ainda não parece ocorrer de maneira mais consistente, é sobre as empresas e os negócios sociais, ou os empreendimentos colaborativos ou comunitários (que não se enquadram necessariamente nessa classificação entre os três setores). Para se equacionar isso, e não se classificando como um quarto setor, os negócios sociais têm-se intitulado mesmo como setor 2 e ½, ou 2.5 (dois e meio ou dois ponto cinco).

Com isso, esse setor se caracteriza também como um "setor ponte" por excelência, por fomentar parcerias intersetoriais para poder participar dessas articulações, buscando facilitar o alcance de resultados de maneira mais relevante para os diversos setores nas comunidades ou regiões em que esses negócios se desenvolvem. E também se coloca a questão da forma como os mesmos podem contribuir, oferecendo possibilidades de sinergias entre os empreendimentos sociais, seus objetivos, as articulações e ações passíveis de ser desenvolvidas intersetorialmente pelos governos, pelo setor privado (tanto os grandes conglomerados econômicos, como as pequenas e médias empresas) e suas associações, como pelas demais organizações da sociedade civil.

Voltando nossa atenção para o desafio das inovações, bem como para as questões relativas à educação empreendedora, principalmente em termos de empreendimentos e negócios sociais, podem-se resgatar os seguintes pontos, apoiados nos dois exemplos mais amplos e abrangentes, que temos destacado neste capítulo: o da Cidade Educadora Âncora (ligada ao Projeto Âncora, de Cotia/SP) e o do Centro Popular de Cultura e Desenvolvimento (CPCD), em Araçuaí e Curvelo, no Vale do Jequitinhonha, em Minas Gerais.

Nesse sentido, a Cidade Educadora Âncora — uma "não escola" — somente se dá em parceira com a comunidade e outros atores locais e de fora da comunidade para atendimento em turno e nos contraturnos das crianças que participam do projeto educativo, envolvendo a creche, um circo, grupos de pais e outros apoiadores e colaboradores do Âncora, seus educadores e funcionários, visitantes e voluntários, assim como sua diretoria voluntária, alguns conselhos e a Assembleia Geral do Projeto, que é a instância máxima deliberativa de toda a instituição. Todos esses atores sociais e seus espaços de aprendizagem constituem a chamada "comunidade de aprendizagem" em implantação pelo Projeto Âncora, em sua trajetória de 21 anos completados em 2016, e ainda coordenado por uma de suas fundadoras. Dentro desse processo como um todo, é que vem se desenvolvendo

Parte I: Contexto e Algumas Tendências

uma série de processos pedagógicos participativos, tanto para as crianças que participam do projeto educativo do Âncora, como para os demais membros da comunidade, envolvidos pelos processos de sua comunidade de aprendizagem.

Assim sendo, um dos termos que surgiram para caracterizar essa sua metodologia de trabalho em "comunidades de aprendizagem" foi o "empreendizagem", hoje empregado no site do projeto dentro do projeto Cidade Educadora Âncora. Esse termo foi cunhado para um processo de seleção pública no final de 2012, submetido e aprovado pela Petrobras.

No contexto da Cidade Educadora, tornaram-se muito claros o seu propósito e o seu significado: o de "aprender a empreender", que, em conjunto com toda "ação de empreender e aprender", resulta na "empreendizagem" de cada um que participe da Cidade Educadora, pois cada pessoa que já empreendeu alguma ideia ou projeto acaba entendendo que esses aprendizados são uma constante dentro desses processos. Por isso, não existe o "empreender" sem que se gere aprendizados e vice-versa. Como cada uma dessas atividades (aprender e empreender) não se dissocia, a empreendizagem é o que resulta dessas duas ações.

Já no caso do CPCD, as iniciativas de empreendizagem e a busca do desenvolvimento local, de maneira efetivamente sustentável (um dos projetos se denomina de "Araçuaí Sustentável [Arassussa]"), baseiam-se em diversas metodologias e soluções empregadas pelos educadores, crianças e toda a comunidade que atuam para "não perder mais nenhuma criança ou jovem para a cana, o gado ou o tráfico", como trabalhado pela plataforma do CPCD.

Tendo uma plataforma — cujos projetos têm missão única e muito clara —, esta se desenvolve com a participação de cada pessoa que ouve esse chamado, o que provoca um engajamento efetivo de todos, e que não se dispersa depois, como normalmente ocorre quando "suportada" somente por uma rede, conforme sempre nos lembra o educador Tião Rocha, fundador do CPCD.

O resultado disso tudo, em termos de "empreendizagem" para a comunidade do CPCD, é muito mais do que as Tecnologias de Aprendizagem e Convivência (TACs), ou de suas pedagogias — do biscoito, do abraço, da escola debaixo do pé de manga etc., as quais podem ser melhor acessadas via vídeos e outras referências constantes das referências, ou nos sites destas organizações e em suas experiências. Em termos práticos, todas essas metodologias e experiências foram desenvolvidas nos processos relacionados tanto com o projeto da Cidade Educadora Âncora, como o Arassussa e das organizações que as criaram, desenvolveram e as aplicaram.

Porém, somente uma vivência nos próprios projetos, conversando e convivendo com as pessoas e trocando-se conhecimentos e visões com seus participantes, é que poderá fornecer uma visão mais palpável sobre os mesmos, constituindo processos efetivos de "empreendizagem". E, para que esse processo de empreendizagem colaborativo possa ocorrer de forma cada vez mais interativa, ampliando sua potência e difundindo-se, é que se apresentam possíveis caminhos na seção a seguir. Como sempre é ressaltado pelo educador Tião Rocha, a empreendizagem (talvez como o verbo "paulofreirar") só pode se dar no presente (no caso do verbo, do indicativo). Por isso, ele só ocorre na prática concreta e nas relações entre diferentes, e não tanto nas reflexões ou teorizações, mas quando praticadas (e depois podendo ser refletidas).

3.5. FORTALECENDO INICIATIVAS E PROPICIANDO FORMAS DE INTERAÇÕES E ARTICULAÇÕES PARA EMPREENDEDORES SOCIAIS

Partindo para algumas conclusões, a partir do cenário e argumentos expostos até aqui, pode-se sugerir diretrizes e pontos de atenção para futuros direcionamentos a ser contemplados pela educação empreendedora e pela empreendizagem em geral:

1. Baseando-se em alguns casos de empreendedorismo social e comunitário aqui apresentados, as análises sobre esses novos tipos de empreendedorismo social e criativo, integrados a redes não apenas nacionais, como também internacionais, deverão considerar cada vez mais os aspectos de integração intersetorial, bem como os impactos sociais relevantes para as comunidades de cada território.

2. Pensar os processos de aprendizagem como um empreendimento, levando pessoas, grupos e comunidades a desenvolver uma atitude empreendedora e fazendo-os empreendedores de sua própria aprendizagem: tudo isto deverá servir como exemplo para espaços educativos e de "empreendizagens", visando principalmente o desenvolvimento local das diversas comunidades.

Exemplos concretos, como o do Centro Popular de Cultura e Desenvolvimento (CPCD), em Curvelo e Araçuaí, em Minas Gerais, ou da Cidade Educadora Âncora, em Cotia/SP, assim como outras iniciativas da Rede Cooperativa de Mulheres Empreendedoras da Assessoria e Planejamento para o Desenvolvimento (Asplande), ou de outra rede geograficamente bastante próxima, também situada no município do Rio de Janeiro, intitulada de Redes de Desenvolvimento da Maré, que, com o Observatório de Favelas, elaborou um Censo de Empreendimentos Econômicos da Maré, somente corroboram a potencialidade desse tipo de iniciativa.

Nesse sentido, cita-se também o exemplo da Rede de Mulheres da Asplande, que, com o objetivo de otimizar o apoio a Cooperativas Populares, criou, em 1997, o seu Programa de Capacitação e Assessoria a Rede Cooperativa de Mulheres Empreendedoras da Região Metropolitana do Rio de Janeiro, teve como finalidade "contribuir para o fortalecimento das cooperativas populares formadas especialmente por mulheres". Pode-se dizer que essa Rede Cooperativa de Mulheres Empreendedoras vem acolhendo empreendimentos de diferentes atividades econômicas, tais como culinária, artesanato, costura, reciclagem e serviços. Boa parte dos grupos não recebe nenhum tipo de apoio. Mesmo assim, encon-

Parte I: Contexto e Algumas Tendências

tra-se na rede um espaço em que se pode estabelecer laços de parcerias e intercâmbio, obter informações e capacitação, assessoria e divulgação, além de se realizar vendas compartilhadas.

Segundo informes do site da Asplande e do respectivo programa: "Atualmente, fazem parte da rede cerca de 25 empreendimentos de produção e serviços — artesanato, costura, culinária, serviços gerais — constituídos em sua maioria por três a cinco participantes. A rede se reúne mensalmente, todas as últimas quintas-feiras do mês, na sede da Asplande."

Um dos resultados concretos desse tipo de iniciativa, que contribui para a compreensão e verificação dos resultados alcançados também sobre questões como a de gênero, pode ser dado pelo Projeto Mão na Massa, empreendido por Deise Gravina, que igualmente participa da Asplande. Este projeto demonstra o que é possível, a partir do esforço de uma organização, suas comunidades e redes de apoiadores, em termos de apoios propiciados por políticas públicas e editais de diversas organizações nacionais ou internacionais, assim como quando se possui e empreende um olhar voltado para a realidade concreta dessas organizações e empreendimentos sociais e comunitários.

Essa visão, nada paternalista ou assistencial, mas de construir junto com os atores, em prol de suas lutas e conquistas e respeitando seus históricos, interesses e cultura, faz toda a diferença para que projetos como esses possam surgir, se manter, disseminar e desenvolver. Seja como instituições, empresas ou organizações individuais, seja como iniciativas articuladas em redes temáticas, regionais ou com propósitos comuns de transformação, descobrindo mais formas de cooperação entre si para oferecer soluções com impactos sociais, econômicos, culturais e ambientais positivos, ao mesmo tempo em que se minimiza os impactos negativos (por exemplo, utilizando os novos Objetivos de Desenvolvimento Sustentável [ODSs][29]), visando repensar o modelo civilizatório excludente e centralizador vigente.

Finalmente, utilizando uma outra referência, também a título de contribuição ao debate e como inspiração, pode-se afirmar a partir da sistematização empreendida por Lala Deheinzelin[30] e o pessoal ligado à Fluxonomia 4D, que as economias criativa, colaborativa, compartilhada e multimoedas podem ser aplicadas via startups ou novos negócios sociais, e também na educação para uma economia presente, já alinhada com diversos fatores, recursos e processos em fase de inovações e re-evoluções, seja para micro e pequenas organizações ou empresas, como em "comunidades de empreendizagens", de maneira cada vez mais ampla em diversos segmentos ou setores das sociedades.

---

[29] Conjunto de 17 Objetivos e 169 Metas, que, desde setembro de 2015, substituíram os oito Objetivos de Desenvolvimento do Milênio (ODMs), válidos até 2015, aprovados pela Assembleia Geral da Organização das Nações Unidas (ONU). Para maior conhecimento sobre o posicionamento conjunto de diversas organizações da sociedade civil, empresariais, em articulação com diversos níveis de governo, veja, por exemplo, a iniciativa Estratégia ODS: http://www.estrategiaods.org.br/.

[30] Deheinzelin, 2016.

Capítulo 3: Empreendizagens

A questão sobre como se desenvolvem todos esses negócios (suas análises de impacto, inclusive com celebrações a cada passo ou conquista realizada) atualmente no Brasil ensejaria uma ampla pesquisa. Algumas já foram desenvolvidas pela Academia e de maneira ainda um tanto quanto restrita, ou em alguns setores por incubadoras e aceleradoras desses empreendimentos (senão por eles próprios ou as suas redes até de forma interativa e permanente, como são os casos, por exemplo, dos Oásis do Instituto Elos, da Itsnoon, entre outros), até para prestar contas a potenciais investidores e a toda a sociedade.

Assim, caberia, como conclusão deste capítulo, apresentar os seguintes argumentos:

1. O que poderíamos considerar mais importante, a título de contribuição para futuros debates sobre as questões abordadas neste capítulo, é que, mais importante do que a definição do que seja um negócio social ou de como esse movimento vem ocorrendo no país, é pensarmos em suas finalidades e refletirmos sobre seus impactos sobre os mais diversos atores e setores da sociedade. Ainda que não se trate apenas de uma alternativa (paliativa ou não) para a superação de crises econômicas cíclicas e próprias do processo de acumulação capitalista, essas novas formas de organização da produção, do trabalho e de empreendimentos com fins sociais podem propiciar alguma transformação efetiva em prol de uma sociedade mais equitativa, justa e solidária?

2. Se sim, estaremos no caminho certo ao apoiar de maneira mais efetiva esse tipo de empreendedorismo (por exemplo, com formações/capacitação, linhas de crédito e financiamentos, desenvolvimento tecnológico, entre outros apoios jurídicos e em termos de melhorias na legislação etc.), ou, ainda, este será um caminho "sem volta", já iniciado em exemplos de desenvolvimento local que podem ser considerados como muito bem-sucedidos, como a experiência de 15 anos do Porto Digital, em Recife, assim como a do Araçuaí Sustentável (Arassussa), entre outras iniciativas de bairros escola, cidades educadoras e comunidades de "empreendizagens", em desenvolvimento em várias regiões brasileiras e internacionais?

3. Recapitulando: a questão sobre a quem servem os empreendimentos sociais deve ser endereçada tanto para os próprios empreendedores que acreditam "fazer o bem" (sem "olhar" — ou mesmo prestar contas — "a quem"?) para determinados setores ou para a sociedade em geral. No entanto, para se aferir esse "bem-feito", não basta desejar solucionar ou minimizar algum impacto social ou também ambiental, mensurando-se resultados e impactos somente por uma ótica mais restrita, senão envolvendo diversos setores, principalmente os "atingidos" por essas políticas, programas, iniciativas ou processos.

Como as questões sociais ou socioambientais são complexas e as incertezas, inclusive científicas (quando não éticas e tecnológicas), são crescentes, faz-se necessário para responder a esse tipo de questão envolver um número cada vez maior de setores ou de partes interessadas. Isso vale tanto para as grandes corpo-

Parte I: Contexto e Algumas Tendências

rações ou instituições multilaterais e governamentais, sindicatos de trabalhadores, movimentos sociais, quanto para os próprios empreendimentos ditos sociais.

4. Da mesma forma que a resposta anterior não é simples, e pode-se considerar uma série de fatores, percepções e visões diferentes de mundo (até mesmo conflituosas), a questão da formação ou de uma educação empreendedora, voltada especialmente para negócios sociais ou comunitários, também não pode ser considerada de maneira simplificada.

5. À luz dessas complexidades, procuramos esclarecer com exemplos concretos como essas novas formas de educação aberta, participativa e democrática (relacionadas a processos de empreendizagens, que vêm se dando em redes colaborativas, constituindo comunidades de aprendizagens efetivas e em diferentes escalas) vêm ocorrendo e podem ser ainda mais potencializadas. Assim como, de que modo, a nosso ver, elas podem contribuir de maneira efetiva para a transformação social, que todos desejamos empreender conjuntamente em nossos projetos de nação, ou para a constituição de sociedades sustentáveis, éticas e solidárias em cada localidade.

3.6. REFERÊNCIAS BIBLIOGRÁFICAS[31]

ABNT NBR 16001:2012. *Responsabilidade Social — Sistema de Gestão — Requisitos*. Rio de Janeiro: ABNT, 2012.

ABNT NBR ISO 26000:2010. *Diretrizes sobre responsabilidade social*. Rio de Janeiro: ABNT, 2010.

ABRAMOVAY, Ricardo. *Muito Além da economia verde*. São Paulo: Abril, Planeta Sustentável. 2012.

ALVES, Rubem. *A Escola com que Sempre Sonhei sem Imaginar que Pudesse Existir*. Campinas: Papirus. 2001. 120 págs.

ANTUNES, Celso; e GARROUX, Dagmar (Tia Dag). *Pedagogia do Cuidado* (Sobre as práticas educativas da Casa do Zezinho (www.casadozezinho.org.br). Petrópolis: Vozes. 2008. 216p.

ARRUDA, Marcos. *Educação para uma economia do amor*. Ideias e Letras. 2011.

BOFF, Leonardo. *Saber Cuidar: a ética do humano, compaixão pela Terra*. Petrópolis: Vozes. 1999.

CASTELLS, Manuel. *Redes de indignação e esperança: movimentos sociais na era da internet*. Rio de Janeiro: Zahar. 2013.

DEHEINZELIN, Lala (Claudia). *Como a economia criativa pode ser aplicada no pequeno negócio*. Portal DRAFT: publicado por Fernanda Cury, em 26/07/2016. http://projetodraft.com/como-a-economia-criativa-pode-ser-aplicada-no-pequeno-negocio/.

DUPAS, Gilberto. *Ética e poder na sociedade da informação*. São Paulo: Editora Unesp. 2013. 150p.

---

[31] Para indicações de mais informações sobre sites e filmes, entre em contato com o primeiro autor, Celso Sekiguchi, pelo e-mail: celso@politeia.org.br.

ENDEAVOR. *Como medir o impacto social do negócio?* Endeavor, curso online: 2016. 91 slides.

FREIRE, Paulo; HORTON, Myles. *O caminho se faz caminhando: conversas sobre educação e mudança social.* Petrópolis: Vozes. 2003. 230p.

FREIRE, Paulo. *A importância do ato de ler (em três artigos que se completam).* São Paulo: Cortez. 1987.

_____. *Educação como prática da liberdade.* São Paulo: Paz e Terra. 1975.

FUNDAÇÃO W. K. KELLOGG. *Logic model development guide.* Battle Creek, Michigan: 2004. 72p. Disponível em: www.wkkf.org. Acesso em: 15/08/2016.

GRUPO DE INSTITUIÇÕES, FUNDAÇÕES E EMPRESAS (GIFE). *Especialistas discutem a relação do investimento social privado com os ODS,* publicado por GIFE, em 21/09/2015. Disponível em: http://gife.org.br/especialistas-discutem-a-relacao-do-investimento-social-privado-com-
-os-ods/. Acesso em: 05/08/2016.

KAHANE, Adam. *Como resolver problemas complexos: uma forma aberta de falar, escutar e criar novas realidades.* São Paulo: Editora Senac, 2008.

LEFF, Enrique. *Ecologia y Capital: racionalidad ambiental, democracia participativa y desarrollo sustentable.* México: Siglo XXI. 1994. 437p.

MARTINIS, Elena. *Mulheres de negócio: faça seu negócio acontecer.* Rio de Janeiro: Reino Editorial, 2015. 136p.

MORIN, Edgar. *Os sete saberes necessários para uma educação do futuro.* Elaborado para a UNESCO. São Paulo: Cortez/Unesco, 2000. Edição em português. (Publicado originalmente pela Unesco, em 1999).

PACHECO, José. *Aprendendo em Comunidade.* São Paulo: Projeto Âncora. 2014. 80p. (mimeo, disponibilizado em PDF). Disponível em: www.projetoancora.org.br. Acesso em 15/08/2016.

_____. *Dicionário de Valores.* São Paulo: SM Editora, 2012. 62p.

RATTNER, Henrique (Org.). *Brasil no limiar do século XXI: Alternativas para a construção de uma sociedade sustentável.* São Paulo: Fapesp e Edusp. Mimeo, 2002. 376p.

RATTNER, Henrique. *Desenvolvimento: teoria, prática, história.* Aula magna proferida no Núcleo de Pesquisa "Cidade do Conhecimento" da Universidade de São Paulo-USP. São Paulo: Cidade do Conhecimento/USP. 2010. Disponível em: http://www.cidade.usp.br/desenvolvimento-teoria-pratica-historia/. Acesso em: 16/08/2016.

_____. *A responsabilidade social das empresas.* São Paulo: ABDL e FEA/USP. Mimeo, 2002. 4 p. Disponível em: http://www.lasociedadcivil.org/wp-content/uploads/2014/11/responsabilidade_social_das_empresas.pdf. Acesso em: 17/08/2016.

_____. *Liderança para uma sociedade sustentável.* São Paulo: Nobel, 1998. 272p.

REDE DE PESQUISA EM SISTEMAS PRODUTIVOS E INOVATIVOS LOCAIS — REDESIST. *Arranjos Produtivos Locais e as Diretrizes de Política Industrial, Tecnológica e de Comércio Exterior.* Brasília: 2004. Disponível em: http://antigo.sp.sebrae.com.br/principal/sebrae%20em%20 a%C3%A7%C3%A3o/apl/documentosapl/1conf_apl.pdf. Acesso em: 17/09/2016.

Parte I: Contexto e Algumas Tendências

REDES DE DESENVOLVIMENTO DA MARÉ. *Censo de empreendimentos econômicos da Maré*. Rio de Janeiro: Observatório de Favelas. 2014. 192p. Disponível em: http://redesdamare.org.br/wp--content/uploads/2014/07/GuiaEmpreendedores_FINAL_18JUL.pdf. Acesso em: 17/08/2016.

ROCHA, Tião; GUERRA, Rosângela; e ALQUERES, Hubert. *Álbum de histórias*. São Paulo: IMESP, 2006. 62p.

ROCHA, Tião. *Vinte "pílulas" sobre o ato de educar e ser educador*. São Paulo: Centro de Referências em Educação Integral. 25/08/2015. Disponível em: http://educacaointegral.org.br/noticias/vinte-pilulas-sobre-ato-de-educar-ser-educador/. Acesso em: 27/08/2016.

SANTO, Andréia M. de Oliveira; e SILVA, Eliana Sousa (Orgs.). *Vivências educativas na Maré: desafios e possibilidades*. Rio de Janeiro: Editora Redes da Maré, 2013. 192p.

SANTOS, Milton. *Por uma outra globalização: do pensamento único à consciência universal*. 6ª Edição. Rio de Janeiro e São Paulo: Editora Record, 2001.

SCHARMER, Otto; SENGE, Peter; JAWORSKI, Joseph; e FLOWERS, Betty Sue. *Presença: propósito humano e o campo do futuro*. São Paulo: Cultrix, 2007. 256p.

SEKIGUCHI, Celso. *Internalizar as externalidades ou incluir os excluídos da sociedade? Potencialidades e limitações de uma economia política da sustentabilidade no Brasil*. São Paulo: FFLCH/USP. Dissertação de mestrado, 2007. 2 vol.

SEN, Amartya. *Desenvolvimento como liberdade*. São Paulo: Companhia das Letras, 2000. 410p.

SHIMAHARA, Eduardo; GRAVATÁ, André; MAYUMI, Carla; e PIZA, Camila Toledo. *Volta ao mundo em 13 escolas: Sinais do futuro no presente*. São Paulo: Fundação Telefónica e Coletivo Educ--Ação. Disponível em: http://educacaosec21.org.br/wp-content/uploads/2013/10/131015_Volta_ao_mundo_em_13_escolas.pdf. Acesso em: 12/08/2016.

SILVA, Ana Letícia; ANDRADE, Sérgio. *O alinhamento do investimento social privado às políticas públicas*. Artigo publicado no Censo do Gife 2014. São Paulo: Grupo de Instituições, Fundações e Empresas (Gife). Publicado por Ana Letícia Silva, em 20/07/2016: Disponível em: http://gife.org.br/o-alinhamento-do-investimento-social-privado-as-politicas-publicas/. Acesso em: 05/08/2016.

UNESCO. *Relatório Delors: Educação: um tesouro a descobrir*. São Paulo: Cortez/Unesco, 2010. Edição em português. (Publicado originalmente pela Unesco, em 1996). Disponível em: http://unesdoc.unesco.org/images/0010/001095/109590por.pdf. Acesso em 20/08/2016.

URSINI, Tarcila Reis e SEKIGUCHI, Celso. *Desenvolvimento sustentável e responsabilidade social: Rumo à terceira geração de normas ISO*. São Paulo: UNIEMP. *In:* Inovação, Legislação e Inserção Social". Instituto Uniemp: São Paulo, SP. Vol. IV: Inovação e Responsabilidade Social, 2005.

CAPÍTULO 4

O ENSINO DE EMPREENDEDORISMO A DISTÂNCIA

Newton M. Campos[1]

4.1. INTRODUÇÃO: "TUDO QUE PUDER SER DIGITALIZADO, SERÁ!"

Quando criança, ainda na década de 1980, ouvi meu pai dizer esta frase várias vezes. Ele atuava como empresário no setor de tecnologia da informação, e aquele era o começo da popularização dos computadores pessoais e microchips. Com o tempo, passei a ouvir a frase com mais frequência, até ela se tornar uma referência de mercado durante o primeiro boom da internet, já na segunda metade dos anos 1990. De mãos dadas com este processo, o fenômeno do empreendedorismo não ficou atrás. O aumento da produtividade causado pela microcomputação promoveu o surgimento de novos empreendedores, que traziam novas formas de criar, produzir e distribuir produtos e serviços. O ensino do empreendedorismo começa a ser promovido e adotado de uma forma mais consistente nos Estados Unidos dos anos 1990, alcançando níveis de crescimento exponenciais (SOLOMON et al., 2002) e até áreas externas ao mundo dos negócios (HYNES, 1996). O resto do mundo seguiu esta tendência, sendo difícil, na atualidade, encontrar um país no mundo que não esteja sofrendo o impacto da digitalização de mercados e da ação de empreendedores e potenciais empreendedores sobre estes.

Com seus cursos de Master in Business Administration (MBA), a distância classificados entre os melhores do mundo há muitos anos, a universidade espanhola IE conseguiu alcançar, ainda na primeira década do século XXI, uma dinâmica de ensino e aprendizagem de empreendedorismo que pode ser considerada futurística para a grande maioria das universidades. Nela, alunos de todo o mundo se prontificam a interagir com professores igualmente internacionais, com pouca participação direta da universidade a partir de suas instalações físicas localizadas em Madrid (CAMPOS, 2016, experiência pessoal). Curiosamente, é comum a escola "abrigar" salas de aula ou de reunião virtuais em que nenhum dos alunos

---

[1] Doutor em empreendedorismo pela FGV-SP.

ou professores envolvidos nas dinâmicas de ensino e aprendizagem estejam na Espanha, fazendo com que a relação aluno-professor-escola se estabeleça através de processos sociais inteiramente baseados nas tecnologias da informação e comunicação (TIC).

Em 2012, durante uma edição do Institute for Emerging Leaders in Online Learning, curso semipresencial (híbrido ou *blended*) organizado anualmente pela Universidade Estadual da Pensilvânia em parceria com o Online Learning Consortium (OLC) dos Estados Unidos, houve um debate sobre os desafios do aumento da competitividade entre universidades em um cenário de ampliação do alcance geográfico dos seus programas, conforme os formatos semipresenciais e a distância ganhavam qualidade e eficácia: como escolas locais sobreviverão à educação a distância de qualidade oferecida por escolas de outros estados ou províncias? No futuro, como se dará esta competição a nível internacional? Em tom profético, o debate girava em torno de casos reais, cada vez mais frequentes naquele país, em que alunos locais, que normalmente se tornariam alunos de escolas locais, começavam a se matricular em cursos a distância de escolas de outros estados, de melhor qualidade ou com mais reconhecimento de mercado (CAMPOS, 2012, experiência pessoal).

É sob este cenário de digitalização de processos e de conteúdos de ensino e aprendizagem que testemunhamos o crescente desenvolvimento do ensino a distância na área de empreendedorismo. Como destacam Horn e Staker (2015), as indústrias frequentemente passam por um estágio híbrido quando estão em meio a uma inovação disruptiva, sendo este o caso da educação no momento. Navios de transporte, automóveis e serviços bancários não se transformaram, respectivamente, de vela a vapor, de gasolina a elétrico e de pessoal a online imediatamente. Tudo passa por estágios intermediários, em que a inovação substitui a prática anterior gradativamente. A consequência é bem prática e direta: assim como no restante de grande parte da educação formal tradicional, as aulas de empreendedorismo devem se adaptar às novas formas de construir conhecimento do século XXI, que invariavelmente passarão pelo uso cada vez maior da tecnologia aplicada à educação.

Mas não começamos do zero, pois um logo caminho de quase 20 anos já foi percorrido, com a liderança de escolas de alguns dos principais países desenvolvidos do mundo. Em 1998, aproximadamente cinco décadas depois do primeiro curso de empreendedorismo ser lecionado em Harvard, em 1947, e quase duas décadas depois de o assunto ganhar relevância acadêmica nos Estados Unidos durante os anos 1980 (KURATKO, 2005), oferece-se o primeiro curso bem estruturado de empreendedorismo a distância deste país, o Virtual University for Small and Medium Enterprises (VuSME), organizado por um consórcio de quatro universidades (KATZ, 2003). Dois anos depois, no ano 2000, surge o primeiro curso de MBA a distância da Europa, organizado pela já mencionada escola de negócios espanhola IE Business School, contendo, desde o início, uma matéria obrigatória de empreendedorismo (CAMPOS, 2005, experiência pessoal).

Hoje, milhares de pessoas estudam empreendedorismo a distância no mundo, apoiando-se em programas de diferentes formatos e diversas durações. No Brasil, mais de um milhão e meio de pessoas matriculam-se em um programa de ensino superior a distância todos os anos (PURCHIO, 2015).

O objetivo deste capítulo é explorar não apenas a nova conjuntura em que o ensino do empreendedorismo a distância tem sido demandado e seus desafios (Seção 4.2 — A conjuntura e os desafios do século XXI), mas também as metodologias (Seção 4.3 — Sincronicidade e mensurabilidade) e as oportunidades (Seção 4.4 — A magia do formato semipresencial, híbrido ou *blended*) associadas a elas, concluindo que ainda há muito a ser feito, mas também muito a ser conquistado (Seção 4.5 — Conclusões).

4.2. A CONJUNTURA E OS DESAFIOS DO SÉCULO XXI

No ensino do empreendedorismo, os professores são frequentemente questionados sobre sua experiência real no assunto, em uma busca compreensível, tanto por parte das escolas como do alunado, de agregar certo grau de realidade a um assunto eminentemente prático. Foi-se o tempo da clássica pergunta: "É possível aprender a empreender ou o empreendedor já nasce pronto?" Na conjuntura atual, o ensino do empreendedorismo não é apenas aceito e amplamente legitimado, mas demandado por parcelas relevantes da sociedade, em diversos países.

Cada vez mais, entende-se que, da mesma forma que um bom técnico de futebol não precisa ter sido um bom jogador do esporte para render bem em uma partida ou em um campeonato, um bom professor de empreendedorismo não precisa ter sido fundador de uma empresa de sucesso para render bem em uma aula ou em uma disciplina de empreendedorismo. Ainda assim, em empreendedorismo, esta dualidade entre teoria e prática continua sendo delicada, pois muitos empreendedores de sucesso chegam a se vangloriar de terem deixado a escola ou a universidade para empreender, como se o sistema educativo fosse contrário ou danoso à liberdade criativa necessária para empreender.

Se o(a) professor(a) possui ou possuiu um ou mais empreendimentos próprios, inicialmente será mais fácil apoiar-se em sua prática para ilustrar conceitos, mas esta prática se manterá normalmente limitada, primeiramente, às indústrias e às regiões em que atuou e, depois, limitada ao momento histórico de quando atuou. Por outro lado, se nunca teve uma empresa, deve ter cuidado para não ser tachado de acadêmico ou teórico pelos alunos, embora quanto mais se estude e debata o processo empreendedor na academia, mais tenhamos consciência sobre as peculiaridades do fenômeno, e muitos alunos parecem reconhecer de forma positiva o valor de conceitos baseados em evidências científicas (CAMPOS, 2015, experiência pessoal). Porém, normalmente, há um intervalo de gerações a ser considerado.

4.2.1. Diferença entre gerações

A distância observada entre professores e alunos ainda é uma realidade bem presente em grande parte dos cursos de empreendedorismo. E não se trata apenas da dispersão da atenção causada pela sobrecarga de informação a que os alunos estão submetidos (MCLEOD, 2011). Lane et al. (2011), por exemplo, relatam que, enquanto professores de empreendedorismo focam o desenvolvimento de habilidades para solucionar problemas a longo prazo, em que a experiência é valorizada e o pensamento abstrato premiado, seus alunos focam os problemas de curto prazo e o desenvolvimento de habilidades que lhes permita solucionar problemas do seu dia a dia ou obter um emprego atraente durante ou logo após o curso frequentado. Trata-se de pontos de vista diferentes atuando sobre o mesmo fenômeno. É sob esta conjuntura, já por si desafiadora, que os professores de empreendedorismo têm aprendido a atuar, navegando constantemente em uma ambiguidade entre o pensar e o fazer, entre o planejar e o executar (BROWN e KURATKO, 2015), e em diferentes contextos.

4.2.2. Diversidade de contextos

A variação dos contextos sociais em que o fenômeno do empreendedorismo é observado hoje em dia aumenta de forma substancial a maneira como os cursos podem ser desenhados e aplicados. Lembremos que o contexto social em que os empreendedores ou os potenciais empreendedores atuam se faz relevante justamente porque a inovação empreendedora depende da percepção dos demais para ser considerada como tal: um inventor pode até ser considerado inovador, mas apenas o inventor de um produto de impacto na sociedade ou em parte dela poderá ser considerado empreendedor (HISRICH, PETERS e SHEPHERD, 2016).

Assim, se, por um lado, a necessidade de mobilidade geográfica dos alunos e de seus empreendimentos apenas aumenta, por outro, seus projetos estão cada vez mais baseados em grupos de interesses análogos e cada vez menos em vínculos meramente geográficos (MCLEOD, 2011). Não é raro encontrar alunos em idade adulta navegando de forma atordoada entre seus ambientes de estudo, pessoal e profissional (CAMPOS, 2015, experiência pessoal). Definitivamente, nota-se uma necessidade cada vez maior de os empreendedores e potenciais empreendedores se adequarem aos diferentes contextos sociais em que operam. Como consequência, o professor de empreendedorismo é frequentemente levado a se adaptar a contextos sociais cada vez mais dinâmicos, em que a percepção de inovação sobre o curso que ele desenha e entrega varia de um público para outro e de um momento para outro.

Por isso, alunos e também professores de empreendedorismo devem conseguir desenvolver habilidades e comportamentos que lhes permitam compreender os contextos sociais em que atuam, e desenvolver projetos que se moldem a ou contestem estas realidades (ENVICK e PADMANABHAN, 2006). O grau e a velocidade de adaptação que escolas e professores conseguirem imprimir ao seu próprio desenvolvimento e ao de seus cursos de empreendedorismo, em uma conjuntura crescentemente marcada por diferenças geracionais, diversidade de contextos e desenvolvimento de competências sob demanda, lhes fará sucumbir ou emergir como líderes da nova escola do século XXI. E o papel de ambos será justamente o de perceber os desafios provenientes desta conjuntura, para desenhar os caminhos que possam superá-los.

4.2.3. Aprender fazendo

A prática e a pesquisa do empreendedorismo continuam em franca expansão a nível mundial, com conceitos como *design thinking*, *effectuation* ou *lean startup* sendo aplicados e debatidos à exaustão enquanto novos seguem sendo formulados. Boas práticas e referências de seu ensino continuam sendo desenvolvidas e testadas ao redor do mundo, mesmo no ensino presencial, em que a conjuntura se renova em passo acelerado. Se agregarmos a complexidade trazida pelas demandas dos ambientes de ensino a distância, percebemos que ainda há muito a ser feito no âmbito do ensino do empreendedorismo.

Pelos motivos expostos, há pelo menos 20 anos, a aprendizagem baseada em competências tem sido vista como particularmente útil no ensino do empreendedorismo, em que não há conteúdos a serem memorizados, mas sim uma mentalidade a ser exercitada (HYNES, 1996). Atualmente, entretanto, não há conteúdo a ser memorizado não pela falta deste, mas principalmente pelo seu excesso, na chamada sobrecarga de informação. A quantidade de conceitos e de informações de qualidade disponíveis sobre todas as etapas do processo empreendedor e sobre os mais diferentes mercados — tradicionais ou emergentes, locais ou internacionais — é superabundante, principalmente no idioma inglês.

Desde o ponto de vista dos empreendedores, Young e Sexton (2003) propõem que uma de suas principais competências é a de "aprender fazendo" (*learn by doing*), ao terem que procurar soluções para problemas imprevistos, de natureza normalmente emergencial, internos ou externos aos seus empreendimentos. Os autores vão além, destacando que os empreendedores se motivam enquanto procuram e avaliam formas de solucionar os problemas de seus empreendimentos. Assim, escolas e professores interessados em formar potenciais empreendedores precisam deixar de ensinar empreendedorismo e competências que são valorizadas em um determinado contexto, limitado, para passar a desenhar cursos — presenciais ou a distância — que propiciem os exercícios de empreender, aprender fazendo e desenvolver competências atualizadas e "sob demanda".

4.3. SINCRONICIDADE E MENSURABILIDADE

Quando aterrissamos nas especificidades do ensino de empreendedorismo a distância, nos deparamos inicialmente com a questão óbvia da presença. O que muda no ensino a distância comparado com o presencial? Quais metodologias potencializam o aprendizado a distância para uma quantidade reduzida de alunos? E para uma quantidade enorme?

Curiosamente, não tem porque ser grande a diferença entre as dinâmicas do ensino do empreendedorismo em formato presencial (ao vivo), normalmente baseado em encontros físicos em sala de aula, do formato online síncrono (igualmente ao vivo, porém a distância). Imaginemos, por exemplo, que todos os envolvidos no processo de ensino e aprendizagem tenham acesso às tecnologias da informação e comunicação (TIC) de última geração. Com tamanha capacidade de processamento e transmissão de informações, dezenas de participantes de uma região ou até de todo o mundo podem interagir entre si, intercambiando seus áudios, imagens e materiais de estudo em alta definição simultaneamente, no formato online, com pouquíssimo prejuízo frente ao que poderia ser feito presencialmente. Tanto isto é verdade que muitos alunos do formato a distância organizam, cada vez com mais frequência, atividades sociais online independentes como happy hours e até jantares a distância, em que cada qual aparece devidamente munido da sua refeição e bebida em frente à câmera (CAMPOS, 2015, experiência pessoal). Existe, portanto, uma correlação direta entre a qualidade das TIC dos participantes e a capacidade de replicação da experiência do formato presencial no formato online síncrono por parte de escolas e professores.

Assim, sem considerar os custos financeiros desta migração, quando todas as TIC são adequadas, o custo comportamental e de adaptação pedagógica do formato presencial para o online síncrono é extremamente reduzido para todos, incluindo escola e professores. Sob esta realidade privilegiada, o desenvolvimento de um curso 100% online síncrono será simplificado, nos remetendo às práticas tradicionais de interação humana. Infelizmente, dada a conjuntura atual de evolução paulatina no acesso às TIC de qualidade, não podemos inferir que as aulas presenciais "de sempre" simplesmente migrarão para um formato online síncrono com sucesso, pois, ainda que o custo de transição seja baixo, ele ainda requer um conhecimento mínimo no manuseio de tecnologias que frequentemente incomodam escolas, professores e alunos desabituados às mesmas.

É normal que um professor ou professora seja especialista em sua área de atuação, seja ela o empreendedorismo ou outras áreas afins, como finanças, marketing ou estratégia. Mas poucos, ainda, foram expostos a conhecimentos de tecnologias para a educação, limitando a capacidade de inovação do professor. Por outro lado, as próprias aulas presenciais tradicionais de empreendedorismo têm sofrido pressão por uma diminuição da carga expositiva (*lecture*) a favor de um aumento das horas utilizadas para atividades de cunho mais práticos, como *role-playing*, entrevistas a potenciais clientes ou debates com empreendedores, investidores ou experts de mercado. Nem mesmo o uso da aula invertida (*flipped classroom*), técnica suportada pela facilidade da gravação e disponibilização de vídeos online, tem solucionado a diminuição do interesse dos alunos por exposições de longa duração, pois a inversão do conteúdo tradicional tende apenas a jogar vídeos mais extensos como lição de casa para o aluno, quando muitos deles não conseguem encontrar tempo para a realização de uma tarefa passiva tão longa. Por isso, observa-se uma tendência de "TEDdificação" das aulas presenciais expositivas, em alusão às palestras de

Technology, Entertainment, Design (TED) que são limitadas ao máximo de 18 minutos de duração (RUFF, 2016). Assim, uma aula de empreendedorismo presencial "TEDificada" tende a conter partes expositivas de no máximo 20 minutos, intercalada por exercícios ou debates baseados em casos reais ou conceitos relevantes da matéria. Vejamos, então, como seria no caso dos cursos a distância, quer síncronos ou assíncronos.

4.3.1. Curso síncrono a distância

Perceba que, até o momento, falamos principalmente da atualização do conteúdo das aulas presenciais, antes mesmo de apresentar uma alternativa de sua conversão para o formato online síncrono. No caso de a aula ser transportada do formato expositivo tradicional para o expositivo online síncrono, sem redesenho, há que se ter alguns cuidados, além dos tradicionais cuidados de uma videoconferência regular, como utilizar fones de ouvido (*headset*) e microfone de boa qualidade:

- Familiarizar-se com a plataforma síncrona a ser utilizada, realizando um ensaio prévio nos primeiros usos.
- Vestir-se e portar-se como se fosse para uma aula presencial tradicional, de forma a persuadir sua mente de que a aula é real.
- Manter o tempo total de aula expositiva no menor tempo possível (i.e., uma sessão), sob pena de os alunos trocarem a tela da sala de aula virtual por outra tela mais interessante, passando a acompanhar a aula apenas pelo áudio.
- Prever intervalos de descanso combinados de antemão com a escola e com os alunos, caso a aula seja demorada (i.e., duas ou mais sessões).
- Evitar perguntas retóricas e vícios de linguagem do tipo "não é mesmo?", evitando, assim, respostas que não acrescentem valor para o curso.
- Compor uma lista de perguntas ou exercícios adaptados para a recepção de respostas curtas via plataforma específica ou ferramentas de mensagens instantâneas, usando-as a cada oito minutos, aproximadamente.
- Não ter pânico caso a conexão caia. Na maioria das plataformas, basta acessar o link de conexão novamente para que o professor volte à sala de aula virtual com seus privilégios predeterminados de acesso.

Atualmente, as principais dificuldades na migração do formato presencial para o online síncrono encontram-se na escolha da plataforma de videoconferência e na dúvida quanto à qualidade das TIC utilizadas pelos alunos, algo infelizmente ainda muito presente para a maioria das populações dos países em desenvolvimento. Nestes países, escolas com mais recursos e que atraem alunos devido a eles são as que conseguem fazer esta migração de uma forma menos problemática. Exatamente por este motivo, bolsas de estudo para alunos a distância de baixa renda devem contemplar também o acesso a equipamentos e conexões de qualidade.

4.3.2. Curso assíncrono a distância

Contudo, é na utilização específica de formatos assíncronos que reside a maior parte do desafio para uma aula de empreendedorismo a distância de qualidade. Em um curso presencial, é comum o uso de lições de casa (*homework*) ou trabalhos para realização em grupo ao longo do curso. Estes são exemplos de componentes assíncronos do processo de ensino e aprendizagem tradicional, ou seja, não é necessário que alunos, professores ou outros partícipes do processo se encontrem disponíveis para interação simultânea, facilitando sua execução e monitoramento. A conversão deste tipo de tarefas para o formato online assíncrono tampouco representa um grande obstáculo para o processo de ensino e aprendizado, pois os trabalhos podem ser realizados de uma maneira relativamente produtiva com a própria coordenação dos alunos. Mas a conversão de aulas tradicionais presenciais para aulas online assíncronas pode, esta sim, trazer maiores complicações com relação a desenho e execução. Esta é a conversão mais procurada por escolas e professores, por seu enorme potencial de ganho de escala. Ao gravar vídeos de um professor de alta performance didática e disponibilizá-lo de forma massiva pelas TIC, muitos gestores educacionais acreditam que poderão atingir milhares de alunos com qualidade, em vez das poucas dezenas ou centenas do formato presencial tradicional.

Eventualmente, estas soluções até podem atingir um bom público, com impacto positivo para a sociedade. Plataformas de vídeos educacionais, como Khan Academy, Coursera, EdX, Veduca e até canais de YouTube estão aí para provar sua eficácia. Ainda assim, tal como a construção de uma enorme biblioteca não faz dos moradores de um bairro pessoas necessariamente mais inteligentes ou emancipadas intelectualmente, a presença de inúmeros repositórios de vídeos e demais materiais de estudo de fácil acesso não nos tornarão necessariamente melhores alunos. Claramente, o que poderá nos fazer melhores como pessoas será o uso que fizermos destes livros, vídeos e materiais de estudo, sobretudo se integrados a um processo mais amplo de ensino e aprendizagem.

Portanto, o desafio aqui costuma estar na conversão do conteúdo original. Antes de ser passado para o formato online assíncrono, uma boa aula presencial precisa ser repensada e redesenhada, para então poder ser convertida e testada neste formato, ainda relativamente novo e, portanto, com resultados díspares em termos de eficácia e eficiência. Um bom exemplo costuma ser a utilização do método do caso, normalmente utilizado no formato presencial em cursos de empreendedorismo e gestão em geral. Sua adequação ao formato online assíncrono é não somente possível, mas também potencialmente positiva, com debates neste formato chegando a alcançar profundidades consideravelmente superiores aos alcançados em uma aula presencial tradicional, seja através da troca de e-mails, seja através de fóruns de debate por mensagens instantâneas (CAMPOS, 2015, experiência pessoal).

Mas como fazê-lo? Quando deve começar e quando deve terminar uma aula assíncrona? Quais materiais de estudo serão utilizados para fomentar o aprendizado? Em que momento estes materiais serão utilizados? Quais outros atores, além de professores e alunos, serão convidados para participar do processo de ensino e aprendizagem? De que forma eles interagirão com a turma? Estas são algumas das principais perguntas que precisam ser respondidas durante o processo de construção de uma boa aula de empreendedorismo online assíncrona. Assim, para que uma aula do formato presencial tradicional seja adaptada para o online assíncrono, há que se ter alguns cuidados:

- Familiarizar-se com a plataforma assíncrona a ser utilizada, realizando um ensaio prévio nos primeiros usos.
- Assegurar-se de que o formato online assíncrono adotado incentive e possibilite a interação entre alunos, professores e convidados externos; caso contrário, estar-se-á formando apenas conteúdo passivo (*passive*) ou de uso em ritmo próprio (*self-paced*), a partir do formato presencial tradicional.
- Definir a quantidade de tempo, em quantidade de horas que abarquem também as interações, estabelecendo um calendário fixo, com início e fim, e calculando o número equivalente de créditos para o aluno e as horas-aula do professor.
- Converter o conteúdo da sessão presencial em uma série de perguntas bem estruturadas.
- Publicar as perguntas em formato texto e se possível também em vídeo, gradativamente ao longo da aula, conforme a evolução do debate.
- Realizar o máximo de comentários e feedbacks possíveis sobre os comentários dos alunos, estimulando-os a realizar minidebates entre si e ajudando-os a alcançar os objetivos de aprendizagem estabelecidos pelo professor para aquela aula.

Mesmo assim, independentemente do formato utilizado, síncrono ou assíncrono, a conjuntura do ensino de empreendedorismo continuará demandando a participação dos professores em atividades que lhes abram portas para o lado prático do fenômeno, todas elas totalmente compatíveis com cursos de empreendedorismo semipresenciais:

- Ser conselheiros ou sócios de startups.
- Ser investidores anjo, síndicos de investimentos via financiamento coletivo (*crowdfunding*), conselheiros de fundos de capital de risco (*venture capital*) ou suas investidas.
- Ser organizadores, gestores ou mentores de competições de empreendedorismo, incubadoras, aceleradoras, *corporate ventures* ou *hackathons*.
- Manter diálogos com experts de mercado e gestores de parques tecnológicos.

Quer seja nos formatos a distância síncrono ou assíncrono, outro desafio a ser enfrentado é o da mensuração da aprendizagem dos alunos.

4.3.3. Mensurabilidade

No momento de medir a performance dos alunos de empreendedorismo a distância, mais uma vez, encontraremos duas perspectivas que se complementam: a do ponto de vista da mensuração do aprendizado em um curso de empreendedorismo, por si só complicada, e a do ponto de vista da mensuração do aprendizado de um aluno online,

Parte I: Contexto e Algumas Tendências

igualmente desafiadora. Inicialmente, e tendo em mente apenas os cursos presenciais, a orientação era medir:

1. O aumento de conhecimento sobre inovação, processo empreendedor e aplicação de ferramentas de gestão.

2. A evolução pessoal, através do aprimoramento comportamental em habilidades sociais em equipe.

3. O aumento da confiança na gestão da própria carreira e na identificação de oportunidades (HYNES, 1996).

Mais recentemente, acrescentou-se também a necessidade de um melhor entendimento sobre ferramentas de modelagem de negócios, prototipagem e testes de hipótese.

Desde então, com bastante frequência, o processo empreendedor tradicional, isto é, aquele baseado na identificação de uma ideia de negócio original e no subsequente desenvolvimento e apresentação de um plano de negócio, também tem sido usado para avaliar a performance dos alunos de empreendedorismo (CAMPOS, 2015). Embora seja um exercício relativamente fácil de ser utilizado, tanto no formato presencial como no formato online, a prática ignora um aspecto fundamental a ser avaliado em um curso de empreendedorismo na conjuntura atual: o aprender fazendo. Como o plano de negócio tende a focar o planejamento das mais diferentes funções do negócio (por exemplo, finanças, marketing, estratégia), os alunos terminam por ser avaliados em grande parte pelo elemento talvez menos empreendedor do processo empreendedor. Uma forma de melhorar a medição baseada em plano de negócio inclui o desenvolvimento de protótipos reais ou conceituais e de tarefas práticas fora do campus (*off-campus*) que possam ser contabilizáveis e comparáveis. Se pararmos para pensar, no fundo, o que estamos avaliando são a quantidade e a qualidade das interações acumuladas pelos alunos e potenciais empreendedores enquanto estes procuravam resolver problemas no desenvolvimento do seu potencial novo empreendimento.

Tal prática pode ser levada ao formato online de forma ainda mais reforçada: medindo a quantidade e a qualidade das interações ocorridas entre membros do grupo de trabalho, entre o grupo e o professor e entre o grupo e os agentes externos à escola ou à universidade. Dependendo do sistema *Learning Management System* (LMS) utilizado, estes dados podem ser levantados de forma bastante ágil. Atualmente, existe também uma quantidade crescente de simuladores, jogos, casos, vídeos, testes e aplicativos para computadores e telefones portáteis que podem agregar muito valor a este processo, podendo ser aplicados em diferentes momentos do curso. É bom lembrar que no formato online, a probabilidade de ocorrência de *free riders* é maior — alunos que desfrutam dos resultados alcançados por um grupo de trabalho sem ter colaborado com o mesmo. Por este motivo há que se estabelecer normas de conduta e normas éticas, apresentando a avaliação por pares como uma saída normalmente justa para sanar estas ocorrências (PALLOF e PRATT, 2009).

Tratamos até agora dos formatos a distância puros síncronos ou assíncronos. Entretanto, há uma gama de possibilidades híbridas.

4.4. A MAGIA DO FORMATO SEMIPRESENCIAL, HÍBRIDO OU *BLENDED*

O ensino semipresencial, híbrido ou *blended* se refere a "qualquer programa educacional formal no qual um estudante aprende, pelo menos em parte, por meio do ensino online, com algum elemento de controle do estudante sobre o tempo, o lugar, o caminho e/ou o ritmo" (HORN e STAKER, 2015). Potencializado pelos dispositivos móveis de informação e comunicação, o espaço físico da escola se mistura ao ambiente online de aprendizado oferecido pela própria escola que, por sua vez, se mistura à vida pessoal e profissional do aluno, congregando seus diferentes interesses (Figura 4.1):

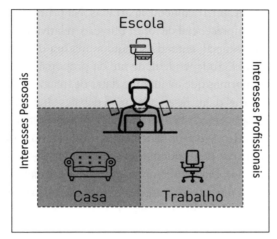

FIGURA 4.1: MODELO VIRTUAL ENRIQUECIDO ADAPTADO AO ENSINO DO EMPREENDEDORISMO.

As escolas e os professores dispostos a construir valor sob o cenário complexo que examinamos até esta altura devem procurar fornecer experiências digitais relevantes e marcantes aos seus alunos (MCLEOD, 2011). Apesar de todas as distrações eletrônicas à disposição dos alunos, se as atividades apresentadas pelos professores de empreendedorismo forem divertidas e interessantes, os alunos rapidamente se envolverão (LANE et al., 2011). Portanto, desenvolver estas experiências e encontrar um modelo sustentável converte-se em uma enorme oportunidade para escolas e professores de empreendedorismo.

Para tanto, tais experiências digitais precisam construir laços sociais de confiança entre escola, professores, alunos e demais eventuais atores — empreendedores, investidores, empregadores ou especialistas (*experts*) de mercado — convidados a participar do processo de ensino e aprendizagem de um curso de empreendedorismo. Este laços são relevantes porque, em ciências sociais, a exploração de combinações possíveis para a solução de problemas requer a interação ativa entre as pessoas. E, normalmente, quanto maior for a diversidade de experiências e pontos de vista presentes nestes exercícios, maior será o

Parte I: Contexto e Algumas Tendências

leque de soluções possíveis apresentado. Assim, enquanto não tivermos um sistema de inteligência artificial apto a replicar interações desta natureza, continuaremos necessitando da interação entre pessoas para o processo de aprendizagem do empreendedorismo. E, como em todo grupo social, estas interações, sejam elas presenciais ou online, síncronas ou assíncronas, com maior ou menor participação da escola ou dos professores, requerem um arcabouço de normas que alavanquem sua praticidade e produtividade, na linha de algumas já apresentadas.

Este aspecto central de um bom curso de empreendedorismo a distância se apoia em um sistema avançado de normas de interação, a ser estabelecido prioritariamente para os alunos, mas também entre professores e alunos. Isso se deve aos diferentes tipos de papel que escola, professor ou eventualmente tutor podem assumir na liderança de um curso. Imaginemos duas situações simetricamente apartadas. Na primeira, imaginemos um curso de empreendedorismo semipresencial de longa duração, relativamente pequeno, com cerca de 30 alunos. Por semipresencial, entenda-se aqui a mistura de períodos presenciais com períodos "online interativos", independentemente da proporção. Neste ambiente, a escola pode definir de antemão normas que incluam as datas de início e final do curso, as datas de cada encontro presencial e as datas reservadas para debates síncronos ou assíncronos, bem como as normas que estabeleçam a lista do material de estudo/exercício e quando ele deve ser utilizado/realizado. Dependendo de sua liberdade, o professor ou professora pode adicionar complexidade a estas normas, definindo em que momentos de uma aula online síncrona um aluno pode participar via chat, áudio ou vídeo e até os números mínimo e máximo de comentários, bem como os números mínimo e máximo de linhas em cada comentário em uma aula online assíncrona via fórum de debate (dependendo destas variáveis, por exemplo, um fórum de debate de quatro dias de duração com 30 alunos ativos pode facilmente ultrapassar as mil linhas de comentários, ou seja, um volume equivalente a mais de 30 páginas de texto. Por fórum!). Na prática, cada professor terminará por desenvolver sua própria maneira de ensinar online, desenvolvendo e adaptando regras que o ajudem a perceber que os alunos estão se desenvolvendo intelectualmente enquanto lhes atribuem boas avaliações.

Imaginemos agora um curso de empreendedorismo semipresencial de média duração, com mais de 30 mil alunos matriculados, ou seja, atingindo mais de mil vezes o número de alunos que o curso no primeiro formato. Novamente, a escola pode definir todas as regras prévias de interação, mas, neste caso, deve fazê-lo sob o risco de se perder o controle da dinâmica de ensino e aprendizagem, comprometendo sobremaneira o resultado do curso. Aqui, o desenho do curso ganha extrema relevância no processo, devendo ser planejado em detalhes para que as interações sejam de qualidade, e revisitado a cada edição do mesmo, no espírito do aprender fazendo. Diferentemente da situação anterior, nesta situação, o(a) professor(a) não conseguirá atender a todos os alunos de forma personalizada, nem mesmo conhecê-los pessoalmente em um encontro presencial (imagine um professor ou uma professora recebendo 30 mil alunos em um estádio de futebol). Entretanto, apoiando-se em algumas TIC, ele(a) poderia chegar bem próximo de fazê-lo. Por exemplo, o Massachussets Institute of Technology (MIT), através da plataforma EdX, tem utilizado com relativo sucesso um formato híbrido que mistura aulas síncronas e assíncronas online com aulas presenciais em dezenas de cidades pelo mundo.

Mas como o MIT faz para organizar tantas aulas presenciais ao redor do mundo? São os próprios alunos ou professores voluntários espalhados pelo mundo quem, informalmente — embora suportados pelos organizadores —, preparam os encontros presenciais. Nestes encontros, os alunos debatem os materiais de estudo assíncrono e assistem às aulas online síncronas. Notemos que aqui combinam-se a força dos vídeos síncronos e dos materiais de estudo assíncronos com o poder de interação presencial assistida. Todo o material do curso, bem como as informações de como e quando ele deve ser utilizado, é disponibilizado de antemão pelo(a) professor(a), que relembra, a cada encontro síncrono online, os passos a serem seguidos para a finalização do curso. No final do processo, organiza-se um teste, e um posterior certificado de participação, validado por câmeras web e pela participação do aluno em fóruns de debate. Em ambas as situações, há que se destacar a existência de uma equipe de suporte que, quase como em uma produção audiovisual televisiva, está adaptada à envergadura do projeto.

É interessante perceber, entretanto, o poder que o professor carrega no desenho da relação entre conteúdo e formato de um curso de empreendedorismo semipresencial. Como maior conhecedor do conteúdo e de suas nuances, ele assume a direção do "show", estabelecendo quais sessões devem ser presenciais, quais devem ser online síncronas e quais devem ser online assíncronas, indicando as normas centrais de interação para cada uma. A tarefa, trabalhosa, visa equilibrar três variáveis importantes: objetivos de aprendizagem, custo e duração do curso e o alcance geográfico do mesmo, pois quanto mais sessões online o curso tiver, desde mais longe os alunos poderão se deslocar para as sessões presenciais (vide Figura 4.2). Por isso, e de forma quase intuitiva, há que se ter em mente que, quanto mais os componentes de ensino e aprendizagem a distância forem utilizados, mais longe poderá chegar o curso.

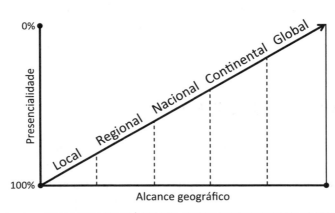

FIGURA 4.2: POTENCIAL DE ALCANCE GEOGRÁFICO DOS CURSOS SEMIPRESENCIAIS DE EMPREENDEDORISMO.

Quando aplicado aos alunos que trabalham, seja em suas próprias organizações ou na de terceiros, o formato semipresencial se destaca ainda mais, permitindo a visualização ou a aplicação dos conceitos debatidos no curso de forma quase imediata. Consequentemente, a oportunidade de usar cursos semipresenciais de empreendedorismo para fomentar a relação empresa-escola através do "aprender fazendo" é enorme (KURATKO, 2005), principalmente na conjuntura atual, em que organizações de todos os tipos crescentemente invocam a inovação como estratégia empresarial sustentável.

É possível perceber que a quantidade de oportunidades existentes no espectro entre as duas situações apresentadas é enorme, podendo a escola e o(a) professor(a) encarregado de seu desenho capturar valor sobre este processo das mais diferentes formas, principalmente aquelas que logrem integrar empreendedores, investidores ou especialistas de mercado ao processo de ensino e aprendizado do empreendedorismo. Para escolas ou professores de empreendedorismo afeitos às TIC, tais oportunidades podem representar *low hanging fruits*, ou seja, oportunidades facilmente alcançáveis, desde que seu público-alvo tenha igualmente acesso às TIC de qualidade, o que já acontece em países desenvolvidos e começa a acontecer em grande parte dos países em desenvolvimento.

É certo que encontrar escolas, professores e alunos interessados em explorar estes desafios e testar soluções para superá-los conflagram um desafio por si só. Mas o empreendedorismo não pode ser uma área que sucumbe à estagnação metodológica (KURATKO, 2005). Somando-se a isso a emergência de novas ferramentas como as de realidade virtual, de ensino e aprendizado adaptativo (*adaptive learning*) ou de registro público de transações (*blockchain*), somente para citar algumas das mais comentadas na atualidade, percebemos que as oportunidades para o ensino de empreendedorismo a distância estão em fase embrionária, com muito a ser desenvolvido. É verdade que o processo de tentativa e erro é complexo, pois exige a assimilação dos erros, potencialmente custosos, algo que poucos gestores e professores estão aptos ou dispostos a defrontar. Felizmente, porém, o empreendedorismo não faz parte de uma ciência como as ciências médicas, em que um erro pode levar à morte do paciente, algo irreparável. E, embora a experiência de montar um negócio malsucedido possa chegar a ser traumática para os alunos e potenciais empreendedores envolvidos, estes sempre serão os principais responsáveis pelas inovações que propõem e pelas soluções que adotam (SOLOMON et al. 2002).

4.5. CONSIDERAÇÕES FINAIS

A digitalização crescente das atividades socioeconômicas está marcando fortemente o início deste século, realinhando substancialmente a forma como nos relacionamos como seres humanos e também nossas cadeias produtivas locais, regionais e globais. Abre-se uma oportunidade rara para repensarmos os processos de ensino e aprendizagem em geral e, entre eles, os das ciências sociais, incluindo os de empreendedorismo. Nesta lenta mas consistente reestruturação das economias de mercado, o comportamento empreendedor terá um papel fundamental na evolução dos velhos e atuais processos sociais e produtivos, adicionando ainda mais inovações às nossas vidas após todo um século já marcado por elas.

É neste contexto que o ensino e a aprendizagem do empreendedorismo a distância abrem diversas janelas de oportunidades para uma maior integração entre a educação formal e a informal, entre os diferentes contextos sociais em que vivemos e as realidades que desconhecemos. Porque se a inovação é ampliada na diversidade, a qualidade da educação do futuro também será, permitindo não apenas que pessoas de interesses comuns se conectem, mas também que pessoas de interesses díspares se façam apresentar, permitindo que o empreendedorismo alcance novos patamares de discussão quando explorado sob uma ótima multidisciplinar e global do conhecimento.

Mas isso só será possível se forem destinados maiores esforços no recrutamento e no aprimoramento de professores de empreendedorismo (ver a este respeito o Capítulo 13 deste livro), que devem, por força da atual conjuntura, estar cada vez mais apoiados na utilização das TIC aplicadas à educação. Porque se os alunos do curso de empreendedorismo devem aprender fazendo, seus professores devem desenvolver a melhor combinação de conteúdos e formatos para alcançar este objetivo.

Como consequência, podemos concluir que os professores de empreendedorismo devem se tornar professores empreendedores, dispostos a testar perseverantemente novos conteúdos e formatos, adaptáveis aos contextos sociais em que seus alunos atuam, preparados, eles mesmos, para aprender fazendo.

4.6. REFERÊNCIAS BIBLIOGRÁFICAS

BROWN, Travis J.; KURATKO, Donald F. The impact of Design and Innovation on the Future of Education. *Psychology of Aesthetics, Creativity, and the Arts*, Vol. 9, No. 2, 147-151, 2015.

CAMPOS, Newton M. *The Social Context of Entrepreneurship in Brazil and Spain*. CreateSpace Independent Publishing Platform, 2017.

_____. *The Myth of the Idea and the Upsidedown Startup*: How Assumption-based Entrepreneurship has lost ground to Resource-based Entrepreneurship. CreateSpace Independent Publishing Platform, 2015.

COLLINS, A.; HALVERSON, R. *Rethinking education in the age of technology*: The digital revolution and schooling in America. New York, NY: Teachers College Press, 2009.

COVINGTON, D.; Petherbridge, D., & Warren, S. E. Best practices: A triangulated support approach in transitioning faculty to online teaching. *Online Journal of Distance Learning Administration*, 8(1), 3-14, 2005.

DIAZ, D. P. & Bontenbal, K. F. *Learner preferences*: Developing a learner-centered environment in the online or mediated classroom. Ed at a Distance, 15(8), 2001. Disponível em: http://www.usdla.org/html/journal/AUG01_Issue/article03.html. Acesso em: 11/04/2006.

Parte I: Contexto e Algumas Tendências

EDELMAN, Linda F.; MANOLOVA, Tatiana S. BRUSH, Candida. Entrepreneurship Education: Correspondence Between Practices of Nascent Entrepreneurs and Textbook Prescriptions for Success. *Academy of Management Learning & Education*, Vol. 7, No. 1, 56-70, 2008.

ENVICK, Brooke R.; PADMANABHAN, Prasad. A 21st century model of entrepreneurship education: overcoming traditional barriers to learning. *Journal of Entrepreneurship Education*, Volume 9, 2006.

HISRICH, Robert; PETERS, Michael; SHEPHERD, Dean. *Entrepreneurship*. McGraw-Hill Education; 10th edition, 2016.

HORN, Michael B.; STAKER, Heather. *Blended*: Usando a inovação disruptiva para aprimorar a educação. Porto Alegre: Penso, 2015.

HYNES, Briga. Entrepreneurship education and training — introducing entrepreneurship into non-business disciplines. *Journal of European Industrial Training*, 1996. MCB University Press.

KATZ, Jerome .A. The chronology and intellectual trajectory of American entrepreneurship education 1876–1999. *Journal of Business Venturing* 18 (283-300), Elsevier, 2003.

KURATKO, Donald. F. The Emergence of Entrepreneurship Education: Development, Trends and Challenges. *Entrepreneurship Theory & Practice*. September, 2005.

LAHN, Jr., Robert J.; RADER, C. Scott. Technology and distance education entrepreneurship programs: an eight-point framework for best practice. *Journal of Entrepreneurship Education*, Vol. 18, Number 1, 2015.

LANE, Paul; HUNT, Jodee; FARRIS, John. Innovative teaching to engage and challenge twenty-first century entrepreneurship students: an interdisciplinary approach. *Journal of Entrepreneurship Education*, Volume 14, 2011.

MCLEOD, S. Are we irrelevant to the digital, global world in which we now live? *UCEA Review*, 52(2), 1-5, 2011, Summer.

PALLOFF, R.; PRATT, K. *Assessing the Online Learner: Resources and Strategies for Faculty*. San Francisco, CA: Jossey-Bass, 2009. (Jossey-Bass Guides to Online Teaching and Learning).

RUFF, Corinne. The TEDification of the Large Lecture. Washington, D.C: *The Chronicle of Higher Education, May* 10, 2016.

PURCHIO, Ana. *SEMESP e D2L apresentaram pesquisa sobre EAD*. Disponível em: http://www.semesp.org.br/semesp_beta/semesp-e-d2l-apresentaram-pesquisa-inedita-sobre-ead/. Acesso em: 19/06/2016.

SOLOMON, George .T; DUFFY, Susan; TARABISHY, Ayman. The State of Entrepreneurship Education in the United States: a Nationwide Survey and Analysis. *International Journal of Entrepreneurship Education* 1(1): 65-86. 2002. Senate Hall Academic Publishing.

YOUNG, John. E.; SEXTON, Donald L. What Makes Entrepreneurs Learn and How Do They Do It? *Journal of Entrepreneurship*, 12, 155. 2003. Sage Publications.

Parte II
ESTRATÉGIAS DE IMPLEMENTAÇÃO DA EDUCAÇÃO EMPREENDEDORA NAS UNIVERSIDADES

Capítulo 5

ECOSSISTEMA EMPREENDEDOR DA PUC-RIO

Ruth Espínola Soriano de Mello[1]
Julia Bloomfield Gama Zardo[2]

Este capítulo apresenta a atuação do Instituto Gênesis a partir da história e desenvolvimento dos seus três principais programas de formação empreendedora nos últimos dez anos: *Domínio Adicional em Empreendedorismo, Inove Carreiras & Negócios, e Meu Futuro Negócio.*

A PUC-Rio tem se aproximado do conceito de universidade empreendedora (ETZKOWITZ, 2003) há mais de duas décadas. Seus resultados no campo do ensino, da pesquisa e da extensão têm sido desenvolvidos em articulação com a sociedade, o Estado e o mercado, implicando no reconhecimento histórico pelo Guia do Estudante como a melhor instituição privada[3] de ensino superior do Brasil (GE, 2015), assim como pelo feito de o Instituto Gênesis ser considerado a melhor incubadora nacional e da América Latina (UBI INDEX, 2015).

Tais resultados foram conquistados pela aposta na formação de jovens com espírito crítico e realizador. Essa orientação é norteadora da missão do Instituto Gênesis que atua como escola de formação, como incubadora, como aceleradora e como propulsora do empreendedorismo inovador de forma dialógica inter e extramuros. No entanto, a principal atuação do instituto é no apoio à geração de empreendimentos inovadores.

Ele tem sido importante na formação de um ecossistema de empreendedorismo regional, cooperando com o ecossistema de empreendedorismo nacional, que conta com

---

[1] Doutoranda em ciências sociais pela PUC-Rio, mestre em políticas públicas e sociedade pelo CPDA/UFFRJ, graduada em ciências econômicas pelo IE/UFRJ, atua na gerência de cultura do Instituto Gênesis da PUC-Rio e é professora do IAG/PUC-Rio. E-mail: ruth@puc-rio.br.

[2] Doutoranda em políticas públicas e desenvolvimento pela UFRJ, mestre em mídia e mediações socioculturais pelo Departamento de Comunicação da UFRJ, graduada em jornalismo pela PUC-Rio, professora do Design/PUC-Rio é gerente de cultura empreendedora do Instituto Gênesis da PUC-Rio. E-mail: juliaz@puc-rio.br.

[3] A PUC-Rio é uma instituição de natureza comunitária, filantrópica e sem fins lucrativos, tendo sido reconhecida como instituição comunitária de educação superior, ou seja, pública não estatal; lei federal de número 12.881 de 2013.

incubadoras, notadamente configuradas como agentes econômicos estratégicos na geração e na sustentabilidade de empreendimentos inovadores nascentes.

Neste contexto, a ação voltada à promoção de cultura empreendedora nas incubadoras se coloca como *locus* privilegiado de implementação de ações de sensibilização e de formação de empreendedores. Ela se justifica mesmo que as iniciativas implementadas por estes empreendedores terminem não sendo exitosas, ou que, ao final, não sejam selecionadas para o processo de incubação. Assim, a ação de incubadoras em prol da disseminação de cultura empreendedora se aproxima da temática mais geral circunscrita à formação empreendedora.

Esta, segundo dados do relatório especial sobre educação e formação da Global Entrepreneurship Monitor (GEM, 2010), com 38 países, é muito relevante para estimular um território, sendo mais eficaz em países cujo desenvolvimento e competitividade estão baseados na inovação. Por outro lado, esta questão é usada como argumento controverso que fundamenta a tese de que países menos desenvolvidos não deveriam fazer investimentos volumosos em programas de formação empreendedora, já que seus ambientes não responderão *a contento* (GEM, 2010).

De toda sorte, a qualificação de agentes empreendedores é uma das principais ferramentas para tornar o empreendimento bem-sucedido, pois aponta os caminhos para que o empreendedor saiba o que fazer e como realizá-lo.

A formação empreendedora deve ser implementada por processos de aprendizagem que enfoquem os níveis tanto individual (competências na coordenação de conhecimentos, atitudes e habilidades) como organizacional, assim como a necessidade de desenvolver outros aspectos que possam contribuir para uma efetiva competitividade, visando à conformação de um circuito virtuoso institucional, local, regional etc.

O mesmo relatório do GEM (2010) revelou a prevalência e as fontes de capacitação e qualificação empreendedora, bem como o efeito desse processo na geração de negócios. Apontou ainda que a formação empreendedora em escolas primárias e secundárias é muito criticada, mas, em alguns países, como Alemanha, Finlândia, República da Coreia, Irlanda, Espanha e EUA, analistas argumentaram tratar-se de iniciativas adequadas se os órgãos públicos e privados atuam por fora do sistema formal de educação.

Os dados oficiais dos países envolvidos na pesquisa apontam que 21% dos empreendedores da faixa etária ativa — entre 18 e 64 anos — receberam treinamento (formal e informal) para iniciar seu negócio, mas essa taxa varia consideravelmente entre países, e mesmo entre os que têm níveis de desenvolvimento econômico similar (GEM, 2010).

Na maioria dos países da pesquisa, mais da metade da população recebeu tal formação de maneira voluntária. Mas um dado relevante aponta que a maioria das pessoas que receberam formação para iniciar seus empreendimentos fez tais programas em nível formal, vinculado à programação formal de escola primária, escolas livres ou em faculdades — justo os segmentos mais criticados quanto à qualidade do aprendizado.

Pouco mais de 60% receberam treinamento específico para realizar negócios e têm feito informalmente cursos de empreendedorismo como forma exclusiva ou complementar à educação formal. Isso sugere que muitas pessoas, apesar de terem recebido instrução formal, buscam aprendizagem adicional como conhecimento prático e realista. Não é surpreendente que o estudo aponte para a autoformação como a fonte mais comumente utilizada para a aquisição de tais conhecimentos, seguido por programas informais universitários e programas e cursos oferecidos por associações empresariais (GEM, 2010, p. 5 e 25).

Diferente do que ocorre no Brasil, na maioria dos casos internacionais analisados, a aprendizagem acontece com menos vigor no nível educacional superior (GEM, 2010).

Entendemos que "estar preparado" para empreender significa "ter conhecimento" sobre o assunto em questão e que oportunidade se diferenciaria de oportunismo também pelo enfoque temporal, sendo o primeiro associado a uma visão de longo prazo (ARANHA, 2009).

No âmbito das incubadoras e em outros ambientes de geração de empreendimentos inovadores, as fases de preparação dos empreendedores e do processo de prototipagem de seus produtos e serviços normalmente são tratadas em núcleos ou unidades distintas. Assim, há cisão entre o processo de "ser" empreendedor e o de efetivamente empreender. Vários autores (ARANHA, 2009; HENRY et al., 2005; LOPES, 2010; DORNELLAS, 2014) apontam que o desafio maior é "como" ensinar e "com quais métodos" o empreendedorismo pode ser transmitido (LOPES, 2010).

Portanto, a efetividade de programas de ensino de empreendedorismo está na engenhosidade, inovação e inspiração da instituição educadora, devendo ser adaptada às necessidades, circunstâncias e oportunidades (RABBIOR, 1990).

O ensino de empreendedorismo enfatiza o uso de metodologias voltadas principalmente para o "aprender fazendo" (LOPES, 2010). No entanto, as ferramentas e os métodos utilizados estão majoritariamente baseados em práticas tradicionais de ensino (HENRY et al., 2005), por exemplo: exposição, elaboração de pesquisas de mercado, planos de negócios, desenvolvimento de produtos sem teste no mercado etc.

Entendemos que o Instituto Gênesis, em seus 20 anos de atuação, tem caminhado neste sentido do aprender fazendo. Como estratégia de formação e incubação, o foco do instituto é no indivíduo empreendedor, orientado na resolução de problemas e na observação de oportunidades de mercado. Deste modo, as ações da PUC-Rio, como universidade empreendedora, bem como as de seu Instituto Gênesis, visam formar um ecossistema virtuoso em prol do empreendedorismo, sendo que uma das formas de estimular este tipo de empreendedorismo é justamente a oferta de incubação dos negócios competitivos e sustentáveis.

O foco é a formação de indivíduos, mas não se restringindo ao âmbito/setor empresarial. Isto é, o empreendedorismo social, cívico, cultural e intraempreendedor também é estimulado. Mesmo assim, os programas de cultura empreendedora do instituto não se furtam de desenvolver competências voltadas à realidade de empreendedores empresariais, já que têm natureza abrangente e multissetorial, tais como: gestão de risco, questões societárias, legais, tributárias, negociação, comunicação, análise de setor, prospecção de clientes e beneficiados, seleção, motivação e retenção de equipe e colaboradores etc.

Nesta seção introdutória, procuramos abordar a importância da formação empreendedora como ferramenta para apoiar processos de desenvolvimento e competitividade. Esta temática é muito apropriada para incubadoras como o Instituto Gênesis, que, a partir de ações de promoção de cultura empreendedora, trabalham orientadas para a inovação, o empreendedorismo e o desenvolvimento de competências individuais e coletivas que exploram o protagonismo crítico e o espírito realizador. Enfocamos agora os referenciais teóricos circunscritos à nossa temática.

5.1. REFERENCIAL TEÓRICO

5.1.1. Universidade Empreendedora

Desde seu surgimento na Europa, entre os séculos XI e XII, conforme situa Mance (1999), até o século XIX, a universidade cumpriu sua função social de "produzir, difundir e preservar o conhecimento", caracterizando-se como um agente institucional de transmissão de saberes. Após o século XIX ao XX, a universidade passa a incorporar o aspecto da pesquisa com o objetivo associado aos demais já apresentados. A adoção desta segunda meta caracteriza o momento histórico como a primeira revolução universitária (ETZKOWITZ, 1998).

No final do século passado, algumas mudanças nas instituições acadêmicas foram induzidas devido aos desafios impostos pelas reestruturações da sociedade. São exemplos: o fenômeno da globalização, a condição mais aberta e competitiva da sociedade, a acelerada expansão do conhecimento, o exponencial avanço tecnológico e a demanda social por um posicionamento mais ativo das universidades no processo de desenvolvimento socioeconômico.

Etzkowitz & Leydesdorff (2000), citados por Ferreira et al. (2012), postulam que as profundas mudanças vividas nesse ambiente competitivo e dinâmico estabelecem novas exigências quanto à orientação e às formas de intervenção dos distintos agentes econômicos, governamentais, de ensino e da sociedade em geral.

Adicionalmente, vale sustentar que a extensão universitária,[4] em que incubadoras universitárias normalmente se enquadram, está diretamente associada à transferência de tecnologia. Entendendo-se esta transferência como a aquisição, o entendimento, a absorção e a aplicação de uma dada tecnologia ou de um processo tecnológico, ou, tal como definem Bessant e Rush (1993), enquanto um "conjunto de atividades e processos por meio dos quais uma tecnologia (incorporada em produtos e novos processos ou desincorporada sob a forma de conhecimento, habilidades, direitos etc.) é passada de um usuário a outro".

Assim, a transferência tecnológica, ou a extensão, insere-se como o elo que tece o enredo da tripla hélice, concebido por Etzkowitz (2003) — universidade empreendedora, empresa e governo —, forjando um ambiente de estímulo aos processos de inovação no âmbito do apoio e da geração de micro e pequenas empresas (MPEs).

É neste contexto, em que a colaboração com a economia surge como uma terceira missão básica da universidade, somando-se ao ensino e à pesquisa (ETZKOWITZ; LEYDESDORF, 2000), que nasce a expressão universidade empreendedora, também denominada por alguns autores como universidade inovadora, como explicitam Teixeira et al. (2009), situando a segunda revolução acadêmica, ainda em processo contemporaneamente.

Portanto, a universidade empreendedora (ETZKOWITZ, 2003) contribui com a geração de novos conhecimentos, com a promoção da aplicação e transferência deste conhecimento ao mercado, gerando capital social com potencial de transformação do conhecimento em benefícios para a sociedade, destacando-se a oportunidade que se tem de programar processos de aprendizagem que associem teoria à *práxis* de conteúdos interdisciplinares gerados e/ou implicados.

Guaranys (2006) sistematiza que "a passagem da universidade de pesquisa para universidade empreendedora resulta de uma mudança na lógica interna do desenvolvimento acadêmico", e associa treinamento, pesquisa e incubação de empresas como atividades relacionadas ao setor produtivo.

A extensão tecnológica acontece pela integração de laboratórios de centros de ensino e pesquisa regional, com um fluxo de preparação de profissionais e de produção de conhecimento, associado à criação de produtos, serviços e de geração de empreendimentos sustentáveis.

Na próxima seção, buscaremos resgatar a história das incubadoras no Brasil, para situar o Instituto Gênesis neste contexto.

---

[4] São várias as concepções em torno da extensão universitária, conformando teses que foram sendo estabelecidas a partir de discursos e práticas. Há acepções que a concebem como prática assistencial, ora como meio que liga o ensino à pesquisa — como se fossem dimensões dissociáveis da universidade —, ou mesmo como forma de fazer cumprir a função social da academia, dentre outras.

5.1.2. O papel das incubadoras no Brasil e o caso da(s) incubadora(s) do Instituto Gênesis da PUC-Rio[5]

Temos que as MPEs estão crescendo em número e em relevância na estrutura comercial brasileira como agentes econômicos e na capacitação de empreendedores.

Neste contexto é que o papel das incubadoras se coloca, visando apoiar a geração e a consolidação de MPEs, estimular a identificação e o desenvolvimento do perfil empreendedor dos indivíduos envolvidos quanto aos aspectos técnicos, comportamental e gerencial e facilitar o processo de empresariamento e inovação tecnológica a nível local.

Mas a história das incubadoras no Brasil é relativamente recente. Foi na década de 1980 que as primeiras iniciativas foram identificadas a partir de articulação do Conselho Nacional de Desenvolvimento Científico e Tecnológico (CNPq), ao implantar o programa de parques tecnológicos no país. Atualmente, o Brasil integra um dos "maiores sistemas mundiais de incubadoras" (ANPROTEC, 2012, p. 5).

Não obstante, o desenvolvimento de incubadoras e de parques tecnológicos esteve ligado à existência de um vácuo institucional entre o ambiente acadêmico e o empresarial (BORBA, 2011, p. 8).

As incubadoras atuam como arranjo interinstitucional, com instalações e infraestrutura apropriadas, estruturadas para estimular e facilitar determinados fatores, exemplificando a "vinculação empresa-universidade, o fortalecimento das empresas e o aumento de seu entrosamento, assim como a crescente vinculação do setor produtivo com instituições de apoio" (GUEDES e FORMICA, 1997, apud AMATO NETO, 2000, p. 74).

As incubadoras brasileiras se configuram como atores que integram o ambiente de geração de empreendimentos inovadores, apoiando-os no momento mais relevante para sua manutenção no "mercado" após o processo de incubação, período conhecido como graduação. Esse é o critério para associação junto à Anprotec, que integra incubadoras de empresas, parques tecnológicos, instituições de ensino e pesquisa, órgãos públicos e outras entidades ligadas ao empreendedorismo e à inovação, tendo atualmente 280 associados, mas registrando a existência de cerca de 400 incubadoras de empresas e 90 iniciativas de parques tecnológicos no Brasil (ANPROTEC, 2014).

Sabe-se que as incubadoras se caracterizam principalmente pelos ambientes que oferecem espaço físico para abrigar empreendimentos nascentes, disponibilizam infraestrutura e serviços compartilhados, promovem cursos, assessorias e consultorias para a gestão técnica e empresarial dos sócios e colaboradores, implementam estudos e pesquisas setoriais, oferecem informações sobre o acesso a mecanismos de financiamento por vias próprias ou de terceiros, facilitam o acesso a mercados e redes de interrelações

---

[5] Este trecho foi produzido a partir de seção de artigo das autoras publicado para Ceperj, em 2014; Mello e Zardo, 2014.

de suas incubadoras, disponibilizam laboratórios de pesquisa e de apoio à prototipação de produtos, implementam processo de acompanhamento, avaliação e orientação aos empreendimentos e empreendedores (ANPROTEC, 2012).

As incubadoras também estimulam o processo de inovação, ao promoverem oportunidades para o desenvolvimento tecnológico do processo produtivo e oferecerem aos novos empreendedores apoio administrativo, aconselhamento e consultoria gerencial e de marketing (BAETA, 1999).

Temos que uma empresa nascente instalada em uma incubadora tende a apresentar resultados melhores e mais chances de sobrevivência neste período comparativamente com outras que não tiveram a mesma oportunidade.

A ideia das incubadoras esteve associada ao propósito de estimular o surgimento de negócios resultantes de projetos tecnológicos desenvolvidos no interior dos centros de pesquisa universitários ou não. Inicialmente, o conceito criado foi o de incubadoras tecnológicas, voltadas para apoiar o nascimento e o fortalecimento das chamadas empresas de base tecnológica (FONSECA; KRUGLIANSKAS, 2000, p. 3–4).

Então, as incubadoras buscavam atrair a geração de empreendimentos de base tecnológica com potencial de levar ao mercado ideias inovadoras e tendências tecnológicas em setores intensivos em conhecimento científico e tecnológico. Posteriormente, passaram a associar tal objetivo com a busca de promoção de desenvolvimento local e setorial. (ANPROTEC, 2012, p. 5). Desde a década de 1990, passou-se a observar as incubadoras mistas: unidades concebidas por governos locais visando estimular o crescimento econômico e gerar empregos.

Daí que estas duas vertentes de classificação de empresas nascentes têm sido usadas pela Anprotec desde 2007, e, para traduzir a complexidade do movimento nacional de incubadoras pelas suas funções, estratégias e objetivos, passa-se a adotar a taxonomia de — incubação de empresas orientadas para a geração e uso intensivo de tecnologia *versus* incubação de empresas orientadas ao desenvolvimento local e setorial. Assim, relaciona objetivo e potencial de agregação de valor e de impacto territorial de forma a apontar o caminho para afinar a política de fomento e financiamento desses importantes agentes econômicos a nível nacional (ANPROTEC, 2012, p. 19).

De qualquer modo, em uma pesquisa de 2012, observamos que havia uma tendência de dinamização da economia local como objetivo principal das incubadoras, ação que indica, junto com outros aspectos positivos observados, maturidade do movimento no Brasil, revelando que estão em sintonia com os melhores padrões internacionais. Essa tendência pode ser explicada pelo fato de que "as empresas graduadas permanecem na região de sua incubação e de que é no ambiente próximo que as incubadoras prospectam seus novos empreendimentos" (ANPROTEC, 2012, p. 4).

Como já indicamos, isso se aplica às incubadoras nacionais, especialmente às universitárias, como é o caso do Instituto Gênesis da PUC-Rio com sua atuação que possibilita a incubação de empreendimentos nas áreas tecnológica, cultural e social. Elas são compreendidas como novos *habitats* de inovação, às quais se associam ações articuladas em políticas de desenvolvimento tecnológico e economia local e regional.

A motivação para a criação do instituto está relacionada à busca em apoiar a orientação profissional dos alunos de engenharia da universidade que apresentavam questões sobre o determinismo profissional. Nesta perspectiva, o Centro Tecnológico Científico (CTC) da PUC-Rio desenvolveu o Programa de Reforma no Ensino de Engenharias (Reenge), o qual fez da PUC-Rio líder no "processo de reforma do ensino de graduação, desenvolvendo metodologias e concepções pedagógicas e implementando currículos flexíveis, que permitem complementar a formação acadêmica em campos distintos do curso escolhido" (PUC-Rio, 2016).

Criava-se, então, uma dinâmica virtuosa na universidade, em que o primeiro programa de formação empreendedora foi desenvolvido como semente do que conheceríamos anos depois como domínio adicional. Mas a ação de vanguarda já tinha caráter multidisciplinar, apesar de ter nascido no CTC, pois envolveu disciplinas e professores das engenharias, de psicologia e de informática.

O ciclo virtuoso também era alimentado pela criação do Instituto Gênesis, em 1996, como articulação orquestrada principalmente pelo Instituto Tecnológico da PUC-Rio (ITUC),[6] tendo se formalizado internamente em 1997, como unidade complementar da PUC-Rio voltada à incubação de empreendimentos tecnológicos.

> [...] é uma unidade complementar da PUC-Rio, com o objetivo de transferir conhecimento da Universidade para a sociedade, por meio da formação de empreendedores e da geração de empreendimentos inovadores de sucesso, contribuindo, assim, para a inclusão social, a preservação da cultura nacional e a melhoria da qualidade de vida da região onde está inserido. (IG, 2016).

Todo esse percurso ocorria enquanto, no universo discente, o movimento internacional de empresas juniores fazia eco. Era fundada a primeira empresa júnior multidisciplinar no Brasil, a EJ PUC-Rio,[7] que segue ativa e com desempenho nacional de forte expressão. A EJ, desde aquela época até hoje, atua de forma autônoma no mercado sob a supervisão do Instituto Gênesis.

Por outro lado, o caráter multissetorial vigente do Gênesis não reflete sua origem, já que, inicialmente, como vimos, ele incubava apenas empreendimentos tecnológicos e coordenava o programa de formação que ganhava corpo ano a ano.

---

[6] Vale menção a José Alberto Sampaio Aranha, que foi agente interno determinante e articular neste processo. Ele fundou o Gênesis e atuou como diretor da instituição até 2015.

[7] Mais em www.empresajunior.com.br e Mello e Mota, 2013.

Capítulo 5: Ecossistema Empreendedor da PUC-Rio

Assim, até 2002, ele estava voltado principalmente para apoiar professores, pesquisadores e alunos que desenvolviam projetos nos laboratórios tecnológicos da universidade. A partir daquela data, o setor cultural foi acrescido[8] ao universo setorial de atuação institucional. E, em 2004, a incubadora social em comunidades foi fundada, buscando abrir as fronteiras para a exploração de outras áreas.

Seguindo nosso percurso histórico, em 2007, as três incubadoras setoriais do instituto centralizaram suas ações em apenas uma incubadora de caráter multissetorial, lançando mão da própria premissa de ganho de escala, que integra os modelos de negócios das próprias incubadoras.

A junção das incubadoras liberou recursos humanos e financeiros para desenvolver projetos patrocinados que apoiassem a receita institucional. Isso é importante de ser dito por que, como unidade complementar da universidade (e não do departamento acadêmico), há um importante repasse da universidade para financiar suas ações, mas não é suficiente. Assim, o Instituto Gênesis tem também como cultura institucional a autossustentabilidade das suas ações, programas e projetos.

Termos que, conforme Bruneel (2012) e Garcia e Bizzotto et at. (2015) apontam, as incubadoras vivenciaram três gerações até o momento, conforme a Tabela 5.1, na sequência.

X	FOCO PRINCIPAL DA 1ª GERAÇÃO	FOCO PRINCIPAL DA 2ª GERAÇÃO	FOCO PRINCIPAL DA 3ª GERAÇÃO
Período de tempo associado	De 1960 e 1985	1985 e 1995	A partir de 1995
Serviços oferecidos	Espaço físico e recursos compartilhados	Idem anterior + serviço de suporte ao desenvolvimento de empresas	Idem + oportunidade de networking
Orientação das incubadoras	Tecnology push	Market pull	Oportunidade de networking e de clustering

Tabela 5.1: Gerações de incubadoras segundo serviços oferecidos.
Elaboração visual a partir de Bizzotto (2016) e Garcia et al (2015).

Entendemos que o Instituto Gênesis já estaria na terceira geração, por ter sido orientado internamente pela universidade empreendedora, a trabalhar de forma articulada com diferentes atores da tripla hélice (ETZKOWITZ, 2003), a ter uma relação dialógica com agentes do território, a ampliar suas possibilidades de atuação no mercado, a rever continuamente sua projeção de futuro mantendo seus ideais inovativos e empreendedores, dentre outros aspectos.

---

[8] Primeira iniciativa da América Latina, tendo depois se orientado ao conceito de economia criativa.

De toda sorte, dados recentes revelam que, até hoje, em 20 anos de atuação, o instituto gerou mais de 150 de empreendimentos no mercado, os quais, até 2015, apuraram mais de R$2,94 bilhões de faturamento. Sendo que, 65 das 86 empresas germinadas (pré-incubadas), incubadas e graduadas, no ano de 2015, geraram juntas um faturamento de R$688 milhões e empregaram diretamente quase três mil pessoas (IG, 2015).

Mesmo tendo a consciência de que sempre é possível fazer mais e melhor, esse percurso justifica o reconhecimento do Instituto Gênesis como a nona melhor incubadora do mundo e a primeira da América Latina (UBI INDEX, 2014; 2015)[9], dentre outros prêmios, concorrências e seleções.

Como exemplos dos negócios gerados, citamos a Pipeway[10] e o Cinema Nosso.[11] A primeira foi a empresa incubada número um na história do Gênesis. Ela segue ativa e competitiva no mercado nacional e internacional de desenvolvimento de equipamentos de tecnologia e de prestação serviços na área de inspeção e integridade de dutos. A segunda é do setor cultural e social ao mesmo tempo. Trata-se de uma escola audiovisual que forma jovens das periferias do Rio de Janeiro para o mercado de cinema e de televisão. Possui uma sala de cinema e uma produtora escola que produz filmes para pequenas e grandes empresas.

Em 2016, o corpo técnico e gerencial do Gênesis é expressivo e se destaca da realidade nacional das incubadoras no Brasil. Há cerca de 20 pessoas dedicadas em período integral *(full time)* ao instituto, sendo a metade bolsista. Há ainda cerca de dez alunos estagiários, que são encorajados a desempenhar funções de apoio importante aos projetos do Gênesis e na gestão dos empreendimentos incubados e graduados.

O Gênesis corrobora com o entendimento apurado pela Anprotec, em uma pesquisa de 2012, no apontamento de dois problemas importantes: "A qualificação dos profissionais responsáveis pela gestão e pelo apoio às empresas incubadoras, aliada aos entraves na obtenção de recursos na busca da sustentabilidade e na integração desses mecanismos aos sistemas locais e regionais de inovação" (PRATA, 2012, p. 3).

Avançando nesta qualificação, registramos que, desde 2012, temos vivenciado a orientação nacional das incubadoras por parte do Sebrae, com o Centro de Referência para Apoio a Novos Empreendimentos (Cerne).[12] Esse momento certamente é histórico, e mereceria um estudo à parte.[13]

---

[9] Essa classificação tem tido aderência crescente na América Latina nos últimos anos, mas muitas incubadoras no Brasil não submeteram seus dados para disputar essa avaliação internacional.

[10] Mais em: www.pipeway.com.

[11] Mais em: www.cinemanosso.org.br.

[12] Modelo de maturidade desenvolvido a partir de estudo das melhores práticas das incubadoras no Brasil.

[13] Mas aqui vale destacar que o Cerne tem colaborado sobremaneira com os processos e resultados das incubadoras em todo o Brasil, assim como tem ajudado a diferenciar as diferentes tipologias de incubação existentes, qualificando o próprio conceito de incubação de empreendimentos inovadores.

Focalizaremos agora a atuação do Instituto Gênesis na formação empreendedora dos alunos da PUC-Rio.

5.1.3. Formação do indivíduo empreendedor

As ações da área de cultura empreendedora do Instituto Gênesis têm no jovem universitário seu principal beneficiado, até porque é o universo privilegiado de atuação desta universidade empreendedora.

Neste contexto, o empreendedorismo da PUC-Rio se diferencia de outros processos de formação por focar o potencial do empreendedor e não necessariamente o empreendimento.

O diferencial do empreendedorismo da PUC-Rio é que ele foi construído, desde sua concepção, no domínio adicional de empreendedorismo. Foi o primeiro a ser reconhecido a nível nacional pelo Ministério da Educação (MEC), em 2004, e até hoje se coloca como o domínio adicional mais relevante quanto ao número de alunos graduandos da universidade, semestre a semestre: são cerca de três mil alunos por ano que fazem alguma disciplina do domínio.

A matriz de formação com foco no indivíduo se revela importante ao longo da formação do domínio adicional por vários aspectos. Um deles é o expressivo número de professores com formação em psicologia. Outro, consequente deste, é a própria grade de disciplinas em que se destacam as ligadas a comportamento, atitude e planejamento de vida pessoal, de forma integrada a outras disciplinas de ferramentas de gestão de negócios, tomada de decisão, estudos setoriais etc.

Para exemplificar este enfoque de disciplinas que abordam a vida pessoal, conferir o trabalho de Sandra Korman, que ministra a disciplina trajetória de vida empreendedora há muitos anos e, em 2007, apresentou sua tese de doutorado na UFRJ versando sobre a juventude e o projeto profissional: a construção subjetiva do trabalho. Ela e Dias (2004) entendem que os processos históricos e sociais incidem sobre formas singulares de experimentação de ser jovem. A posição econômica deste jovem deve ser considerada ao se problematizar o planejamento de um futuro, de modo que se compreenda a maneira pela qual se estrutura um projeto profissional, com determinados valores e significações individuais (KORMAN, 2007).

Adicionalmente, estes autores sustentam que há dificuldade do jovem em efetivamente projetar sua inserção profissional após sua graduação, pois ele tende a dissociar o que é aprendido no sistema de ensino do que é experienciado em suas vivências pessoais. Tal fragmentação o impede de relacionar e reconhecer que os conflitos e as transformações do mundo contemporâneo têm influência sobre sua vida (KORMAN; DIAS, 2004).

Essas mudanças são sentidas no aumento do desemprego entre os jovens, além da informalidade, que repercutem gerando a sensação de insegurança e incerteza, conformando um arranjo complexo que afeta os sujeitos produtivos da sociedade (KORMAN, CASTRO, 2010, p. 6).

A onda de qualificação dos mercados é considerada pelas autoras como erosão e diversificação capitalista dos modelos referenciais de produção, que ocasionam um ciclo vicioso denominado como um *não saber* combinado a uma busca por mais títulos acadêmicos e currículo.

Estas questões são problematizadas pelos alunos sob a orientação dos professores que lançam mão de inúmeras dinâmicas em sala, de incentivo à realização de pesquisa de setor e de entrevista junto a interlocutores importantes na vida dos alunos desde o ponto de vista da realização profissional.

Realizamos nesta seção uma breve incursão teórica e prática sobre a natureza norteadora da formação empreendedora do Instituto Gênesis, logo, dos principais programas que selecionamos e que serão abordados na próxima seção.

5.2. CULTURA EMPREENDEDORA

Essa seção visa apresentar brevemente as principais ações da área de cultura empreendedora do Instituto Gênesis da PUC-Rio.

Inicialmente, apresentaremos a dinâmica de surgimento e implementação do *Domínio Adicional em Empreendedorismo* da PUC-Rio. Posteriormente, abordaremos o *Inove Carreiras & Negócios*, desenvolvido e coordenado pela PUC-Rio, de 2009 a 2013, articulado com outras três universidades[14] no estado. Por fim, o programa *Meu Futuro Negócio (MFN)* será analisado.

5.2.1. Domínio adicional em empreendedorismo

O domínio adicional em empreendedorismo integra atualmente 25 disciplinas, sendo três obrigatórias e dezenas eletivas. Elas conferem ao aluno uma certificação equivalente à diplomação minor no exterior, uma titulação extra oferecida aos graduandos que qualquer graduação da universidade. O domínio adicional em empreendedorismo da PUC-Rio, criado formalmente em 2005[15] pelo Instituto Gênesis, foi o primeiro do Brasil a ser reconhecido pelo MEC, em 2007.

Ao longo de sua graduação, o aluno cursa 12 créditos de disciplinas obrigatórias do domínio, e no mínimo oito créditos de optativas também dentro da grade de disciplinas oferecidas pelo mesmo programa.[16] As disciplinas obrigatórias do domínio são:

---

[14] Universidade Federal Fluminense (UFF), Universidade Veiga de Almeida (UVA) e Universidade do Estado do Rio de Janeiro (UERJ).

[15] Mas, como vimos, já existia, desde 1996, um programa de formação multidisciplinar coordenado pelo Instituto Gênesis, em articulação com vários departamentos acadêmicos da universidade.

[16] Mais informações em: http://nupem.iag.puc-rio.br/educacaoempreendedora.

- "Atitude e comportamento empreendedor", cujos docentes são psicólogos e têm experiência em negócios e em aplicação de dinâmicas de grupo.
- "Trajetória de vida empreendedora" ou "Planejamento de negócios" (que podem ser também setoriais, isto é, o planejamento de negócios sociais ou culturais).
- "Projeto final de empreendedorismo", em que o aluno tem que escolher uma opção dentre estas para desenvolver: plano de vida empreendedora, análise de uma oportunidade, modelagem de um negócio inovador, plano de negócios inovador, estudo de caso inovador, relatório de consultoria realizada pelo aluno sobre um empreendimento nascente. As opções mais recorrentes são plano e modelagem de negócios. Mas a produção de cases passou a crescer com a possibilidade, desde 2015.1, de realizá-la sob formato audiovisual, como videocases.[17]

Dentre as disciplinas eletivas, citamos as que têm sido oferecidas em praticamente todos os semestres nos últimos anos: técnicas de comunicação para empreendedores, empreendedorismo internacional, ética empreendora, finanças para empreendedores, empreendedorismo social, empreendedorismo sustentável e econegócios, qualidade na gestão de negócios, empreendedorismo e desenvolvimento local, criação de projetos (*design thinking*), noções de direito para empreendedores, planejamento de negócios culturais.

A evolução de inscritos no domínio foi crescente. Em 2009.1, o domínio em empreendedorismo teve 596 alunos matriculados, em 2014.1, teve 1.164 alunos, e, em 2015.1, constavam 1.050 alunos matriculados. Deste modo, tem sido a formação complementar mais procurada pelos alunos da PUC-Rio dentre os 24 domínios adicionais que a universidade oferta aos alunos a cada semestre. Esses dados também são influenciados pelo histórico de maior oferta de disciplinas no domínio.

Desde a criação do domínio até 2014.2, a área de cultura empreendedora do Instituto Gênesis esteve sob sua coordenação. Porém, o Instituto Gênesis é de extensão universitária. Por isso, a partir do segundo semestre de 2014, o domínio teve que ser coordenado por um departamento acadêmico — a Escola de Negócios da PUC-Rio (IAG) —, de modo a ser possível validar os resultados segundo os parâmetros da universidade junto ao MEC.

A transição da gestão do domínio do Gênesis para o IAG ocorreu de modo que o legado metodológico e conteudista fosse todo preservado, até porque parcela significativa dos professores foi mantida. Consequentemente, os alunos de administração têm sido estimulados a se voltar às disciplinas do domínio, baixando um pouco a representatividade histórica dos alunos de engenharia de produção, mas que ainda seguem sendo maioria.

Como abordado anteriormente, o diferencial do empreendedorismo da PUC-Rio se apoia na oferta do domínio adicional, cujo enfoque é o de formação, focado no indivíduo empreendedor. Por esta razão, não trata apenas dos aspectos de empreendedorismo

---

[17] A base de dados dos videocases está disponível em: https://vimeo.com/nupem.

inovador, mas abrange também os aspectos do intraempreendedor, do empreendedor cívico e do empreendedor social.

5.2.2. Inove Carreiras e Negócios

Este programa nasceu da oportunidade de um edital do Sebrae, de 2007, em que o Instituto Gênesis foi selecionado para implementar uma ação de sensibilização em empreendedorismo para o grande público, assim como a coordenação e a execução de tal programa em outras incubadoras universitárias do estado — Universidade Federal Fluminense (UFF), Universidade Veiga de Almeida (UVA) e Universidade do Estado do Rio de Janeiro (UERJ). O programa foi iniciado em julho de 2009, e desenvolvido até julho de 2013.

A metodologia implicava na realização de um seminário de sensibilização que instigaria os potenciais alunos interessados e o público externo para ingressar na formação do Inove. O programa tinha 12 horas de jornada, divididas em três encontros de quatro horas, com os seguintes conteúdos sequenciados: atitude empreendedora, mercado e inovação e plano de negócios.

Os resultados esperados do programa eram o aumento da abrangência dos serviços das incubadoras e do Sebrae no estado, o apoio à diminuição da taxa de mortalidade das empresas, a ampliação do número de empreendimentos inovadores, a consolidação da cultura empreendedora inovadora, a prática do planejamento como ferramenta para apoiar o sucesso dos empreendimentos das regiões atendidas e a estruturação de um modelo de atendimento adequado à realidade do Rio de Janeiro.

O Inove foi o principal programa de disseminação da cultura empreendedora do Instituto Gênesis e das universidades afiliadas ao programa, sendo complementar às iniciativas de suas incubadoras (das universidades citadas UFF, UVA e UERJ).

No primeiro ano do Inove, o Instituto Gênesis capacitou mais de 2.000 pessoas (potenciais empreendedores), fase em que realizou uma das duas pesquisas de monitoramento com os beneficiados diretamente pelo Inove, abrangendo cerca de 10% do total de alunos. A maioria dos participantes era de alunos da PUC-Rio, conhecidos destes estudantes ou moradores do entorno do seu campus da Gávea. Ao longo do tempo, esse perfil foi se modificando e passou a atrair alunos de outras instituições de ensino, especialmente de faculdades privadas do município do Rio de Janeiro (IG, 2010).

Outra pesquisa foi realizada em dezembro de 2011, e foi respondida também por cerca de 10% do universo de beneficiados, desta vez considerando o cadastro geral do Inove que contempla os dados das demais universidades associadas ao programa. Constatou-se que mais de 10% desta amostra tinha constituído um empreendimento formal após o Inove (IG, 2012).

Os dados apurados qualitativos e quantitativos evidenciaram que o conteúdo desenvolvido e os professores escolhidos são um ponto forte do programa. Porém, o bom resultado do trabalho se evidencia ao constatarmos o impacto do Inove para a vida dos alunos: 98% avaliaram que o Inove os ajudou na vida profissional ou pessoal (IG, 2012).

Especificamente na PUC-Rio, observou-se que o Inove incitou a continuidade do processo de qualificação dos beneficiados junto às disciplinas e os departamentos ligados à Coordenação de Ensino de Empreendedorismo e à Coordenação Central de Extensão da PUC-Rio; adensou e qualificou os processos semestrais de seleção para incubação nas incubadoras do Instituto Gênesis; assim como teve impacto junto às universidades vinculadas e demais entidades que atuam com temas relacionados à geração de negócios, inovação etc.

Quanto à PUC-Rio, a metodologia criada no Inove foi replicada na implementação do programa de qualificação do Rio Criativo[18] pelo Gênesis em parceria com a Secretaria de Estado de Cultura, de setembro de 2010 a janeiro de 2011, para cerca de 3.000 (potenciais) empreendedores do setor cultural do estado, em sua maioria agentes econômicos que já atuavam no mercado, mas que trabalhavam por projetos ou empreitadas.

As palestras, cursos e consultorias realizados sensibilizaram diretamente e aprimoraram o espírito empreendedor de mais de 7.000 pessoas, incluindo os beneficiados do Rio Criativo e os dados das demais universidades parceiras.

A continuidade do Inove pela PUC-Rio se deu de forma articulada com o Centro de Referência para Apoio a Novos Empreendimentos (Cerne).[19] Os processos de sensibilização e formação empreendedora passaram a ser desenvolvidos no âmbito do Cerne, de modo a melhorar a seleção de empreendimentos para ingresso na incubadora do instituto e das demais iniciativas que fazem da PUC-Rio reconhecidamente de vanguarda e exitosa.

5.2.3. Meu Futuro Negócio (MFN)[20]

Esta seção visa contextualizar e documentar as iniciativas promovidas pelo Instituto Euvaldo Lodi do Rio de Janeiro (IEL-RJ), pela Federação das Indústrias do Estado do Rio de Janeiro (Firjan) e pelo Instituto Gênesis da PUC-Rio.

O MFN promove uma integração do mundo empresarial com os universitários, através da formação e do aprimoramento no campo do empreendedorismo inovador, desenvolvendo aspectos vivenciais, comportamentais e técnicos de geração e fomento de negócios inovadores.

O programa foi criado em 2012, objetivando desenvolver uma iniciativa inédita que agregasse os diversos atores do ecossistema de empreendedorismo no estado: alunos e professores da universidade, empresários, investidores, especialistas da incubadora e técnicos do Sistema Firjan. Também é interessante apontar que o conhecimento de em-

---

[18] Site do Rio Criativo: www.riocriativo.rj.gov.br. Mais em Zardo; Mello, 2010 e Zardo; Lewis; Mello, 2011.

[19] Programa nacional de qualidade das incubadoras associadas à Anprotec e promovido pelo Sebrae.

[20] Em 2014, foi apresentado um artigo exclusivo sobre esse programa no Seminário Anual do EmpreendeSur, realizado em São Paulo. Mello, Zardo, Aranha et al., 2014.

presários é colocado à disposição dos estudantes de forma a incentivar a geração, entre eles, de ideias de futuros negócios.

A iniciativa visa oferecer um processo de aprendizagem em que alunos identifiquem oportunidades, tenham informações sobre setores e aprimorem pessoalmente os dados existentes, observem a experiência de agentes que já estiveram em situação semelhante ou busquem coerência na trajetória profissional que começam a traçar, considerando desejos e aptidões que seus planos de vida ressaltarem, dentre outros aspectos que se relacionam com a diretriz "conhecer para reconhecer", corroborando a argumentação de Aranha (2009) e de outros já citados.

A metodologia consiste em realizar encontros semanais entre aquele público — empresários, professores, consultores, investidores etc. — e a turma de alunos. Ao final do processo, os alunos enviam ideias empreendedoras que são analisadas e premiadas no contexto da parceria PUC-Rio & Firjan.

O programa institucional MFN é apresentado como um curso livre e gratuito para alunos de graduação e pós-graduação da universidade, valendo inclusive como atividade complementar ao currículo discente.

Na primeira versão, em 2012, as aulas foram ministradas por empresários e investidores. Ao longo do programa, havia tutoria online em novos negócios realizada para esclarecer dúvidas relacionadas às ideias que estavam sendo desenvolvidas. Profissionais do Instituto Gênesis ficaram disponíveis e preparados para atender pessoalmente os alunos.

Em 2013, o formato seguiu esse modelo: encontros empresariais de duas horas, alternados quinzenalmente por cursos de mesma duração[21] sobre comportamento empreendedor, inovação, elaboração de plano de negócios, elaboração de pitches[22] para investidores e linhas de financiamento.

No ano seguinte, o MFN incorporou novamente processos aperfeiçoados e ampliados a partir da avaliação e de sugestões dos envolvidos nas fases anteriores. O programa envolveu a participação de empresários; aulas sobre temas ligados ao desenvolvimento de planos de negócios e incorporou desenvolvimento do processo de construção de plano de vida empreendedora; mentoria de ideação; dinâmica vivencial de empreendedorismo em equipe (parceria com a *Tiimiakatemia*[23] finlandesa) e técnicas de prototipação rápida de mínimo produto viável; e disponibilidade de coworking para uso como escritórios coletivos das startups que estavam sendo criadas (IG, 2014).

---

[21] Os encontros são semanais ao longo do segundo semestre, mas os encontros empresariais se alternam com encontros com os alunos para apresentação de conteúdo teórico e prático com professores e consultores de mercado.

[22] Termo em inglês que designa uma apresentação de venda relâmpago visando aproximar investidores e sócios.

[23] Termo em finlandês em que uma versão literal possível poderia ser academia de times. Trata-se de uma metodologia finlandesa de ensino prático de empreendedorismo. Mais em: http://www.tiimiakatemia.fi/en.

Cerca de 600 alunos já participaram da iniciativa, que gerou mais de 50 planos de negócios em três anos. Em 2015, o programa teve 315 alunos inscritos, média efetiva de participação por encontro formativo de 65 pessoas, sendo que 43 participantes estiveram em pelo menos 75% dos encontros do programa, e 29 planos de negócios foram entregues para avaliação pela banca.

Pretendemos que os empreendimentos tenham uma evolução sustentável, contribuindo para o crescimento da sociedade, e que seus desenvolvedores aprimorem aptidões e perfis que possam ajudá-los a se defrontar com qualquer situação profissional ou pessoal.

Como principal resultado quantitativo, os atendimentos da incubadora a interessados aumentaram sobremaneira desde 2012, sendo que 90% das pessoas buscaram orientação para se tornar mais capazes no exercício de empreender (IG, 2013).

5.3. CONSIDERAÇÕES FINAIS

Como observado, seguimos o mesmo posicionamento dos que entendem que o ensino de empreendedorismo deve estar mais voltado ao "aprender fazendo", associando o aprendizado a situações reais (ARANHA, 2009; HENRY et al., 2005).

Neste sentido, coincidimos com o argumento de autores que entendem que programas educacionais voltados ao ensino de empreendedorismo estão muito associados a circunstâncias, ambientes, redes e oportunidades criadas em mecanismos geradores de empreendimentos inovadores.

O Instituto Gênesis se percebe como um destes mecanismos. Seus principais programas de promoção de cultura empreendedora foram aqui apresentados para ilustrar as iniciativas oferecidas no âmbito do ecossistema que enreda, interna e externamente, diversos atores da nossa universidade.

Esses programas são retroalimentados pelas instâncias responsáveis pelo ensino, extensão e pesquisa (laboratórios de ponta), assim como pelos diferentes grupos de interesse e rede de relacionamentos da melhor instituição de ensino superior privada do Brasil (GE, 2015). Destacam-se ainda a atuação da Agência de Gestão da Inovação (AGI) e a Empresa Junior (EJ) PUC-Rio, primeira iniciativa multidisciplinar brasileira com mais de 20 anos de atuação.

A motivação e a continuidade para a implementação desses programas institucionais e ações da universidade não se esgotam com a observação da quantidade e qualidade dos empreendedores e empreendimentos que voltam para se candidatar a uma vaga na incubadora.

Entendemos que o papel de uma universidade empreendedora (ETZKOWITZ, 2003) é justamente o de articular vetores de desenvolvimento em um processo virtuoso em que todos ganham: sociedade, estado, empresas, país, e, principalmente, as pessoas que passam a potencializar suas competências e a forma crítica perante a própria vida. Entendemos que os programas abordados foram exitosos neste sentido.

Programas como estes abordados aqui, desenvolvidos pelo Instituto Gênesis, assim como as ações de outras incubadoras, tendem a ter resultados ainda melhores a partir dos efeitos positivos da implantação nacional dos parâmetros de qualidade incentivados pela Anprotec ou pelo Sebrae com o Centro de Referência para Apoio a Novos Empreendimentos (Cerne).

Esperamos que mais iniciativas assim sejam articuladas por agentes de apoio em prol do aprimoramento das competências dos mecanismos de geração de empreendedorismo inovador como parques tecnológicos, incubadoras, aceleradoras etc.

De nossa parte, persiste a motivação para seguir adiante, avaliando e melhorando os processos vivenciados com os parceiros — especialmente Sebrae, Anprotec, Financiadora de Estudos e Projetos (Finep), Fundação de Amparo à Pesquisa do Estado do Rio de Janeiro (Faperj), Firjan e outras agências de apoio e fomento e investidores —, que igualmente seguem confiantes de que temos feito, de forma articulada e cooperativa, um trabalho relevante para a sociedade.

Fica o desafio de implementar processos mais eficazes de monitoramento dos beneficiários pelos programas do instituto e pelas ações da universidade.

5.4. REFERÊNCIAS BIBLIOGRÁFICAS

AMATO NETO, João. *Redes de cooperação produtiva e clusters regionais: oportunidades para as PMEs*. São Paulo: Atlas, Fundação Vanzolini, 2000.

ASSOCIAÇÃO NACIONAL DE ENTIDADES PROMOTORAS DE EMPREENDIMENTOS INOVADORES (ANPROTEC). *Perguntas frequentes*. Disponível em: http://anprotec.org.br/site/pt/a-anprotec/. Acesso em: 10/05/2014.

_____. *Estudo, Análise e Proposições sobre as Incubadoras no Brasil — relatório técnico*. Anprotec & Ministério da Ciência, Tecnologia e Inovação (MCTI). Brasília: Anprotec, 2012. Disponível em: www.anprotec.org.br/ArquivosDin/Estudo_de_Incubadoras_Resumo_web_22-06_FINAL_pdf_59.pdf. Acesso em: 04/2015.

ARANHA, José Alberto. *Interfaces*. Rio de Janeiro: Editora Saraiva, 2009.

BESSANT, J.; RUSH, H. Government support of manufacturing innovation: two country level case study. *IEEE Transactions of Engineering Management*, v.40, n.1, p. 79-91, fevereiro de 1993.

BORBA, T. S. Incubadoras universitárias e movimento social da economia solidária In: *Anais do XI Congresso Luso Afro Brasileiro de Ciências Sociais, diversidades e desigualdades*, 2011.

DORNELAS, José. Empreendedorismo para visionários. *Desenvolvendo negócios inovadores para um mundo em transformação*. Rio de Janeiro: Empreende/LTC, 2014.

ETZKOWITZ, Henry. Innovation in Innovation: The Triple Helix of University — Industry Government Relations. *Social Science Information*, vol. 42, 3: p. 293-337, setembro de 2003.

_____. The entrepreneurial university and the emergence of the democratic corporatism. In H. Etzkowitz (Org.). The norms of entrepreneurial science: cognitive effects of the new university-industry linkages. *Research Policy*, 27(8), 823-833. Dezembro de 1998.

_____. LEYDESDORFF, Loet. The dynamics of innovation: from national systems and "Mode 2" to a Triple Helix of university-industry-government relations. *Research Policy*.Fevereiro, v. 29, p. 109-123, 2000.

FERREIRA, Gabriela Cardozo; SORIA, Alessandra Freitas, CLOSS, Lisiane. Gestão da interação Universidade-Empresa: o caso PUCRS. *Soc. Estado*. 2012, vol. 27, n.1, pp. 79-94.

FONSECA, Sérgio Azevedo; KRUGLIANSKAS, Isak. Avaliação do desempenho de incubadoras empresariais mistas: um estudo de caso no Estado de São Paulo, Brasil. In: *Conferência Latino-Americana de Parques Tecnológicos e Incubadoras de Empresas* (IASP), 2000, Panamá. Anais. Panamá: Iasp, 2000. CD-ROM.

GLOBAL ENTREPRENEURSHIP MONITOR (GEM). *Empreendedorismo no Brasil*. 2010, 2011, 2013.

_____. GEM *Special Report on Education and Training*. 2010. Disponível em: http://www.gemconsortium.org/report/47119. Acesso em: 07/07/2016.

GUARANYS, Lúcia. R. *Interação universidade-empresa e a gestação de uma universidade empreendedora: a evolução da PUC-Rio*. Dissertação para obtenção de título de doutor em Engenharia de produção na Coppe/UFRJ, Rio de Janeiro, maio de 2006.

GUIA DO ESTUDANTE (GE). *Classificação anual das melhores universidades, 2015*. Disponível em: http://guiadoestudante.abril.com.br/universidades/?qu=+. Acesso em: 04/2016.

HENRY, C.; HILL, F.; LEITH, C. Entrepreneurship education and training: can entrepreneurship be taught? *Education plus Training*, v. 47, n. 2, p. 98-111, 2005.

IG — INSTITUTO GÊNESIS DA PUC-RIO. *Relatório interno de monitoria dos processos de sensibilização e qualificação*, 2010.

_____. *Relatório interno de monitoria dos processos de sensibilização e qualificação*, 2011.

_____. *Relatório interno de monitoria dos processos de sensibilização e qualificação*, 2013.

_____. *Relatório anual de 2015*. Rio de Janeiro, 2015. Disponível em: http://www.genesis.puc-rio.br/resultados. Acesso em: 08/04/2016.

KORMAN DIB, S. *Juventude e projeto profissional: a construção subjetiva do trabalho*. Tese de Doutorado, Programa de Pós-Graduação em Psicologia, UFRJ, Rio de Janeiro, 2007.

KORMAN DIB, S; DIAS, C. G. S. Inserção profissional dos jovens: o empreendedorismo e as formas de participação. In: *III Conferência Internacional de Pesquisa em Empreendedorismo na América Latina, 2004*, Rio de Janeiro. Anais da III CIPEAL, 2004.

KORMAN DIB, S.; CASTRO, L. O trabalho é projeto de vida para os Jovens? In: *Cadernos de Psicologia Social do Trabalho (USP)*, São Paulo, vol. 13, n. 1, pp. 1-15, 2010.

LOPES, Rose Mary. *Educação empreendedora. Conceitos, modelos e práticas*. Rio de Janeiro: Elsevier; São Paulo: Sebrae, 2010.

MANCE, Euclides André. *A Universidade em Questão — o conhecimento como mediação da cidadania e como instrumento do capital*. IFIL, fevereiro de 1999.

Parte II: Estratégias de Implementação da Educação Empreendedora nas Universidades

MELLO, Ruth E. S; ZARDO, J. B. G. *Rio Criativo: política pública de formação, qualificação e de incubação de empreendedores nos setores criativos do Estado do Rio de Janeiro*. Fundação Casa Rui Barbosa: RJ, maio de 2014. Disponível em: http://culturadigital.br/politicaculturalcasaderuibarbosa/files/2014/06/Ruth-Espinola-Soriano-de-Mello-et-alli.pdf. Acesso em: 07/07/2016.

_____. Economia criativa: o caso das Incubadoras Rio Criativo frente às políticas culturais tradicionais. *Cadernos do Desenvolvimento Fluminense*, v. 5, p. 109-125, 2014. Disponível em: http://www.e-publicacoes.uerj.br/index.php/cdf/article/view/14414. Acesso em: 06/06/2016.

_____. Gestão do conhecimento: mantendo cultura, clientes e qualidade enquanto complementa formação dos alunos. In: MELLO, Ruth; MOTA, Marcus. (Org.). *Sentimento EJ: 18 anos de história da Empresa Junior da PUC-Rio*. Rio de Janeiro: PUC-Rio, 2013, v. i, p. 19-39. Disponível em: <http://www.genesis.puc-rio.br/media/biblioteca/Livro_Sentimento_EJ_-_2013.pdf>. Acesso em: 06/07/2016.

PRATA, Alvaro Toubes. *Prefácio ao estudo, análise e proposições sobre as incubadoras de empresas no Brasil*. Brasília: Anprotec, 2012.

RABBIOR, G. Elements of a Successful Entrepreneurship/Economics/Education Program. In: KENT, A. *Entrepreneurship Education — Current Developments, Future Direction*. Quorum Books, 1990, Cap. 4.

SEBRAE-DF. *Boletim Estatístico de MPEs*, Observatório. Brasília: Sebrae, 2005.

_____. *Análise do Emprego*, UGE/NA, 2012.

_____. *Taxa de Sobrevivência das MPEs no Brasil*. Brasília, 2011.

_____. *Participação das MPEs na Economia Brasileira*, 2014.

SEBRAE-SP, *Inovação e competitividade nas MPEs brasileiras*. São Paulo, 2009.

TEIXEIRA, Evilázio. Tradição e inovação: um desafio para a universidade do século XXI. *Educação*, Porto Alegre, v. 32, n.1, p. 65-70, 2009.

UBI INDEX — UNIVERSITY BUSINESS INCUBATORS INDEX. 2014. *Top Business Incubation Rankings 2014*.

_____. *Top Business Incubation Rankings 2015*.

WORLD ECONOMIC FORUM (WEF). *The Global Competitiveness Report 2014-2015*. 3 de setembro de 2014.

ZARDO, Julia, B. G. MELLO, Ruth E. S.; ARANHA, José, A. S. BESSER F. A. E., BALOG, D. Meu Futuro Negócio: Formação complementar universitária em empreendedorismo inovador. In: VIII Oficina da Rede Empreendesur, 2014, São Paulo. *Anais da VIII Oficina da Rede Empreendesur*. São Paulo: Universidade Presbiteriana Mackenzie, 2014. pp. 1087-1096.

Capítulo 6

DESENVOLVENDO EMPREENDEDORISMO DE ALTO IMPACTO: ESTUDO DE CASO DO CENTRO DE EMPREENDEDORISMO DA UNIFEI

Juliana Caminha Noronha[1]
Fábio Roberto Fowler[2]
Gabriella Sant'Anna[3]

Neste capítulo, você vai encontrar reflexões sobre centros de empreendedorismo, empreendedorismo tecnológico e o estudo de caso do Centro de Empreendedorismo da Universidade Federal de Itajubá (CEU). Da teoria à prática, buscamos apresentar os princípios em que acreditamos e os projetos que nos mobilizam. Tudo isso embalado pela narrativa franca de um centro de empreendedorismo em constante movimento.

Vamos lá? Começaremos pelos fundamentos básicos.

6.1. CENTROS E PROGRAMAS DE EMPREENDEDORISMO: FUNDAMENTOS QUE NOS NORTEIAM

6.1.1. DEFININDO CENTROS DE EMPREENDEDORISMO

Centros de empreendedorismo acadêmicos são arranjos focados em fomentar empreendedorismo e a criação de negócios nas universidades (MORRIS et al., 2015).

Diversas identidades. Um mesmo propósito.

---

[1] Diretora de empreendedorismo e inovação e professora de empreendedorismo e marketing da Unifei.

[2] Professor e pesquisador em empreendedorismo, marketing e finanças.

[3] Graduada em administração de empresas pela Unifei e evangelista do Centro de Empreendedorismo da Unifei.

Sim. Arranjos com este propósito podem receber títulos diferentes, tais como: núcleo de empreendedorismo, centro de empreendedorismo e inovação, centro de empreendedorismo e tecnologia, escritório de empreendedorismo, instituto de empreendedorismo etc.

6.1.2. Para além do campus

Em uma perspectiva mais ampla, podemos dizer que centros de empreendedorismo atuam como uma interface de relacionamento entre a universidade e o ecossistema empreendedor local (PRIMERI e REALE, 2015).

Essa relação funciona como uma via de mão dupla, em que os centros podem captar palestrantes, mentores e patrocinadores na comunidade empreendedora ao mesmo tempo em que intermedeiam programas de estágio, captação de talentos e estrutura de pesquisa nas universidades para as startups locais.

A comunidade externa possui um papel fundamental na operação de centros de empreendedorismo. Empreendedores, ex-alunos, governo e organizações não governamentais são alguns dos atores externos que participam em mentorias, execução de projetos e endosso de programas de empreendedorismo nos campus (SÁ e KRETZ, 2015).

6.1.3. Programas e atividades

Centros de empreendedorismo, em todas as partes do mundo, têm entre as suas atividades mais recorrentes: competições de pitch ou plano de negócios, hackathons,[4] condução de pré-incubadoras/incubadoras, clubes de estudantes; disciplinas em empreendedorismo, formação complementar (*minor in entrepreneurship*[5]), seminários, workshops, cursos a distância, programas de estágios, capital semente, grupos de investidores anjo, entre outras (BOWERS et al., 2006; FINKLE et al., 2006; MENZIES, 2009).

Uma visão de portfólio é necessária para que os gestores balanceiem atividades curriculares e extracurriculares, além de pesquisa e serviços prestados à comunidade.

As operações de um centro de empreendedorismo passam por idealizar desde o primeiro contato dos alunos com o centro até estruturar as jornadas de sua comunidade acadêmica, seja para desenvolver a mentalidade empreendedora, seja para criar negócios com fins lucrativos ou sociais.

---

[4] São eventos que envolvem colaboração intensa para o desenvolvimento de software ou de hardware. Esse tipo de evento normalmente tem um foco ou tema específico, como desbravar uma nova tecnologia ou linguagem de programação em um curto espaço de tempo.

[5] Formação acadêmica complementar em empreendedorismo. Geralmente, os minors propõem uma trilha flexível de disciplinas fundamentadas em empreendedorismo e negócios, visando formar o comportamento empreendedor. Ao completar a trilha, os alunos recebem da universidade uma certificação desta formação.

6.1.4. Espaço

Espaços de empreendedorismo são dinâmicos. Devem estimular a criatividade e permitir diversas formas de organização. Seu ambiente deve ser um convite à colaboração.

Em termos de infraestrutura, os centros de empreendedorismo podem oferecer facilidades compartilhadas (hall, cozinha, secretaria, telefone, Wi-Fi), salas de treinamento e workshops, espaço de trabalho compartilhados (co-working), aberto 24 horas por dia todos os dias, salas de reunião e conferência, miniauditórios e instalações para prototipagem (*makerspaces*[6]). O espaço serve como um ponto de encontro, sendo uma evidência física da existência de um centro de empreendedorismo. Deve haver um esforço contínuo por parte da gestão do centro para que seu espaço seja conhecido e receptivo à comunidade acadêmica. É comum que as pessoas definam um centro de empreendedorismo como um espaço, o que, em nossa visão, é um grande equívoco. E isto não é preciosismo. Reflitam conosco: definir um centro de empreendedorismo como um espaço pode levar universidades a pensarem que este é o primeiro passo para se construir um centro de empreendedorismo, quando a visão, a estratégia e os programas devem ser os reais mobilizadores dessa decisão.

> Por isso, repitam conosco. O centro de empreendedorismo não é um espaço.
> De novo. Não é um espaço!

Os primeiros programas podem ocorrer sem a existência de um espaço proprietário. O contrário é que não deve acontecer, um centro de empreendedorismo com espaço e facilidades, mas sem projetos e engajamento para ocupá-lo.

6.1.5. Aprendizagem compartilhada

É comum que os centros de empreendedorismo atraiam alunos e participantes de diferentes perfis e formações. A diversidade nesses contextos é de fato uma condição enriquecedora. Ainda assim, seu ambiente prático nutre um mindset e um modelo mental predominante, abarcando habilidades e estratégias comuns e promove um ambiente de aprendizado compartilhado povoado por comunidades de aprendentes (SÁ e KRETZ, 2015; NECK et al., 2014).

> Aquele incrível sentimento de comunidade.

---

[6] Os *makerspaces* têm por objetivo oferecer um espaço colaborativo, dar suporte aos makers ou fazedores (pessoas que constroem suas próprias coisas), além de fomentar a cultura "faça você mesmo". Para tal, são espaços equipados de máquinas, softwares e ferramentas para a prototipagem.

Gostamos de pensar em centros de empreendedorismo como ambientes de aprendizagem prática que desafiam a lógica da dicotomia da diversidade versus unidade. Esse tipo de fenômeno é o que dá significado ao sentimento de comunidade, tão importante em ecossistemas empreendedores vibrantes.

6.2. PRÁTICAS E TENDÊNCIAS SOBRE AS QUAIS VALE A PENA REFLETIR

6.2.1. Descentralização e abrangências entre os cursos (campus-wide)

No passado, muitos centros de empreendedorismo possuíam fortes vínculos com Escolas de Negócios (FINKLE et al., 2006). Agora, suas unidades organizacionais estão movendo o seu foco para a integração de programas que fomentem o empreendedorismo e a criação de negócios para os diversos cursos de uma universidade.

Empreendedorismo para todos.

Para cumprir este propósito, as atividades de um centro de empreendedorismo por vezes se multiplicam e ganham novas perspectivas, que precisam ser coordenadas em termos de ofertas acadêmicas curriculares e extracurriculares (SÁ e KRETZ, 2015).

Surgem, assim, novos direcionamentos, como a criação de disciplinas comuns, a proposição de formação complementar disponível para toda universidade, a busca do reconhecimento das disciplinas, as atividades de extensão na grade dos diversos cursos e o desafio da comunicação do centro de empreendedorismo para toda a universidade.

6.2.2. Empreendedorismo como estratégia

As universidades que têm o empreendedorismo como estratégia possuem centros e programas de empreendedorismo com visões de longo prazo, e, portanto, com maiores chances de ser bem-sucedidos. Elementos como o alinhamento de cultura e das visões de futuro da universidade e do centro de empreendedorismo são ambos catalisadores destes resultados.

Adicionalmente, o apoio da alta gestão é definitivo para a alocação e a captação de recursos para os programas de empreendedorismo.

Para legitimar tal estratégia, as universidades têm criado novas posições de liderança em inovação e empreendedorismo, tais como vice-presidências em empreendedorismo e inovação ou a figura do diretor de empreendedorismo (PRIMERI e REALE, 201). Papéis como estes possuem uma importância simbólica ao demonstrar publicamente que o empreendedorismo tem uma voz na universidade (SÁ e KRETZ, 2015).

Capítulo 6: Desenvolvendo Empreendedorismo de Alto Impacto: Estudo de Caso do Centro de Empreendedorismo da Unifei

"I'm a CEO, bitch!"

Sou um CEO, cara!⁷

Já imaginaram que incrível ter um líder de centro de empreendedorismo se apresentando como CEO? Ia ser um tanto divertido...

6.2.3. Disciplinas de empreendedorismo

Todos nós adoramos a citação de Blank que diz: "Startups não são versões menores de grandes empresas." Para além da provocação, existem boas explicações para isso.

Ainda que disciplinas sobre empreendedorismo sejam fundamentadas em princípios de administração de negócios, o campo da educação empreendedora possui diferenças fundamentais, que direcionam os estudos e as atividades para temas aplicados com características multidisciplinares, tais como reconhecimento e exploração de oportunidades, princípios de *design thinking*, design da proposta de valor, modelagem de negócios, prototipagem rápida, estratégias de entrada no mercado (NECK et al., 2014; SÁ e KRETZ, 2015).

As dinâmicas empreendedoras devem refletir os desafios que as startups encaram, em vez de simplesmente abordar conhecimentos em negócios. De tal forma que os programas sejam criados para imergir os participantes em etapas de uma jornada empreendedora (*startup milestones*) da concepção da ideia, modelagem da proposta de valor e encaixe produto–mercado às estratégias de crescimento e escala.

Em geral, as grades de empreendedorismo contam com disciplinas como introdução ao empreendedorismo, gestão de pequenos negócios, criação de negócios e plano de negócios (MENZIES, 2009).

Inovar é preciso.

Sim! A atualização de currículos é fundamental. Novas tendências apontam para a inclusão de disciplinas como: pensamento empreendedor (*entrepreneurial mindset*), criatividade e *design thinking*, modelagem de negócios, marketing empreendedor, marketing para startups, empreendedorismo social, empreendedorismo corporativo, empreendedorismo e inovação, empreendedorismo tecnológico, desenvolvimento de novos produtos, gestão da inovação, crescimento e escala para startups e finanças para startups (MORRIS et al., 2015).

6.2.4. Empreendedorismo como método & lean startup

Especialistas em educação empreendedora afirmam que devemos educar para o empreendedorismo e não sobre o empreendedorismo. Empreendedorismo é definitivamente

---

⁷ Referência ao 1º cartão de Mark Zuckerberg — CEO do Facebook.

uma disciplina aplicada. Sua fundamentação em incertezas demanda prática e reflexão. Hoje, experiência e imersão são palavras de ordem em educação empreendedora. Esse caráter imersivo se reflete no desenvolvimento da atitude esperada dos estudantes. Eles devem se responsabilizar por suas jornadas, solucionar problemas reais, estabelecer relações com mentores e com outros empreendedores (SÁ e KRETZ, 2015).

Em sintonia com esse pensamento, as pesquisadoras Neck et al. (2014) propuseram uma abordagem de educação empreendedora que compreende o empreendedorismo como um método em oposição à visão de empreendedorismo como processo, preconizada por anos em nosso campo de pesquisa.

Para as autoras, a visão de processo pressupõe previsibilidade e linearidade, o que não é compatível com o cenário de incerteza e ambiguidade em que opera o empreendedor. Além disso, o empreendedorismo como processo encara a criação de negócios por estágios consecutivos, passando por identificar oportunidades, desenvolver conceitos, determinar recursos, adquirir recursos, desenvolver um plano de negócios, executar o plano, gerenciar o negócio e aplicar estratégias de saída. Tal perspectiva subestima o poder da iteração no desenvolvimento de negócios.

Empreendedorismo como um método significa conduzir um modo de pensar utilizando um portfólio de práticas que encorajem o ato de criar. O foco é fazer e então aprender, ao contrário de aprender e então fazer. A iteração, a criatividade e a colaboração traduzem a experiência neste novo contexto. Para guiar essa perspectiva, Neck et al. (2014) categorizaram cinco práticas em educação empreendedora: a prática do jogo, a prática da empatia, a prática da criação, a prática da experimentação e por fim, a prática da reflexão.

Garantir experiências reais de imersão passa por explorar simulações, competições de pitch e de negócios com banca julgadora, oferta de investimento anjo e capital semente, criação de startups e produto mínimo viável em jornadas de lean startup e *customer development*, processos de prototipagem e hackathons, entre outros. A lean startup, por exemplo, oferece uma jornada de criação de negócios completamente iterativa e experiencial. Criada por Eric Ries, seus princípios fundamentais são: construir (rápido), medir (rápido) e aprender (rápido).

De acordo com Blank e Dorf (2014), a lean startup é uma metodologia que favorece:

- A experimentação em vez do planejamento estruturado.
- O feedback do cliente toma o lugar das decisões baseadas em intuição.
- O design iterativo prevalece sobre o design elaborado.

O *customer development* (desenvolvimento de clientes) é uma metodologia iterativa para encontrar alinhamento entre produto e mercado. Percorrendo desde a compreensão dos problemas dos clientes, teste de hipóteses do modelo de negócios, validação do produto e de processo de venda/distribuição, até a conquista da escalabilidade.

Percebam que essas metodologias são devotadas a experimentos junto a clientes e parceiros, tendo como jargão: "Não existem verdades dentro da sala."

Apropriando para o nosso contexto de educação empreendedora.

> Não existem verdades dentro da sala de aula.

Não é mesmo?

6.2.5. Até onde vai a imersão: empreendedores residentes & *living learning comunities*

Hackathons, *weekends*[8] e *bootcamps*[9] mostraram ao mundo o poder empreendedor das imersões em curtos períodos de tempo. Mas a busca por desenvolver o mindset empreendedor não para por aí.

Que tal dormir e acordar pensando em empreendedorismo?

Para expor estudantes ao pensamento empreendedor, em uma esfera de comunidade, as universidades criaram arranjos especiais para acolher interessados em empreendedorismo — os living learning communities ou dormcubators. Nessas comunidades, os estudantes vivem em uma residência em torno do campus, e vivenciam um programa de formação empreendedora de um ano, acesso a espaços de trabalho e facilidades típicas de um ambiente dedicado às startups (SÁ e KRETZ, 2015).

Imersão para alunos, mas também para mentores. Na expectativa de fortalecer a rede de apoio aos futuros empreendedores, as universidades americanas criaram a figura do empreendedor residente. Esses empreendedores instalam suas startups em torno do campus e vivenciam os programas de empreendedorismo da universidade, prestando apoio e mentoria para estudantes que estão na jornada empreendedora.

6.2.6. Aceleradoras nos campi

Os programas de incubação e pré-incubação acadêmicos são modelos bastante aplicados no Brasil. Oferecem espaço de trabalho, facilidades e recursos compartilhados para startups em estágios iniciais em seus primeiros anos (1–2 anos).

Pré-aceleradoras e aceleradoras são programas de curta duração (normalmente de 3–6 meses), que conduzem os participantes a evoluir intensivamente, em uma jornada que incorpora oportunidades de aprendizagem, mentoria e networking. A rede de uma

---

[8] Referência ao Startup Weekend, evento internacional que proporciona uma experiência de 54 horas, capaz de fazer imergir os participantes em uma jornada que parte da ideia e sua validação ao produto mínimo viável. Saiba mais em: https://startupweekend.org/.

[9] Programas educacionais em empreendedorismo de curta duração.

aceleradora envolve conselheiros, mentores, contatos da indústria, investidores anjos e fundos de investimento. O foco sai da infraestrutura comum oferecida em incubadoras para a capitalização de startups em crescimento. Programas de aceleração culminam em uma apresentação final (conhecida neste campo como *Demo Day*), que apresenta os projetos mais competitivos para investidores (PRIMERI e REALE, 2015).

A aceleração no campus adota muitas práticas similares às realizadas pelas aceleradoras do mercado, tais como: processo de seleção competitivo, oferecimento de capital semente, exigência de times (nunca cofundadores individuais), estabelecimento de objetivos e metas segmentados por etapas (formação de time, criação de produto mínimo viável, alinhamento de produto/mercado, levantamento de fundos, escalabilidade), avaliação periódica.

6.2.7. Diversificando o movimento

Muitas incubadoras ou aceleradoras ligadas às universidades se especializaram em fomentar a criação de negócios digitais. Porém, essa realidade está começando a se diversificar (SÁ e KRETZ, 2015).

Iniciativas relacionadas ao desenvolvimento de projetos de hardware, ciências da vida e ciências ambientais não param de surgir. Alguns exemplos: a Universidade de Yale possui uma série de iniciativas focadas na criação de startups na área de medicina/saúde. A Universidade de Waterloo criou a Velocity Garage para incubar projetos em biologia, química, física e ciências ambientais. A Universidade de Princeton mobiliza seus esforços para que os alunos foquem a resolução de problemas de alto impacto para a sociedade. A Stockolm School possui programas de ensino em BioEntreneurship, que mescla perfis de medicina, ciências naturais e tecnologia. A Universidade de Harvard criou o Harvard Life Lab para acelerar iniciativas de alto impacto em ciências da vida. O universo artístico não fica de fora: os programas Imagination Catalyst e o Pave Arts Venture Incubator são iniciativas da OCAD University (Canadá) e Arizona State, respectivamente, idealizadas para formar empreendedores de áreas que vão do cinema, teatro e dança ao design.

Visando fortalecer essa diversificação, os makerspaces dos campi (ligados aos programas de empreendedorismo ou não) permitem que os estudantes prototipem suas ideias por meio de impressoras 3D, equipamentos de engenharia e softwares para programação e design, proporcionando o desenvolvimento de produtos físicos, digitais, dispositivos eletrônicos, robôs etc.

Para além dos espaços de prototipagem, cabe aos programas de empreendedorismo mapear laboratórios que possuam recursos que possam ser utilizados pelos alunos e estabelecer parcerias com centros de pesquisa, para que toda a estrutura da universidade possa estar aberta a experimentação daqueles que conduzem projetos empreendedores.

6.3. AS INICIATIVAS DE EMPREENDEDORISMO DA UNIFEI

A Universidade Federal de Itajubá (Unifei), com sede na cidade de Itajubá, Sul de Minas Gerais, é uma universidade tecnológica. Possui 30 cursos de graduação, sendo 29 de engenharias e ciências e um curso de administração, 26 cursos de pós-graduação, cerca de 7.500 alunos e uma forte ligação com o universo do empreendedorismo e inovação.

A experiência com educação empreendedora na Unifei tem mais de 20 anos. Foi iniciada nos cursos de engenharia com a oferta de cursos de criação de negócios, e, então, aplicada intensivamente na criação do primeiro curso de administração de empresas com ênfase em empreendedorismo, em 1997.

Em 2000, os programas de educação empreendedora se estenderam à indústria. Foi criado um programa de formação de mindset empreendedor para a indústria de petróleo e gás, chamado de Entrepreneurship for All. Em 2006, o programa foi executado internacionalmente, com turmas na Argentina.

Desde 2011, a Unifei oferece um programa de formação complementar em empreendedorismo (*Minor in entrepreneurship*).

A integração dos programas de desenvolvimento em empreendedorismo aconteceu em 2012, com a criação do Centro de Empreendedorismo da Unifei. Por meio do centro de empreendedorismo, a universidade vem expondo seus alunos e a comunidade de Itajubá a um incontável número de projetos e atividades que visam: incentivar a educação empreendedora de modo transversal, desenvolver competências empreendedoras em seus alunos e fomentar a criação de novos negócios em Itajubá e região.

Em 2014, o Programa de Mestrado em Administração foi criado, com concentração em empreendedorismo e finanças.

6.3.1. O Centro de Empreendedorismos da Unifei (CEU)

O Centro de Empreendedorismos da Unifei (CEU) é uma organização que integra diversos parceiros e programas de desenvolvimento em empreendedorismo (PDEs), visando:

- Promover o comportamento, a ação e a gestão empreendedoras.
- Gerar desenvolvimento local por meio da educação empreendedora e da competitividade das organizações.

Acreditamos que:

> Empreendedor é aquele que cria e gerencia projetos (Fowler, 1997).

Mobilizados por esse pensamento, o CEU realiza diversas ações que permitem aos alunos pensar em empreendedorismo e realizar, de fato, projetos criativos que podem ser desde um projeto social até a criação de um protótipo de hardware com alto impacto na sociedade.

Desde 2013, nossas ações se estendem a mais de 30% dos alunos da Unifei. Esse número representa aproximadamente 2.500 alunos desenvolvendo habilidades empreendedoras e realizando projetos.

6.3.2. Visão

O CEU acredita que o desenvolvimento do empreendedorismo passa por incentivar e inspirar, mas também por fornecer ferramentas aplicadas para o empreendedor. Acreditamos em inovação e em empoderar as pessoas para criar valor. Em uma perspectiva prática, compreendemos o empreendedorismo como método. Apostamos em execução de projetos, utilização de pedagogias ativas e imersão em laboratórios de aprendizagem (de negócios e tecnologias aplicadas).

Em nossa visão, um ecossistema empreendedor vibrante precisa ser inclusivo. Isso significa empoderar pessoas para empreender nos mais diversos campos, diminuir as barreiras de entrada para novos empreendedores e apoiar startups a crescer e escalonar.

Segundo o Founder Institute, a grande ameaça a um ecossistema empreendedor não é a falta de investimento, mas a fragmentação e a falta de transparência. Não é à toa que existe um jargão que diz: "Criar uma startup pode custar uma cidade." (*It takes a city to raise a startup.*) O mesmo se aplica às universidades e aos seus ecossistemas.

Visando o desenvolvimento de uma universidade e de cidades capazes de fomentar o empreendedorismo de forma integrada e de alto impacto, utilizamos os seguintes conceitos e ideias-chave para o planejamento de nossas ações:

- **Educação empreendedora (transversal):** atualização, aplicação e desenvolvimento de técnicas de educação empreendedora, bem como o compartilhamento destas experiências com a comunidade acadêmica (interna e externa) e no contexto da educação básica.
- **Mindset empreendedor:** formação de comportamento empreendedor.
- **Jornada startup:** integração de programas e rede de apoio para startups em fase de ideia, lançamento e crescimento, tal como descrito a seguir:
    - *Ideia* (*startup idea*): inspiração, melhores práticas, validação de ideias e formação de times para iniciativas startup.
    - *Lançamento* (*startup launch*): desenvolvimento de produto mínimo viável, feedback dos clientes, formalização da empresa e preparação para os próximos passos.
    - *Crescimento* (*startup growth*): dinâmicas para a captação de talentos e aconselhamento sobre a trajetória de crescimento e funding.
- **Fortalecendo o ecossistema:** ações para o desenvolvimento e integração de agentes do ecossistema abrangendo universidades, incubadoras, aceleradoras, mentores, investidores, governo e parcerias estratégicas (nacionais e internacionais).

6.3.3. Portfólio de práticas empreendedoras

O CEU possui um portfólio de práticas de educação empreendedora que academicamente pode ser dividido em duas grandes frentes:

- Atividades curriculares (disciplinas e programas institucionalizados pela pró-reitoria de graduação que possuem um maior período de execução).
- Atividades extracurriculares (atividades livres de curta duração, envolvendo parceiros externos e metodologia própria).

> Nosso propósito maior é que todo aluno da Unifei vivencie atividades de empreendedorismo durante a sua vida acadêmica.

Para isso, criamos uma gama de iniciativas que são capazes de atrair diversos perfis de alunos.

6.3.3.1. Atividades curriculares

Formação complementar

Com o propósito de complementar a formação dos engenheiros e cientistas graduados pela universidade, com o desenvolvimento de habilidades empreendedoras, a Unifei oferece um programa de formação complementar em empreendedorismo; essa prática é conhecida internacionalmente como *Minor in Entrepreneurship*. Para obter a formação, os alunos interessados devem trilhar os seguintes passos:

1. Cursar as disciplinas: ADM082 — criação de ideias de novos negócios — e ADM083 — introdução ao empreendedorismo.
2. Cursar mais três disciplinas que não fazem parte da grade curricular de sua graduação. Essas disciplinas podem ser relacionadas a três jornadas empreendedoras: negócios, *maker* e *developer* (programação). Ao todo, são ofertadas 17 disciplinas dentre as três jornadas. Disciplinas sobre introdução ao empreendedorismo, criação de ideias e jornada *lean startup*, desenvolvimento de produto, empreendedorismo social, empreendedorismo tecnológico, marketing, custos e finanças fazem parte da jornada de negócios. Para as jornadas *maker* e *developer* são ofertadas as disciplinas planejamento de software e laboratórios de desenvolvimento de sistemas embarcados, por exemplo. Todas as disciplinas que compõem a trilha, sejam técnicas e de gestão, são baseadas em projetos.
3. Participar pelo menos uma vez do Desafio Universitário Sebrae.
4. Participar pelo menos uma vez de uma atividade de extensão organizada pelo CEU, tal como *Maker Hacklab*, Bota pra Fazer Unifei etc.

5. Realizar Trabalho de Final de Graduação com foco em jornada startup (*TFG startuper*) ou um projeto técnico que proponha uma inovação tecnológica com potencial de mercado (*TFG disruptive*).

Os alunos que completam todas as etapas recebem um diploma de formação em empreendedorismo reconhecido pela universidade.

Consultoria empresarial

Visando inserir o aluno em diversas situações do cotidiano empreendedor e ao mesmo tempo apoiar a comunidade empreendedora local, é ministrada uma disciplina chamada consultoria empresarial. Sua dinâmica permite que os alunos entrem em contato com microempreendedores da região para ajudá-los em sua jornada empreendedora, identificando problemas na empresa e atuando com ações corretivas para solucioná-los, auxiliando o microempreendedor a estabilizar e alavancar o seu negócio. A disciplina ocorre sempre no segundo semestre do ano, e envolve 40 alunos atuando em torno de seis a dez empresas. Os projetos da disciplina são acompanhados e mentorados por seis professores que trabalham com marketing, finanças/custos, operações e gestão de pessoas.

6.3.3.2. Atividades extracurriculares

Startup Weekend & Startup Weekend Maker

O Startup Weekend é um evento internacional que já aconteceu em mais de 1.100 cidades, de 150 países ao redor do mundo. Sua dinâmica tem por objetivo tirar as ideias do papel e transformá-las em um mínimo produto viável, em um único final de semana. Seu propósito é inspirar e ensinar novos empreendedores, além de proporcionar conexões para criação de comunidades empreendedoras locais.

Em 2015, após dois anos realizando a versão padrão do Startup Weekend, resolvemos sediar a primeira versão do evento focado em negócios de hardware e robótica a acontecer no Brasil, entendendo que a nossa comunidade está preparada para criação de negócios em hardware com envolvimento de ciência e engenharia — as chamadas hard core startups.

Esta decisão foi baseada nos expressivos resultados que obtivemos nos anos anteriores. Em 2013, o Startup Weekend da Unifei presenciou a criação da Agrosmart, startup de hardware e internet das coisas focada em desenvolver soluções inteligentes para o agronegócio. Já em 2014, 40% das ideias durante o evento eram de cunho tecnológico envolvendo hardware.

A coorganização de eventos internacionais ou com metodologias validadas podem trazer aprendizado sobre como conduzir experiências empreendedoras e de aprendizado significativo, atrair mídia, e, principalmente, contatos para a microcomunidade empreendedora.

TEDx

Outro evento capaz de atrair olhares da comunidade e proporcionar experiência em execução de eventos internacionais pré-formatados é o TEDx. O evento tem por propósito compartilhar ideias inspiradoras e apresentar pessoas que realizaram grandes feitos em suas áreas de atuação. Inicialmente, explorava temas em tecnologia, entretenimento e design. Mas, hoje, abrange de negócios a problemas globais. A Unifei já recebeu uma edição do TEDx, em 2013, com o tema: "O poder do indivíduo, empreendedores com propósito." A realização e o apoio a eventos como esses trouxeram para o CEU a convicção de que o design da experiência é fundamental.

> Sim! Podemos fazer empreendedorismo na universidade com a intenção de proporcionar experiências únicas e significativas.

Startup talks

Com a proposta de compartilhar casos de sucesso e criar uma agenda empreendedora constante, o CEU desenvolve o startup talks. Essa dinâmica promove encontros quinzenais com empreendedores locais, que têm por objetivo compartilhar suas jornadas, conhecimento específico e promover a interação entre a comunidade acadêmica e a comunidade empreendedora. Compartilhar casos de sucesso e pontos de enfrentamento do empreendedor é tarefa fundamental para inspirar nosso ecossistema empreendedor.

Maker club

O CEU apoia e cede o espaço para o Maker Club, um encontro informal que também ocorre quinzenalmente entre os *makers* (fazedores) da Unifei. Esse clube agrupa pessoas para compartilhar projetos e construir coisas juntos. Ambas as iniciativas impactam em média 15 pessoas por encontro.

Startup journey

Com o objetivo de complementar essas ações quinzenais com uma "alta dose" de inspiração, criamos o startup journey, um dia — geralmente, em um final de semana – em que empreendedores de diferentes cidades e áreas de atuação vão até a Unifei para compartilhar suas jornadas empreendedoras com os alunos e a comunidade.

Startup bus

Com a compreensão de que todas essas ações não tiravam o aluno de dentro da Unifei, nós criamos o Startup Bus Unifei, uma visita técnica de um dia de duração, em que um grupo de 40 alunos participa de uma experiência de imersão em ecossistemas de startups, como São Paulo e Belo Horizonte. Tendo a oportunidade de conhecer aceleradoras, startups e empreendedores que mostram os ambientes criativos e dinâmicos em que trabalham e envolvem os alunos com suas histórias e desafios.

Ninja Startup Job

A formação e a captação de talentos são uma preocupação generalizada em nosso ecossistema empreendedor. A partir de conversas com empreendedores de diferentes locais, compreendemos um pouco da natureza da demanda de talentos para as startups.

Nesse contexto, o CEU criou o Ninja Startup Job, um programa de estágio de férias em startups para alunos da graduação, que têm como missão desenvolver jovens talentos para o ecossistema brasileiro de startups. Nossa proposta fundamental é conectar as startups com os talentos por meio de uma experiência de trabalho prática (*hands-on*) e intensa para os alunos. Do lado das startups, o programa provê a oportunidade de desenvolver novos projetos e aplicar novas competências nas startups.

O programa nasceu na Unifei, mas a demanda de alunos de outras universidades fez com que ele se tornasse uma iniciativa nacional. O Ninja Startup Job já ocorreu em Belo Horizonte e em São Paulo, e, ao todo, foram executadas mais de 4 mil horas de trabalho e imersão, distribuídos entre estágios de verão (cinco semanas) e inverno (três semanas), com alunos de cinco universidades diferentes (UFLA, USP São Carlos, USP São Paulo, Unesp e Unifei), ocupando posições de trabalho que vão da área de negócios, mídias sociais e desenvolvimento de software a eletrônica (*maker*).

Maker Hacklab

O Maker Hacklab é uma maratona de negócios em internet das coisas (*internet of things* [*IoT*]) criada pelo CEU em parceira com uma startup local, a AgroSmart. A proposta é simples: desenvolver ideias de negócios de alto impacto, envolvendo a integração de hardware e software na nuvem. Tudo isso em nove dias de muito trabalho e mentoria. Os resultados desta parceria são imensuráveis. Concretamente, temos hoje duas startups em estágio de pré-aceleração, que são resultado de projetos executados no Maker Hacklab. Além da captação de talento em engenharia para o ecossistema startup local e ações de inovação aberta em curso.

> Ouvindo a comunidade, encontrando vocações.

Na criação conjunta de projetos de alto impacto, como o Ninja Startup Job e o Maker Hacklab, compreendemos o poder de ouvir e cocriar com a nossa comunidade empreendedora.

LAB001

Para estruturar iniciativas de startups locais e dar continuidade aos projetos criados nos Startup Weekends, Maker Hacklabs, disciplinas e outros programas do CEU, criamos o LAB001, um programa de pré-aceleração de startups em hardware e hard-sciences da Unifei, que tem como objetivo pré-acelerar startups de alto impacto em estágio inicial. Nosso propósito com o LAB001 é transformar a universidade em um laboratório de ideias disruptivas aliadas a tecnologias exponenciais para impactar a sociedade. Para isso, o CEU, em parceria com a Baita Aceleradora (Campinas-SP), propõe uma metodologia inovadora e um espaço criativo para o desenvolvimento de startups em um programa intensivo de trabalho e mentorias, concentrado em: validação de mercados, *design thinking*, prototipagem hardcore e alta tecnologia. Em seu primeiro ciclo, o LAB001 pré-acelerou oito startups (sendo sete de hardware e uma de modelos de previsão e estatística aplicada). Dessas: duas startups nasceram durante o Maker Hacklab, uma startup no Startup Weekend Maker, duas startups são de cidades vizinhas a Itajubá e três startups, de graduandos, mestrandos e doutores da Unifei. Esses números demonstram o compromisso do CEU em criar um portfólio de iniciativas interconectadas e que se potencializem, além da nossa missão de abrir as portas da universidade, para empreendedores da região desenvolverem tecnologia e negócios de alto impacto.

EFA (*Entrepreneurship for All*)

Programa de formação empreendedora desenvolvido para a indústria. Em suas edições em parceria com a Schlumberger, empresa do setor de petróleo e gás, mais de 120 engenheiros foram treinados. Um estudo recente da empresa aponta que mais de 70% dos participantes do EFA são identificados como funcionários de alto potencial, com perfil intraempreendedor.

Programa Mais Educação Empreendedora

Por acreditar que empreendedorismo transborda os limites da universidade, envolvendo a cidade e seus cidadãos, o CEU trabalha junto à prefeitura desde 2012 com o Programa Mais Educação Empreendedora, ministrando workshops para capacitar professores da rede pública de ensino de Itajubá e de outras cidades em educação empreendedora. Ao todo, já foram mais de 600 professores capacitados. Como desdobramento dessa iniciativa, desde 2013, conduzimos junto aos alunos oficinas de desenvolvimento de projetos empreendedores, permeadas por valores fundamentais como: honestidade, responsabilidade, respeito, afetividade e solidariedade. Tal como professados pela Escola da Ponte, escola portuguesa, referência internacional em educação básica e pedagogias ativas.

Bota pra Fazer Unifei

O trabalho com a comunidade vai além. Organizamos desde 2008 o Bota pra Fazer Unifei, uma competição de empreendedorismo social que mobiliza mais de 750 alunos (10% dos discentes), realizando projetos de empreendedorismo social na cidade de Itajubá e regiões adjacentes. Imagine cerca de 70 projetos sociais sendo executados em uma única semana em comemoração à Semana Global de Empreendedorismo. O alcance anual do Bota pra Fazer Unifei é de 3 mil impactos diretamente e 15 mil indiretamente, em média. Em geral, 10% dos projetos permanecem na comunidade.

Prêmio Melhores Práticas Empreendedoras

Temos em mente que existem diversas outras pessoas e iniciativas fomentando empreendedorismo em nossa cidade. Entendendo que é necessário reconhecer iniciativas e incentivá-las, o CEU criou o Prêmio Melhores Práticas Empreendedoras. O prêmio acontece a cada dois anos e visa reconhecer no ecossistema empreendedor startups que estão fazendo a diferença, professores que fomentam o empreendedorismo nas diversas esferas da educação, MPEs modelo e projetos empreendedores que são referência na comunidade e na universidade.

6.3.4. Nosso modo de fazer: da filosofia às operações

Nosso modo de fazer é mobilizado por alguns direcionadores. Tiago Mattos, empreendedor brasileiro e autor do livro *VLEF*, ensina uma fórmula para sintetizar a filosofia de organizações que aplicamos para ilustrar a filosofia do nosso trabalho no CEU. Confira o resultado na figura a seguir.

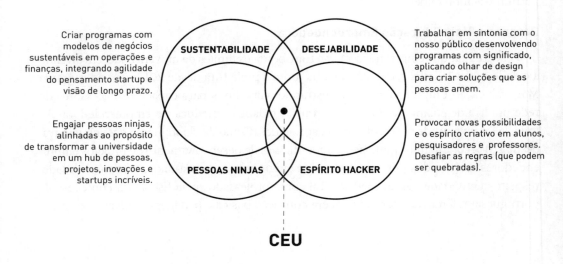

Figura 6.1: Quadro da filosofia de trabalho do CEU.

Capítulo 6: Desenvolvendo Empreendedorismo de Alto Impacto: Estudo de Caso do Centro de Empreendedorismo da Unifei

Nossa operação é permeada por princípios que chamamos de dez mandamentos, a saber:

10 MANDAMENTOS

1. OUVIR A COMUNIDADE PARA ENCONTRAR VOCAÇÕES DO ECOSSISTEMA UNIVERSITÁRIO.
2. TRABALHAR EM CONJUNTO. ALUNOS E PROFESSORES. FUNDAMENTAL.
3. HACKING THE UNIVERSITY. QUEBRAR REGRAS QUE PODEM SER QUEBRADAS. CONSTRUIR UMA NOVA UNIVERSIDADE AOS POUCOS.
4. HEARTWORKING. CONSTRUIR PARCERIAS DE LONGO PRAZO COM INDÚSTRIA, GOVERNO E EMPRESAS COM ALINHAMENTO DE PROPÓSITO. FAZER BONS AMIGOS NESSA CAMINHADA.
5. SER OPEN HEART! ESTAR DISPONÍVEL PARA ACOLHER E COMPARTILHAR. NOVAS PESSOAS SIGNIFICAM NOVAS POSSIBILIDADES, INSIGHTS, PARCERIAS INCRÍVEIS E O MAIS IMPORTANTE: PROJETOS.
6. IMPOR DESEJABILIDADE AOS PROGRAMAS. PROVER COMUNICAÇÃO SINTONIZADA AO PÚBLICO. CRIAR SOLUÇÕES QUE AS PESSOAS AMEM!
7. TRANSFORMAR O AMBIENTE (SE HOUVER) EM HUB DE AÇÕES E PESSOAS. CRIATIVO, INOVADOR E AGREGADOR.
8. IT´S A JOURNEY. ENCARAR EMPREENDEDORISMO NA UNIVERSIDADE COMO JORNADA DE APRENDIZADO CONTÍNUO E NÃO LINEAR PARA ALUNOS E PARA O CENTRO DE EMPREENDEDORISMO.
9. MIRAR SONHOS GRANDES E RESULTADOS DE ALTO IMPACTO. SONHOS MOBILIZAM.
10. FAZER TUDO COM ABSOLUTO AMOR. SOMOS APAIXONADOS POR EMPREENDEDORES!

FIGURA 6.2: DEZ MANDAMENTOS PARA AS OPERAÇÕES DO CEU.

6.3.5. RECONHECIMENTO

Em 2010, a universidade teve o Programa de Consultoria Empresarial reconhecido como prática de educação empreendedora pelo Round of Entrepreneurship Education (REE Brasil), evento de fomento à educação empreendedora desenvolvido pela Universidade de Stanford, e que, no Brasil, tem sido organizado pela Endeavor e pelo Sebrae.

Em 2012, o centro de empreendedorismo recebeu o Prêmio de Melhor Compromisso de Educação Empreendedora pelo REE.

Devido à amplitude do programa de empreendedorismo do CEU, a Unifei foi reconhecida, em 2013, como a Melhor Universidade para Empreendores, pelo Prêmio Spark Awards, da Microsoft/StartupFarm.

Em 2014, no contexto do REE, outro programa foi reconhecido — o *Maker Hacklab*, eleito como a melhor prática de educação empreendedora do país.

Ainda em 2014, o Bota pra Fazer Unifei foi reconhecido pela Endeavor e seus parceiros na Semana Global de Empreendedorismo como o maior evento de empreendedorismo universitário do país, por envolver mais de 750 alunos em uma única ação.

6.3.5.1. Empreendedorismo tecnológico: as bases que nos mobilizam

Venkataraman (2004), em seu artigo sobre empreendedorismo tecnológico e desenvolvimento regional, apresentou alguns insights que julgamos fundamentais na construção do nosso centro de empreendedorismo, do empreendedorismo acadêmico e da interação com o ecossistema empreendedor.

Na visão do autor, muita ênfase foi dada a fatores tangíveis que impulsionam o empreendedorismo tecnológico, tais como taxas e impostos, mercados de capital, sistema financeiro e infraestrutura (telecomunicações e transporte).

Embora estes sejam de fato componentes da transformação empreendedora, o mais importante é a mudança relacionada a fatores intangíveis, que permitem que empreendedores atuem como agentes de profunda mudança econômica e social.

Concordamos devotadamente com a visão expressa na frase do artista Marcel Duchamp que diz: "Eu não acredito em arte. Eu acredito em artistas." Traduzido de: *"I don't believe in art. I believe in artists."*

Adaptamos esse pensamento para o nosso contexto como:

> Não acreditamos em empreendedorismo.
>
> Acreditamos em empreendedores.

Por isso, os aspectos intangíveis que devemos desenvolver passam por indivíduos empreendedores, novas ideias, formação do mindset empreendedor e da cultura de aceitação de risco. Embora todos estes elementos sejam reconhecidos na literatura, o autor alerta que estes têm sido encarados de maneira superficial. Até os dias de hoje.

Ecossistemas calcados em empreendedorismo tecnológico demandam integração. Os aspectos intangíveis operam em ambientes informais e aplicam elementos tangíveis, como capital semente, para então transformar ideias e negócios.

É importante salientar que ambientes com atividade fluída não nascem de repente. O próprio Vale do Silício evoluiu por um período de 40 anos. Dentro desta perspectiva, temos muito claro que comunidades de startups tecnológicas são projetos de longo prazo para o centro de empreendedorismo.

Tendo o capital humano como centro de nossas ações, partimos do foco de desenvolver mentalidade empreendedora que garanta uma mudança cultural bem-sucedida para o nosso ecossistema.

Venkataraman destaca, ainda, o perfil do capital humano em contextos de empreendedorismo tecnológico: um talento que é capaz de gerar uma ideia, desenvolvê-la, abrir a empresa, desenvolver protótipos, obter os primeiros clientes, desenvolver produtos e mercados, competir em mercados competitivos. Não há, portanto, espaço para o líder visionário que delega essas missões para os outros.

Enquanto universidade que fomenta o empreendedorismo tecnológico, compreendemos o empreendedor da mesma forma. A jornada empreendedora deve ser centrada na ação e experimentação por parte do cofundador.

No que tange à cultura de inovação, característica desse contexto, focar os esforços em mudança cultural em ambientes como universidades ou centros de pesquisa pode iniciar o processo de desenvolvimento da cultura empreendedora a longo prazo. Para isso, a mobilização de lideranças, a cooperação entre universidades, os programas do governo, os agentes de empreendedorismo e as empresas referência são fundamentais.

Desenvolver empreendedorismo tecnológico e, consequentemente, promover *spin-offs*[10] acadêmicas significam superar uma série de dificuldades. Uma pesquisa em *spin-offs* brasileiras, por Borges e Filion (2013), apontou deficiências no desenvolvimento da rede de relacionamentos no contexto da academia. Especialmente no relacionamento entre as *spin-offs* e empresas/potenciais clientes e parceiros (setor de negócios).

Sendo assim, cabe aos centros e programas de empreendedorismo das universidades estreitarem suas relações academia–empresa para, então, promover um ciclo virtuoso de desenvolvimento de tecnologia e inovação.

Tecnologias nascentes não estão completamente prontas para o mercado. Startups que comercializam oportunidades a partir de tecnologias nascentes estão constantemente trabalhando com propriedade intelectual pouco definida em mercados ambíguos. A inovação baseada nestas tecnologias requer um alto nível de conhecimento especializado e proximidade espacial que permita o fenômeno de transbordamento do conhecimento — *knowledge spillover* — (THÉRIN, 2013). Tal fato explica porque estas inovações nascem

---

[10] Empresas originadas nas universidades, podendo ou não estar ligadas a patentes resultantes de pesquisas científicas.

ao redor de universidades, necessitam de empreendedores tecnológicos e geram polos de conhecimento concentrados em determinadas indústrias.

Fomentar empreendedorismo tecnológico permeia o contínuo trabalho de lidar com a intensidade de conhecimento (*knowledge intensity*). A criação de valor em startups tecnológicas envolve a aplicação de conhecimento único e, por vezes, proprietário. Porém, clientes estão focados em adquirir produtos e serviços que solucionem seus problemas. Para tanto, é importante estabelecer jornadas que ajudem o empreendedor tecnológico a reconhecer que o conhecimento que desenvolvem não tem valor por ele mesmo. Criar valor pressupõe transformar esse conhecimento em uma proposta que os clientes reconheçam, apreciem e desejem (DUENING et al., 2014).

Além disso, a intensidade de conhecimento requer que as startups atraiam e retenham pessoas de alto potencial intelectual. Cabe à universidade, que lida com empreendedores tecnológicos, estabelecer dinâmicas que permitam este tipo de encontro.

Ainda no contexto do empreendedorismo tecnológico, destacamos dois movimentos que nos guiam: o movimento de *Hardware Startups* e o de *Hard Science startups*. O primeiro, baseado em startups que criam produtos físicos, e o último abarca startups que desenvolvem tecnologias baseadas em pesquisa e ciência aplicada, tais como tecnologias para saúde humana, processamento de materiais, soluções em genética, aplicações em química, biotecnologia, energia, entre outras. Podemos incluir ambos os movimentos no que a mídia internacional chama de *hardcore startups*.

Desenvolver empreendedores sob estes movimentos significa compreender e integrar jornadas de pesquisa & desenvolvimento, desenvolvimento de produto e *lean startup*.

Os tempos e as abordagens de validação vão além do ciclo tradicional de uma startup digital, na qual as teorias de startup foram popularizadas.

Aceleradoras especializadas nesses segmentos começam a veicular novos termos. Em hardware, temos o *lean hardware*, que compreende os desafios de tempo, validação e prototipagem, incluindo, na jornada *lean*, as etapas tradicionais de desenvolvimento de produto, como o design para manufatura. Para além do clássico pensamento em startups de que nenhum plano de negócios sobrevive ao contato com o cliente, surgem novos jargões.

> Nenhum plano de hardware sobrevive ao contato com a fábrica.

Novamente, cabe à universidade buscar parcerias com aceleradoras e agentes do ecossistema para refletir novos modelos e programas de apoio às *hardcore startups* no Brasil. Para então criarmos jornadas de enfrentamento que compreendam, inclusive, as limitações do nosso sistema, como agências regulamentadoras, parques industriais, taxas de importação.

6.4. CONSIDERAÇÕES FINAIS

Em um de seus artigos seminais, Scott Shane questiona políticas para o estímulo generalizado de criação de empresas. Em sua visão, a maioria das empresas beneficiadas por esses estímulos não é competitiva.

Cabe aqui um pequeno adendo, nós somos a favor de uma política de livre criação de negócios, compreendendo que há um portfólio natural que segmenta desde empresas de alto impacto até as de sobrevivência. Inclusive, concordamos com a visão de que o aprendizado ao longo da dinâmica empresarial é que faz com que algumas empresas ascendam para um nível de alto impacto. Em outras palavras, é preciso haver erro e aprendizado para se chegar a iniciativas com alto potencial de criação de valor.

Porém, aceitamos a provocação de Shane como um convite para a intensificação do empreendedorismo nas universidades. Posto que a sinergia entre agentes da tríplice hélice (governo–universidade–empreendedores), em contextos em que as universidades integram empreendedorismo, ciência, tecnologia e inovação, ela tem de fato maior potencial de gerar empresas de alto impacto.

Para além da criação de startups.

Embora o campo da educação empreendedora tenha o processo de criação de empresas em suas raízes, a disseminação do pensamento empreendedor nas universidades passa por uma interpretação flexível do que constitui o pensamento empreendedor, indo muito além da criação de startups (PRIMERI e REALE, 2015).

Da mesma forma, compreendemos o empreendedorismo como um método para a vida. Nossa visão se concentra em empoderar pessoas pelo empreendedorismo para que apliquem esse pensamento em suas vidas pessoais, comunidade, governo, empresas e startups.

Ainda que este seja um consenso entre diversas universidades que conduzem trabalhos em educação empreendedora, muito peso é atribuído a métricas de criação de startups, enquanto há pouca atenção para a avaliação das mudanças nas atitudes dos estudantes, conhecimento e capacidades (MORRIS et al., 2015).

Das reflexões deste capítulo, fica claro que é chegada a hora de valorizar, perceber, agir e avaliar a educação empreendedora sob novos pontos de vista na universidade.

6.5. REFERÊNCIAS BIBLIOGRÁFICAS

BLANK, S.; DORF, B. *Manual do Empreendedor*. São Paulo: Alta Books, 2014.

BORGES, C.; FILION, J. Spin-off Process and the Development of Academic Entrepreneurs' Social Capital. *Journal of Technology Management & Innovation*, Santiago, v. 8, 2013.

BOWERS, M. R.; BOWERS, C. M.; IVAN, G. Academically Based Entrepreneurship Centers: an exploration of structure and function. *Journal of Entrepreneurship Education*, Cullowhee, v. 9, p. 1-14, 2006.

DUENING, T.; HISRICH, R.; LECHTER, M. *Technology Entrepreneurship*, ed. 2, Burlington: Elsevier, 2014.

FINKLE, T. A.; KURATKO, D. F.; GOLDSBY, M. G. An Examination of Entrepreneurship Centers in the United States: A National Survey. *Journal of Small Business Management*, v. 44, p. 184-206, 2006.

FOWLER, F.R.. *Programas de desenvolvimento de empreendedorismo (PDEs). Um estudo de casos: FEA-USP e DUBS*. Dissertação de Mestrado da FEA-USP. São Paulo, 1997.

MENZIES, T. University-Based Entrepreneurship Centres in *Canada: Strategies and Best Practices*. Ontario: Brock University, 2009.

MORRIS, M. H.; KURATKO, D. F.; J. R. Cornwall, *Entrepreneurship Programs and the Modern University*. Cheltenham: Edward Elgar, 2013.

NECK, H. M.; GREENE, P. G.; BRUSH, C. G. *Teaching Entrepreneurship: A Practice-Based Approach. Modern University*. Cheltenham: Edward Elgar, 2014.

PRIMERI, E.; REALE, E. *The Transformation of University Institutional and Organizational Boundaries*. Rotterdam: Sense Publishers, 2015.

SÁ, C. M; KRETZ, A. J. *The Entrepreneurship Movement and the University*. 1. ed. New York: Palgrave Macmillan, 2015.

SHANE, S. Why encourage more people to become a entrepreneurs is a bad public policy. *Small Business Economics*, v. 33, p-141-149, 2009.

THÉRIN, F. *Handbook of Research on Techno-Entrepreneurship*. 2. Ed. Cheltenham: Edward Elgar, 2013.

VENKATARAMAN, S. Regional transformation through technological entrepreneurship. *Journal of Business Venturing*, v. 19, p. 153-167, 2004.

CAPÍTULO 7

INOVAÇÃO E EMPREENDEDORISMO NA FORMAÇÃO ACADÊMICA DA PUCRS: CONSTRUINDO A EDUCAÇÃO DO FUTURO

Ana Cecília Bisso Nunes[1]
Gabriela Cardozo Ferreira[2]
Luis Humberto de Mello Villwock[3]
Naira Maria Lobraico Libermann[4]
Vicente Zanela[5]

Houve um tempo em que a responsabilidade social da universidade se limitava à formação de pessoas. Mas isso já vai longe no passado. No contexto da sociedade do conhecimento, a universidade expande sua tradicional concentração em ensino e pesquisa, agregando à sua missão a atuação direta no processo de desenvolvimento econômico da sociedade. Nesse sentido, é preciso empreender e mais: é preciso ensinar a empreender. Em um mundo em que não existe mais emprego para todos, não é mais suficiente formar empregados, temos que formar empreendedores.

7.1. BREVE CONTEXTUALIZAÇÃO E PREMISSAS DO ENSINO DO EMPREENDEDORISMO E DA INOVAÇÃO NO BRASIL

Em 2014, a Endeavor realizou uma pesquisa de empreendedorismo nas universidades brasileiras que contou com a participação de cerca de 70 Instituições de Ensino Superior (IES) de todas as regiões, tendo os seguintes resultados: quase um em cada quatro alunos são empreendedores, 11,2% e 12,3% já empreenderam, 57,9% pensam em abrir um negócio e 60% querem abrir sua empresa em até três anos. Entre os formandos, 63% já haviam feito disciplinas sobre o tema.

Já os dados da pesquisa Global Entrepreneurship Monitor Brasil (2014) revelam que, apesar de o empreendedorismo ser tema de interesse nos âmbitos empresarial, político

---

[1] Coordenadora acadêmica do IDEAR e professora da PUCRS. E-mail: ana.nunes@pucrs.br.

[2] Diretora de inovação e desenvolvimento e professora da PUCRS. E-mail: gcferreira@pucrs.br.

[3] Coordenador do CriaLab e professor da PUCRS. E-mail: luis.villwock@pucrs.br.

[4] Coordenadora do IDEAR. E-mail: naira.libermann@pucrs.br.

[5] Coordenador do Torneio Empreendedor e professor da PUCRS. E-mail: vzanella@pucrs.br.

e acadêmico, em função de sua importância para o desenvolvimento econômico de um país, constata-se que grande parte dos empreendedores nacionais, o equivalente a 90%, não participou de atividades relacionadas a empreendedorismo em qualquer tempo, seja ao longo de sua formação educacional formal (em nível dos ensinos fundamental, médio e superior), seja por meio de participação em atividades dessa natureza em modalidades educacionais diversas (independentes da educação formal). Quando considerados os não empreendedores, esse porcentual sobe para 94%. Perante essas estatísticas, é possível perceber que existe um campo aberto para trabalhar o conceito do empreendedorismo nas universidades brasileiras.

A pesquisa da Endeavor (2015) evidencia a ênfase que é dada ao empreendedorismo nas áreas de gestão: a mesma apontou que as disciplinas de ensino empreendedor não estão tão bem distribuídas entre os diferentes cursos do ensino superior. O curso de administração, por exemplo, possui 65% dos alunos afirmando que já fizeram a disciplina, contra apenas 30% dos alunos de Ciências da Saúde que participaram de alguma disciplina sobre o tema. A pesquisa evidencia que o empreendedorismo dentro das universidades ainda é liderado pela gestão. Nesse sentido, cabe salientar a importância da análise das bases conceituais para o ensino de empreendedorismo e o quanto esses são transversais, interdisciplinares e transdisciplinares nos currículos universitários, bem como em suas abordagens e práticas metodológicas.

Dentre as bases conceituais dos estudos no campo do ensino do empreendedorismo nas universidades brasileiras, Filion e Dolabela (2000) veem o empreendedorismo como um instrumento muito forte, não só de desenvolvimento de geração de riqueza, mas também como um fenômeno social e cultural. Segundo os autores, a pedagogia empreendedora pode levar a mudanças sociais significativas tanto no processo educacional quanto na sociedade. Entende-se como pedagogia empreendedora o ato que vai além da formação; é criar um ambiente que desenvolva o aluno no seu contexto sociocultural, ou seja, abordar o empreendedorismo como educação e não como ensino. Segundo Dolabela (1999, p. 294): "A tarefa da pedagogia empreendedora não é ensinar. É criar um ambiente 'cultural' em que o aluno, de forma **auto**ssuficiente, perceba como positivos e desenvolva valores empreendedores e aprenda sobre si mesmo e sobre o outro."

A educação é o que define a aplicação da inovação e é através dela que se desenvolve as competências. Sob esse aspecto, o capital humano é um dos principais ativos de uma sociedade e o processo educacional dessa sociedade, definidor da cultura, é a base para a formação do seu capital humano. Sob essa perspectiva, no ciclo virtuoso da inovação, é fundamental considerar o processo de educação empreendedora nas universidades como estratégico na formação de alunos. Os alunos e os professores são atores únicos no processo de inovação pelo conhecimento que possuem. Por isso, têm grande potencial para criar produtos ou processos inovadores que são de grande importância para os desenvolvimentos tecnológico, econômico e social do país.

Capítulo 7: Inovação e Empreendedorismo na Formação Acadêmica da PUCRS: Construindo a Educação do Futuro

Nesse contexto, a Pontifícia Universidade Católica do Rio Grande do Sul, PUCRS, assume o compromisso estratégico de ampliar a inovação e o desenvolvimento nos próximos anos. Segundo o Plano Estratégico PUCRS (2016–2022, p. 3):

> Inovação & Desenvolvimento envolvem a busca constante de uma nova educação para uma nova sociedade, em sintonia com seu tempo. Hoje, e cada vez mais, buscamos ser lembrados pelo meio em que atuamos como uma universidade inovadora e de excelência, com ensino conectado à pesquisa científica de impacto, oferecendo soluções para transformar a sociedade e influenciar positivamente o futuro das pessoas, contribuindo para o crescimento de nossa nação.

Neste capítulo, interessa-nos focar as experiências formadoras da PUCRS para a educação empreendedora, que são: Rede INOVAPUCRS, Torneio Empreendedor, Projeto Desafios: Inovação e Impacto Social e CriaLab.

7.2. A PUCRS E O EMPREENDEDORISMO

A PUCRS é reconhecida por sua ação em inovação e empreendedorismo, especialmente ligada à pesquisa, em que já possui uma trajetória de 15 anos, atuando com a INOVAPUCRS, uma rede que congrega atores que focam a promoção da inovação e do empreendedorismo: Núcleo Empreendedor, Incubadora Raiar, Tecnopuc, CriaLab, entre outras iniciativas. As quais são descritas na sequência.

7.2.1. Rede INOVAPUCRS

A mudança do paradigma da sociedade industrial para a sociedade do conhecimento coloca, no cerne das discussões, o conhecimento e sua gestão como fatores relacionados à capacidade competitiva de países e empresas (PLONSKY, 1999). Nesse contexto, a inovação emerge como um elemento gerador de vantagem competitiva e o conhecimento científico tem sido considerado um insumo fundamental para o desenvolvimento econômico (ETZKOWITZ; LEYDESDORFF, 2000).

Dessa forma, intensifica-se a transferência de tecnologia (TT) na interação universidade–empresa–governo (UEG), gerando benefícios para todos os agentes envolvidos. A TT se manifesta como uma alternativa para as empresas promoverem a inovação e para as universidades obterem fontes complementares de recurso para a pesquisa (ETZKOWITZ, 2004), aos quais os governos se aliam na busca do desenvolvimento. Emerge, assim, a preocupação com políticas internas e mecanismos de gestão que sustentem as atividades empreendedoras e inovadoras no habitat acadêmico.

No contexto de desenvolvimento de uma universidade empreendedora, destaca-se a importância das mudanças que as universidades vêm realizando em suas estruturas e mecanismos. A interação universidade–empresa (UE) é uma relação de aprendizado interativo e inovador; porém, simultaneamente, envolve riscos de conflitos (LEVY; ROUX; WOLF, 2009). Para que essa relação seja efetiva, as organizações devem criar estruturas internas para promover e coordenar essa interação.

Do ponto de vista específico das universidades, em função do grande número de formas de interação com atores externos, ressalta-se a importância dos fatores ligados às estruturas de apoio e aos mecanismos de gestão por elas desenvolvidos, que podem facilitar a interação UE, bem como políticas claras das universidades que incentivem uma cultura de depósito de patentes (AMADEI; TORKOMIAN, 2009; GUARNICA; TORKOMIAN, 2009).

Na prática, observa-se, em várias universidades, a criação de diversos órgãos que têm como missão a ordenação da atividade acadêmica da produção e da TT (TERRA, 2001). Esses sistemas de comercialização podem incluir desde iniciativas de motivação e educação até suportes específicos para a comercialização de projetos, como centros de inovação, incubadoras e fundos de capital semente (RASMUSSEN et al., 2006). Em muitos casos, diferentes atores se envolvem sozinhos ou em colaboração: a própria universidade, agências públicas, organizações não governamentais e companhias privadas.

Ao longo dos últimos anos, várias ações foram desenvolvidas pela PUCRS para internalizar conceitos como inovação, empreendedorismo e universidade empreendedora. Para a PUCRS (AUDY e FERREIRA, 2006), uma universidade empreendedora é uma instituição ativa, que faz mudanças na sua estrutura e no modo de reagir às demandas internas e externas, especialmente no que diz respeito à forma de se relacionar para promover a transferência do conhecimento. A fim de fortalecer, disseminar, dar suporte a esses conceitos e articular as unidades da universidade, foi criada a Rede de Empreendedorismo e Inovação da PUCRS (INOVAPUCRS). Para Audy e Ferreira (2006), a inovação se associa a todo processo de busca do novo que agregue valor à universidade e, consequentemente, à sociedade. Já o empreendedorismo se relaciona com a geração de oportunidades a partir das inovações, com mudança das condições vigentes, a partir de novos recursos ou novas maneiras de utilizar os recursos disponíveis.

A PUCRS iniciou, no final dos anos 1990, um processo de criação e desenvolvimento de uma série de ações visando preparar a universidade para um novo contexto que se configurava no cenário nacional, que apontava para a redução dos investimentos públicos diretos em Pesquisa, Desenvolvimento e Inovação (PD&I) e um aumento da cooperação com as empresas. Esse processo de aproximação com as empresas, visando a captação de recursos para PD&I, ocorreu tanto de forma direta, na interação UE, quanto via os fundos setoriais, criados a partir do processo de privatização na segunda metade da década de 1990. A importância das políticas das universidades é também assinalada no contexto de países europeus, que estão, como o Brasil, buscando melhorar seu desempenho nesse processo (CALDERA; DEBANDE, 2010; BALDINI et al., 2007).

Capítulo 7: Inovação e Empreendedorismo na Formação Acadêmica da PUCRS: Construindo a Educação do Futuro

Assim, em 1999, foi criada a Agência de Gestão Tecnológica (AGT), responsável pela gestão de projetos conjuntos entre a universidade e as empresas, e, a partir daí, um conjunto de unidades que atuam no processo de inovação e empreendedorismo e que, desde 2006, compõem a Rede INOVAPUCRS. O objetivo da atuação da universidade por meio dessa rede é promover um esforço multidisciplinar para buscar soluções e oferecer respostas às demandas da sociedade em termos de desenvolvimento econômico, social, ambiental e cultural. Dessa forma, a relação entre universidade e sociedade ocorre em dois sentidos: tanto os problemas identificados na sociedade podem dar origem ao desenvolvimento de pesquisas quanto resultados e conhecimentos já disponíveis na universidade podem ser aplicados na solução de problemas existentes.

FIGURA 7.1: REPRESENTAÇÃO DA REDE INOVAPUCRS.

A seguir, são apresentadas as unidades periféricas da rede INOVAPUCRS e sua atuação.

O Parque Científico e Tecnológico da PUCRS (Tecnopuc) é o resultado da ação conjunta entre a PUCRS, empresas e governo, para criar um ecossistema de pesquisa e inovação interdisciplinar por meio da colaboração entre os agentes envolvidos. Visa aumentar a competitividade dos seus stakeholders e melhorar a qualidade de vida da sociedade. Essa é, talvez, a unidade de maior reconhecimento externo, mas por trás dela existe todo um sistema de unidades que realizam diferentes etapas do processo de inovação e empreendedorismo.

A AGT promove a interação dos pesquisadores da universidade com empresas públicas ou privadas, órgãos de governo, entidades empresariais e instituições de pesquisa científica e tecnológica. Por meio da gestão de projetos de Pesquisa, Desenvolvimento e Inovação

(PD&I) cooperados e projetos de serviços especializados, a agência alia as necessidades de mercado com o saber e o conhecimento existentes na universidade. Foi a primeira unidade dessa área a ser criada na PUCRS e serviu de embrião para todo o ecossistema hoje existente.

O Escritório de Transferência de Tecnologia (ETT), criado em 2003, tem como finalidade proteger o patrimônio intelectual da universidade e promover a transferência dos resultados de pesquisa ao setor produtivo, buscando fortalecer e ampliar a inserção da PUCRS na sociedade.

A incubadora de empresas Raiar, também criada em 2003, tem como objetivo estimular a capacidade empreendedora da comunidade acadêmica e da sociedade, abrigando empreendimentos gerados a partir de projetos, especialmente de estudantes, mas também de resultados de pesquisa da universidade, e *spin-offs*[6] de empresas estabelecidas no Tecnopuc.

O Instituto de Pesquisa e Desenvolvimento (Idear), reestruturado em 2006, é uma unidade dedicada à promoção de pesquisas que, preferencialmente, envolvam áreas multidisciplinares. Tem por propósito disponibilizar suporte técnico e científico às pesquisas da universidade e, também, às instituições da sociedade que busquem soluções inovadoras e diferenciadas em suas atividades.

O Idear foi criado em 2016 com o propósito de trabalhar o empreendedorismo no ensino enquanto competência que envolve a mobilização de conhecimentos, habilidades e atitudes, o exercício da criatividade, do pensamento crítico e do exercício da autonomia.

7.2.2. Torneio Empreendedor

O Torneio Empreendedor foi a primeira ação efetiva levada a efeito pelo núcleo empreendedor. Essa ação se mostrou importante no aprendizado e no desafio de como ensinar o empreendedorismo de forma efetiva para aqueles que querem empreender. Como já se mencionou, o núcleo empreendedor é um componente da rede INOVAPUCRS que busca se tornar uma referência no incentivo ao empreendedorismo e se responsabiliza por planejar e implementar ações integradas que permitam o desenvolvimento da cultura empreendedora junto à comunidade acadêmica; suas ações disponibilizam instrumentos e eventos que fazem o aluno pensar, descobrir e praticar o empreendedorismo, tendo como premissa o estímulo à ação e à prática, e não à teoria.

A idealização de um torneio, no qual os participantes pudessem descrever suas ideias de negócios para depois serem julgadas em relação à viabilidade de execução, pareceu ser a resposta para incentivar o aluno a pensar em negócios. Na busca de como efetivar essa ação, o plano de negócios demonstrou ser, naquele momento, ferramenta ideal, pois abordava os elementos necessários a serem avaliados ao permitir apresentar a ideia em um modelo descritivo, passível de ser julgado. Dessa forma, foi elaborado o primeiro

---

[6] Derivação da estratégia vigente em forma de uma empresa ou produto novo.

Capítulo 7: Inovação e Empreendedorismo na Formação Acadêmica da PUCRS: Construindo a Educação do Futuro

Torneio Empreendedor do núcleo empreendedor, que ocorreu durante o segundo semestre letivo de 2007, no formato de concurso de planos de negócios, aberto a todos os alunos matriculados nos cursos de graduação e pós-graduação da PUCRS.

A implementação desse primeiro Torneio Empreendedor contou com parceria do Sebrae-RS (que permanece até o momento atual), e proporcionou oficinas de plano de negócios para os participantes inscritos, em equipes de dois a quatro membros, que posteriormente apresentavam seus planos de negócios para uma banca examinadora formada por representantes de todas as pró-reitorias da universidade e da incubadora Raiar[7] e de membros da rede INOVAPUCRS.

Para a avaliação, além dos quesitos usuais de viabilidade econômico-financeira, era avaliada a multidisciplinaridade da equipe — quanto maior fosse o número de diferentes cursos presentes no grupo, mais pontos eram adicionados à avaliação do plano. Pontos também eram adicionados se o plano mostrasse alguma preocupação socioambiental resultante de sua atividade direta. A premiação dos três melhores planos contava com recursos financeiros para que se pudesse iniciar esses negócios, e se procedia ao encaminhamento direto para a última etapa do processo de seleção, para participar como empresa incubada da incubadora Raiar.

Esse modelo foi repetido e um número crescente de participantes passou a atender ao chamado do Torneio Empreendedor em suas edições anuais.

Em 2011, na sua quinta edição, a coordenação do núcleo empreendedor percebeu que apenas um concurso de planos de negócios não contribuía efetivamente para incentivar o empreendedorismo de todos os alunos, pois demandava que o domínio de técnica de construção dos planos fosse preponderante no resultado dos planos vencedores, em detrimento de ideias e modelos de negócios inovadores que pudessem ser considerados. Técnicas mais ágeis, focando mais a descrição da ideia em si e o potencial de sucesso de mercado, resultaram na substituição dos planos de negócios pelo Modelo de Negócio Canvas, uma metodologia baseada na utilização de post-its para preenchimento de nove blocos que sintetizam os pontos-chave para o sucesso de um modelo de negócio iniciando-se pela definição de uma proposta de valor, identificando o público-alvo, passando a descrever as atividades-chave, os recursos-chave e os parceiros-chave, passando pela identificação dos canais de comunicação e a forma de relacionamento com os clientes, e finalizando com a estrutura de custos e o fluxo de receitas em um mapa visual proposto por Alexander Osterwalder, baseado no seu trabalho anterior sobre Business Model Ontology.[8]

A simples substituição do plano de negócios pelo Modelo de Negócios Canvas levou à percepção de que outros aspectos deveriam estar presentes no Torneio Empreendedor:

---

[7] Incubadora Raiar é a incubadora de base tecnológica da PUCRS, instalada no Parque Científico e Tecnológico da PUCRS (TECNOPUCRS).

[8] Osterwalder, Alexander. *The Business Model Ontology — A Proposition In A Design Science Approach*. PhD thesis University of Lausanne, 2004.

além de simplesmente proporcionar um ambiente de competição de ideias de negócios, deveria haver um aprendizado constante da instituição sobre como proporcionar um ambiente adequado para o aparecimento de ideias de negócios dos alunos. Assim, na edição do Torneio Empreendedor de 2012, o plano de negócios é abandonado, e a ferramenta recém-criada por Alexander Osterwalder e Yves Pigneur, o Modelo de Negócio Canvas, passa a substituí-lo como documento a ser entregue para apreciação pela banca.

A partir de 2012, cada edição do torneio se torna diferente da anterior, a partir das aprendizagens incorporadas. Em 2013, implementou-se o fornecimento de feedback para todas as equipes que chegaram à última etapa entregando o Canvas do negócio proposto. Isto se mostrou ser um valioso instrumento de aprendizado de mão dupla: o participante e a equipe receberam um retorno sobre as deficiências que deveriam corrigir, segundo a banca examinadora, enquanto o núcleo empreendedor aprendeu o que deveria ser melhor trabalhado nas edições seguintes. Assim, foram incorporadas oficinas durante a realização dos próximos torneios, focando as necessidades detectadas.

Essa constante construção conjunta permitiu evoluir o Torneio Empreendedor de uma simples disputa para um processo em que o participante recebe uma série de oficinas orientadas a melhor prepará-lo a apresentar sua ideia de negócio. Por exemplo: aspectos como a necessidade de existência prévia de equipe no momento da inscrição e prática presente desde a primeira edição do torneio empreendedor desaparecem ao se aprender que uma atividade inerente à idealização de um empreendimento bem-sucedido é a busca do conhecimento/experiência específico detectado que lhe falta, e essa busca é mais eficaz se realizada no ambiente do torneio. Esse aprendizado específico gerou o mural virtual, no qual os participantes divulgam suas necessidades e/ou suas qualidades em busca de um *meeting*. Esse mural é disponibilizado durante todo o processo do torneio.

Ações voltadas para o desenvolvimento comportamental passam a fazer parte das atividades do participante do torneio. A oficina de pitches, oficina em que se trabalha apresentações de ideias de negócios para potenciais investidores, na linguagem de mercado, é adicionada como preparação para a apresentação perante a banca.

O bate-papo com os vencedores das edições anteriores se torna etapa permanente do torneio a partir da edição de 2013. Essa troca de experiências e a interação entre os que já participaram do torneio com os que estão participando se mostraram mais eficientes no processo de dirimir dúvidas sobre o entendimento das etapas e de como enfrentar as dificuldades que virão. Mais do que se estas fossem tratadas pela equipe do núcleo empreendedor apenas.

O grande marco da edição de 2014 foi fazer com que o Torneio Empreendedor admitisse como participante qualquer pessoa regularmente matriculada em curso superior de qualquer instituição de ensino, abrindo-se, portanto, à comunidade externa da PUCRS.

Essas modificações, entre outras, são resultados da percepção de que um processo de incentivo ao empreendedorismo deve ser, antes de tudo, um processo de aprendizado, de formação daquele que pretende empreender. Disponibilizar um ambiente de

Capítulo 7: Inovação e Empreendedorismo na Formação Acadêmica da PUCRS: Construindo a Educação do Futuro

interatividade presencial e virtual mostrou-se mais efetivo do que disputas via concurso de melhor ideia de negócio.

Instituições de ensino que queiram incentivar o empreendedorismo devem perceber que essa prática requer uma aprendizagem constante da instituição e um instrumento adaptativo transformador, que promova a evolução constante do ambiente inovador em que se situa o empreendedorismo de qualidade. Foram nove edições realizadas até 2015, com cerca de 2.000 participantes, que apresentaram mais de 150 ideias de novos negócios e que geraram cerca de 20 empresas incubadas no nosso ecossistema de empreendedorismo. Fortalecendo-o e impactando-o.

O Torneio Empreendedor da PUCRS está concentrado atualmente em perseguir essa diretriz de se manter em constante aprendizado, buscando proporcionar ao participante a melhor condição de aprender a empreender.

7.2.3. Projeto Desafios Inovação e Impacto Social

Em dezembro de 2014, a diretoria de graduação, em parceria com a Diretoria de Inovação e Desenvolvimento da PUCRS, elaborou um diagnóstico preliminar de empreendedorismo na instituição. O diagnóstico preliminar partiu da perspectiva de que era preciso fazer a conexão do ensino do empreendedorismo de forma interdisciplinar e curricular e, ao mesmo tempo, que era importante propiciar o diálogo com novas metodologias de sala de aula para o engajamento dos estudantes na temática da atitude empreendedora e da aprendizagem. Esse processo diagnóstico se iniciou com uma pesquisa entre os alunos, solicitada ao Espaço Experiência, da Faculdade de Comunicação Social (Famecos), com o objetivo de descrever e compreender o perfil empreendedor do aluno PUCRS em suas áreas de ensino.

O empreendedorismo tem como característica básica o espírito criativo e pesquisador. Com essa filosofia, de estar constantemente buscando novos caminhos e soluções, o tema deveria dialogar de forma transversal com todos os cursos de graduação da nossa universidade. Além disso, deveria dialogar com o perfil de aluno da universidade. Em relação a esse tema, Marc Prensky (2001) elaborou os conceitos de nativos e imigrantes digitais: os nativos são aqueles que nasceram e cresceram cercados pelas novas tecnologias; já os imigrantes não nasceram na era digital, eles aprenderam a lidar com ela. Os jovens nativos digitais aprenderam a lidar com equipamentos eletrônicos e conhecem essa tecnologia, possuindo familiaridade com o uso destes recursos tecnológicos. "Na forma de perceber o processo educacional, entretanto, eles promovem uma revolução silenciosa: são abertos ao diálogo, não gostam de disciplinas tradicionais, gostam de aprender através do prazer e da paixão pelo conhecimento e buscam soluções criativas baseadas por desafios" (ALVAREZ, 2013). É um aluno que poderia ser relacionado ao perfil cognitivo dos leitores imersivos de que fala Santaella (2004, p. 33), aos quais está relacionada a emergência da era digital: "[...] em estado de prontidão, conectando-se entre nós e nexos, num roteiro multilinear, multissequencial e labiríntico que ele próprio ajudou a construir", o qual ela chama de perfil de leitor imersivo.

Sendo assim, o Projeto Desafios começa a ser planejado no final de 2014. Em diálogo com a transformação contextual de um mundo conectado e em consonância com o ecossistema de inovação oferecido pela PUCRS, essa iniciativa passa a ser o primeiro passo para o despertar da atitude empreendedora dos alunos de graduação. Projeto Desafios, então, é o nome dado para o conjunto de disciplinas que representa esse objetivo no ecossistema da PUCRS. Faz-se isso por meio do engajamento das diferentes escolas (hoje, unidades acadêmicas) na proposição de desafios temáticos interdisciplinares em que alunos e professores de diferentes áreas do conhecimento trabalham juntos durante um semestre buscando soluções que possam impactar a sociedade de alguma forma e, que, talvez no futuro, possam se transformar em uma ONG, em um negócio social ou mesmo em uma empresa lucrativa.

A disciplina pode ser relacionada ao que Brito (2012, p. 316) chama de empreendedor inovador, que:

> [...] diferente do empreendedor tradicional, que pode ser motivado apenas por criar um bom negócio que atenda a seus clientes e seja lucrativo, o empreendedor inovador está decidido e comprometido a criar e desenvolver algo novo e diferente para o mundo, o que significa investir tempo, energia, saliva e recursos em pesquisa, tentativas, erros, testes, protótipos e pilotos na prática, com uma visão que não se limita ao curto prazo.

Esse empreendedor inovador que a PUCRS quer motivar, desenvolver e capacitar teve como base, conforme mencionado, uma pesquisa interna (TEITELBAUM; PUHL, 2014), que trouxe considerações importantes sobre o perfil do aluno e sua relação com o empreendedorismo:

1. Alunos: graduação e pós-graduação, tendo em vista os pontos positivos para empreender quando encontrada uma oportunidade, colocam-se dispostos a arcar com as dificuldades encontradas pelo caminho. Os principais valores que os estimulam são: independência, satisfação pessoal, liberdade para fazer o que se gosta, retorno financeiro, inovação e contribuição para a sociedade.
2. A disciplina é percebida como uma possível incentivadora de um perfil empreendedor no aluno, podendo despertar um interesse pelo assunto antes não reconhecido.
3. Proporcionar a disciplina também poderia estimular a inovação na carreira e em futuros negócios. Além disso, é importante para o aluno entrar ainda mais preparado e encorajado no mercado de trabalho.
4. É importante trazer esse conhecimento para a primeira metade do curso, dando a possibilidade de se empreender enquanto estiver realizando a graduação.

O desenvolvimento da proposta final do projeto ocorreu em etapas, que foram:

Capítulo 7: Inovação e Empreendedorismo na Formação Acadêmica da PUCRS: Construindo a Educação do Futuro

1. Pesquisa de instituições de referência relacionadas à inovação e ao empreendedorismo em cenário nacional e internacional. Entre elas, destacaram-se principalmente: a Universidade de Stanford (com o centro de inovação denominado D.SCHOOL); Universidade da Califórnia, Berkeley (com o CITRIS Invention Lab) e a Singularity University (com sua proposta de aplicação da tecnologia para endereçar grandes desafios da humanidade).
2. Mapeamento das ações empreendedoras da PUCRS.
3. Identificação da trilha atual de empreendedorismo da universidade.
4. Integração e compartilhamento de experiências com interseção com o projeto, como o Projeto Interação, da área da saúde da PUCRS, do qual o grupo de estudos fez parte.
5. Aplicação prática de um projeto-piloto denominado Workshop Projeto Desafios (disponível em: http://eventos.pucrs.br/projeto-desafios/), com carga horária de 24 horas-aula, realizado no mês de outubro de 2015.
6. Análise de resultados e feedback dos participantes.

Com isso, a disciplina eletiva Projeto Desafios: Inovação e Impacto Social teve sua primeira turma regular em 2016/1, como resultado de um trabalho de entendimento e mapeamento das necessidades e oportunidades frente ao ecossistema oferecido pela universidade. Na trilha empreendedora da universidade, estipulou-se o papel estratégico da disciplina da seguinte forma:

Projeto Desafios: Inovação e Impacto Social	**O que é:** Disciplina eletiva de graduação onde o aluno pode participar a partir do 2º semestre do curso. **Objetivo: DESPERTAR** para o empreendedorismo.
Torneio Empreendedor	**O que é:** Competição de Modelagem de negócios onde alunos de graduação e pós-graduação podem participar em qualquer momento do curso. **Objetivo: CAPACITAR** para o empreendedorismo.
Disciplinas de empreendedorismo (de cada curso/unidade acadêmica)	**O que é:** Disciplinas conforme matriz curricular do curso do aluno. **Objetivo: CAPACITAR** para o empreendedorismo focado em área específica do conhecimento.
Rede INOVAPUC / ETT/ AGT / TECNOPUC	**O que é:** Unidades do Ecossistema de Inovação e Empreendedorismo da PUCRS conforme Figura 7.1. **Objetivo: APOIO/INCENTIVO** para o desenvolvimento dos projetos.

QUADRO 7.1: INICIATIVAS DE EMPREENDEDORISMO PARA GRADUANDOS DA PUCRS: SEM OBRIGATORIEDADE DE PROJETO PRELIMINAR OU IDEIA DE NEGÓCIO. PAPEL ESTRATÉGICO DO PROJETO DESAFIO NO DESPERTAR PARA O EMPREENDEDORISMO.

Os projetos de empreendedorismo dos alunos possuem diferentes estágios, para os projetos semiestruturados e mais avançados, a Universidade oferece a trajetória exemplificada no Quadro 7.2.

Startup Garagem (Raiar) / Garagem Criativa (Tecna)	**O que é:** Unidades do Ecossistema de Inovação e Empreendedorismo da PUCRS conforme Figura 7.1. **Objetivo:** APOIO/INCENTIVO para o desenvolvimento dos projetos.
Oficinas IDEAR	**O que é:** Incubação para projeto de base tecnológica. **Objetivo:** DESENVOLVER/APOIAR para a entrada do produto/serviço no mercado.
Assessoria de plano de negócios IDEAR	**O que é:** Assessoria para formatação de ideia empreendedora. **Objetivo:** CAPACITAR para o empreendedorismo através da formatação da ideia/oportunidade empreendedora.
Incubação na Raiar	**O que é:** Oficinas sobre ferramentas para formatação e desenvolvimento de projeto empreendedor. **Objetivo:** CAPACITAR para o empreendedorismo/ferramentas.
Rede INOVAPUC / ETT/ AGT / TECNOPUC	**O que é:** Programa de Modelagem de negócios para ideias relacionadas à tecnologia ou indústria criativa. **Objetivo:** DESENVOLVER para o empreendedorismo/incubação.

QUADRO 7.2: INICIATIVAS OFERECIDAS PELA UNIVERSIDADE PARA ALUNOS COM PROJETO PRELIMINAR OU IDEIA DE NEGÓCIO.

Entende-se que, para formar profissionais inovadores, é necessário praticar um modelo de aprendizado pela experiência, não restrito à criação de novos negócios, mas ao desenvolvimento de competências para transformar ideais em ação, em qualquer ambiente. Entendemos que o foco especializado de empreendedorismo (aplicado a áreas do conhecimento especificamente de cada unidade acadêmica) é um componente entre vários dos currículos. O Projeto Desafios propõe um despertar para a atitude empreendedora e um impacto social/liderança de caráter interdisciplinar, sensibilizando o aluno para a temática do empreendedorismo, promovendo o desenvolvimento da atitude empreendedora por meio de uma disciplina eletiva interdisciplinar integrante da matriz curricular dos cursos de graduação da universidade.

Do ponto de vista pedagógico, buscou-se a aproximação com recursos diferenciados para tratar das temáticas do processo de criação, baseado nos cinco passos do *design thinking*, entre outras metodologias ativas. O processo de *design thinking* é uma metodologia difundida pela Ideo, consultoria global de design liderada por Tim Brown, que tem o objetivo de desenvolver o pensamento crítico e a capacidade de inovação centrada no ser humano.

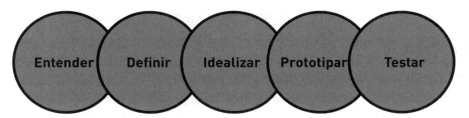

FIGURA 7.2: PROCESSO DE *DESIGN THINKING*[9].

O projeto possui, portanto, pilares principais e importantes no contexto atual do empreendedorismo e da inovação:

- O despertar para a atitude empreendedora, a partir de um diálogo com o empreendedor inovador (BRITO, 2012), por meio de desafios temáticos e proposição de projetos com base em problemas reais através do *design thinking*.
- Incentivo a dinâmicas menos formais em sala de aula, utilizando recursos pedagógicos diferenciados, em consonância com um perfil cognitivo imersivo, multissequencial e não linear, como o caracterizado por Santaella (2004).
- Competências para Otimizar Oportunidades, segundo Gabriel (2013, p. 195): "No cenário atual, digital, hipertecnológico e acelerado, o modelo educacional ideal não deve preparar os estudantes apenas para replicar receitas, mas também para criar fórmulas que solucionem problemas e otimizem oportunidades e, nesse contexto, a criatividade passa a ser uma das habilidades mais valiosas."

Na etapa do *design thinking*, para o desenvolvimento e a prototipagem das ideias, foram introduzidos recursos pedagógicos de inovação, incluindo:

- **Little bits**: módulos eletrônicos com funções específicas que se ligam através de imãs para criar circuitos para prototipar as ideias dos projetos.
- **The Extraordinaires Design Studio**: jogo baseado em *design thinking*, utilizado pelos professores na etapa de ideação e estímulo da criatividade dos alunos. Além disso, se mostrou importante para o trabalho do conceito de empatia com pessoas ou personagens com características diferentes das dos alunos.
- **Blocos de montar**: para desenvolvimento de competências de trabalho em grupo e entendimento do processo de feedback do empreendedorismo.

---

[9] Fonte: Stanford University Institute of Design (2016).

Dinâmicas para discussão de tópicos como motivações intrínsecas e gestão de equipes, a partir da metodologia da Gestão 3.0 desenvolvida pelo autor Appelo (2014), metodologia que reforça que a gestão não é apenas uma responsabilidade dos gerentes, e sim uma responsabilidade que deve ser compartilhada por todas as pessoas da organização.

7.2.4. CriaLab

O CriaLab é o Laboratório de Criatividade do Tecnopuc. Fundado em agosto de 2011, no Parque Científico e Tecnológico da PUCRS (Tecnopuc), o CriaLab foi pensado para ser um espaço de diálogos criativos, e está estruturado em três pilares que compreendem a criatividade no ambiente, nos processos e nas atitudes das pessoas. A multidisciplinaridade do grupo de pesquisadores/fundadores resgatou uma série de conceitos e teses a respeito da criatividade, procurando descrever diversas facetas desse fenômeno complexo e que é elemento fundamental na promoção da inovação e desenvolvimento social, econômico, ambiental e cultural.

Dessa forma, procurou-se unir o conhecimento gerado pela universidade às necessidades e aos conhecimentos do mercado, através de projetos, pesquisas, ações educativas, fomentando a conexão de pessoas, ideias e organizações, em um ambiente dinâmico, orientado à criatividade, ao empreendedorismo e à inovação.

Atualmente, configura-se muito mais como um laboratório de experiências em processo criativo, sendo, portanto, um espaço em permanente transformação, dedicado a interações construtivas e ao permanente diálogo para explorar diferentes formas de olhar o mundo. Assim, busca-se o desenvolvimento da autonomia criativa das pessoas, com apoio na interdisciplinaridade para a aceleração do processo criativo e para a exploração de problemas complexos. No CriaLab, os problemas são entendidos para além das soluções, no desenho da sua complexidade e na forma como envolvem as pessoas.

Em cada projeto, a cocriação está presente, através da aproximação com parceiros desse ecossistema de inovação singular que potencializa repertórios e fortalece a ação criativa. Esse sistema vai sendo construído com a participação de todos a ele conectados. Como um organismo vivo, encontra-se em permanente transformação, pois justamente nas interfaces entre diferentes áreas do conhecimento busca-se a manifestação dos conceitos de criatividade, inovação, empreendedorismo e expressão.

O CriaLab está organizado em quatro eixos e suas interseções, conforme expõe-se a seguir:

1. **HUB**: espaço catalisador de projetos interdisciplinares e ideias complexas, através do qual encontros, interações de pessoas e suas representações institucionais se conectam e se articulam entre si. É alimentado por uma plataforma virtual e pela frequência de uso do espaço físico, especialmente preparado para suportar eventos que estimulem a criatividade, tanto de forma coletiva como de forma individual. Como construção de imagem, todos os participantes das oficinas de ideação e

Capítulo 7: Inovação e Empreendedorismo na Formação Acadêmica da PUCRS: Construindo a Educação do Futuro

prototipação, bem como todos os projetos, passam a constituir uma rede de criativos, assim caracterizados como crialabers.

2. **Educação**: está estruturado em um conjunto de ações que promovam a formação e o treinamento de pessoas, visando provocar uma mudança de *mentalidade e de comportamento e percepção de seu papel no desenvolvimento de projetos inovadores*. Suas ações são relativas à necessidade de novas formas de ensino-aprendizagem que estimulem o aumento de repertório, o desenvolvimento de projetos colaborativos, a ampliação de visões de mundo e o entusiasmo na realização de ações. Como principais ações desse eixo, estão: disciplinas eletivas (criatividade, design e inovação); cursos de extensão universitária, palestras em eventos corporativos e temáticos, aulas e interação com empresas; geração de publicações técnicas, tais como: manuais e ferramentas; e, finalmente, estudos de temas específicos, envolvendo as áreas de antropologia, psicologia, sociologia, engenharia e artes, entre outras.

3. **Projeto**: atende a demandas por vieses mais disruptivos para o desenvolvimento de produtos, serviços e ações do setor público e do privado. Atua em sintonia com o contexto de confidencialidade do demandante, em colaboração com as equipes envolvidas no processo, através do desenvolvimento de protótipos de produtos e serviços e das provas de conceito derivadas desses projetos.

4. **Pesquisa**: com ênfase na criatividade, procura-se estudar fenômenos como: geração de conhecimento, resgate do poder criativo das pessoas; aumento de repertório; liberdade; autonomia; autoconhecimento; desinibição; trabalho em equipe; prazer/ludicidade; concertação/negociação; lidar com risco/incerteza; humildade/ambição; razão/emoção e interdisciplinaridade.

Para que esse escopo seja possível, a metodologia se centra nas pessoas, sendo específica para cada contexto, focando a compreensão do problema e orientando para o futuro. Esse modelo conceitual prioriza três dimensões do processo criativo: observar, fazer e refletir.

Desde 2014, o CriaLab participa dos eventos de formação docente da PUCRS. A cada semestre são ministradas oficinas que possibilitam ao professor universitário experimentar novas metodologias e conceitos ligados à criatividade, inovação e educação, utilizando-se de técnicas de design instrucional e *design thinking* para o planejamento de aulas. Além disso, muitas parcerias junto a empresas vêm sendo promovidas, destacando-se a mais significativa junto à Hewlett-Packard Brasil (HP Brasil), que teve como objetivo apoiar a reestruturação conceitual de novas práticas e metodologias baseadas em *design thinking*, servindo como base para as ações e iniciativas que culminaram na ampliação de sua área física e sua equipe executiva.

Percebeu-se, a partir desse trabalho, que o ambiente assume uma importância significativa ao estímulo à criatividade relevante e que agrega valor à sociedade. Para tanto, elementos que promovam maior interação das pessoas, comunicação, exposição e registro de ideias, desenvolvimento de protótipos e validação de conceitos se tornam fundamentais aos processos de trabalho já identificados, assim como aos futuros processos e experimentos a serem estabelecidos no escopo desse laboratório dinâmico e em permanente evolução, agregando-se a promoção da inovação, do desenvolvimento e do empreendedorismo junto ao ecossistema do Tecnopuc e da universidade.

7.3. CONSIDERAÇÕES FINAIS

O presente capítulo procurou descrever a trajetória recente da PUCRS em direção a ser uma universidade inovadora e empreendedora e, especialmente, mostrando os mecanismos que inseriram esses valores na formação acadêmica dos seus estudantes.

A partir da implantação do seu ecossistema de inovação, iniciado em 1999, a universidade focou sua atuação na pesquisa como suporte ao ensino, tendo a inovação e o empreendedorismo como objetivos. Em 2015, a definição do posicionamento estratégico "Inovação e Desenvolvimento" consolidou a estratégia emergente desenvolvida nos últimos anos. De maneira evolutiva, a PUCRS foi acrescentando elementos que hoje constituem um caminho de empreendedorismo pelo qual os estudantes podem passar, usufruindo de uma formação complementar à existente no currículo de cada curso e única para quem dela participa.

O Projeto Desafios, inserido no processo formativo, prepara o estudante para trabalhar em equipes multidisciplinares com foco na solução de problemas reais, em que surgem ideias e estas podem ser desenvolvidas por eles no Torneio Empreendedor, realizado em conjunto com parceiros externos. A partir da evolução das ideias, as mesmas podem ser trabalhadas na modelagem de negócios da pré-incubação e incubação na incubadora de empresas da universidade. Tudo isso com suporte técnico e estrutural de laboratórios como o Crialab, entre outros.

Disponibilizando essas oportunidades, a universidade acredita oferecer condições para que os estudantes desenvolvam seus potenciais criativos e profissionais. Isso permitirá que eles construam, a partir de bases comuns, diferenciais formativos próprios a cada trajetória individual, fundamental para uma inserção competitiva no mercado de trabalho do futuro.

O caminho em direção à construção de uma universidade empreendedora é longo. A estratégia da PUCRS foi sendo construída ao longo do tempo e iniciou com a prática no campo da inovação e do empreendedorismo, e agora caminha para inserir essa competência na formação dos seus estudantes. A transferência desse conhecimento para o ensino não é uma tarefa fácil. Exige quebra de paradigmas e uma articulação que, ao mesmo tempo que proponha o novo, valorize a tradição. E isso somente é possível com pessoas engajadas e que efetivamente acreditem na educação empreendedora como via de desenvolvimento.

Outro grande desafio, e talvez o maior deles, é a preparação dos professores. Como formar pessoas em um paradigma diferente daquele no qual fomos formados? Estamos construindo alternativas formativas para os estudantes: projetos, disciplinas, atividades extraclasse, entre outros. Mas e os professores, que são os que têm a responsabilidade de conduzir as ações? Temos que ter capacitações específicas, pois somente assim será possível trabalhar com esses conceitos de uma forma abrangente e em escala que realmente modifique a maneira como formamos os profissionais.

Enfim, em uma universidade, somos pessoas trabalhando com e para pessoas. Assim, o fator humano é, decididamente, o mais importante. A inovação, antes da tecnologia, passa pela mudança de paradigmas e de mindset das pessoas, o que demanda uma estratégia clara e um trabalho contínuo. Mas acreditamos que esse esforço é necessário para atingir a missão da universidade de produzir conhecimento e formar pessoas, visando o desenvolvimento de uma sociedade justa e fraterna.

7.4. REFERÊNCIAS BIBLIOGRÁFICAS

ALVAREZ, Luciana. O jeito nova geração. *Revista Educação*, São Paulo: Segmento, 2013.

AMADEI, J. R. P.; TORKOMIAN, A. L. V. "As patentes nas universidades: análises dos depósitos das universidades paulistas". *Ciência da Informação*, Brasília, DF: IBICT, v. 38, n. 2, p. 9-18, 2009.

APPELO, Jurgen. *Workout*: games, tools e practices to engage people, improve work, and delight clients. Rotterdam: Happy Melly, 2014.

ARANHA, José Alberto S. *Interfaces:* a chave para compreender as pessoas e suas relações em ambiente de inovação. Rio de Janeiro: Saraiva, 2009.

AUDY, J. L. N.; FERREIRA, G. C. Universidade empreendedora: a visão da PUCRS. In: AUDY, J. L. N.; MOROSINI, M. C. (Org.). *Inovação e Empreendedorismo na Universidade*. Porto Alegre: EDIPUCRS, 2006. p.417-421.

BALDINI, N.; GRIMALDI, R.; SOBRERO, M. To patente or not patent? A survey of Italian inventors on motivations, incentives and obstacles to university patenting. *Scientometrics*, Berlim: Springer, v. 70, n. 2, p. 333-354, 2007.

BRITO, Rodrigo. O nascimento da sua ideia: da ideia ao plano. In: GRANDO, Ney (Coord.). *Empreendedorismo Inovador:* como criar startups de tecnologia no Brasil. São Paulo: Évora, 2012. p. 311-325.

CALDERA, A.; DEBANDE, O. Performance of Spanish universities in technology transfer: an empirical analysis. *Research Policy*, Amsterdam: Elsevier, v. 39, p. 1160-1173, 2010.

CARTA DA TRANSDISCIPLINARIDADE. In: *Educação e transdisciplinaridade*. Brasília, DF: Unesco/USP, 2000. p. 167-171.

CARVALHO, L.C. *Empreendedorismo*: uma visão global integradora. Lisboa: Edições Sílabo, 2015.

DELORS, J. *Educação*: um tesouro a descobrir. São Paulo: Cortez, 1998.

DOLABELA, Fernando. *Oficina do Empreendedor*. 6. ed. São Paulo: Cultura, 1999.

ENDEAVOR Brasil. *Empreendedorismo nas Universidades*, 2015. Disponível em: https://endeavor.org.br/empreendedorismo-nas-universidades-2014/. Acesso em: 29/06/2016.

ETZKOWITZ, H. The evolution of the entrepreneurial university. *International Journal Technology and Globalization*, Olden: Interscience, v. 1, p. 64-77, 2004.

ETZKOWITZ, H.; LEYDESDORFF, L. The dynamics of innovation: from National Systems and "Mode 2" to a Triple Helix of university — industry — government relations. *Research Policy*, Amsterdam: Elsevier, n. 29, p. 109-123, 2000.

FERREIRA, Gabriela Cardoso. Universidade e empreendedorismo: o conhecimento e a prática formando talentos empreendedores. *Jornal do Comércio*, Porto Alegre, 2016, p.27.

FILION, L. J.; DOLABELA, F. *Boa idéia! E agora?*. São Paulo: Cultura Editores Associados, 2000.

FILION, L. J. Empreendedorismo: empreendedores e proprietários-gerentes de pequenos negócios. *Revista de Administração*, São Paulo: USP, v. 34, n. 2, p.5-28, abr./jun. 1999.

FREIRE, Paulo. *Educação e mudança*. São Paulo: Editora Paz e Terra, 2014.

GABRIEL, M. *Educ@r*: a (r)evolução digital na educação. São Paulo: Saraiva, 2013.

GADOTTI, M. Perspectivas atuais da educação. *São Paulo em Perspectiva*, São Paulo: Seade, v. 14, n. 2, p.3-11, 2000.

GARNICA, L. A.; TORKOMIAN, A. L. V. Gestão de Tecnologia em Universidades: uma análise do patenteamento e dos fatores de dificuldades e de apoio à transferência de tecnologia no Estado de São Paulo. *Gestão & Produção*, São Carlos, SP: UFSCAR, v. 16, n. 4, p. 625-638, 2009.

GLOBAL ENTREPRENEURSHIP MONITOR (GEM). *Empreendedorismo no Brasil*: relatório executivo. Curitiba: Sebrae, 2014. Disponível em: http://www.sebrae.com.br/Sebrae/Portal%20Sebrae/Estudos%20e%20Pesquisas/gem%202014_relat%C3%B3rio%20executivo.pdf. Acesso em: 29/06/2016.

HOUGAZ, Laura. The entrepreneurial origins of family business. In: HOUGAZ, Laura. *Entrepreneurs in family business dynasties*. Berlim: Springer International Publishing, 2015. p.39-58.

LEVY, R.; ROUX, P.; WOLFF, S. An analysis of science-industry collaborative patterns in large European University. *Journal of Technology Transfer*, Berlim: Springer, v. 25, p. 111-133, 2009.

MORIN, Edgar. *Os sete saberes necessários à educação do futuro*. 2. ed. São Paulo: Cortez, 2000.

OSTERWALDER, A.; PIGNEUR, Yves. *Business model generation*: a handbook for visionaries, game changers, and challengers. New York: Wiley, 2010.

PRENSKY, Marc. *Digital natives, digital immigrants*. Bradford: MCB University Press, 2001.

RASMUSSEN, E.; MOEN, O.; GULBRANDSEN, M. Iniciatives to promote commercialization of University Knowledge. *Technovation*, Amsterdam: Elsevier, v. 26, p. 518-533, 2006.

SANTAELLA, Lucia. *Navegar no ciberespaço*: o perfil cognitivo do leitor imersivo. São Paulo: Paulus, 2004.

STANFORD UNIVERSITY INSTITUTE OF DESIGN. *A 90-minute video-led cruise through our methodology*. 2016. Disponível em: http://dschool.stanford.edu/dgift/. Acesso em: 29/06/2016.

TEITELBAUM, Ilton; PUHL, Paula Regina (Org.). *Perfil empreendedor do aluno da PUCRS*. Realização Núcleo de Tendências e Pesquisa do Espaço Experiência da FAMECOS/PUCRS. Porto Alegre: PUCRS, 2014.

TERRA, B. *A transferência de tecnologia em universidades empreendedoras*: um caminho para a inovação tecnológica. Rio de Janeiro: Qualitymark, 2001.

CAPÍTULO 8

CONSTRUÇÃO DE UM ESPAÇO ACADÊMICO PARA EDUCAÇÃO EMPREENDEDORA EM UMA INSTITUIÇÃO DE ENSINO SUPERIOR PÚBLICA: O CASO DA UFF

Sandra Regina Holanda Mariano
Esther Hermes Luck
Fabiane Costa e Silva[1]

O papel da universidade na formação do jovem contemporâneo vem ganhando espaço na discussão sobre educação empreendedora. Esta tem sido uma preocupação de governos e líderes ao redor do mundo. Em 2005, por exemplo, o governo federal da Alemanha e a Organisation of Economic Development and Cooperation (OECD) estabeleceram uma parceria visando fomentar a educação empreendedora em instituições universitárias do leste alemão (OCDE, 2009). O documento "A Guiding Framework for Entrepreneurial Universities" aprofunda a discussão no sentido de tornar as universidades europeias *locus* de promoção do empreendedorismo (OCDE, 2012). Também no Reino Unido, nos Estados Unidos, na China e no leste asiático, as iniciativas visando a promoção da educação empreendedora avançam de maneira significativa (WORLD BANK, 2014).

O Brasil vem, lentamente, incorporando a educação empreendedora no ensino superior. Um marco da implantação estruturada de ensino de empreendedorismo no Brasil ocorreu nos cursos superiores de ciência da computação, sistemas de informação e informática. Em 1993, o Conselho Nacional do Desenvolvimento Tecnológico e Científico (CNPq) criou o Programa SoftEx 2000, com o objetivo de aumentar a exportação de software brasileiro. Entre as estratégias adotadas, buscou-se implementar a disciplina empreendimentos em informática em cursos de graduação em ciência da computação, informática e sistemas de informação em instituições de ensino superior brasileiras. Segundo Dolabela (1998), em 1997, a disciplina havia sido implementada em 46 universidades brasileiras. O autor

---

[1] Docentes do Programa de Pós-Graduação em Gestão e Empreendedorismo da Universidade Federal Fluminense (PPGE/UFF).

Parte II: Estratégias de Implementação da Educação Empreendedora nas Universidades

destaca que a metodologia adotada na disciplina viabilizou um sistema de estímulo à criação de empresas de base tecnológica.

Com o passar do tempo, a oferta de disciplinas que tratam o tema do empreendedorismo disseminou-se, também, em cursos de administração e engenharia, entre outros.

Na Universidade Federal Fluminense (UFF), a oferta sistemática de conteúdos na área de empreendedorismo iniciou-se com a oferta da disciplina de tópicos especiais, no curso de graduação em administração, em que o tema do empreendedorismo e inovação foi introduzido em 2004. Desde então, a semente plantada por iniciativa de docentes da faculdade de administração foi sendo cultivada ao longo dos anos, resultando na construção de um espaço acadêmico próprio no âmbito de uma instituição de ensino superior pública. Este espaço consolidou-se com um departamento de ensino criado, especificamente, para tratar do tema do empreendedorismo, a saber: o Departamento de Empreendedorismo e Gestão.

Este capítulo se propõe a descrever e discutir as etapas da construção do referido espaço acadêmico em uma instituição de ensino superior pública, e está estruturado em cinco seções. Na primeira, são apresentados os primeiros passos da implantação de educação empreendedora na UFF. Na segunda seção, são detalhadas as etapas da implementação do curso superior de complementação de estudos em empreendedorismo e inovação, posteriormente denominado de minor, até chegar à sua maturidade. Na terceira seção, são descritas a criação e a implantação do MBA em gestão empreendedora, seguido pela quarta seção, que se dedica ao detalhamento da criação e implementação da graduação tecnológica em processos gerenciais com ênfase em empreendedorismo. Reservamos a última seção para abordar a culminância deste esforço de construção de um espaço acadêmico para a educação empreendedora na UFF, que é a criação do Departamento de Empreendedorismo e Gestão, um departamento de ensino que congrega professores dedicados ao ensino, à pesquisa e à extensão com foco no empreendedorismo e na disseminação da cultura empreendedora, tanto no ambiente interno, quanto no externo à universidade.

8.1. PRIMEIROS PASSOS DA IMPLANTAÇÃO DA EDUCAÇÃO EMPREENDEDORA NA UNIVERSIDADE FEDERAL FLUMINENSE

Em 2004, a então Pró-reitoria de Assuntos Acadêmicos (PROAC) da UFF acolheu a proposta pedagógica apresentada por um docente do Departamento de Administração na área de empreendedorismo. A ideia era oferecer uma formação em empreendedorismo e inovação para os estudantes matriculados nos cursos de graduação da universidade interessados na construção de um caminho empreendedor, na forma de uma trajetória de carreira alternativa ao emprego privado ou público. Para isso foi criado um grupo de trabalho, formado por docentes de diversas áreas, interessados na temática do empreendedorismo (UFF, 2004). Até então, na UFF havia poucas iniciativas na área de empreendedorismo, dispersas entre diversos cursos. O grupo de trabalho (GT) partiu do pressuposto de que o jovem que ingressa na universidade possui uma grande expectativa em realizar projetos criativos e inovadores na carreira para a qual está se qualificando. Ele tem consciência de que ingressar no mercado de trabalho em uma sociedade em permanente transformação constitui um desafio para o qual é necessário preparo intelectual intenso, obtido por meio dos fundamentos e constructos de sua área profissional, assim como sua aplicação na prática, obtida por meio de experiências em situações reais, ou seja, pela experimentação na prática dos fundamentos sob os quais se fundam a sua área profissional. Portanto, aliado às qualidades de um profissional capaz de fazer, ele deverá ser capaz de pensar, criar e desenvolver projetos e processos inovadores em sua profissão.

Ao se orientar pela ideia de como essas qualidades poderiam ser potencializadas na universidade, o GT começou a refletir sobre um programa que oferecesse, ao aluno interessado, oportunidades para o desenvolvimento de aspectos cognitivos, emocionais e comportamentais que expandissem e solidificassem uma postura ativa diante da vida e da carreira profissional. A proposta básica era integrar as competências e visões complementares sobre empreendedorismo e inovação presentes em diferentes áreas na UFF, para resultar em um programa que pudesse contribuir para a formação de indivíduos empreendedores e inovadores, comprometidos com o desenvolvimento local sustentável dentro dos princípios da responsabilidade social e da ética.

O GT propôs um programa de formação empreendedora que, para além de oferecer ao aluno da UFF um diferencial na sua formação e uma inserção mais qualificada no mercado de trabalho, pudesse capacitá-lo a construir e/ou gerir empreendimentos em sua área de formação profissional e de se tornar um candidato natural às incubadoras de empresas e polos/parques tecnológicos, retroalimentando o sistema de inovação da UFF.

O grupo chegou à conclusão de que o formato mais efetivo para inserir tal proposta seria a de um curso de complementação de estudos, previsto na Lei de Diretrizes e Bases da Educação Nacional (LDB) como um curso sequencial, que possibilitaria ao graduando cursar uma formação adicional àquela adquirida no curso de graduação ao qual ingressou, concomitantemente. Este formato possibilitaria pensar um projeto pedagógico com uma intencionalidade formativa, composto por um conjunto de disciplinas articuladas entre si, e não de disciplinas isoladas à escolha do discente, o que já tem sido oferecido pela universidade na modalidade de disciplinas eletivas. Para tanto, um curso com metodologias da educação a distância se mostrou mais adequado, já que o aluno, ocupado com trabalhos e estudos na graduação presencial, pode organizar melhor seu estudo de acordo com sua disponibilidade de tempo e de horários.

Parte II: Estratégias de Implementação da Educação Empreendedora nas Universidades

A proposta curricular foi, então, definida com a composição de sete disciplinas, perfazendo um total de 270 horas: as disciplinas podiam ser cursadas na medida da disponibilidade de tempo dos alunos, à exceção da primeira — criatividade e atitude empreendedora —, pré-requisito para as demais disciplinas, e a última — plano do empreendimento —, cursada após o estudante ter feito todas as disciplinas anteriores.

As disciplinas formam um conjunto orgânico, que aliam os conteúdos teóricos fundamentais da temática do empreendedorismo à prática ensejada pela própria dinâmica das oportunidades locais identificadas e trabalhadas pelas disciplinas em cada oferta. A proposta pedagógica foi submetida ao Conselho de Ensino e Pesquisa (CEP) e ao Conselho Universitário da UFF (CUV) e aprovada, respectivamente, integrando o currículo pela Resolução CEP nº 299/2005 (UFF, 2005) e o curso pela Resolução CUV nº 320/2006 (UFF, 2006). O curso sequencial de complementação de estudos em empreendedorismo e inovação foi criado com as disciplinas apresentadas na Figura 8.1.

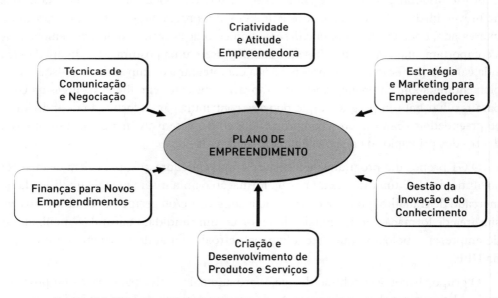

Figura 8.1: Disciplinas do curso sequencial de complementação de estudos em empreendedorismo e inovação/2006.[2]

Era grande a motivação dos professores para implantar o curso sequencial. Tratando-se de um projeto de formação que utilizava recursos metodológicos da educação a distância, sua viabilidade dependia da existência de infraestrutura física e tecnológica, assim como de recursos humanos e financeiros para a elaboração de material didático, apoio de tutoria presencial e a distância. Na época de sua criação, ainda era pequeno o

---

[2] Fonte: elaborado pelas autoras com base na Resolução CEP nº 299/2005 (UFF, 2005), que aprovou o currículo do curso.

número de professores engajados na proposta de formação empreendedora, o que limitava a esfera de atuação dos pioneiros. Surgiu, então, a oportunidade para implementação do curso com o Edital nº 1 da, então, Secretaria de Educação a Distância do Ministério da Educação (SEAD/MEC), em dezembro de 2006, o qual abriu as portas para a oferta da 1ª turma do curso por meio da Universidade Aberta do Brasil (UAB). Com o intuito de democratizar o acesso à educação superior no país e de disseminar as metodologias de ensino por meios interativos, o edital da SEAD/MEC convidava as universidades púbicas brasileiras a oferecer cursos a distância.

Com esse edital, foi possível concretizar o oferecimento desse curso não só para alunos da UFF, como inicialmente imaginado, mas também para outros graduandos e graduados da região, ampliando a oferta por meio dos polos de EAD existentes no estado do Rio de Janeiro e com os quais a UFF já trabalhava desde 2000. Nesses polos, já eram oferecidos cursos de graduação e pós-graduação por força de convênio com a fundação Centro de Educação a Distância do Estado do Rio de Janeiro (Cecierj). A oportunidade aberta pelo edital da UAB permitiu a ampliação da força de trabalho, por meio da seleção de tutores qualificados e com conhecimento da sociedade e da economia da região de onde são originários, para a função de orientar o aprendizado dos alunos.

Sendo assim, após aprovação do curso sequencial de complementação de estudos em empreendedorismo e inovação pelo MEC/UAB, iniciou-se a implantação do primeiro projeto de educação empreendedora na UFF.

A implantação do curso foi viabilizada pela existência de um projeto pedagógico amplamente debatido e consistente que encontrou, na Universidade Aberta do Brasil, a oportunidade para a sua materialização.

8.2. ESTÁGIOS E MATURIDADE DO CURSO SEQUENCIAL DE COMPLEMENTAÇÃO DE ESTUDOS EM EMPREENDEDORISMO E INOVAÇÃO

Ao longo de mais de dez anos de sua ideação, o curso sequencial de complementação de estudos em empreendedorismo e inovação passou por três etapas importantes, que estão relacionadas com a evolução e a adesão crescente de professores ao programa voltado para a gestão e a educação empreendedoras na UFF e a própria consolidação do espaço acadêmico para a área de empreendedorismo na universidade.

8.2.1. Fase um do curso sequencial em empreendedorismo e inovação: 2007 a 2011

8.2.1.1. A capacitação de professores e a elaboração do material didático

Para viabilizar o projeto pedagógico do curso, o primeiro ano desta fase foi dedicado à capacitação de professores para a elaboração do material didático para EAD. As primeiras ações visaram à capacitação dos professores para construção de material didático impresso, que subsidia cada uma das disciplinas do curso. Construir material didático para a EAD não é trivial e exige equipe multidisciplinar para a sua elaboração. Em 2007, não havia na UFF, ainda, uma equipe de profissionais especializados capaz de dar conta da produção das mídias instrucionais para EAD. Os professores responsáveis por desenvolver os conteúdos das disciplinas foram capacitados em design instrucional pela fundação Cecierj, vinculada ao Consórcio do Centro de Educação a Distância do Estado do Rio de Janeiro (Cederj), que possui uma reconhecida competência na utilização de abordagem substantiva para elaboração de conteúdos para EAD.

Após a etapa de capacitação dos docentes, foi iniciada a elaboração do material didático impresso, considerado como componente base na condução do curso, e previsto no edital da UAB. Os professores conteudistas puderam contar com a competência técnica da fundação Cecierj no acompanhamento e na execução deste trabalho, buscando desenvolver o material didático, tendo como premissa a associação entre a teoria e a prática, utilizando como elemento integrador exemplos oriundos da realidade brasileira.

Após exaustiva discussão com todo o grupo de professores conteudistas, cada professor passou a elaborar o conteúdo de sua disciplina. À medida que cada um avançava, novas discussões foram realizadas, em grupo, para garantir que os conteúdos seriam contemplados, em cada disciplina, na profundidade necessária, e que houvesse a maior sintonia e comunicação possível entre as disciplinas. Após a conclusão desta etapa que antecede a oferta das disciplinas, foi iniciada a seleção dos alunos e dos tutores para ingresso na primeira turma. Este processo foi realizado, ainda em 2007, em tempo de organizar o calendário e dar início ao curso em 2008.

8.2.1.2. O ambiente virtual de aprendizagem e a avaliação

Com vistas a atender às necessidades dos projetos pedagógicos dos cursos que demandam a utilização dos meios interativos na educação, a UFF disponibilizou uma plataforma de ensino moodle, cuja gestão se encontrava na Coordenadoria de Educação a Distância da Pró-Reitoria de Graduação (CEAD/Prograd). Sendo assim, o ambiente virtual de aprendizagem (AVA) pôde ser desenvolvido pela CEAD em consonância com os processos de ensino e aprendizagem definidos pelo projeto pedagógico do curso. Desta forma, o aluno acompanha o curso pelo

AVA, onde encontra o material didático em mídia digital e as atividades complementares para o seu aprendizado, como filmes e palestras sobre temas interessantes, além de trocar ideias e experiências em fóruns e chats. No mesmo ambiente, também, são disponibilizados o programa e a agenda das disciplinas do semestre com os encontros presenciais agendados.

Os encontros presenciais consistem em uma dinâmica própria de ensino desenvolvida com elementos da economia regional, que reforçam o aprendizado sobre a temática abordada no material didático das disciplinas. Parte da avaliação é realizada no AVA e equivale a 40% da nota, e a parte presencial, equivalente a 60% da nota, é realizada nos polos de EAD, em que os alunos podem contar com laboratórios de informática, biblioteca e ambientes para pesquisa e estudo.

8.2.1.3. A capacitação de tutores e de diretores de polo

Em um sistema de educação a distância ou semipresencial, além do apoio oferecido pelo professor coordenador da disciplina, o aluno deve contar com um sistema de tutoria presencial e a distância. Esta configuração tem como objetivo a mediação pedagógica dos materiais instrucionais, a orientação e o incentivo ao desenvolvimento do mais alto grau de autonomia dos estudantes. Por esse motivo, e considerando a dinâmica própria do curso anteriormente apresentada, os tutores selecionados participaram de um programa de capacitação que, entre 2008 e 2011, somou 12 reuniões de trabalho. Realizadas no início de cada semestre, essas reuniões, conduzidas pelos professores, tinham o objetivo de avaliar as dinâmicas desenvolvidas pelas disciplinas em cada polo e trabalhar os conteúdos das disciplinas do semestre seguinte.

É preciso salientar uma questão importante que o curso teve que administrar em relação à utilização dos polos regionais de EAD. Por se tratar de um curso distinto dos cursos de licenciaturas ali ministrados, as atribuições e as dinâmicas na atuação dos tutores do curso sequencial de complementação de estudos em empreendedorismo e inovação eram diferenciadas das dos tutores dos outros cursos. Essas especificidades refletiam no compartilhamento do espaço físico e até na própria conduta mais autônoma do tutor do curso em relação aos outros tutores do polo. Por esta razão, os diretores dos polos regionais eram sempre convidados para o programa de capacitação dos tutores, e sua participação foi fundamental para a compreensão desta dinâmica diferenciada. Ao serem incorporados às capacitações, os tutores atuavam com o apoio dos diretores dos polos, fator decisivo para que o curso fosse bem-sucedido, e alguns deles até se animaram a fazer o curso.

Foi introduzida uma inovação na atuação dos tutores: eles passaram a ter flexibilidade na criação de atividades de aprendizagem adicionais para os alunos do seu polo, depois de passar pelo aceite do professor coordenador da disciplina. O objetivo era permitir uma maior interação entre tutores e alunos, assim como estimular a identificação de oportunidades e situações-problema locais relacionadas aos setores comercial, industrial, educacional e cultural a ser objeto de estudo e prática dos alunos. Desta maneira, poder-se-ia oferecer uma aprendizagem relacionada com a realidade de sua região, e, portanto, diferenciada em cada polo. No encontro presencial, havia a socialização das experiências dessas dinâmicas diferenciadas. A premissa era que, deste modo, o tutor se comprometeria mais com a aprendizagem dos alunos, assumindo maior responsabilidade perante a coordenação do curso, ao mesmo tempo em que estimularia uma competição saudável entre os polos. A aposta foi em um novo papel para o tutor, que tinha sua atuação monitorada.

O papel dos tutores é de suma importância no processo de formação a distância, pois eles são os grandes responsáveis pela permanência dos alunos no sistema. Quando atuam efetivamente como facilitadores da aprendizagem, ajudando-os a superar obstáculos e a vencer as resistências durante todo o processo de ensino-aprendizagem, as chances de continuidade e sucesso dos estudantes são maiores.

8.2.1.4. Oferta de turmas

Na primeira fase do curso, foram realizadas três chamadas atendidas por meio dos editais da SEAD/MEC. No primeiro edital, foram duas chamadas de estudantes que ingressaram no primeiro e no segundo semestre de 2008, em um total de 500 alunos. Considerando a demanda crescente e as condições organizacionais do curso adquiridas no primeiro ano de oferta, o segundo edital da SEAD/MEC possibilitou incorporar um número maior de candidatos em alguns polos, assim como ampliar a oferta para implantar outros, incluindo um no estado de São Paulo, em um total de 608 alunos. Os municípios atendidos com a oferta do curso foram: Angra dos Reis, Itaperuna, Niterói, Paracambi, Piraí, Rio Bonito, Resende, Rio das Ostras e Volta Redonda, no estado do Rio de Janeiro, e Itapetininga, no estado de São Paulo.

A última oferta de turmas abertas no âmbito da UAB se deu em 2009, e, a partir de 2010, com os cortes no orçamento dos ministérios pelo governo federal, a SEAD/MEC estabeleceu como diretriz que os recursos financeiros se concentrariam no apoio aos cursos de licenciatura. Com essa decisão, o curso sequencial em empreendedorismo e inovação obteve o apoio do MEC para finalizar e certificar os alunos que haviam ingressado até então, o que ocorreu até 2011.

Como resultado final desta primeira fase, houve 1.108 ingressantes e 415 concluintes, que receberam seus certificados de acordo com o semestre de ingresso e o polo de vinculação. O porcentual de alunos concluintes foi de 37,4% em relação aos que realizaram parte das disciplinas, que foi de 62,6%. Em pesquisa recente realizada junto aos alunos desistentes, verificou-se que um porcentual maior indicou como fator de desistência a dificuldade de conciliar o tempo necessário de dedicação ao curso com o de graduação e de estágio profissional. Este porcentual para a modalidade de complementação de estudos na graduação não é espantoso, pois os alunos que desistem de concluí-lo podem, a critério do curso de origem de cada estudante, obter o aproveitamento das disciplinas cursadas com êxito, incorporando-as ao seu histórico escolar como optativas ou eletivas, ou, ainda, como atividades complementares de estudo.

Ao término de cada turma, a coordenação promoveu concursos dos melhores e mais inovadores planos de empreendimento. Foram realizados três concursos, nos quais foram premiados os cinco melhores planos de cada ano, concorrendo alunos de todos os polos. Participaram como componentes das bancas examinadoras professores da universidade, diretores de polos e pessoas do mercado com especialidade em planos de negócio. Os concursos foram realizados no final dos anos letivos de 2009, 2010 e 2011.

8.2.2. FASE DOIS DO CURSO MINOR DE EMPREENDEDORISMO E INOVAÇÃO: 2012 A 2013

Em 2012, após quatro anos de experiência, o curso passou por uma mudança curricular. As disciplinas de gestão de pessoas e gestão empreendedora por processos substituíram as disciplinas de gestão da inovação e do conhecimento e criação e desenvolvimento de produtos e serviços, cujos conteúdos foram melhor distribuídos entre as demais, permanecendo sete disciplinas com carga horária total de 270 horas. A reformulação curricular do curso foi aprovada por meio da resolução CEP nº 32/2013 (UFF, 2013a). O conjunto de disciplinas que passou a ser oferecido é apresentado na Figura 8.2.

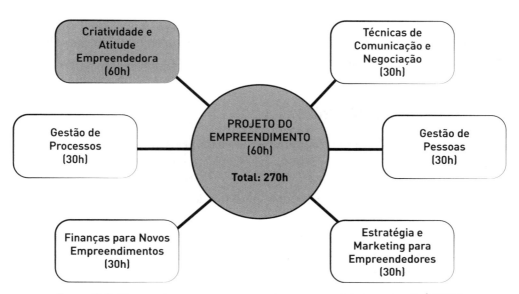

FIGURA 8.2: DISCIPLINAS DO CURSO MINOR EM EMPREENDEDORISMO E INOVAÇÃO/2012.[3]

---
[3] Fonte: elaborado pelas autoras com base na Resolução CEP nº 37/2013 (UFF, 2013a), que aprovou o currículo do curso.

Finda a fase do Curso apoiada pela UAB e com a reformulação curricular aprovada, a coordenação procurou a fundação Cecierj e apresentamos uma proposta de oferta de turmas do curso em oito polos regionais de EAD do estado do Rio de Janeiro, em que havíamos registrado maior procura na fase um do curso. Após o aceite da proposta, iniciamos a elaboração do material didático para as novas disciplinas de gestão de pessoas e gestão empreendedora por processos e a revisão do conteúdo da disciplina finanças para novos empreendedores.

No segundo semestre de 2012, foram selecionados os tutores e os alunos para essa oferta com apoio da fundação Cecierj. Esta foi a única turma nestes termos, pois, devido à restrição orçamentária a partir de 2013, a oferta foi descontinuada. Os municípios atendidos nesta segunda fase foram: Itaperuna, Macaé, Niterói, Paracambi, Rio Bonito, Resende e Volta Redonda.

O ano de 2012 foi marcante do ponto de vista do desenvolvimento dos programas de gestão e empreendedorismo. Desde 2006, a adesão de professores comprometidos foi se expandindo, assim como a percepção de que já era hora de se construir um espaço acadêmico próprio. A ampliação do número de professores e de projetos voltados para a educação empreendedora e a criação do curso de graduação tecnológica em processos gerenciais alavancou o projeto de criação do Departamento de Empreendedorismo e Gestão (STE), em dezembro de 2013, pelo conselho universitário da UFF. Essa trajetória será melhor detalhada mais à frente.

Em 2014, iniciou-se a nova fase do curso, que passou a contar com recursos humanos e tecnológicos próprios do novo departamento de ensino, e a ser oferecido para alunos da universidade, assemelhando-se ao projeto inicialmente pensado pelo grupo de trabalho que o propôs.

8.2.3. Fase três: 2014 a 2016

A avaliação sistemática das disciplinas e do curso pelos alunos permitiu o acompanhamento da qualidade das atividades desenvolvidas, como também renovar as práticas pedagógicas e a estrutura do curso. No final de 2014, foi realizada uma avaliação geral do curso, que mostrou ser a duração, dois anos, um dos motivos que levavam os alunos à interrupção. A pesquisa apontou, também, a necessidade de utilizar materiais pedagógicos mais dinâmicos (como vídeos), promover a maior integração entre as atividades presenciais e as realizadas no AVA, assim como incorporar sugestões quanto ao papel dos professores no AVA e nos encontros presenciais do curso.

Com base nos dados da pesquisa, ficou evidente que os anseios dos alunos convergiam para a articulação, ainda maior, da teoria com a prática, e para uma educação mais dinâmica e conectada com a realidade do mundo dos negócios. Por este motivo, estabeleceu-se que a sistemática e as atividades das disciplinas deveriam convergir para a elaboração dos planos de empreendimentos a ser apresentados pelos alunos em evento realizado ao final do curso.

Iniciou-se a revisão da proposta pedagógica com a condensação do curso. Considerando que dois anos representam metade do tempo da maioria dos cursos de graduação, a coordenação decidiu organizar o curso em um ano, mantendo a carga horária total e com as disciplinas ofertadas bimestralmente. Logo, o curso passou a se organizar em quatro bimestres.

Para marcar as importantes mudanças pretendidas, o curso passou a ser denominado minor em empreendedorismo e inovação. A designação minor, denominação comum em instituições internacionais, contrasta com major, que é a formação principal do estudante. Desta forma, o minor se posicionou como uma formação complementar à formação principal do estudante de cursos de graduação da UFF.

Nesta etapa, o curso passou a ofertar 160 vagas anuais para estudantes de graduação da UFF. Em decorrência, a dinâmica de todas as disciplinas da grade obrigatória do curso foi repensada. Com a proposta de disciplinas bimestrais, cada disciplina é desenvolvida em quatro módulos. Os primeiros três módulos contemplam as atividades em grupo, orientados por leituras e pelo professor-tutor no ambiente virtual de aprendizagem (AVA) e nos encontros presenciais. A avaliação desses três módulos se divide em duas partes: avaliação individual e avaliação do grupo, de forma a não prejudicar os estudantes que, de fato, participam ativamente das atividades do grupo. Isso porque parte da nota do aluno é atribuída por sua participação na elaboração da atividade e, parte, pelo trabalho entregue pelo grupo.

O quarto e último módulo é destinado à revisão e à avaliação dos principais conceitos trabalhados nas disciplinas, em substituição às provas realizadas nos encontros presenciais. Assim, um quiz individual realizado no próprio AVA passaria a substituir as provas. Isso permitiu que os encontros presenciais fomentassem momentos de interação entre os alunos, favorecendo o desenvolvimento de atividades em grupo para o melhor alinhamento das atividades que viriam a ser desenvolvidas no AVA.

Quanto ao AVA, uma das iniciativas da equipe do minor foi a de repensá-lo, já que ele se constitui como a principal ferramenta de interação entre professores e alunos. Para tanto, a equipe entrou em contato com a CEAD/UFF para averiguar a possibilidade de atuar com uma versão mais atualizada do moodle. Tendo a resposta positiva da CEAD, estudou-se a viabilidade de conferir um caráter mais amigável à plataforma. Assim, além de desenvolver a identidade visual do minor, também se procedeu à configuração da plataforma, de forma a permitir que os alunos pudessem desenvolver trabalhos em grupo e tivessem acesso mais fácil aos recursos essenciais das disciplinas, como o plano de ensino, o material didático, as suas avaliações e os fóruns de notícias e de dúvidas. Outra iniciativa foi disponibilizar o aplicativo da plataforma, o que permitiria o acesso às atividades e ao material didático a qualquer tempo em celulares e tablets.

Ainda, tendo em vista que a maioria dos alunos desconhecia um AVA, decidiu-se inserir uma disciplina de caráter não obrigatório, denominada ambientação no minor empreendedorismo e inovação, "carinhosamente" conhecida como Amei. O objetivo da

Parte II: Estratégias de Implementação da Educação Empreendedora nas Universidades

Amei é familiarizar o aluno ingressante com o AVA, conhecer seus colegas, a dinâmica das atividades e discutir problemas de sua realidade no fórum, com o propósito de identificar afinidades e interesses comuns em desenvolver um negócio em algum setor ou atividade específica. Essa preocupação em ambientar o aluno no AVA teve um resultado surpreendente, pois apenas oito dos 151 alunos ingressantes no ano de 2015 não participaram desta disciplina. Apesar de os estudantes terem intimidade com o uso da tecnologia, isso já não se verifica no que se refere ao uso de ambientes virtuais de aprendizagem.

À disciplina de criatividade e atitude empreendedora (CAE) foi dedicada uma atenção especial. Isso porque essa disciplina tem o objetivo de estimular o pensamento criativo e facilitar o processo de criação e identificação de oportunidades, além de ser nesta fase que o aluno opta pela formação de grupo com colegas para começar a desenvolver a ideia do seu negócio. Tendo isso em vista, foram inseridos no seu material didático e nas práticas pedagógicas conceitos e técnicas de *design thinking*.[4] Dada a natureza e a importância da CAE para o processo de aprendizagem do aluno, optou-se por oferecê-la logo de início e isoladamente das demais disciplinas, que passaram a ser oferecidas duas a duas por bimestre.

No bimestre seguinte, foram oferecidas as disciplinas de estratégia e marketing para empreendedores (MKT) e finanças para empreendedores (FIN). Na primeira disciplina, o objetivo foi levar os alunos a refletir sobre as estratégias mercadológicas adequadas ao seu negócio e, por isso, os grupos deveriam segmentar, calcular e se posicionar no mercado, além de estabelecer as suas estratégias de preço, praça, produto e promoção. Por sua vez, na disciplina de FIN, o objetivo seria o de analisar a viabilidade financeira do negócio e fazer com que os alunos aprendessem, de forma lúdica e através da experimentação, a gestão financeira de um negócio. Para tanto, os alunos trabalharam com uma planilha automatizada em que deveriam elencar e estimar os principais investimentos, gastos, despesas e receitas de seu negócio, a fim de estimar o seu futuro fluxo de caixa e a sua demonstração de resultados.

No terceiro bimestre, foram ofertadas as disciplinas de gestão empreendedora por processos (GProc) e gestão de pessoas (GP). Nelas, os estudantes trabalharam com templates para subsidiar a elaboração dos principais processos de seu negócio. Em GProc, os alunos estabeleceram as etapas, os processos e os recursos necessários para alcançar os objetivos estratégicos de seu empreendimento. Já na disciplina de gestão de pessoas, além da elaboração da estrutura organizacional de seu negócio, do levantamento das

---

[4] *Design thinking* é uma abordagem que busca a *solução de problemas* de forma coletiva e colaborativa. Processo através do qual se tenta mapear e mesclar a experiência cultural, a visão de mundo e os processos inseridos na vida dos indivíduos, no intuito de obter uma visão mais completa na solução de problemas, e, dessa forma, melhor identificar as barreiras e gerar alternativas viáveis para transpô-las. Não parte de premissas matemáticas, parte do levantamento das reais necessidades de seu consumidor; trata-se de uma abordagem preponderantemente "humana" e que pode ser usada em qualquer área de negócio. Disponível em: https://endeavor.org.br/design-thinking-inovacao/.

necessidades de recursos humanos e do estabelecimento dos principais processos de gestão de pessoas, quais sejam, atrair, reter e desenvolver talentos, os alunos discutiram quem, de fato, iria se comprometer com o negócio a ponto de formar uma sociedade para a constituição do negócio.

No quarto e último bimestre do minor, foram ofertadas as disciplinas de técnicas de comunicação e negociação (COM) e de plano de empreendimento (PLEM). Sob a ótica do empreendedorismo e dos cenários de início de negócio, foi trabalhada a capacidade de apresentação e negociação, isto é, como o aluno deve participar de rodadas de apresentações, buscar financiamentos e apresentar o projeto para bancas simuladas de avaliadores e/ou de financiadores em forma de pitches. Na disciplina de PLEM, os alunos fazem os ajustes e formatam os trabalhos realizados ao longo das disciplinas para consolidar o seu plano de negócio.

Dadas todas essas inovações de ordem curricular, metodológica e avaliativa, a etapa seguinte foi a reformulação dos papéis de todos os envolvidos no curso. Os professores-tutores foram treinados e passaram a contar com o apoio de monitores, tanto para o desenvolvimento de materiais complementares demandados pelo novo desenho das disciplinas como para o acompanhamento e apoio nas atividades presenciais junto aos alunos. Para tanto, foram desenvolvidos manuais para os tutores, monitores e alunos, a fim de deixar claros quais os direitos e deveres de cada um.

No que tange aos materiais instrucionais, além de serem revistos a carga e o conteúdo dos textos que subsidiam as atividades, também foram desenvolvidos materiais complementares para as disciplinas e vídeos de curta duração, de forma a permitir um ensino mais individualizado, ao mesmo tempo em que se aproveita a tecnologia para fomentar o aprendizado mais significativo.

Quanto à avaliação das disciplinas, elas continuam a ser realizadas de forma sistemática no módulo quatro de cada disciplina. Os seus resultados têm sido levados em consideração para a maior satisfação dos estudantes, permitindo que esse processo se dê de forma mais participativa, em que o aluno consegue identificar como as suas sugestões foram implementadas. Considerando os resultados das avaliações, algumas medidas já foram tomadas, a fim de melhorar a experiência de aprendizagem dos alunos.

Essas inovações já foram implementadas no ano de 2015, e, ao final daquele ano, os resultados obtidos foram plenamente satisfatórios, dado que, em média, 88% dos alunos avaliaram as disciplinas como excelente ou boa.

Como o minor em empreendedorismo e inovação recebe alunos das mais diferentes áreas, eles mesmos são nossos maiores divulgadores entre os colegas e também entre os professores. Como consequência, alguns docentes procuraram a pró-reitoria de graduação se mostrando interessados em elaborar um projeto formativo na modalidade de curso sequencial de complementação de estudos. Por ser o único curso na modalidade na UFF, o regulamento existente atendia às necessidades próprias do curso minor. A pró-reitoria, então, formou um grupo de trabalho com representantes dos setores responsáveis pela gestão do sistema acadêmico e docentes do curso com o objetivo de propor ao conselho de ensino e pesquisa o regulamento dos cursos minor que permite que outros cursos desta modalidade possam ser criados na universidade. O resultado deste trabalho foi a regulamentação dos cursos do tipo sequencial, ou minor, na UFF por meio da Resolução nº 02/2015, que estabelece normas e procedimentos acadêmicos para funcionamento dos cursos superiores sequenciais de complementação de estudos (UFF, 2015).

Como se pode observar, ao longo de mais de dez anos do curso de formação empreendedora, houve mudanças curriculares para adequar os materiais às necessidades dos estudantes, atualizando conteúdos e metodologia. Destaca-se, também, a busca permanente por patrocinadores. Na primeira fase, o curso se viabilizou por meio de editais da UAB, depois passou a ser financiado pela fundação Cecierj e, na última etapa, passou a integrar as atividades curriculares permanentes da universidade, sendo incorporado às atividades regulares do Departamento de Empreendedorismo e Gestão.

8.3. CRIAÇÃO E IMPLANTAÇÃO DO MBA EM GESTÃO EMPREENDEDORA

Com a consolidação, em 2009, do curso sequencial de complementação de estudos em empreendedorismo e inovação, o caminho natural para a ampliação dos saberes acumulados pelos docentes na área do empreendedorismo e inovação e da educação a distância foi pensar em oferecer à sociedade outros níveis de formação na vertente da educação empreendedora. O grupo objetivava contribuir com a melhoria da qualidade da educação básica, uma vez que a formação, tanto inicial como continuada ou a serviço dos professores, tem preocupado os gestores da educação, e os planos e políticas até então concretizados ainda não produziram os resultados desejados.

Com a criação do Índice de Desenvolvimento da Educação Básica (IDEB), desde 2007, e a implementação da avaliação da qualidade das escolas públicas e privadas, todo o sistema de ensino brasileiro passou a ser melhor observado tanto pelos governos e suas políticas quanto pela sociedade, que exige cada vez mais escolas de qualidade. Sabe-se muito bem que atuar no complexo ambiente escolar, em que há uma forte interação entre atores que cumprem diferentes papéis, que lidam com a compatibilização de interesses diversos fora e dentro da escola, e em que há um jogo de poder imanente, a falta de conhecimentos e de ferramentas de gestão para lidar de modo mais organizado e eficaz com as questões do cotidiano escolar, tanto do ponto de vista do professor como do diretor da escola, afeta de modo crucial a gestão da escola. Por isso, é fundamental a formação de um gestor escolar capaz de intervir de forma criativa e inovadora na escola, de forma a elevar a aprendizagem dos alunos.

Capítulo 8: Construção de um Espaço Acadêmico para Educação Empreendedora...

A convicção de que programas de formação orientados para a educação empreendedora são uma forma de contribuir para a melhoria da qualidade da educação convergiu com a demanda proveniente do Serviço Social da Indústria do Rio de Janeiro (Sesi-RJ) de viabilizar um projeto de formação gerencial para os administradores escolares da rede Sesi com ênfase na atitude empreendedora.

Com esta demanda, o grupo de professores que liderava as ações do empreendedorismo voltadas para o nível de graduação vislumbrou a oportunidade de ampliar o projeto de educação empreendedora para o nível de pós-graduação *lato sensu*. A literatura internacional aponta, de forma intensa, que há uma relação direta entre as competências gerenciais e de liderança do diretor da escola e os resultados de aprendizagem dos alunos (COSTA e SILVA et al., 2013; DAY et al., 2009; MOOS, JOHANSSON, DAY, 2011). Uma liderança escolar eficaz cria condições para o aprimoramento dos processos de ensino e aprendizagem, indo ao encontro das aspirações da comunidade escolar e, consequentemente, melhorando os resultados dos alunos. Logo, capacitar os diretores de escola é fator crítico para a melhoria da escola brasileira.

Como consequência dos esforços de articulação empreendidos, o Sesi-RJ estabeleceu uma parceria com o Sesi Departamento Nacional, para que a UFF, por meio do Departamento de Empreendedorismo e Gestão, se responsabilizasse pela criação e pelo oferecimento do curso de MBA em gestão empreendedora para 160 dirigentes de escolas das redes Sesi dos 27 estados da federação.

Foi assim que, em 2009, após as articulações com os professores, e depois com a direção da faculdade de administração e com a pró-reitoria de pesquisa e pós-graduação, finalmente, o projeto de formação continuada de professores especialmente dedicado à formação de diretores de escolas públicas e privadas, o MBA em gestão empreendedora com ênfase em educação, foi criado, por meio da Resolução CEP n.º 403/09 da UFF (UFF, 2009).

O curso é oferecido na modalidade semipresencial, com carga horária de 360 horas, e seus objetivos de aprendizagem são:

1. Formar gestores empreendedores em educação, capazes de intervir de forma criativa e inovadora na gestão escolar, no seu papel de líder da escola, tanto pedagógico quanto administrativo.
2. Desenvolver competências em gestão, com ênfase na atitude empreendedora e na inovação, materializada em um percurso curricular integrado e multidisciplinar.
3. Capacitar professores para o planejamento de projetos de intervenção na escola utilizando as bases conceituais da gestão organizacional.

A primeira turma avaliou positivamente o curso, destacando o desenvolvimento de competências gerenciais aliando teoria e prática. Esse resultado justificou a solicitação pelo Sesi–RJ de uma nova turma para atender, especificamente, aos gestores de escolas das redes Sesi e Senai do Rio de Janeiro, como também 40 diretores de escolas públicas reconhecidos pelo Prêmio Sesi Educação. No mesmo ano, houve nova demanda de uma terceira turma de dirigentes de escolas situadas no entorno das Unidades de Polícia Pacificadora (UPPs). Essas turmas se configurariam como experiências-piloto a produzir uma parceria mais abrangente, o que de fato ocorreu.

Assim, a partir de 2012, o Sesi-RJ estreitou a parceria estabelecida com o governo do estado do Rio de Janeiro na promoção de iniciativas na área de educação, entre as quais se destaca a extensão do programa de formação de diretores de escola MBA em gestão empreendedora — educação para os diretores de todas as escolas públicas estaduais do Rio de Janeiro. Essa decisão foi decorrente da constatação de que o estado do Rio de Janeiro, em 2009, ocupava as últimas posições na aferição da qualidade da educação pública medida pelo IDEB.

De modo similar, por iniciativa da Federação da Indústria do Estado de São Paulo (Fiesp), a UFF passou a oferecer o MBA em gestão empreendedora — educação aos dirigentes, os 176 integrantes da rede mantida pelo Sesi–SP, por meio de um convênio que contemplaria, até 2016, o ingresso de diretores da rede estadual de educação do estado de São Paulo.

De 2010 até 2016, ingressaram no MBA em gestão empreendedora — educação um total de 3.224 dirigentes escolares, sendo que em torno de 85% dos ingressantes concluíram o MBA no período regular.

Ao final de cada oferta, foi realizada uma avaliação geral do curso, e, na percepção dos estudantes, os resultados têm se mostrado bastante satisfatórios. A Figura 8.3 apresenta o resultado da avaliação no ano de 2015, que vem repetindo o de anos anteriores com alterações estatisticamente irrelevantes.

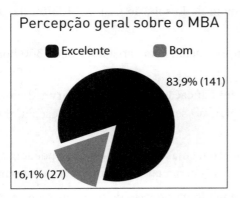

FIGURA 8.3: PERCEPÇÃO DOS ALUNOS SOBRE O MBA EM GESTÃO EMPREENDEDORA — EDUCAÇÃO, UFF/ 2015.[5]

---

[5] Fonte: relatório anual do MBA em gestão empreendedora — educação, UFF, 2015.

Destacamos, ainda, o modelo de parceria adotado com as secretarias de educação dos estados de São Paulo e do Rio de Janeiro com o Sesi de cada um dos estados envolvidos, como elemento importante para manter e apoiar o educando ao longo do curso. Esta ação é centrada no acompanhamento das instituições parceiras. Há um coordenador acadêmico que acompanha o desenvolvimento das disciplinas, bem como um coordenador de tutoria que acompanha o trabalho dos professores-tutores. São elaborados relatórios mensais de acompanhamento do curso por sua coordenação, que são enviados aos parceiros. Em todos os encontros presenciais, os parceiros UFF, Sesi e a Secretaria de Educação estão presentes e acompanham todas as etapas da agenda do dia.

8.3.1. A Capacitação de professores e a elaboração do material didático

A elaboração do material didático para o MBA em gestão empreendedora — educação se constituiu como um grande desafio para o corpo docente do departamento, composto em grande parte por professores especialistas em administração e empreendedorismo. Agora, o desafio era desenvolver conteúdos baseados em construtos da administração e do empreendedorismo pertinentes à gestão educacional, que dialogassem e que fizessem sentido ao profissional de educação. Para que isso fosse possível, um grupo de professores realizou uma imersão no cotidiano escolar de escolas situadas em diferentes áreas urbanas, em três regiões do país, a saber: Sudeste, Norte e Sul.

Esses docentes realizaram visitas em diferentes escolas da rede pública e da rede Sesi e entrevistaram dirigentes e professores das escolas, registrando suas falas em áudio e vídeo. Com isso, foi possível reunir um rico material para realizar as oficinas de capacitação com todos os docentes do curso e socializar os resultados obtidos de tal forma que todos pudessem se impregnar daquela realidade. Isso foi fundamental para que a tarefa de elaboração de conteúdos com os construtos de área pouco familiar aos profissionais da educação em linguagem acessível e com os sentidos para a realidade escolar lograsse êxito.

A primeira tiragem da produção dos conteúdos para o curso formou a *Coleção MBA Gestão Empreendedora — Educação*, que era composta por 15 volumes distribuídos nos conteúdos das áreas de empreendedorismo, gestão e educação. Com base na abordagem pedagógica significativa e com o foco na gestão empreendedora, os conteúdos constituem o material didático de apoio às disciplinas, que, complementados pelas atividades online realizadas no ambiente virtual de aprendizagem, estimulam a participação e a ação intraempreendedora dos gestores das escolas. Esta coleção vem sendo permanentemente atualizada. Já foram incorporados à coleção mais quatro volumes, que abordam temas sugeridos pelos parceiros e pelos alunos, fruto das avaliações, permanentemente, realizadas.

A última disciplina, plano de empreendimento (PLEM), é direcionada ao processo de elaboração do trabalho final de curso. Esta disciplina apresenta uma dinâmica própria, diferente das anteriores.

A construção do plano de empreendimento parte de um edital elaborado pelo curso que simula um programa de financiamento com verba fictícia direcionada aos projetos dos alunos. Voltado para a elaboração de um plano de intervenção com foco na melhoria da qualidade da educação da sua escola, o aluno trabalha sob a orientação de um professor e cumpre uma agenda com atividades e prazos a serem desenvolvidos por meio do ambiente virtual de aprendizagem ao longo da disciplina. Desta forma, os construtos da administração aprendidos durante o curso são a base para a elaboração de um plano de empreendimento voltado para as ações concretas de melhoria da educação praticada na escola.

O curso culmina na apresentação pública dos planos de empreendimento em forma de exposição do seu conteúdo a uma banca de avaliadores.

É fato que o sucesso ou insucesso do processo educativo é permeado por inúmeras questões. Investir em novas ações passa não apenas por questões pedagógicas, mas, também, pelo fortalecimento do desenvolvimento profissional dos professores e pela sua valorização, pela atualização da infraestrutura das escolas, pela efetiva incorporação de novas tecnologias educacionais e, certamente, pelo desenvolvimento de uma cultura empreendedora.

É importante destacar que a experiência acumulada pelo grupo de docentes que formam o Departamento de Empreendedorismo e Gestão foi fundamental para a construção de curso de MBA em gestão empreendedora — educação. Aproveitou-se a experiência na elaboração de conteúdos para EAD e inovou-se no modelo de apreensão da realidade por meio das visitas técnicas às escolas, que permitiram aos docentes se acercar da realidade do diretor, garantindo uma interlocução substantiva por meio do material didático elaborado.

8.4. CRIAÇÃO E IMPLANTAÇÃO DA GRADUAÇÃO TECNOLÓGICA EM PROCESSOS GERENCIAIS COM ÊNFASE EM EMPREENDEDORISMO

O minor em empreendedorismo e inovação e o MBA em gestão empreendedora — educação foram constituídos por programas de educação empreendedora implantados na UFF com um claro reconhecimento externo apontado tanto pelos convênios reiteradamente firmados com os parceiros, como pelo resultado das avaliações muito positivas dos cursistas.

Porém, o reconhecimento interno era restrito aos colaboradores mais próximos. Várias razões contribuíam para tanto. Primeiramente, os docentes que se incorporavam ao programa de educação empreendedora da UFF tinham sua lotação dispersa entre vários departamentos de ensino, e, portanto, tinham suas obrigações acadêmicas a eles vinculados. Isso significava que todo o trabalho envolvendo o programa de educação empreendedora era realizado fora de suas cargas horárias no departamento de origem. Além disso, a crescente adesão de professores da UFF ao programa, desde 2006, e a percepção de que já era hora de se construir um espaço acadêmico próprio ficavam cada vez mais fortes.

Em segundo lugar, tanto o curso minor, por ser do tipo sequencial e de complementação de estudos, quanto o MBA, por ser de pós-graduação *lato sensu*, por si só, não são áreas de educação superior na universidade que justifiquem a criação de um departamento de ensino. Afinal, o empreendedorismo é uma área transdisciplinar, que reúne contribuições científicas de várias áreas. Por isso mesmo, é uma área rica na sua essência, generosa na sua abrangência, receptiva na aderência de proposições que buscam o desenvolvimento da coletividade, que não prescinde da formação de indivíduos autônomos, empreendedores, protagonistas do seu processo de desenvolvimento profissional e do desenvolvimento socioeconômico sustentável da sociedade.

Mesmo assim, na época, os professores da área do empreendedorismo lotados do Departamento de Administração da UFF tinham grande dificuldade em tramitar seus projetos na área da educação empreendedora, tendo em vista que mais da metade de seus colegas de departamento não comungava com os pressupostos político-filosóficos que norteiam os fundamentos e as ações do empreendedorismo. Uns argumentavam ser contra as iniciativas que reforçam o projeto neoliberal, e, consequentemente, identificam o empreendedorismo com esse projeto de sociedade, e outros entendiam que a universidade não deveria se atrelar ao mercado; ao contrário, deveria ser a voz crítica em relação a ele. Embora não concordassem com esses argumentos, os docentes que formavam o grupo atuante na área de empreendedorismo tinham que conviver com essa realidade inibidora de suas iniciativas.

Questões ideológicas à parte, com as quais se deve, democraticamente, conviver no ambiente universitário, a terceira e principal razão para que o empreendedorismo fosse reconhecido como área de conhecimento digno de ter um espaço acadêmico próprio, era a vinculação do departamento a um programa de formação a nível de graduação.

Tendo isso em mente e com a anuência da Pró-reitoria de Graduação da UFF, esse grupo de professores elaborou o projeto pedagógico do curso de graduação tecnológica em gestão empresarial e empreendedorismo. Pautados na experiência e percepção sobre as necessidades do Brasil contemporâneo, esses docentes focaram o projeto de formação com abordagem nos aspectos da gestão de organizações, com ênfase nos problemas e desafios das empresas de pequeno e médio portes e no processo de criação de novos empreendimentos, na perspectiva da inovação. Deste modo, o foco da proposição do curso foi a formação de profissionais que possam atuar como gestores de negócios com a visão empreendedora e cuja atuação profissional poderá contribuir para a gestão empresarial de MPEs nos seus diversos segmentos. Em consulta realizada ao portal e-MEC, não foi encontrado outro curso de graduação tecnológica no estado do Rio de Janeiro com proposta similar, tanto no modo de formação como no de estrutura curricular proposta.

Parte II: Estratégias de Implementação da Educação Empreendedora nas Universidades

A tramitação do projeto de criação do curso nas diferentes instâncias dos órgãos deliberativos da universidade foi alvo de amplo debate e não se deu sem embates e colisões de ordem político-ideológica. A militância dos docentes que lideraram a iniciativa junto aos representantes nos diferentes órgãos colegiados por onde os processos de criação de cursos passaram foi incansável e decisiva para que lográssemos êxito até a etapa final, no conselho universitário da UFF, a última instância. Neste conselho, foram revividas todas as contestações anteriormente citadas. Polarizadas por questões de ordem sociopolíticas, as falas se intercalavam. O ponto alto das discussões foi a fala dos estudantes defendendo a criação de um curso com as características próprias dos de graduação tecnológica, a qual reverteu o posicionamento dos indecisos, fazendo com que a votação pela criação do curso de graduação tecnológica em gestão empresarial e empreendedorismo fosse vitoriosa (UFF, 2013b). Em razão do catálogo do MEC, o curso foi registrado com a denominação de graduação tecnológica em processos gerenciais — ênfase em empreendedorismo.

8.4.1. O PROJETO PEDAGÓGICO DO CURSO

A proposta de formação identificou como público-alvo interessado os segmentos:

- Alunos oriundos do ensino médio que desejam rápida inserção profissional em organizações privadas, com foco em micro, pequenas e médias empresas.
- Profissionais que já atuam em organizações, mas com formação até o ensino médio.
- Profissionais já graduados, com interesse em formação específica em gestão empresarial e empreendedorismo, com possibilidade de aproveitamento de disciplinas.

Uma forma de integrar teoria e prática é a organização do conteúdo em torno de problemas, processos e projetos, além do já tradicional emprego de exercícios para ilustrar os conceitos estudados. Isto é, a cada disciplina, serão construídos os elementos que, em conjunto, poderão desembocar no trabalho final de conclusão de curso a ser realizado pelo aluno. Tais princípios são desenvolvidos de modo a garantir uma formação profissional sólida, articulando os conteúdos das áreas específicas e colocando o estudante como protagonista do processo de aprendizagem.

O curso foi projetado com o objetivo de proporcionar ao aluno condições de:

- Contribuir para o desenvolvimento de MPEs, formando profissionais empreendedores com ampla visão de negócios, capazes de transformar a prática da gestão a partir de sua atuação no ambiente empresarial.
- Vivenciar um modelo de ensino-aprendizagem flexível e abrangente, que lhe permita adquirir competências e habilidades adequadas às demandas da sociedade, tornando-o apto a empreender ao longo de sua trajetória profissional.
- Compreender o imperativo de agir dentro de princípios éticos e legais que norteiam as organizações de capital privado e negócios.

- Assumir papel relevante como gestor de empresas próprias ou em organizações diversas, tornando-se apto a atuar em um mercado de trabalho com necessidades de profissionais empreendedores.

O perfil do profissional egresso do curso de graduação tecnológica em processos gerenciais — ênfase em empreendedorismo é um indivíduo apto a trabalhar em equipe, interagir em diferentes contextos organizacionais e utilizar as técnicas de gestão empreendedora em benefício do desenvolvimento de MPMEs, apoiando-se no uso da tecnologia, pessoas e processos. Por consequência, precisa saber como se relacionar com os seus superiores, pares e subordinados, conhecer o comportamento organizacional e as articulações interpessoais necessárias para a efetividade da sua atuação profissional.

A carga horária total do curso é de 1.770 horas, das quais 1.380 referem-se à carga horária de disciplinas obrigatórias, incluídas 120 horas de disciplinas optativas, além de 150 horas para disciplinas eletivas e 120 para atividades complementares. O aluno pode integralizar a carga horária do curso em um mínimo de seis semestres e máximo de nove. Considerando a clientela do curso, o turno noturno se mostrou o mais indicado. Com a oferta de 50 vagas por semestre, iniciado no segundo semestre de 2013, já totalizou um total 300 ingressantes até o primeiro semestre de 2016.

8.5. CONSIDERAÇÕES FINAIS

A criação do Departamento de Empreendedorismo e Gestão veio como corolário, seis meses depois da criação do curso de graduação tecnológica em processos gerenciais — ênfase em empreendedorismo, em 18/12/2013. Mas não sem polêmica, com os já conhecidos argumentos contrários, já mencionados na seção anterior.

O esforço na criação do departamento foi estimulado pelas próprias dificuldades relacionadas ao reconhecimento por certos setores da universidade de que empreendedorismo se constitui como uma área de conhecimento transdisciplinar, que, ao se apropriar das bases teóricas sob as quais se fundam outras áreas, ela própria constrói um arcabouço teórico que a define como uma área científica emergente, capaz de produzir avanços e ampliar a visão sobre as questões que afligem a sociedade com uma ótica diferente da existente até então.

O objetivo de congregar pares em torno de uma estrutura acadêmico-administrativa própria e autônoma visou fortalecer o trabalho acadêmico na área de gestão empresarial e empreendedorismo, que os docentes vinham desenvolvendo desde 2006, com resultados significativos para a academia e a sociedade. Segue o caminho natural de toda área que almeja se emancipar, como ocorreu mais lentamente com as áreas das ciências humanas e sociais aplicadas no passado e, hoje, ocorre com mais velocidade.

Desde 2016, com um corpo docente do quadro permanente formado por 14 professores, o Departamento de Empreendedorismo e Gestão da UFF vem consolidando sua atuação no campo de pesquisa em empreendedorismo e gestão a partir de iniciativas e projetos de pesquisa de educação empreendedora, liderança e gestão na educação e inovação em sala de aula. É responsável pela edição de dois periódicos: a revista *Pensamento Contemporâneo em Administração*, avaliada pela Capes em 2013 com conceito B2, e os cadernos de gestão e empreendedorismo.

Destacam-se, ainda, as parcerias internacionais firmadas com:

1. A Universidade de Nottingham (UnN), no Reino Unido, referência em estudos sobre gestão e liderança em educação, que, associada à parceria com a Federação das Indústrias do Estado do Rio de Janeiro, desenvolveu pesquisas sobre a liderança em escolas públicas estaduais do Rio de Janeiro (DAY et al., 2015).
2. A Duquesne University, no campo do empreendedorismo social.
3. A Florida University, na área de empreendedorismo internacional.
4. A comunidade europeia, que, em conjunto com outras 11 universidades da América Latina e da Europa, integra o projeto Oportunidad, que visa ampliar conhecimentos e práticas sobre recursos educacionais abertos (REA).

A educação é um bem público e os projetos educativos devem possibilitar e estimular o desenvolvimento de profissionais com perfis distintos, respeitando as vocações igualmente distintas. E criar processos educativos orientados às necessidades e aos desafios que se apresentam para a sociedade é o que ela espera como resposta da universidade. A dimensão da pertinência de uma instituição de ensino superior deve ser considerada na medida da adequação entre o que a sociedade espera dela e o que ela faz. Isto requer padrões éticos, ação política, capacidade crítica e, ao mesmo tempo, uma melhor articulação com os problemas da sociedade e do mundo do trabalho.

Isso não quer dizer que se deva abrir mão das próprias utopias, ao contrário, pois são a mola que nos impulsionam e nos fornecem a energia necessária para prosseguir a caminhada que se realiza no mundo real.

A pluralidade de destrezas que a vida atual requer e a multiplicidade de informações que se tornam disponíveis com as novas tecnologias são fortes fatores de pressão sobre as "verdades inquestionáveis" sedimentadas na prática curricular e pedagógica da universidade. Ao desenvolver programas de formação de profissionais com capacidade empreendedora e preparados para atuar no mundo em permanente transformação, pretendeu-se colaborar com a ampliação do perfil profissional que a universidade vem fornecendo à sociedade, voltado para a inserção qualificada e sintonizada com o mercado de trabalho, capaz de produzir as transformações necessárias para alterar o quadro de injustiça social a que nosso país está submetido, cumprindo com a missão de uma universidade compromissada com o desenvolvimento da sociedade a qual pertence.

8.6. REFERÊNCIAS BIBLIOGRÁFICAS

COSTA E SILVA, Fabiane; MARIANO, Sandra R. H.; CERQUEIRA, Joana D'Arc. Formação empreendedora de diretores de escolas. In: *Anais do EnANPAD*, 37. Rio de Janeiro, 2013, 13 p.

DAY, CHRISTOPHER et al. *The Impact of School Leadership on Pupil Outcomes — Final Report*. University of Nottingham: Nottingham, 2009.

_____. *Sete mensagens importantes sobre liderança em escolas públicas estaduais do Rio de Janeiro*. Rio de Janeiro, SESI-RJ; UFF, 2015.

DOLABELA, Fernando C. *O ensino universitário de criação de empresas na área de software — A disciplina "Empreendimentos em Informática" do Programa SoftEx 2000*. Recife. 1998. Disponível em: http://www.di.ufpe.br/~genesis/ensino.html. Acesso em: 21/07/2016.

MOOS, Leif; JOHANSSON, Olof; DAY, Christopher. *How school principals sustain success over time: international perspectives*. London: Springer, 2011. (Studies in Educational Leadership, v.14).

OCDE. *Universities, innovation and entrepreneurship criteria and examples of good practice*. Berlin. 2009. Disponível em: https://www.oecd.org/cfe/leed/43201452.pdf. Acesso em: 21/07/2016.

_____. *A Guiding Framework for Entrepreneurial Universities*. 2012. Disponível em: https://www.oecd.org/site/cfecpr/EC-OECD%20Entrepreneurial%20Universities%20Framework.pdf. Acesso em: 21/07/2016.

THE NATIONAL CENTRE FOR ENTREPRENEURSHIP IN EDUCATION (NCEE). *The Entrepreneurial University: From Concept To Action*. Coventry, UK. 2013. Disponível em: http://ncee.org.uk/wp-content/uploads/2014/06/From-Concept-To-Action.pdf. Acesso em: 21/07/2016.

THE WORLD BANK. *Entrepreneurship Education and Training Programs around the World. Washington. 2014*. Disponível em: https://openknowledge.worldbank.org/bitstream/handle/10986/18031/9781464802027.pdf?sequence=1. Acesso em: 21/07/2016.

UNIVERSIDADE FEDERAL FLUMINENSE. Pró-reitoria de Assuntos Acadêmicos. *Determinação de Serviço PROAC nº 05/2004* (que resolve designar Grupo de Trabalho com objetivo de estudar propostas referentes ao Ensino de Empreendedorismo na UFF). Niterói: UFF, 2004.

_____. Conselho de Ensino e Pesquisa. Resolução nº 299/2005. *Estabelece o currículo do curso Superior em Empreendedorismo e Inovação, complementação de estudos, tipo sequencial, na modalidade a distância — UFF/CEDERJ/UAB*. Niterói: UFF, 2005.

_____. Conselho de Ensino e Pesquisa. Resolução nº 37/2013. *Estabelece o currículo do curso Superior em Empreendedorismo e Inovação, complementação de estudos, tipo sequencial*. Niterói: UFF, 2013a.

_____. Conselho de Ensino e Pesquisa. Resolução nº 02/2015. *Estabelece normas e procedimentos acadêmicos para funcionamento dos cursos superiores sequenciais de complementação de estudos, tipo sequencial*. Niterói: UFF, 2015.

_____. Conselho Universitário. Resolução nº 320/2006. *Criação do curso Superior em Empreendedorismo e Inovação*. Niterói: UFF, 2006.

_____. Conselho Universitário. Resolução n°041/2013. *Criação do curso de Graduação Tecnológica em Gestão Empresarial e Empreendedorismo.* Niterói: UFF, 2013b.

_____. Departamento de Empreendedorismo e Gestão-. *Relatório Anual de Atividades — 2015*. Niterói. 2016. Disponível em: http://empreendedorismouff.net.br/relatorio-anual-de-atividades-2015/. Acesso em: 21/07/2016.

CAPÍTULO 9

EDUCAÇÃO EMPREENDEDORA EM ALAGOAS: RESULTADOS DE UMA TRAJETÓRIA EM ASCENSÃO

Josealdo Tonholo[1]
Sávio Carnaúba[2]
Hérmani Magalhães[3]
Silvia Uchoa[4]

9.1. UM PEQUENO HISTÓRICO DE UM GRANDE FEITO MUNDIAL

A visão contemporânea da importância da educação empreendedora, muito propriamente apresentada por Henry Etzkowitz (2016) em seu contemporâneo, mas já profético, artigo "Innovation Lodestar: The entrepreneurial university in a stellar knowledge firmament" faz o comparativo da operação da universidade encastelada na torre de marfim e da universidade desejadamente empreendedora, apontando para a necessidade de atenção a alguns pontos críticos:

1. Interação com governo e indústria.

2. Cultura da independência.

3. Possibilidade de criação de instituições e soluções híbridas.

4. Reciprocidade e atualização constante nas interações acadêmicas com o governo e com a indústria.

São pautas agressivas e provavelmente impossíveis de ser assimiladas pela grande maioria das universidades, mesmo para algumas que são bastante arrojadas.

---

[1] Universidade Federal de Alagoas (Ufal).

[2] Conselho de Jovens Empreendedores de Alagoas (CJE/AL).

[3] Universidade Federal de Alagoas (Ufal).

[4] Universidade Federal de Alagoas (Ufal).

O ensino de empreendedorismo é tradicionalmente apontado como tendo sido criado nos Estados Unidos, em 1947, com as iniciativas de Myles La Grange Mace (1911-1984) de ofertar uma disciplina específica para o MBA da Universidade de Harvard. Na década de 1950, observa-se um fenômeno parecido na Universidade de Nova Iorque, com a ação de Peter Drucker. O grande salto de qualidade ocorre na segunda metade da década de 1960, quando disciplinas de empreendedorismo se tornaram rotina, com o viés comportamental, fundamentado nos trabalhos realizados por David McClelland (1961) em Harvard (ACS et al., 2010).

Em Alagoas, no entanto, estas atividades são mais tardias... Assim, tem este capítulo a função de apresentar, pela ótica de alguns promotores da cultura do empreendedorismo e da inovação no estado de Alagoas, as iniciativas oriundas da academia, do setor público e da iniciativa privada e ações eventualmente integradas, para promover o empreendedorismo no meio de estudantes, empreendedores e aspirantes a empreendedores, tanto da capital como do interior do estado.

9.2. OPORTUNIDADES DIANTE DE UMA CRISE HISTÓRICA

Criado em Alagoas em 1993, através da iniciativa de professores e alunos da Universidade Federal de Alagoas (Ufal), o Movimento de Empresa Júnior (MEJ) foi a primeira iniciativa com conotação para o empreendedorismo nas universidades do estado. O MEJ deu seu primeiro passo com a Juniors Consultoria (atual JRS Consultoria), empresa júnior do curso de administração da Ufal. No ano de 1996, o curso de engenharia civil da mesma IES fundou a Empresa Junior de Engenharia Civil (EJEC), que, em 1998, se uniu ao curso de arquitetura. Surgia, assim, uma importante rede para experiência empreendedora de jovens universitários.

Paralelamente às atividades do MEJ, as instituições do sistema de inovação de Alagoas começaram a se organizar e promover atividades pró-inovativas, no intento de atenuar a séria crise econômica agravada pela desestruturação político-social que levou à renúncia do governador do estado de Alagoas em 1997. Nesta época, o governo passou por uma grave crise fiscal, com funcionários sem recebimentos de salários durante oito meses e um programa de demissão voluntária (PDV) desarticulado e com intensa comoção social. Ademais, os grandes projetos de desenvolvimento do estado definharam: de um lado, a derrocada do setor sucroalcooleiro, que perdeu as benesses com a descontinuação dos incentivos fiscais do programa pró-álcool; de outro lado, a inércia do setor de cloro-soda-plásticos, no qual o planejado polo cloroquímico se restringiu a uma única empresa, cujo capital social foi transferido para a Bahia com a incorporação das empresas Salgema, Alclor, CPC e Cinal pela então Trikem S/A.

9.3. AS PRIMEIRAS AÇÕES COORDENADAS: INCUBADORAS X ENSINO DE EMPREENDEDORISMO

Apesar da existência de cursos de elaboração de planos de negócios e disciplinas ligadas às atividades contábeis-administrativas das empresas, largamente estudadas pelos acadêmicos de cursos como o de administração e contabilidade na UFAL e demais instituições de ensino superior (IES) do estado, a abordagem do comportamento empreendedor em disciplinas regulares ou programas institucionais jamais havia sido tratada até o ano de 1997. Neste ano, foi criado e implantado no curso de computação da Ufal, sob a liderança do professor Marcus Braga, o projeto Softstart, de promoção de empresas inovadoras na área de software. O projeto, que consistia em uma disciplina eletiva que recebia suporte e inputs de conhecimento do programa Softex,[5] visava quebrar os paradigmas então existentes no ensino superior da área de computação. Braga (2001) relata com propriedade o sucesso inicial do projeto, que resultou na criação das primeiras empresas nascidas no ambiente acadêmico da Ufal, desde 1997 até o ano 2000, quando o programa foi descontinuado.

Ainda em 1997, o exemplo positivo do projeto Softstart inspirou a mobilização de docentes da Ufal envolvidos com o Conselho Regional de Química e com a empresa Salgema S/A (hoje absorvida pela Braskem S/A), no sentido do estímulo à atividade empreendedora. Inicialmente, pensando no resgate do público-alvo de profissionais da química para as atividades no setor, a estruturação da primeira incubadora de empresas do estado acabou aglutinando mais de 20 instituições de Alagoas, entre empresas, governo, terceiro setor e academia. Sob a liderança da professora Fátima Lippo (então diretora da Escola Técnica Federal de Alagoas), de Josealdo Tonholo (professor da Ufal), de Márcio Andrade (engenheiro da Salgema) e de Edmilson Filaho (executivo do CRQ), por dois anos foram realizados treinamentos, capacitações, visitas técnicas e intermináveis reuniões no âmbito das instituições participantes, visando amadurecer os conceitos de empreendedorismo inovador, de incubação de empresas e estimular a busca coletiva por alternativas de desenvolvimento econômico e social do estado.

Esta mobilização, detalhadamente descrita por Leite et al. (2001), culminou com a criação da Incubadora de Empresas de Alagoas (Incubal), no dia 9/11/1999, com sede na Ufal e então sob a égide da parceria formal de 11 instituições do estado: o Conselho Regional de Química, o Instituto Federal de Educação Tecnológica de Alagoas, a Ufal, a Federação das Indústrias de Alagoas (Fiea), o Sesi-Al, o Senai-AL, a Fundação de Amparo à Pesquisa de Alagoas (Fapeal), o Instituto Euvaldo Lodi-AL (IEL–AL), a Cooperativa dos Trabalhadores Ambientalistas do Estado (Cootram) e a Secretaria de Planejamento do Estado de Alagoas (representando o governo do estado). A concepção e a criação da

---

[5] Programa Nacional de Software para Exportação (SOFTEX). Mais informações no site: http://www.softex.br/.

Incubal foram um marco na organização do sistema local de inovação, despertando a atenção para a importância do fortalecimento das relações e a melhoria da efetividade das ações. Como consequência, a Fapeal foi fortalecida, criou-se o Conselho Estadual de Ciência e Tecnologia, desenvolveu-se um programa de apoio a incubadoras pelo Sebrae-AL, que chegou a ter 15 incubadoras apoiadas, entre outros tópicos de destaque, conforme relatado nos textos de Rosário et al. (2011) e Tonholo et al. (2015).

9.4. ENSINO DE EMPREENDEDORISMO NA GRADUAÇÃO E NA PÓS-GRADUAÇÃO

Ao mesmo tempo em que ocorriam ações de promoção da inovação nas várias instituições do estado, detectou-se a necessidade de trabalhar as características comportamentais favoráveis ao empreendedorismo (além de valorizar o papel das ferramentas de gestão para os potenciais empreendedores).

Agora sob a iniciativa do IEL–AL, com a liderança de seu superintendente Hélvio Braga Vilas Boas e suporte do IEL Nacional, houve a implementação de um braço alagoano do Programa Rede Universitária de Ensino de Empreendedorismo (Reune[6]), visando a formação de multiplicadores e a posterior criação de disciplinas de empreendedorismo nas várias IES do Estado. Desenvolvida pelo professor Fernando Dolabela, a partir da influência de Louis Jacques Filion, na década de 1990, a metodologia Reune foca o desenvolvimento comportamental com experimentação de ferramentas de gestão e elaboração de planos de negócios adaptáveis à realidade dos cursos de graduação envolvidos. Já conhecida do Softstart, a atividade foi iniciada em 2000, e propagada por cinco vezes em Alagoas até o ano de 2005, com a formação de um núcleo de cerca de 300 docentes de ensino superior nas mais diversificadas áreas de formação. A realização de várias edições do Prêmio Reune-AL movimentou centenas de estudantes envolvidos com as atividades de disciplinas de empreendedorismo e inovação.

As atividades de empreendedorismo e inovação tomaram volume na Ufal, ao ponto que, em 2008, esta universidade fez algumas opções estratégicas em seu plano de desenvolvimento institucional, levando formalmente as atividades de empreendedorismo e inovação para os cuidados da Pró-reitoria de Pesquisa e Pós-graduação, através da meta "Estruturação do Programa de Empreendedorismo e da Coordenação de Programas Estratégicos" (Propep–Ufal). Lá foram concentradas as atividades de promoção à cultura do empreendedorismo e da inovação, como as incubadoras de empresas e o então recém-criado Núcleo de Inovação Tecnológica (NIT–Ufal). Atualmente, as ações do NIT–Ufal e

---

[6] Deve-se aqui distinguir a Rede Universitária de Ensino de Empreendedorismo (Reune), de concepção do professor Fernando Dolabela, do Programa de Apoio a Planos de Reestruturação e Expansão das Universidades Federais (Reuni), realizado a partir de 2008 pelo Ministério da Educação.

de empreendedorismo (incubadoras) estão abrigadas na referida pró-reitoria, no âmbito do Programa de Inovação Tecnológica e de Empreendedorismo (Pite).

Na Ufal, as disciplinas de empreendedorismo foram e são ofertadas em 15 cursos de graduação: bacharelado e licenciatura em química e em física, administração, contabilidade, economia, jornalismo, relações públicas, computação, engenharia química, engenharia civil, arquitetura, biologia e engenharia de agrimensura. Todas estas disciplinas fazem uso da metodologia Reune, do professor Dolabela, ou já são delas adaptadas, e ofertadas de acordo com a conveniência da grade curricular de cada curso, mas geralmente no segundo ou terceiro semestres.

No nível de pós-graduação, a disciplina se moldou às necessidades da geração de uma cultura do empreendedorismo suportado pelos projetos científicos desenvolvidos nos laboratórios de pesquisa (com viés de inovação *science-driven*),[7] sendo ofertada a todos os estudantes da Ufal sob o título de empreendedorismo e inovação em setores tecnológicos, com carga horária de 60 horas. Esta disciplina, ofertada originalmente para a pós-graduação em química e biotecnologia (PPGQB), desde 2004, aborda a questão comportamental, o ferramental de criação e a gestão de negócios radicalmente inovadores, questões de propriedade intelectual e do sistema nacional de inovação, particularmente no que tange à lei de inovação e políticas públicas de promoção à inovação, como a Política de Inovação Tecnológica e Comércio Exterior (PITCE) e a Política de Desenvolvimento Produtivo (PDP). O andamento destas atividades foi tão profícuo que, em 2006, o referido PPGQ optou pela criação de uma área de concentração em desenvolvimento tecnológico e extensão inovadora em áreas estratégicas em química e biotecnologia, que tem como disciplina âncora e obrigatória a de empreendedorismo. Esta atitude ousada não passou desapercebida aos olhos dos pares a nível nacional, e esse modelo de disciplina foi escolhido pela Sociedade Brasileira de Química para ser propagado no âmbito dos programas de pós-graduação da área, sendo replicadas em dois eventos de coordenadores de cursos de pós-graduação em química da sociedade brasileira de química (2008 e 2009). A mesma disciplina é ainda ofertada no âmbito do curso de doutorado da Rede Nordeste de Biotecnologia (Renorbio), com o nome de bionegócios, também de caráter obrigatório. A participação média é de 35 estudantes de mestrado e de doutorado por semestre, em uma disciplina que continua vigorosa.

A experiência das disciplinas, a nível de pós-graduação, contribuiu deveras para aumentar o sentimento de necessidade de proteção do conhecimento e da propriedade intelectual através das patentes depositadas pelo NIT–Ufal. Apesar de as atividades do NIT–Ufal serem recentes, a implementação de disciplinas relacionadas ao empreendedorismo, como, por exemplo, inovação e propriedade intelectual e informação tecnológica e redação de patentes, propiciaram um despertar em estudantes e docentes envolvidos

---

[7] Para saber mais sobre *science driven innovation*, sugerimos consultar a página do Wyss Institute da Universidade de Harvard: http://goo.gl/01CQwe.

em projetos de caráter tecnológico. Tal atividade pode ser expressa pela surpreendente presença da Ufal no ranking nacional dos 50 maiores depositantes de patentes do ano de 2015, atingindo a 21ª posição em patentes de invenção (INPI, 2016). A maioria absoluta das patentes depositadas teve envolvimento de estudantes de pós-graduação que participaram das disciplinas citadas. Tal fato inédito indica uma maior conscientização do estudante e do docente-pesquisador quanto à importância de desenvolver conhecimento passível de apropriação pela sociedade.

9.5. INCUBADORAS DE EMPRESAS E OUTRAS INICIATIVAS

No ano de 2003, a Ufal já contava com outras duas incubadoras de empresas: uma delas era o Núcleo de Incubação de Empresas de Xingó (Niex). Criado em 2001, em Piranhas, baseado no projeto Xingó, foi uma parceria da Ufal, do Sebrae-AL, da Fapeal, da Companhia Hidrelétrica do São Francisco (Chesf), da Companhia de Desenvolvimento dos Vales do São Francisco e do Parnaíba (Codevasf), do Conselho Nacional de Desenvolvimento Científico e Tecnológico (CNPq) e do Núcleo de Incubação de Negócios Sociais e Tradicionais Espaço Gente, incubadora social, criada por resolução do conselho universitário, em março de 2003.

A incubadora de Xingó acabou fazendo o papel de braço extensionista da Ufal para o interior do estado (localizada a 330km da capital), mas tinha elementos fortes de promoção da cultura empreendedora, contando inclusive com um pioneiro telecentro (FIALHO; TONHOLO, 2005; MILITO et al., 2006), uma estrutura que fazia as vezes de inclusão digital e da cultura empreendedora, simultaneamente, em dezenas de treinamentos oferecidos. Os esforços na promoção da educação empreendedora neste projeto renderam à Ufal o Prêmio Anprotec de Projeto Inovador de 2003. De uma forma não prevista, estas atividades na área de empreendedorismo da Ufal na região do sertão acabaram por firmar as bases do que seria a segunda fase do programa de expansão da universidade, com a criação do campus do sertão, em Delmiro Gouveia, em 2009, pela segunda etapa do Programa de Apoio a Reestruturação e Expansão das Universidades Federais (Reuni).

Em 2002, ainda sob os efeitos do mutirão realizado na criação da Incubal, a Ufal concretizou a parceria com o Sebrae (Nacional e de Alagoas) e com a Bambuzeria Cruzeiro do Sul (instituição fundada para dar continuidade ao Programa Desenvolvimento do Ciclo do Bambu no Brasil), criando o Instituto do Bambu, para desenvolver atividades de empreendedorismo social. Esta organização social atuava em suas instalações na Ufal e no interior do estado para a implantação e o desenvolvimento da cadeia produtiva do bambu, desde a pesquisa científica e tecnológica até a inovação, tratando de todos os aspectos relacionados com a implantação e o desenvolvimento da cultura do bambu, com

Capítulo 9: Educação Empreendedora em Alagoas: Resultados de uma Trajetória em Ascensão

ênfase para o desenvolvimento sustentável acoplado à potencialidade da planta. O instituto era o braço técnico de suporte às ações do Sebrae–AL no âmbito das bambuzerias, dos centros de promoção social que utilizavam a biodisponibilidade dessa planta nativa para a inclusão social pela via de treinamento de populares nos aspectos manufatureiros e artísticos com vistas ao atendimento do mercado local e para mobiliário, instrumentos musicais, artesanato, construção civil etc. As bambuzerias chegaram a oito no estado de Alagoas e permitiram a edificação de vários negócios ecossustentáveis (FIALHO; SILVA; TONHOLO, 2005; MILITO et al., 2003). Foram realizadas mais de 200 capacitações, com cerca de cinco mil participantes, e os treinamentos envolviam desde aspectos da biodiversidade até ferramentas de negócios e da cultura empreendedora. As atividades do Sebrae-AL e do Instituto do Bambu foram reconhecidas a nível nacional, com a certificação de tecnologia social pela Fundação Banco do Brasil (2003) e com o Prêmio Von Martius de Empreendedorismo e Inovação Social, concedido pela Câmara de Comércio Brasil-Alemanha (2004), respectivamente. Apesar da significativa contribuição socioeconômica e principalmente no desenvolvimento da cultura empreendedora para o cidadão de pouca escolaridade, as iniciativas do Inbambu e das bambuzerias foram descontinuadas em 2010, por falta de sustentação financeira do programa.

Parte importante da mobilização na área de empreendedorismo no estado de Alagoas foi realizada pelo programa Empretec[8], implementado pelo Sebrae-AL em 1996, mas que só atingiu massa crítica considerável a partir de 2001. Um estudo realizado com 260 egressos do programa Empretec na região agreste do estado de Alagoas validou as premissas do programa e permitiu verificar a efetividade do treinamento nas atividades empreendedoras dos sujeitos estudados (SANTOS et al., 2005).

Nos anos de 2005 e 2009, as incubadoras contaram com o apoio da Financiadora de Estudos e Projetos (Finep), que financiou os projetos de apoio à Rede de Incubadoras de Alagoas (Raie), com bolsas de estudos, recursos para capital e custeio. Parcela significativa destes recursos era devotada à realização de cursos, oficinas e treinamentos para os empreendedores das incubadoras participantes, mas sempre se ofereciam vagas nesses treinamentos para o público em geral. Na versão de 2005, foram beneficiadas as incubadoras da Ufal (Incubal e Núcleo Espaço Gente) e a Incubadora de Empresas Tecnológicas (IET, Fundação Jayme de Altavilla [Fejal], entidade gestora do Centro de Estudos Superiores de Maceió [Cesmac]). Este projeto teve vigência de 2006 até 2009.

Já em 2009, a continuidade do projeto foi garantida com recursos da Finep. Este projeto, além das incubadoras da Ufal e a IET–Fejal, contou com a participação adicional do Senai-AL, através de sua Incubadora de Laticínios (Incla) e da Universidade de Ciências da Saúde do Estado de Alagoas (Uncisal), que não tinha incubadora e recebeu o apoio

---

[8] O Empretec é um curso de 60 horas de atividade, coordenado mundialmente pela Organização das Nações Unidas (ONU), orientado para desenvolver características de comportamento empreendedor e para a identificação de novas oportunidades de negócios. No Brasil, é realizado pelo Sebrae. Veja mais em: http://goo.gl/KMYhIA.

para a sua instalação, hoje denominada Unitec. Este projeto se estendeu até 2014. Por este meio foram realizados mais de 60 treinamentos nos assuntos: plano de negócios, cultura empreendedora, comportamento empreendedor, ferramentas de gestão, gestão de projetos, investimento etc., com emissão de cerca de três mil certificados em cursos de curta duração, até cursos de 60 horas.

Por outro lado, com a criação do Núcleo de Inovação Tecnológica (NIT) da Ufal e a aprovação de projeto na Chamada MCT/Finep/AT Pro-inova-2008 — linha um —, sob denominação de Consolidação e Expansão do NIT–UFAL — NIT 2 —, foi possível aumentar a capilaridade das capacitações nas demais instituições e para o interior do estado, com capacitações de servidores técnicos, estudantes e docentes da Ufal e outras instituições do estado, como a Uncisal, a Universidade Estadual de Alagoas (Uneal), e Fiea e a Fejal. Este projeto permitiu também o envolvimento direto de estudantes com empresas incubadas e projetos de caráter tecnológico, resultando em cerca de duas mil capacitações nas áreas de propriedade intelectual, transferência de tecnologia, empreendedorismo inovador, geração de negócios hi-tech, treinamentos do movimento de startups etc., nos anos de 2009 a 2014.

9.6. AS RECENTES INICIATIVAS DE FORTALECIMENTO DO AMBIENTE EMPREENDEDOR

Em 2013, o empreendedorismo em Alagoas ganha um novo fôlego por meio do fortalecimento do Fórum Estadual das Micro e Pequenas Empresas (Fempe). Tal entidade é composta por representantes das iniciativas públicas e privadas. Entre as públicas, tem-se: a Agência de Modernização da Gestão de Processos (Amgesp), a Junta Comercial de Alagoas (Juceal), a Secretaria de Estado da Ciência, Tecnologia e Inovação (Secti), a Secretaria de Estado do Trabalho, Emprego e Qualificação Profissional (Seteq) e a Agência de Fomento de Alagoas (Desenvolve); e, entre as privadas: o Sebrae–AL, a Federação do Comércio de Bens, Serviços e Turismo do Estado de Alagoas (Fecomércio–AL), a Fiea, o Serviço Nacional de Aprendizagem Comercial (Senac–AL) e a Associação de Microcrédito e Desenvolvimento Socioeconômico de Alagoas (Amicred). Estes representantes se distribuíram em cinco comitês temáticos: acesso a mercados, desoneração, desburocratização e meio ambiente, tecnologia e inovação, disseminação, informação e capacitação e investimento e financiamento, respectivamente.

Em virtude da existência de projetos de empreendedorismo estruturantes existentes e de iniciativas em comum entre a Ufal, o Sebrae de Alagoas e a Secretaria de Estado do Planejamento e Desenvolvimento Econômico (Seplande), o Comitê de Capacitação, Informação e Disseminação obteve maior destaque, conseguindo executar diversas ações que trouxeram grande impacto para a discussão e a implantação de iniciativas de educação empreendedora em Alagoas.

Os públicos-alvo deste comitê são os alunos de ensino fundamental, técnico e superior. Ao contrário de desenvolver uma metodologia própria para guiar as ações do comitê, foram pesquisadas as melhores práticas existentes, nacional e internacionalmente, que pudessem ser adaptadas à realidade alagoana. Dessa forma, conseguiu-se economizar tempo e recursos, além de ter instituições renomadas, nacional e internacionalmente, apoiando as ações do estado.

As ações realizadas/apoiadas durante esse período e que ganharam força e longevidade foram: Pontapé, Encontro Alagoano de Educação Empreendedora, Bota pra Fazer (Endeavor), Startup Weekend e Geração Empreendedora. Estas ações são descritas na sequência.

A primeira destas ações — Pontapé — foi baseada nos modelos do Ted[9][10] do Day1,[11] iniciativas com palestras voltadas para inspiração, com tempos curtos e sem formalidades. O Pontapé passou a ser o maior seminário de fomento e disseminação do empreendedorismo em Alagoas. Quatro características basearam a realização do Pontapé:

1. Baixo custo.
2. Alta capilaridade.
3. Gratuidade.
4. Trabalho em rede com várias instituições.

Iniciado em 06/11/2013, no auditório da reitoria da Ufal, realizado pelo Fempe, com coordenação conjunta da Ufal, da Secretaria de Estado do Planejamento e do Desenvolvimento Econômico (Seplande) e do Sebrae–AL, ele atingiu a marca de 30 edições (sete delas na Ufal), ultrapassando o número de 4.500 participantes, em sua maioria universitários.

Desde 2013, tem-se edições anuais do Encontro Alagoano de Educação Empreendedora, cujo foco é promover a discussão do desenvolvimento do comportamento empreendedor como parte da formação de novos profissionais, e para tanto traz profissionais importantes no cenário nacional e internacional. É direcionado a professores, secretários de educação, reitores, pró-reitores e diretores de cursos de graduação. Assim, motiva e inspira os professores a estimular seus alunos para se inserir no mercado de trabalho, seja seguindo carreira em uma empresa ou abrindo o próprio negócio.

A Ufal firmou convênio com a Endeavor para aplicar a metodologia do Bota pra Fazer (BPF), curso de criação de negócios de alto impacto, capacitando 20 professores para atuar como facilitadores. O programa foi realizado de modo semipresencial nas cidades de Maceió, Arapiraca, Palmeira dos Índios, Delmiro Gouveia e Santana do Ipanema.

---

[9] Segundo o programa Empretec/Sebrae, são características comportamentais do empreendedor: a busca de oportunidades e a iniciativa, persistência, capacidade de correr riscos calculados, exigência de qualidade e eficiência, comprometimento, busca de informações, estabelecimento de metas, planejamento e monitoramento sistemáticos, capacidade de persuasão e criação de rede de contatos, independência e autoconfiança. Veja mais em: http://goo.gl/Cu7hfn.

[10] www.ted.com.

[11] www.day1.endeavor.org.br.

Com início em novembro de 2013, foram realizadas 22 turmas, que impactaram 1.819 alunos, até setembro de 2014. O principal resultado trazido pelo BPF foi a ampliação do número de ideias de negócios submetidas ao edital da incubadora da Ufal. Em 2013, foram quatro ideias, e, em 2014, este número subiu para 14. (Observação: são projetos de ideias inovadoras.)

Um dos melhores e maiores eventos de empreendedorismo mundial, o Startup Weekend (SW), é uma rede global de líderes e empreendedores de alto impacto em uma missão de inspirar, educar e capacitar indivíduos, equipes e comunidades. Mais de 8.000 startups foram criadas nos eventos realizados em 150 países, e teve aproximadamente 190.000 participantes (NAGER; NELSEN e NOUYRIGAT, 2012). O primeiro SW realizado em Alagoas foi no ano de 2013, uma iniciativa de empreendedores alagoanos com o apoio da Secretaria de Estado da Ciência, Tecnologia e Inovação e do Sebrae–AL, e em julho de 2016 chegou à 8ª edição, capacitando aproximadamente 800 pessoas — primordialmente, jovens pré-universitários e universitários — nas cidades de Maceió, Arapiraca, Palmeira dos Índios, Santana do Ipanema e Delmiro Gouveia.

O programa Geração Empreendedora tem como objetivo encorajar e apoiar jovens empreendedores em comunidades de baixa renda a começar a desenvolver seus negócios. O programa é fruto da parceria entre a Aliança Empreendedora,[12] organização que apoia empresas, organizações sociais e governos no desenvolvimento de modelos de negócios inclusivos e projetos de apoio a microempreendedores de baixa renda, e a Youth Business International (YBI), instituição de caridade global, que oferece suporte a jovens em seus negócios, com atuação em 36 países, e que tem o príncipe Charles como patrono. Em Alagoas, o programa foi implantado em 2014, atendendo os municípios de Arapiraca, Palmeira dos Índios, Santana do Ipanema, Ouro Branco e Delmiro Gouveia. Por meio desse trabalho, foi possível identificar 17 alunos mais preparados para o mercado de trabalho e 157 empreendedores mais confiantes para o desenvolvimento de seus negócios.

No campo da tecnologia da informação, Alagoas tem passado por avanços significativos. O fortalecimento da Secretaria de Estado da Ciência, da Tecnologia e da Inovação, a partir de 2010, proporcionou a realização de diversas ações de fortalecimento do setor. A liderança e o apoio nos eventos de startups, como Demoday, além da retomada da construção do Polo de Tecnologia, Informação e Comunicação Social no bairro do Jaraguá, são destaques que deram relevância para uma secretaria que até então possuía pouca contribuição para o empreendedorismo local. A finalização das obras do polo e a identificação do modelo de gestão a ser adotado são os próximos passos a ser dados. As expectativas são grandes, principalmente para as startups e as empresas consolidadas de TI do estado, que veem no polo uma oportunidade para o desenvolvimento de seus negócios.

---

[12] Veja mais em: http://aliancaempreendedora.org.br/.

Como consequência dessa diversidade de ações de estímulo ao empreendedorismo, novos grupos constituídos, em sua maioria, de jovens ainda na universidade ou recém-formados, passaram a desenvolver em Alagoas uma série de iniciativas de forma descentralizada. Assim, se observou a chegada de movimentos importantes do meio universitário, como a Aiesec,[13] organização social com sede na Holanda que tem como objetivo formar jovens talentos e voluntários de alto impacto e conectá-los com empresas e ONGs em todo o mundo, o Movimento Choice,[14] rede de universitários voltada para disseminar e discutir sobre negócios sociais, e a Enactus,[15] organização internacional que visa inspirar alunos a melhorar o mundo através da ação empreendedora. Esta última, possui equipe na Ufal, que, por sua vez, em oito meses de atuação alcançou uma posição entre os dez melhores projetos e foi considerada como o time revelação do ano em 2016.

Em 2009, com a proliferação das EJs em um maior número de faculdades, foi criada a Federação das Empresas Juniores do Estado de Alagoas (Fejea). Essa ação foi um passo importante para a consolidação do movimento e seu posicionamento em âmbito nacional. Em 2010, a Fejea se vinculou à Confederação Brasileira de Empresas Juniores (Brasil Júnior), o que permitiu trocas de experiências com membros de outras federações, o fortalecimento da gestão das EJs alagoanas e a maior disseminação da causa do movimento alinhando-se com o que está sendo discutido em todo o Brasil.

Atualmente, a Fejea possui quatro empresas juniores federadas de IES públicas e privadas. Além disso, são registradas mais de 20 iniciativas e EJs não federadas em seis cidades do estado, totalizando cerca de 200 empresários juniores envolvidos em mais de 15 cursos de graduação.

Outra instituição com presença em Alagoas é a Fundação Estudar,[16] instituição sem fins lucrativos que apoia jovens brasileiros por meio de bolsas e formação profissional, que, entre os anos 2014 e 2015, realizou quatro edições do LabX, programa de formação de lideranças transformadoras voltado para a construção de uma rede de jovens líderes que causem impacto em suas comunidades por todo o Brasil. Através dele, mais de 100 jovens alagoanos com atuação em diversas áreas puderam se conectar, sendo desafiados a promover mudanças na sua localidade de acordo com seus propósitos de vida. Foi através das edições do LabX Maceió que diversos participantes passaram a trabalhar em conjunto em iniciativas de cunho social, fechando parcerias ou até mesmo montando negócios em conjunto.

Em 2014, foi criado em Alagoas o Núcleo de ExAchievment (Nexa), formado por jovens que fizeram parte dos programas da Junior Achievement, ONG internacional mantida

---

[13] Veja mais em: http://aiesec.org.br/.
[14] Veja mais em: http://choice.org.br/.
[15] Veja mais em: http://www.enactus.org.br/.
[16] Veja mais em: https://www.estudar.org.br/.

pela iniciativa privada com atuação no Brasil desde 1994, visando estimular o espírito empreendedor de jovens ainda na escola. Estes deram continuidade aos trabalhos dentro da associação, promovendo o desenvolvimento de outros jovens que, assim como eles, buscam oportunidades para o crescimento profissional.

Também durante essa época, surge nos estados de Alagoas e Pernambuco o Papo de Universitário,[17] uma iniciativa criada para inspirar jovens de todo o Brasil a serem protagonistas ainda na universidade, criando uma comunidade que possa fazer a diferença em suas vidas. Através da participação em eventos, como o Feirão do Estudante, em que alunos do ensino médio são preparados para conhecer os desafios do mercado de trabalho e o quanto a universidade será determinante para o seu sucesso.

Com a proposta de promover a formação de novas lideranças para o estado através do empreendedorismo, bem como ser uma base para a sucessão familiar de diversas empresas alagoanas, foi retomado, em 2014, o movimento de jovens empresários, idealizado pela Associação Comercial de Maceió. No mesmo ano, o Conselho de Jovens Empreendedores de Alagoas (CJE Alagoas) pleiteou sua entrada na Confederação Nacional dos Jovens Empresários (Conaje), passando a ser o representante de Alagoas nessa entidade.

Por meio dessa reestruturação, o CJE Alagoas passou a atuar em três frentes: capacitação, representatividade e relacionamento. Seus projetos envolvem desde a conscientização da população quanto aos impostos pagos, através do Feirão do Imposto; debate e apresentação de propostas com representantes políticos, por meio do Encontro com a Gestão Pública, e a qualificação profissional e preparação do empreendedor por meio do Capacita Jovem.

Esse projeto também resultou na criação de uma equipe de trabalho voltada para a realização de atividades para a Semana Global do Empreendedorismo (SGE). No primeiro ano, com o apoio do Sebrae Alagoas, foram realizadas diversas atividades de fomento ao empreendedorismo (Pontapé), formação de empreendedorismo social (Workshop Choice), capacitação em gestão empresarial (Conaje Capacita) e empoderamento feminino (Beleza Empreendedora), na capital e em cinco cidades do interior de Alagoas.

Já em 2015, as ações se concentraram em Maceió, porém, com maior representação de segmentos do empreendedorismo, tais como a Academia, movimento de empresa júnior, entidades de fomento e associações empresariais. Dentre as atividades, foram destaques a realização de duas edições do Pontapé, formação de professores do ensino fundamental em educação empreendedora, o evento de compartilhamento de ações de empreendedorismo em Alagoas (C ao Cubo), idealizado pela Fejea; empresário sombra da Junior Achievement e a edição da Startup Weekend. Nos dois anos, a SGE teve um número aproximado de 3.200 pessoas impactadas.

---

[17] Veja mais em: http://www.papodeuniversitario.com/.

Capítulo 9: Educação Empreendedora em Alagoas: Resultados de uma Trajetória em Ascensão

A partir do ano 2013, o trabalho do Sebrae de Alagoas com a educação empreendedora passou a ter maior fortalecimento com a proposta de levar para todo o estado essa importante temática. No ensino fundamental, o programa Jovens Empreendedores Primeiros Passos (JEEP) merece destaque pela sua capilaridade nas escolas públicas e privadas de Alagoas. Ele tem como objetivo desenvolver o comportamento empreendedor e a capacidade de escolha de alunos do ensino fundamental. Em 2014, foram atendidos 2.000 alunos de dez escolas nos municípios de Craíbas, Mar Vermelho, Palmeira dos Índios e Maceió. Nessa etapa, foram capacitados 350 professores. Em 2015, com o sucesso no primeiro ano, o programa foi fortalecido e levado a 12 escolas particulares de Maceió e mais 15 municípios, através da articulação com prefeituras e secretarias municipais de educação. Como resultado, foram atingidos 13 mil alunos e capacitados mais de 500 professores.

Na esfera do ensino superior, em 2014, o Sebrae de Alagoas firmou convênio com três IES alagoanas, com o intuito de promover a realização de um maior número de ações de educação empreendedora através de edital do Sebrae Nacional.[18] Já em 2015, através de parceria com três faculdades particulares, foram capacitados 40 professores na disciplina de empreendedorismo. No mesmo ano, mais de 970 alunos da capital e do interior participaram do Desafio Universitário Empreendedor, programa que estimula nos universitários o comportamento empreendedor e os prepara para o mercado. Deste total, 40 alunos passaram para a semifinal e os primeiros colocados representaram o estado na etapa nacional.

9.7. CONSIDERAÇÕES FINAIS

Como visto, o estado de Alagoas tem passado por um momento importante de transformação voltado para a educação e a cultura do empreendedorismo. Em recente publicação da Endeavor, através do Índice de Cidades Empreendedoras (Endeavor, 2015), Maceió apareceu em primeiro lugar quando se trata de "potencial empreendedor". Os maceioenses se destacam na avaliação de visão de oportunidades e sonho grande. Ao analisar o quesito "cultura empreendedora", a cidade de Maceió se posiciona em 11º lugar. Este resultado é reflexo direto das ações a favor do empreendedorismo inovador, aqui citadas. Seja por iniciativa de indivíduos ou de instituições como o Sebrae, a IEL e as universidades, nota-se que a educação empreendedora tem recebido atenção e surtido o efeito necessário para a sensibilização do cidadão alagoano, particularmente dos jovens. Deve-se considerar ainda as perdas e os retrabalhos consequentes da descontinuidade ou redundância das ações e programas, a despeito dos quais ainda se pode avaliar positivamente a disseminação da cultura empreendedora.

---

[18] O Capítulo 14 deste livro apresenta toda a amplitude das ações e soluções do Sebrae para a educação empreendedora.

No entanto, este é um fenômeno regional, pois, segundo a Endeavor:

> O Nordeste repete (em 2015) o resultado da 1ª edição do índice de cidades empreendedoras, consolidando-se como a região com maior cultura empreendedora do país. Se ainda existem diversos desafios estruturais na região, a cultura local motiva e engaja a população para transformá-los.

A mesma publicação apura todos os outros pilares necessários à atividade empreendedora, a saber: o ambiente regulatório, a infraestrutura, o mercado, o acesso ao capital, o uso da inovação nos negócios e o capital humano disponível, além da cultura empreendedora. Apesar da liderança no "potencial empreendedor" e do bom resultado na "cultura empreendedora", o mesmo estudo aponta que a capital alagoana está em último lugar no índice geral, no comparativo com 32 cidades brasileiras investigadas. Ou seja, apesar do bom trabalho realizado quanto ao estímulo e à disseminação do empreendedorismo, a cidade conta com um ambiente adverso aos negócios, que clama por melhorias urgentes.

De outro lado, a criação da rede global de empreendedorismo no estado, proposta pelo Comitê da Rede Global de Empreendedorismo, pode ser uma ponte para a melhoria do ecossistema local, a partir do momento em que pessoas e instituições de diversas categorias de incentivo ao empreendedor poderão propor soluções, pleitear mudanças e desenvolver ações em conjunto.

As conquistas recentes de empresas locais em premiações nacionais e internacionais também trouxeram um novo ânimo para os empreendedores. A eleição do Hand Talk,[19] solução criada por três jovens alagoanos que oferece tradução para língua de sinais, como melhor aplicativo social do mundo pela ONU, em 2013, além do primeiro lugar na RioInfo no ano anterior, colocou Alagoas no mapa do avançado mundo tecnológico. Além disso, o sucesso obtido nos anos de 2013 e 2014 por startups como CrowdMobi,[20] ferramenta de monitoramento da qualidade das operadoras de telefonia móvel, e o Meu Tutor,[21] a plataforma educacional de ensino personalizado, respectivamente, evidenciaram que algo de positivo tem acontecido em Alagoas nesse setor.

Trabalho árduo, ação e esperança de mudanças positivas são os norteadores da necessária transformação pela qual Alagoas precisa passar... E, pelo menos na esfera da cultura empreendedora, podemos afirmar que se caminha na direção correta.

---

[19] Veja mais em: https://www.handtalk.me/.

[20] Veja mais em: http://www.crowdmobi.com.br/.

[21] Veja mais em: http://meututor.com.br/.

9.8. REFERÊNCIAS BIBLIOGRÁFICAS

ACS, Z. J.; AUDRETSCH, D. B, (Eds.). *Handbook of Entrepreneurship Research -An Interdisciplinary Survey and Introduction*, Nova Iorque, Springer, 2010.

BRAGA, M. Empreendedorismo na Universidade in *Gestão em Ciência e Tecnologia: Textos Alagoanos*, Org. J. Tonholo, Edufal, Maceió, 2001, pp. 121-133.

ENDEAVOR, ICE 2015. *Índice de Cidades Empreendedoras*. Disponível em: http://info.endeavor.org.br/ice2015. Acesso em: 23/08/2016.

ETZKOWITZ, H., Innovation Lodestar: The entrepreneurial university in a stellar knowledge firmament, *Technol. Forecast. Soc. Change* (2016), in press.

FIALHO, E.G., SILVA, A.L.P., TONHOLO, J.; Desenvolvimento da Cadeia Produtiva do Bambu: Uma Oportunidade Para Empreender; *XI Seminario Latino-Iberoamericano de Gestión Tecnológica-ALTEC*, Salvador/BA, 2005, 10p. Disponível em: https://goo.gl/lV5iVa. Acesso em: 23/08/2016.

FIALHO, E.G.; TONHOLO, J. *A Incubadora participando do desenvolvimento local*, in *Caminhos para o sucesso em incubadoras e parques tecnológicos: um guia de boas práticas-2005*, Org. Josealdo Tonholo e Sheila Oliveira Pires. Edições Anprotec & Sebrae, Brasília, 2005, pp. 80-82.

INPI. Ranking dos Depositantes Residentes 2015 Estatísticas Preliminares. *B. Mens. Prop. Industr.*, Rio de Janeiro, v.1, n. esp., p. 1-17, maio. 2016. Disponível em: http://www.inpi.gov.br/estatisticas. Acesso em: 23/08/2016.

LEITE, S. N., PAMPLONA, F. M. P., JULIÃO, V. J. M. R, TONHOLO, J. Impacto da inserção de um mecanismo inovador de instigação tecnológica numa realidade conservadora, in *"Gestão em Ciência e Tecnologia: Textos Alagoanos*, Org. J. Tonholo, Edufal: Maceió, pp. 75-99, 2001.

McCLELLAND, D. C. *The achieving society*. Princeton: D. Van Nostrand, 1961.

MILITO, C.; DANTAS, A. B.; TONHOLO, J.; SANTOS, P. C. F. Empreendedorismo Social: O Caso da Bambuzeria e Papelaria Capricho, *5o. Encontro Nacional de Empreendedorismo — ENEMPRE*, Florianópolis/SC, 2003, 11p. Disponível em: https://goo.gl/BFQati. Acesso em: 23/08/2016.

MILITO, C. M., TONHOLO, J., DANTAS, A. B., SANTA RITA, L. P., COSTA, E. B., OLIVEIRA, R. C. S., SILVA, M. A. Mutirão Acadêmico: Instrumento efetivo para ações fora de sede in *Caminhos para o sucesso em incubadoras e parques tecnológicos: um guia de boas práticas-2006*, Org. Josealdo Tonholo e Sheila Oliveira Pires. Edições ANPROTEC & SEBRAE, Brasília, pp. 54-56, 2006.

NAGER, M.; NELSEN, C.; NOUYRIGAT, F. *Startup Weekend:* **como levar uma empresa do conceito à criação em 54 horas**. Rio de Janeiro: Alta Books, 2012.

ROCHA, E. L. C; FREITAS , A. A. F. Avaliação do Ensino de Empreendedorismo entre Estudantes Universitários por meio do Perfil Empreendedor. *Revista de Administração Contemporânea*, v. 18, n. 4, art. 5, pp. 465-486, Jul./Ago. 2014.

ROSÁRIO, F. J. P., TONHOLO, J., LEITE, S. N., UCHOA, S. B. B., SILVA, P. B. B. O Papel de uma Universidade Federal na consolidação de um Sistema Regional de Inovação em região periférica: O estudo de caso Alagoano. *XIV Congreso Latino-Iberoamericano de Gestión Tecnológica-ALTEC*, Lima/Peru, 2011, 16p. Disponível em: https://goo.gl/oQfmzc. Acesso em: 23/08/2016.

SANTOS, P. C. F., TONHOLO, J., NASCIMENTO JUNIOR, O. R., DANTAS, A. B. Proposição e metodologia par avaliar perfil de um público-alvo potencialmente empreendedor. *XV Seminário Nacional de Parques Tecnológicos e Incubadoras de Empresas — ANPROTEC/SEBRAE*, Curitiba/PR, 2005, 16p. Disponível em: https://goo.gl/MU8L0X. Acesso em: 23/08/2016.

TONHOLO, J. et al. Alagoas: uma visão contemporânea do Sistema Local de Inovação, in Cuba e Brasil no Século XXI, Org. C. V. Zen, *Blucher Education Proceedings*, São Paulo, 2015, pp. 121-140. Disponível em: http://goo.gl/HXcMYj. Acesso em: 23/08/2016.

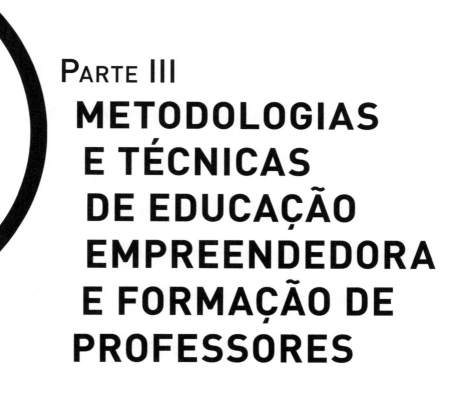

Parte III
METODOLOGIAS E TÉCNICAS DE EDUCAÇÃO EMPREENDEDORA E FORMAÇÃO DE PROFESSORES

CAPÍTULO 10

O ENSINO DE EMPREENDEDORISMO NOS CURSOS DE GRADUAÇÃO DE SANTA CATARINA: TÉCNICAS E RESULTADOS

Marianne Hoeltgebaum[1]
Barbara Kobuszewski Volles[2]
Luciana Ronchi[3]

Quando se fala em educação empreendedora, temos que fazer uma retrospectiva das iniciativas e dos formatos existentes no país. No Brasil, o ensino do empreendedorismo nas universidades surgiu em 1981, com a introdução de uma disciplina em um curso de especialização em administração, em São Paulo, na Fundação Getúlio Vargas (FGV) de São Paulo; e, em 1984, a proposta foi estendida para o curso de graduação em administração na mesma fundação. Desde a década de 1980, a FGV de São Paulo tem se preocupado com a pesquisa na área, encabeçando o desenvolvimento de estudos criteriosos sobre as pequenas empresas. Lembrando que era uma época em que as multinacionais eram as grandes sensações do momento.

A grande iniciativa do governo brasileiro, que iniciou o processo de desenvolvimento de professores para lecionar as disciplinas de empreendedorismo no Brasil, foi o Softstart, uma atividade do programa Softex, criado na década de 1990. O programa Softex implantou dois projetos, com a finalidade de estimular a exportação do software brasileiro: o Gênesis, de incubação universitária, e o Softstart, na área de ensino de empreendedorismo. O professor consultor Jacques Filion,[4] com a ajuda do professor Fernando Dolabela,[5] foi o protagonista deste processo, e, com a ajuda das instituições filiadas às federações das indústrias, o ensino a professores de todo o Brasil foi auxiliado. O impacto foi imediato, e

---

[1] Professora da Fundação Universidade Regional de Blumenau.

[2] Graduada em comunicação social: publicidade e propaganda, pela Fundação Universidade Regional de Blumenau (Furb).

[3] Graduada em turismo e lazer pela Fundação Universidade Regional de Blumenau (Furb).

[4] Professor e pesquisador da HEC Montreal.

[5] Consultor e professor da Fundação Dom Cabral.

os cursos de graduação tiveram a grade curricular alterada, sendo inseridas as disciplinas de empreendedorismo, com os mais diversos nomes: formação de novos empreendimentos, criação de novos negócios, empreendedorismo, startup studies, entre outros. A PUC do Rio de Janeiro, com o professor José Alberto Aranha,[6] foi inovadora, sendo a primeira universidade a oferecer dupla certificação no Brasil. Os alunos dos mais diversos cursos puderam optar por disciplinas que os habilitavam na segunda certificação em um minor de empreendedorismo.

Outra importante ação no Brasil foi a Junior Achievement. Trata-se de uma associação educativa sem fins lucrativos, mantida pela iniciativa privada, que tem como objetivo despertar o espírito empreendedor nos jovens, ainda na escola, estimulando o seu desenvolvimento pessoal, proporcionando uma visão clara do mundo dos negócios e facilitando o acesso ao mercado de trabalho. Fundada em 1919, nos Estados Unidos, a Junior Achievement é a maior e mais antiga organização de educação prática em negócios, economia e empreendedorismo do mundo. Esta iniciativa despertou nos alunos do ensino fundamental em todo o Brasil a necessidade e vontade de conhecer o fenômeno do empreendedorismo. A metodologia de aula propicia professores das mais diversas áreas e empresários a ensinar crianças do ensino fundamental a pensar em um negócio, vender cotas para comprar suas matérias-primas, a produzir, a vender, a gerir os lucros e, ao final, calcular e retornar os investimentos aos que patrocinaram as primeiras cotas para as compras de insumos. Com a Junior Achievement, a criação e a gestão de um pequeno negócio virou uma semente, que ficou presente na mente de milhares de crianças que, ao chegar ao ensino superior, a partir do final da década 1990, estavam ávidos para aprender como ser um empreendedor de sucesso.

O Sebrae (veja no Capítulo 14 o papel do Sebrae) também tem desempenhado um papel fundamental na educação, criação e apoio na gestão de pequenos empreendimentos. Promove parceria com as universidades para qualificar professores e fomentar nos alunos a criação de novos negócios, por meio de premiações que normalmente estão vinculadas a viagens internacionais e melhoria na qualificação dos mesmos. Além de parcerias com o governo, que auxiliam na criação de novos empreendimentos com apoio financeiro e fomento de incubadoras para os mesmos se desenvolverem nos primeiros anos.

Reuniões para discussões e melhorias no processo de ensino ocorrem com frequência. Uma delas é o Round of Entrepreneurship Education (REE), que ocorreu com o auxílio da Universidade de Stanford e seus pesquisadores e com a presença de pesquisadores de toda a América Latina. Desde 2011, as reuniões REE são organizadas no Brasil pela Endeavor.

No entanto, é importante lembrar que o ensino tem variações conforme a maioria das origens dos cursos dos alunos, em que as metodologias e os conteúdos se diferenciam, para suprir as características de formação dos alunos. Além disso, encontros científicos como

---

[6] Diretor do Instituto Gênesis da PUC-RJ e diretor de novos empreendimentos da Redetec.

o Encontro de Estudos em Empreendedorismo e Gestão de Pequenas Empresas (Egepe)[7], iniciados em 2000, são valiosas oportunidades para discussão. Neste, os principais estudos da área são discutidos e apresentados em forma de palestra, cursos, apresentação de *paper*, apresentação de projetos de mestrado e doutorado, demonstração de jogos e técnicas de ensino do empreendedorismo.

Quando se fala de empreendedorismo, Santa Catarina, apesar de ser um estado pequeno, é palco de boa parte dos eventos e iniciativas na área, tanto para educação empreendedora, como para o suporte do ensino no estado. Um exemplo é o Banco do Empreendedor, que está sediado no estado há mais de 15 anos. O estado também possui laboratórios e incubadoras de inovação e empreendedorismo, além de sediar em algumas universidades regionais as incubadoras que trouxeram para o interior do estado a oportunidade de qualificação, sendo esta uma ação histórica no estado de Santa Catarina. O estado apresenta 13 centros de inovação, que chegam com a proposta de trazer qualidade de vida, modernizar a economia e fortalecer o modelo catarinense de distribuição demográfica, que faz toda a diferença a favor do estado, e garante oportunidades, também por meio de parques tecnológicos e redes bem estruturadas atuantes com iniciativas pública e privada. Boa parte das universidades foi criada com o intuito de gerar empregos e não somente de qualificar empregados. A inovação está na veia do estado; assim, neste capítulo do livro, pretende-se estudar como ocorre o ensino do empreendedorismo nos cursos de graduação do estado de Santa Catarina. Explicando também as tendências com a utilização da internet como ferramenta de apoio para a qualificação.

10.1. O ENSINO DA DISCIPLINA DO EMPREENDEDORISMO NAS INSTITUIÇÕES DE ENSINO SUPERIOR

O empreendedorismo nas universidades se tornou um programa educacional, com padrões de aprendizagem que visam inspirar um ensino contínuo e disseminar o papel empreendedor como forma de atuação profissional (FILION e LIMA, 2010). Logo, a formação empreendedora nas universidades, ou seja, o ensino do empreendedorismo, surgiu como uma vertente disciplinar, que integra hoje o currículo de uma série de cursos de graduação, uma vez que o empreendedorismo e o empreendedor fazem parte dos contextos social, econômico, cultural e de negócios, em diversas áreas de atuação.

Segundo Filion e Lima (2010), estes cursos devem permitir que cada aluno possa identificar o que quer aprender e definir a estrutura na qual vai aprender e devem incluir estratégias de multi-instrução. Para ser um curso concreto e prático, deverá apresentar

---

[7] Pesquisadores e professores envolvidos com a organização do Egepe fundaram, em 2011, a Associação Nacional de Estudos de Empreendedorismo e Gestão de Pequenas Empresas (Anegepe). Veja mais em: www.anegepe.org.br.

material útil para a prática; por conseguinte, deverá ser visto pelos participantes como uma atividade de aprendizagem, e não apenas como transmissão de conhecimento do professor. Para isso, deverá incluir o acompanhamento pessoal dos objetivos de aprendizagem de cada participante e os estudos de caso deverão ser adaptados às características da área do curso em que a disciplina de empreendedorismo está sendo lecionada.

Pardini e Santos (2001) sugerem que a abordagem do ensino do empreendedorismo seja interdisciplinar, em um grande entrelaçamento entre comunidade docente e discente. Enfatizando que é papel das universidades concretizar os desejos do futuro profissional do mercado, por meio do conhecimento, com a busca da superação e capacitação do ser social, que entende seu papel e aplica, com desenvoltura, tais conhecimentos de habilidades técnicas e científicas (GIOVANELA et al., 2010). O aluno, a partir desta proposta, passa a ser agente de sua própria aprendizagem e é visto como cliente; intensificando sua formação técnica voltada para o mercado e sua formação de cidadão, em relação às respostas positivas à sociedade. A partir desta proposta, o professor assume um papel crucial por ser ele o elemento mobilizador e motivador do grupo (GIOVANELA et al., 2010).

Nas disciplinas de empreendedorismo, é importante que os alunos aprendam fazendo, ou seja, o professor assume (em sala de aula ou fora dela) o papel de organizador, orientador, consultor, indicando caminhos, abrindo portas e, principalmente, questionando os alunos sobre todos os aspectos de um novo empreendimento (TOMIO e HOELTGEBAUM, 2001). Cabe ao professor ser o mediador da formação empreendedora destes alunos, descrevendo, assim, o papel do empreendedorismo e a sua contribuição para o desenvolvimento econômico.

Deste modo, o aluno assume um papel de protagonista no processo, pondo em prática condutas operacionais de autoaprendizagem. Obviamente, deve ser preocupação constante do professor desenvolver no aluno os aspectos da aprendizagem na conduta pessoal, para fazer com que os novos conhecimentos assumidos por ele não se limitem ao campo técnico, mas sim se ampliem ao aspecto comportamental (TOMIO e HOELTGEBAUM, 2001). Portanto, é importante que os alunos sejam capazes de aplicar modelos de tomada de decisão no seu dia a dia, tendo conhecimentos dos diversos tipos de habilidades e decisões necessárias ao sucesso de empreender (SCHMIDT et al., 2005).

Assim, com a formação empreendedora, os alunos serão capazes de reconhecer a necessidade de um processo contínuo de aprendizagem para a expansão de seu empreendimento, serão capazes de identificar novas oportunidades de negócio e ampliação de mercados já existentes, terão a capacidade de desenvolver um plano de negócio que inclua vários componentes, tais como aspectos financeiros, produção, recursos humanos e marketing, poderão identificar e utilizar serviços de apoio de entidades voltados para os empreendedores, e, por fim, serão capazes de implementar estratégias gerenciais eficazes (SCHMIDT et al., 2005; LIMA et al., 2006).

Neste contexto, o ensino de empreendedorismo propõe-se a aprimorar as habilidades do empreendedor em si, visando a formação de empreendedores bem-sucedidos e não, exclusivamente, de empreendimentos de sucesso (SCHMIDT et al., 2005). Para isso, a formação precisa basear-se no desenvolvimento do autoconhecimento, por meio da ênfase em conceitos como perseverança, imaginação, criatividade e inovação. Cabe à instituição proporcionar um ambiente favorável, disponibilizando espaços de discussão e reflexão, que permitam o desenvolvimento de competências empreendedoras (CARVALHO et al., 2005).

Em uma proposta de apresentar subsídios de apoio para o ensino do empreendedorismo, Dalfovo (2005) discorre sobre um ambiente que se utiliza da internet e que agrega o uso da tecnologia para o desenvolvimento das atividades. Assim, proporciona o acompanhamento das atividades na disciplina e a obtenção de informações relacionadas ao conteúdo a qualquer momento, operacionalizando uma constante interação. Tal interacionismo permite desenvolver exercícios básicos de elementos do empreendedorismo: construção de conhecimento, autoaprendizado e rede de contato, em uma abordagem vivencial.

Atualmente, outro importante componente para a promoção de um novo negócio são as mídias sociais. Destacadas como as ferramentas certas para ganhar acessibilidade ao mercado e também para uma melhor gestão de relacionamento com clientes (GALINARI et al., 2015), as mídias sociais são também responsáveis por conduzir atividades internacionais, devido à sua capacidade de melhorar a comunicação com clientes estrangeiros e reduzir ou eliminar distâncias geográficas. Além de que ela é responsável pelo impacto direto sobre o uso de mídia social de uma empresa, particularmente no caso das pequenas e médias empresas (PME) orientadas para a exportação, que trabalham regularmente com mercados e clientes internacionais (DWYER et al., 2009). Neste caso, as ferramentas sociais como blogs, sites de redes sociais, fóruns de discussão e comunidades criadas por usuários, centradas no cliente, permitem às organizações interagir diretamente com membros específicos da rede (GALINERI et al., 2015).

Portanto, cabe ao professor do ensino do empreendedorismo adequar estas mídias em suas aulas (veja no Capítulo 13 mais informações sobre a formação de professores de empreendedorismo). Para utilizá-las, é preciso ter competências empreendedoras, como senso de criatividade, tomada de risco e habilidade de transformar ideias em ações, tendo a capacidade de fazer networking (rede de contato), trabalhar em grupo e explorar oportunidades inovadoras (DAM, VAN et al., 2010; EUROPEAN COMMISSION, 2015). Ou seja, deverá ser um educador com capacidade de utilizar facilmente a tecnologia, transformando-a em uma ferramenta para o ensino e a aprendizagem, tendo como foco tutorar o aluno experimentador (DRENT e MEELISSEN, 2008). Este tipo de professor criará uma educação ainda mais inovadora e com métodos de ensino criativos, sendo esta uma real necessidade em todas as universidades do Brasil (BALAN e METCALFE, 2012; MATLAY et al., 2010).

Uma vez que a formação empreendedora envolve uma série de conteúdos de aprendizagem, faz-se necessário organizar as diversas metodologias com as respectivas aplicações pedagógicas. Dessa forma, à luz da proposta pedagógica pesquisada, é importante identificar, relacionar e descrever as respectivas aplicações dos principais objetivos, procedimentos metodológicos e metodologias utilizadas no ensino do empreendedorismo.

10.1.1. Objetivos, procedimentos metodológicos e metodologias de ensino utilizadas no ensino do empreendedorismo nas instituições de ensino superior (IES)

Acredita-se que o empreendedorismo possa ser ensinado a qualquer pessoa, desde que sejam utilizadas as devidas metodologias de ensino, os procedimentos e objetivos adequados ao processo de ensino e aprendizagem do empreendedorismo (SCHMIDT et al., 2005). As metodologias de ensino no Brasil são tradicionalmente marcadas pela vertente da psicologia, sendo estas classificadas entre tradicionalista, comportamentalista, humanista, cognitivista e sociocultural (MIZUKAMI, 1986).

A abordagem tradicionalista se baseia na aula expositiva e nas demonstrações do professor à classe, tomada quase como um auditório. O professor já traz o conteúdo pronto e o aluno se limita exclusivamente a escutá-lo. Já a abordagem comportamentalista inclui tanto a aplicação da tecnologia educacional e de estratégias de ensino, quanto formas de reforço no relacionamento professor-aluno. Na abordagem humanista, não se enfatiza técnica ou método para facilitar a aprendizagem. Cada educador deve elaborar a sua forma de facilitar a aprendizagem. No que se refere ao que ocorre em sala de aula, a ênfase é atribuída à relação pedagógica, à geração de um clima favorável ao desenvolvimento das pessoas, que possibilite liberdade para aprender (MIZUKAMI, 1986). Na abordagem cognitivista, o desenvolvimento humano é que traz implicações para o ensino. Uma das implicações fundamentais é a de que a inteligência se constrói a partir da troca do organismo com o meio, por meio das ações do indivíduo. A ação do indivíduo é o centro do processo, e os fatores sociais ou educativos constituem uma condição de desenvolvimento construtivista (MIZUKAMI, 1986). Quando se trata da abordagem sociocultural, os alunos recebem informações e analisam os aspectos da sua própria experiência existencial, utilizando situações vivenciais de grupo, em forma de debate crítico (MIZUKAMI, 1986).

Estas metodologias são utilizadas constantemente no ensino e aprendizagem, porém, é a partir da abordagem cognitivista e sociocultural, que constituem as novas linhas construtivistas de ensino, que melhor se explica o ensino do empreendedorismo, visto que estas formam os objetivos e os procedimentos metodológicos da prática. Com o objetivo de desenvolver o ensino do empreendedorismo, diferentes obras fomentam esta prática, como: a obra de Chiavenato (2004), em *Empreendedorismo: dando asas ao espírito empreendedor*, a obra de Dornelas (2008b), em *Empreendedorismo: transformando ideias em negócios*, de Degen (2009), em *O empreendedor: empreender como opção de carreira*, de Luecke (2009), em *Ferramentas para empreendedores: ferramentas e técnicas para expandir seus negócios*, de Mendes (2009), em *Manual do empreendedor: como construir um empreendimento de sucesso*, de Dornelas et al. (2010), em *Criação de novos negócios: empreendedorismo para o século XXI*, de Dolabela (2011), em *Oficina do empreendedor*, e de Hisrisch et al. (2014), em *Empreendedorismo*.

Baseados nestas obras, Rocha et al. (2014) apresentam os objetivos e os diferentes procedimentos metodológicos a serem aplicados em sala de aulas (Tabela 10.1).

OBJETIVOS	PROCEDIMENTOS METODOLÓGICOS
Desenvolver as habilidades de planejamento, estratégia, marketing, contabilidade, recursos humanos, comercialização. Desenvolver também a habilidade de avaliação do novo negócio, analisando o impacto da inovação no novo produto ou serviço. Submissão de um plano de negócios a uma banca de especialistas.	*Effectuation*, *design thinking*, modelo Canvas, *lean startup* e plano de negócio.
Conhecer empresas e pessoas, para estimular a rede de contatos. Incitar o estudante a sair dos limites da IES para entender o funcionamento de mercado na vida real e desenvolver a visão de mercado.	Visitas e contatos com empresas.
Desenvolver ideias com auxílio externo. O Sebrae e outras entidades promovem desafios em que os alunos, juntamente com os professores, podem inscrever suas ideias e desenvolver planos de negócios.	Desafio externo.
Desenvolver a habilidade de criatividade, persistência, inovação, senso de avaliação e testar o mercado (consumidor).	Criação de produto, feiras e oficinas presenciais.
Transpor as informações do plano de negócios e estruturar os contextos necessários para a formalização. Compreender as várias etapas da evolução da empresa, desenvolvendo a habilidade de organização e planejamento operacional. Muitas vezes com um empreendedor como padrinho.	Criação de empresa e incubação virtual.
Proporcionar ao estudante espaço de motivação e criação da nova empresa, desenvolvendo múltiplas competências, tais como habilidades de liderança, organizacionais, tomada de decisão e compreender as etapas do ciclo de vida das empresas. Estimular o fortalecimento da rede de contatos com financiadores, fornecedores e clientes.	Incubadoras.
Expor conhecimentos sobre o empreendedorismo, desenvolvimento da oportunidade, estudo sobre empreendedores, características comportamentais dos empreendedores, os processos de empreender, a busca da inovação, cálculos financeiros, busca de financiamentos e os aspectos legais de pequenas empresas.	Aulas expositivas.
Construir a habilidade do pensamento crítico e de avaliação de cenários e negócios. Desenvolver a habilidade de interpretação e definição de contextos associados ao empreendedorismo.	Estudos de caso.

continua

continuação

OBJETIVOS	PROCEDIMENTOS METODOLÓGICOS
Construir a habilidade de aprender coletivamente e desenvolver a habilidade de pesquisar, dialogar, integrar e construir conhecimentos; buscar soluções e emitir juízos de valor ao produzir um documento escrito.	Trabalhos teóricos.
Habilitar o estudante a atuar em equipe e desenvolver a habilidade de planejar, dividir e executar tarefas em grupo, de fazer e receber críticas construtivas. Os alunos podem montar empresas e vender produtos.	Trabalhos práticos em grupo.
Desenvolver a habilidade de testar novas ideias e a capacidade de avaliar mudanças e prospectá-las como fonte de oportunidades.	Grupos de discussão.
Construir a habilidade de concepção de ideias, prospecção de oportunidades, reconhecendo-as como oportunidades empreendedoras. Estimular o raciocínio intuitivo para criação de novas combinações de serviços ou produtos, transformando-as em inovações.	Brainstorming.
Proporcionar a transferência de conhecimento das experiências vividas pelos empreendedores, desde a percepção e a criação do produto, abertura do negócio até os sucessos e fracassos ocorridos na trajetória empreendedora.	Seminários e palestras com empreendedores.
Testar os conhecimentos teóricos dos estudantes e sua habilidade de comunicação escrita.	Provas dissertativas.
Desenvolver a habilidade de comunicação, interpretação, iniciativa e capacidade de resolução de problemas. Aproximar o estudante do cotidiano real vivido nos pequenos negócios.	Atendimento individualizado.
Construir a habilidade de geração de conhecimento individualizado, estimulando a autoaprendizagem; e induzir o processo de autoaprendizagem.	Trabalhos teóricos individuais.
Enfatizar a habilidade da aplicação dos conhecimentos teóricos individuais, estimulando a autoaprendizagem; e estimular a capacidade laboral e de autorrealização.	Trabalhos práticos individuais.
Incentivar o pensamento crítico e analítico, associando o contexto assistido com o conhecimento teórico. Estimular a discussão em grupo e o debate de ideias. Propiciar o estudo de empresas reais. Simular realidades idealizadas.	Filmes e vídeos.
Desenvolver a habilidade de criar estratégias de negócios, solucionar problemas, trabalhar e tomar decisões sob pressão. Os alunos aprendem pelos próprios erros e desenvolvem tolerância ao risco, pensamento analítico, comunicação intra e intergrupal.	Jogos de empresas e simulações.

OBJETIVOS	PROCEDIMENTOS METODOLÓGICOS
Prover aos estudantes teorias e conceitos sobre o empreendedorismo e aumentar a conscientização do ato empreendedor.	Sugestões de leituras.
Desenvolver habilidades de comunicação, persuasão e estratégia. Estimular a capacidade de observação, percepção e aplicação de melhorias no padrão de qualidade dos planos apresentados.	Competição de planos de negócios.
Simular a gestão do novo negócio. Com o advento da internet, os alunos conseguem montar seus sites, calcular seus custos e vender. O professor possibilita a alteração de valores e demandas por meio da simulação online.	Simulação de gestão do novo negócio.
Desenvolver fanpages, blogs, Twitter, Google+, LinkedIn, Pinterest pessoais e de seus produtos para criar e testar ideias. Melhorar a interação com os alunos e criar personagens (avatar) para auxiliar no desenvolvimento de ideias.	Mídias sociais.
Estimular os estudantes a participar em eventos desenvolvidos por diversas entidades.	Interação com entidades que promovem o empreendedorismo.
Desenvolver um evento apenas para tratar sobre empreendedorismo, em que os alunos desenvolvem o evento como uma empresa e vários convidados são chamados.	Evento empreendedor.
Desenvolver habilidades empreendedoras por meio de jogos online e de tabuleiro, assim como dinâmicas próprias, para o desenvolvimento da criatividade.	Jogos e dinâmicas de estímulo ao empreendedorismo.

TABELA 10.1: OBJETIVOS, PROCEDIMENTOS METODOLÓGICOS E METODOLOGIAS DE ENSINO.
Fonte: adaptado de Rocha et al. (2014).

Uma segunda vertente que estimula o ensino do empreendedorismo é a teoria do *effectuation*. Esta teoria é amplamente reconhecida como um modelo cientificamente rigoroso para a compreensão da criação e do desenvolvimento de novos negócios e novos mercados em ambientes de incerteza (SALUSSE e ANDREASSI, 2016). Intitulada assim por Sara Sarasvathy, a autora explica que o empreendedorismo não é um processo causal, mas *effectual*, que se inicia com os meios que o empreendedor dispõe, que são derivados das respostas às questões: "Quem sou? O que sei fazer? Quem conheço?" O ensino de empreendedorismo com fundamento na teoria *effectuation* apresentou-se como um desafio, pois não havia até então diretrizes e parâmetros que pudessem ser utilizados para a aplicação da teoria em sala de aula (SARASVATHY e DEW, 2008). Mas acabou sendo aplicada em diversas áreas e se tornou uma importante vertente de auxílio ao ensino do empreendedorismo.

10.1.2. O ensino da disciplina de empreendedorismo nas IES em Santa Catarina

A expansão do ensino superior no estado de Santa Catarina deu-se a partir da década de 1950, quando diversos municípios, por meio de sistemas fundacionais, implantaram suas IES (ACAFE, 2016). Como forma de congregar as instituições e integrar as entidades, foi criada, em 2 de maio de 1974, a Associação Catarinense das Fundações Educacionais (ACAFE), visando o fortalecimento e a promoção do ensino superior catarinense. Hoje, conforme aponta o Portal da Educação do Estado de Santa Catarina (2016), o estado apresenta 325 IES (Tabela 10.2).

TIPO DE INSTITUIÇÃO	QUANTIDADE	%
Instituições municipais	1	0,31
Instituições estaduais	11	3,38
Instituições federais	18	5,54
Instituições privadas	295	90,77
Total	**325**	**100%**

Tabela 10.2. Instituições Acafe.
Fonte: Portal da Educação do Estado de Santa Catarina (2016).

Há predomínio das IES privadas. As governamentais — federal e estadual — representam quase 9%, sendo que apenas um município (Blumenau) possui sua própria IES — a Universidade Regional de Blumenau (Furb). Ainda que 50 IES integrem o sistema Acafe, 83 IES integram o sistema Associação de Mantenedoras Particulares de Educação Superior de Santa Catarina (Ampesc) e 192 não são credenciadas a nenhum dos dois sistemas.

As IES de Santa Catarina começaram a inserir o ensino do empreendedorismo por volta dos anos 2000, sendo uma de suas primeiras iniciativas a inserção da disciplina no curso de administração da Furb. A disciplina de novos empreendimentos tinha como principal objetivo o incentivo à criação de novos negócios (TOMIO e HOELTGEBAUM, 2001). Para atingir este objetivo, estudava-se principalmente o plano de negócio e, para tanto, o ementário era composto de tópicos referentes à introdução ao plano de negócios, à escolha do novo empreendimento, às características básicas do novo empreendedor, à identificação de oportunidades para novos empreendimentos, aos procedimentos para a abertura desses novos empreendimentos, à administração estratégica de novos empreendimentos, à elaboração do plano de marketing, ao planejamento da equipe gerencial e das instalações do novo empreendimento, às necessidades financeiras iniciais e fontes de financiamento, à escolha da forma de propriedade, às políticas de preços e créditos, aos canais de distribuição e mercado internacional, à análise financeira e ao planejamento estratégico de novos negócios (MARCARINI et al., 2003).

Os principais processos metodológicos eram aulas discursivas, seminários em sala de aula, depoimentos de empreendedores em sala de aula, entrevistas com empreendedores em suas empresas, trabalhos em sala de aula e em laboratórios de informática, elaboração de um plano de negócios completo, apresentando-o em sala de aula ou a apresentação do plano de negócios para um júri formado por empresários e avaliação permanente da disciplina pelos alunos.

Na pesquisa feita por Marcarini et al. (2003), em que as IES de Santa Catarina ligadas à Acafe, mais a Universidade Federal de Santa Catarina (UFSC) e a Universidade do Estado de Santa Catarina (Udesc) foram consultadas com o fim de apontar a relevância para elas dos princípios do ensino do empreendedorismo, obteve-se como resultado que 71,43% delas apresentavam como enfoque do curso o tema empreendedorismo nas suas grades curriculares, sendo que 70% ofereciam a disciplina de empreendedorismo. Outro dado relevante da época é que 45% das instituições reconheceram a importância do ensino do empreendedorismo na formação do empreendedor. Tal relevância confirmou o papel diferenciado do professor no ensino do empreendedorismo, no que diz respeito à aproximação de conhecimentos teóricos com a prática diária, palestras, cursos, seminários, visitas e interfaces com empreendedores de sucesso (MARCARINI et al., 2003).

Já o estudo de Giovanela et al. (2010) apontou que a disciplina de empreendedorismo se disseminou e passou a estar presente nos mais diversos cursos de graduação do estado de Santa Catarina, tais como: administração, turismo e hotelaria, nutrição, ciências contábeis, gestão de processos industriais, gestão financeira, gestão de RH, técnico em redes de comunicação, química, engenharia elétrica, engenharia de telecomunicações, ciências da computação e sistemas de informação. Além disso, comprovou-se que de fato é possível mudar atitudes, tanto do professor quanto dos alunos, visando proporcionar uma capacitação profissional mais de acordo com o que o mercado necessita: um cidadão mais participativo, com condições de empreender em todos os setores da sociedade (FRIEDLAENDER, 2004).

O curso de administração de empresas é onde se concentra a maioria dos estudos e pesquisas sobre o ensino de empreendedorismo em Santa Catarina. Os dados demonstram que os docentes que ministram as disciplinas de empreendedorismo nas IES catarinenses nos cursos de administração se concentram, na maioria, na faixa etária média de 41,5 anos. A maioria dos professores é formada em administração — 75% —, 15% em economia e 5% em outras áreas; sendo que destes 70% dos profissionais são mestres e 25% deles doutores (TEZZA et al., 2005). Além de que 70% dos docentes apresentam enfoque empreendedor. Aqueles que não possuem o enfoque de empreendedorismo em sua formação acadêmica procuram suprir esta falta, principalmente, por meio de leituras, palestras e cursos.

Quanto às características/habilidades necessárias aos empreendedores, Tezza et al. (2005) ainda pontuaram que existem quatro características principais abordadas nas disciplinas para o curso de administração: iniciativa, criatividade, persistência e correr riscos. O entendimento dos docentes de Santa Catarina em relação ao empreendedorismo está relacionado com a geração de negócios e/ou a criação de empresas, a inovação e a criatividade. Além disso, os docentes parecem acreditar na relação entre o ensino de empreendedorismo e o melhor desempenho da função de administrador. Outros assuntos mencionados como integradores das disciplinas de empreendedorismo foram: pequena empresa, implantação do plano de negócios e gestão de pequenas empresas, representando, assim, a ligação e o destaque entre os assuntos da disciplina e sua aplicação direta na vida profissional do acadêmico.

Quanto às formas de abordagem do empreendedorismo nos cursos de administração, os docentes de Santa Catarina sugeriram que seu ensino deveria ser abordado como disciplina ou como eixo temático, ou ambos ao mesmo tempo (SOUZA et al., 2006). Assim, das sugestões de conteúdos para compor a ementa da disciplina de empreendedorismo nos cursos de administração, cinco são coincidentes: o empreendedorismo, o empreendedor, o plano de negócios, a visão e/ou o processo visionário e a criação de empresas e/ou de um projeto de elaboração e desenvolvimento de uma empresa. O plano de negócios aparece em primeiro lugar. Com base nestes resultados, fica evidente a importância atribuída ao plano de negócio para o ensino de empreendedorismo, nos cursos de graduação em administração, nas IES estudadas em Santa Catarina (TEZZA et al., 2005; SOUZA et al., 2006).

Já no curso de turismo, a pesquisa de Ferreira et al. (2011) apontou que o foco da disciplina de empreendedorismo era o plano de negócios e o perfil empreendedor, visto que os objetivos gerais do ensino de empreendedorismo neste curso deveriam estar centrados nestes temas, sendo também importante ressaltar a sinalização do empreendedorismo na atividade turística. Para o curso de turismo, o autor mais indicado e sugerido foi Dolabela, tendo como principais ferramentas didático-pedagógicas utilizadas o estudo de caso e as visitas técnicas.

10.2. ANÁLISE DOS DADOS SECUNDÁRIOS

Para o entendimento do ensino do empreendedorismo em Santa Catarina, foram feitas pesquisas secundárias que demonstram a atual situação da temática a nível nacional e estadual. Como fontes de dados, foram utilizados a Endeavor (2014), o Ministério da Educação do Brasil (2016) e o Ministério da Educação do Estado de Santa Catarina (2016).

No Brasil, a disciplina do empreendedorismo vem sendo abordada em diferentes áreas. Segundo a pesquisa da Endeavor (2014), 63% dos alunos das IES brasileiras já fizeram disciplinas sobre o tema, de acordo com amostra da pesquisa de 70 Instituições e 4.911 estudantes entrevistados. Porém, poucos alunos de áreas que não são voltadas aos negócios já cursaram as disciplinas: por exemplo, somente 30% dos alunos de ciências da saúde já fizeram alguma disciplina do tema; já o curso de administração possui 65% dos alunos afirmando que já fizeram a disciplina. Nota-se que as disciplinas de ensino empreendedor ainda não estão sendo bem distribuídas entre os diferentes cursos do ensino superior, já que são frequentemente oferecidas nos cursos de administração e economia, sendo mais raras nos cursos de biológicas ou exatas, como nas engenharias (ENDEAVOR, 2014).

No entanto, a boa notícia é que somente cerca de 10% do total de alunos não prioriza ou não se interessa por empreendedorismo, já que a vontade de cursar as disciplinas é superior a 70% em todos os cursos analisados, chegando a 96% no curso de administração. Ou seja, há uma demanda latente por cursos de empreendedorismo que ainda não está sendo atendida em muitos cursos. Um em cada três alunos de ciências humanas não aplicadas (como história e sociologia) gostaria de fazer a disciplina, mas não pode porque seus cursos não a oferecem (ENDEAVOR, 2014).

Sobre a disciplina de empreendedorismo pela perspectiva do professor nas IES, nota-se que apenas 7,5% dos professores pesquisados apontam que suas universidades não oferecem disciplinas de educação empreendedora. Para 57,9% dos docentes entrevistados a disciplina é obrigatória. Mas também afirmam que nos cursos nas áreas de humanas e exatas as disciplinas são também frequentemente ofertadas no formato de eletivas (ENDEAVOR, 2014).

Em algumas das universidades pesquisadas, está ocorrendo uma adaptação no formato das disciplinas de empreendedorismo, com a diminuição do foco na prática de plano de negócios e a adoção de outros conteúdos, como o comportamento empreendedor e o estímulo à inovação (ENDEAVOR, 2014). As disciplinas de empreendedorismo ainda sofrem, segundo os professores, com a cultura do emprego e uma resistência à cultura de abrir empresas, sobretudo no meio universitário.

Já em Santa Catarina, das 68 IES pesquisadas pelos autores deste capítulo (2016), notou-se que 48 IES, ou seja, 70%, possuem algum curso com a disciplina de empreendedorismo. Dos 868 cursos das IES analisadas de Santa Catarina, 228 possuem alguma disciplina do tema, significando 26,27%, conforme a Tabela 10.3.

ÁREA DOS CURSOS	POSSUEM		NÃO POSSUEM	
	Quant.	%	Quant.	%
Oceanografia	0	0	2	0,36
Agronomia	1	0,44	10	1,81
Ciências exatas e naturais (biologia)	2	0,88	15	2,72
Ciências jurídicas (direito)	2	0,88	29	5,26
Educação (artes visuais, educação física, matemática, pedagogia)	11	4,82	132	23,96
Comunicação social (jornalismo, publicidade, moda)	13	5,70	20	3,63

continua

continuação

ÁREA DOS CURSOS	POSSUEM		NÃO POSSUEM	
	Quant.	%	Quant.	%
Ciências da saúde (biomedicina, cosmetologia e estética, enfermagem, farmácia, fisioterapia, medicina, medicina veterinária, nutrição, odontologia, psicologia, radiologia, zootecnia)	21	9,21	109	19,78
Ciências sociais aplicadas (administração, ciências contábeis, ciências econômicas, comércio exterior, finanças, gastronomia, gestão comercial, gestão de recursos humanos, logística, marketing, negócios imobiliários, processos gerenciais, relações internacionais, secretariado executivo bilíngue, segurança do trabalho, serviço social, turismo e hotelaria)	66	28,95	78	14,16
Ciências tecnológicas (análise e desenvolvimento de sistemas, arquitetura e urbanismo, arquivologia, ciências da computação, design, design de moda, design gráfico, design de animação, design de interiores, engenharias, jogos digitais, sistemas de informação, tecnologias da informação e comunicação)	112	49,12	156	28,31
TOTAL	228	100,00	551	100

TABELA 10.3: NÚMERO DE CURSOS POR ÁREA COM A DISCIPLINA DE EMPREENDDORISMO EM SUAS GRADES.

A área de ciências tecnológicas, em que se encontram os cursos de tecnologia e engenharias, e a área de ciências sociais aplicadas, em que se encontra o curso de administração, são as que possuem mais disciplinas de empreendedorismo em suas grades curriculares. As que menos apresentam a disciplina são as áreas de agronomia, exatas e naturais, jurídicas, educação, comunicação social e saúde.

O número de cursos por área que não apresentam a disciplina de empreendedorismo em Santa Catarina também é destacado na Tabela 10.2, percebendo-se um número maior quando comparado às áreas e aos cursos que já possuem a disciplina, visto que 551 dos cursos das IES catarinenses ainda não inserem a disciplina de empreendedorismo em suas grades. Nota-se que, tanto a nível nacional quanto local, a disciplina de empreendedorismo vem se disseminando em diferentes áreas. Sabe-se que as áreas de oceanografia, agronomia, exatas e naturais, comunicação social, jurídicas e saúde são as que esta disciplina menos se insere.

Analisando as ementas das IES de Santa Catarina pesquisadas, por meio de uma análise de conteúdo, sendo inseridas palavras no sistema worditout, a temática de maior enfoque na disciplina é empreendedorismo e inovação, empreendedorismo e plano de negócios, conforme a Figura 10.1.

Capítulo 10: O Ensino de Empreendedorismo nos Cursos de Graduação de Santa Catarina: Técnicas e Resultados

Corroborando as práticas que vêm sendo feitas desde os anos 2000, o plano de negócios continua sendo utilizado como principal técnica, e os principais enfoques no ensino são a análise do fenômeno empreendedorismo e a criação de novos negócios (TEZZA et al., 2005; FERREIRA et al., 2011). Porém, conforme enfatizado pela Endeavor (2014), há uma recente procura pela temática empreendedor e inovação, e o ensino de empreendedorismo em Santa Catarina acompanha esta tendência. Os autores mais utilizados como referência continuam sendo principalmente Dolabela e Dornelas, bem como Robert Hisrich, Denis Moreira e A. Queiroz, Luiz Carlos di Serio e Marcos Augusto Vasconcellos, Ronald Jean Degen, Antonio Luiz Bernardi, Idalberto Chiavenato, Eduardo Bom Angelo, Eduardo e Édis Mafra Lapolli, conforme a análise de ementas dos cursos das IES pesquisadas realizada pelos autores (2016).

FIGURA 10.1: NUVEM DE PALAVRAS DOS TERMOS MAIS CITADOS NAS EMENTAS.

Em média, a disciplina de empreendedorismo é ofertada nas IES de Santa Catarina entre o 6º e o 8º semestres, tendo carga horária média de 60h ou 72h, conforme nota-se na Tabela 10.4.

CARGA HORÁRIA	QUANT. CURSOS	NOME DOS CURSOS	FASE DO CURSO
30h	26	Educação física, arquitetura e urbanismo, ciências da computação, design gráfico, engenharia ambiental, engenharia bioenergética, engenharia civil, engenharia da computação, engenharia de produção, engenharia de produção, engenharia elétrica, engenharia mecânica, engenharia mecatrônica, engenharia química, fisioterapia, gastronomia, medicina veterinária, psicologia, publicidade e propaganda, sistemas de informação.	3º, 5º, 7º, 8º, 9º e 10º

continua

Parte III: Metodologias e Técnicas de Educação Empreendedora e Formação de Professores

continuação

CARGA HORÁRIA	QUANT. CURSOS	NOME DOS CURSOS	FASE DO CURSO
32h	1	Turismo e hotelaria.	6º e 9º
36h	17	Análise e desenvolvimento de sistemas, arquitetura e urbanismo, arquivologia, ciências biológicas, ciências biológicas, ciências da computação, engenharia automotiva, engenharia de aquicultura, engenharia de transporte e logística, engenharia mecatrônica, fisioterapia, sistemas de informação, turismo e hotelaria, zootecnia.	1º, 4º, 6º, 7º, 8º, 9º e 10º
40h	25	Arquitetura e urbanismo, artes visuais, ciências da computação, ciências econômicas, design de moda, direito, educação física, engenharia civil, engenharia de alimentos, engenharia de produção, engenharia elétrica, engenharia mecânica, engenharia química, farmácia, fisioterapia, jogos digitais, matemática, medicina, nutrição, pedagogia, publicidade e propaganda e serviço social.	1º, 2º, 3º, 5º, 7º, 9º e 10º
45h	4	Informação, engenharia de produção e engenharia elétrica.	7º e 10º
51h	1	Ciências rurais.	-
54h	2	Engenharia mecânica e engenharia química.	-
60h	55	Administração, ciências contábeis, ciências da computação, comércio exterior, cosmetologia e estética, design, design de moda, educação física, engenharia civil, engenharia de produção, engenharia mecânica, finanças, gestão comercial, gestão de recursos humanos, jornalismo, logística, marketing, moda, negócios imobiliários, processos gerenciais, publicidade e propaganda, recursos humanos, segurança no trabalho, sistemas de informação.	1º, 3º, 4º, 5º, 6º, 7º, 8º, 9º e 10º
64h	1	Administração.	8º
72h	43	Engenharia mecânica, administração, análise e desenvolvimento de sistemas, arquitetura e urbanismo, ciências contábeis, ciências econômicas, comunicação social, design de animação, design de interiores, design de moda, design PP ou PV, educação física, engenharia ambiental e sanitária, engenharia civil, engenharia de alimentos, engenharia de produção, engenharia de software, engenharia elétrica, engenharia mecânica, engenharia química, farmácia, fisioterapia, jornalismo, publicidade e propaganda, relações internacionais, sistemas de informação, tecnologias da informação e comunicação.	1º, 2º, 3º, 4º, 5º, 6º, 7º, 8º, 9º e 10º
80h	7	Administração, arquitetura e urbanismo, ciências contábeis e jornalismo.	6º, 7º e 8º

CARGA HORÁRIA	QUANT. CURSOS	NOME DOS CURSOS	FASE DO CURSO
120h	1	Administração.	2º e 6º
144h	6	Administração, secretariado executivo, engenharia de telecomunicações, engenharia elétrica, engenharia química.	3º, 4º, 7º, 8º e 9º

TABELA 10.4: CARGA HORÁRIA POR CURSO E SEMESTRES.

O maior número de cursos se concentra nas cargas horárias de 30h, 36h, 40h, 60h e 72h, revezando entre as diferentes fases. Notou-se que a UFSC, a Furb e a UniChapecó oferecem cursos com a disciplina de empreendedorismo em mais de um semestre, geralmente uma é ofertada no início do curso, nos 2º ou 3º semestres, e a outra, no final do curso, no 8º ou 9º semestres.

10.3. CONSIDERAÇÕES FINAIS

Com o objetivo de retratar o ensino do empreendedorismo em Santa Catarina, foi feito um resgate das metodologias de ensino e procedimentos metodológicos, um apanhado do ensino de empreendedorismo no Brasil, bem como uma comparação com a realidade catarinense. Assim, notou-se que esta temática é ainda muito recente no estado de Santa Catarina, porém, se comparada com o que ocorre no Brasil, nota-se uma evolução constante desta disciplina nas IES. O papel do mentor/coach na criação de novos negócios é fundamental. E os modelos da teoria, como: effectuation, modelo canvas, design thinking, customer development, lean startup e plano de negócios, têm ajudado nas disciplinas de empreendedorismo cada vez mais. As dinâmicas para desenvolver a criatividade dos alunos e o teste no mercado para criar produtos também estão virando prioridade no ensino do empreendedorismo nas mais diversas instituições.

Como discutido anteriormente, o ensino de empreendedorismo tende atualmente a abranger mais características construtivistas, em que o professor tutora e assessora o aluno, que aprende fazendo, tornando assim a disciplina do empreendedorismo importante para a formação de novos empreendedores, capazes de desenvolver a economia do seu país e sociedade. No entanto, ao compararmos a disciplina de empreendedorismo nas IES do Brasil e de Santa Catarina, nota-se que é comumente abordado o plano de negócios como procedimento metodológico, assim como a temática do empreendedorismo aborda principalmente o perfil empreendedor, a criação de novos negócios e a inovação. Ainda que o procedimento metodológico mais utilizado seja o plano de negócios, com o objetivo de criar novos empreendimentos, parece crescente a necessidade de direcionar a disciplina a outros procedimentos metodológicos, buscando desenvolver nos alunos a capacidade de inovação e de estímulo constante de conhecimento, fomentando no aluno o interesse por novas possibilidades e diferentes espaços para atuação. Em virtude dos novos modelos de negócios e oportunidades que se descortinam na nossa sociedade, novos tipos de empreendedorismo se tornam cada vez mais evidentes, como, por exemplo, o empreendedorismo social e o empreendedorismo digital.

Apesar de a disciplina de empreendedorismo não ser comumente oferecida nas áreas de humanas e exatas, ela é ofertada com frequência nos cursos de tecnologias e de ciências sociais aplicadas, como administração, tanto no Brasil como em Santa Catarina. Porém, em Santa Catarina, ao contrário do que ocorre no Brasil, é frequente a oferta de disciplinas de empreendedorismo nas grades dos cursos de engenharia.

Ainda que se note pouca inserção do curso de empreendedorismo nas IES catarinenses, conclui-se que o ensino do empreendedorismo vem se desenvolvendo e está conquistando diferentes áreas, com o objetivo de gerar novos negócios e desenvolver a economia de forma geral. Visto que a maioria dos alunos se interessa por empreendedorismo, fica evidente a necessidade dos cursos, das mais diversas áreas, oferecerem nos seus currículos a disciplina de empreendedorismo, o que aponta para novas ideias e possibilidades para o desenvolvimento dos alunos.

Percebe-se que nas IES de Santa Catarina, os autores mais citados continuam sendo Fernando Dolabela e José Dornelas, sendo estes as principais referências metodológicas para o ensino empreendedor. Autores como Marcelo Nakagawa, artigos, vídeos e sites especializados dos modelos teóricos e práticos, como: *effectuation, design thinking* e canvas devem complementar os livros utilizados, além da atualização da literatura.

Há um descompasso da inserção do ensino de empreendedorismo nos cursos de graduação das IES, pois a maioria oferece a disciplina no final do curso. Porém, seria importante inseri-la no início e no final, para que haja, assim, durante todo o curso um desenvolvimento do aluno para entender quem é o empreendedor, como identificar a oportunidade para os seus negócios e as teorias relacionadas à orientação empreendedora; para em outra disciplina o plano de negócios poder ser desenvolvido por, pelo menos, um semestre.

Percebe-se que muitos professores utilizam realmente o empreendedorismo como pano de fundo na forma de ensinar, até pela preocupação evidenciada em desenvolver um cidadão que gere empregos, em vez de buscar empregos. A intenção também é de formar alunos que gerem inovação, e para isso os professores utilizam técnicas "inovadoras"/"empreendedoras", além de ensinar os conteúdos normalmente abordados nas disciplinas de empreendedorismo. Assim, a disciplina formal acaba não existindo, ou não aparecendo na frequência real. O ensino online e as possibilidades trazidas com os aplicativos e as mídias sociais estão quebrando as principais barreiras do ensino e aprendizagem e desenvolvendo diariamente as futuras práticas e teorias do fenômeno do empreendedorismo, mas essas práticas ainda são minoritárias. O plano de negócios ainda é a principal ferramenta de ensino do empreendedorismo nas instituições pesquisadas.

10.4. REFERÊNCIAS BIBLIOGRÁFICAS

ACAFE. *Sistema ACAFE*. Disponível em: http://www.new.acafe.org.br/acafe/acafe, 2016.

BALAN, P.; METCALFE, M. Identifying teaching methods that engage entrepreneurship students. *Education+ Training*, v. 54, n. 5, p. 368–384, 2012. Emerald Group Publishing Limited.

CARVALHO, R. S.; ZERBINI, T.; ABBAD, G.; SOUZA, E. C. L.; GUIMARÃES, T. Competências empreendedoras de pequenos empresários: construção e validação de uma escala. *Empreendedorismo além do plano de negócio*, p. 217–240, Atlas São Paulo, 2005.

CHIAVENATO, I. *Empreendedorismo: dando asas ao espírito empreendedor*. Editora Manole, 2004.

DALFOVO, O. O ambiente do empreendedorismo como estratégia de ensino e aprendizagem para auxiliar na elaboração e apresentação do plano de negócio. Organizado por Marianne Hoeltgebaum e Denise Del Prá Netto Machado. *Gestão em Empreendedorismo*. Blumenau: Nova Letra, 2005.

DAM, K. VAN; SCHIPPER, M.; RUNHAAR, P. Developing a competency-based framework for teachers' entrepreneurial behaviour. *Teaching and Teacher Education*, v. 26, n. 4, p. 965–971, 2010. Elsevier.

DEGEN, R. J. *O empreendedor: empreender como opção de carreira*. Prentice-Hall do Brasil, 2009.

DOLABELA, F. *Oficina do empreendedor: a metodologia de ensino que ajuda a transformar conhecimento em riqueza*. Sextante, 2011.

DORNELAS, J. C. A. O Processo Empreendedor. *Empreendedorismo Transformando Ideias em Negócios*. 3a ed. Rio de Janeiro: Elsevier, p. 5–36, 2008.

DORNELAS, J. C. DE A.; TIMMONS, J. A.; SPINELLI, S. *Criação de novos negócios: empreendedorismo para o século 21*. São Paulo: Elsevier, 2010.

DRENT, M.; MEELISSEN, M. Which factors obstruct or stimulate teacher educators to use ICT innovatively? *Computers & Education*, v. 51, n. 1, p. 187–199, Elsevier, 2008.

DWYER, R.; LAMOND, D.; BILOSLAVO, R.; TRNAVCEVIC, A. Web sites as tools of communication of a "green" company. Management Decision, v. 47, n. 7, p. 1158–1173, 2009. Emerald Group Publishing Limited.

ENDEAVOR. *Pesquisa Empreendedorismo nas Universidades Brasileiras*, 2014.

FERREIRA, A. M.; SILVEIRA, A.; CARVALHO, L. C. DE. Ensino de empreendedorismo nos cursos de graduação em turismo no Estado de Santa Catarina, Brasil. *Turismo-Visão e Ação*, v. 13, n. 1, p. 35–51, 2011.

FILION, L. J.; LIMA, E. As representações empreendedoras: importantes temas para avançar em seu estudo. *Revista de Negócios*, v. 15, n. 2, p. 32–52, 2010.

FRIEDLAENDER, G. M. S. *Metodologia de ensino-aprendizagem visando o comportamento empreendedor*. Florianópolis, SC, 2004.

GALINARI, R.; CERVIERI JÚNIOR, O.; JÚNIOR, T.; RODRIGUES, J.; RAWET, E. L. Comércio eletrônico, tecnologias móveis e mídias sociais no Brasil. *BNDES Setorial*, Rio de Janeiro, n. 41, 2015.

GIOVANELA, A.; GOUVÊA, A. B. C. T. DE; FRÂNCIO, S.; DALFOVO, O. As características da disciplina de empreendedorismo em Instituições de Ensino Superior (IES) do Estado de Santa Catarina. *Revista Gestão Universitária na América Latina-GUAL*, v. 3, n. 1, p. 69–84, 2010.

HISRICH, R. D.; PETERS, M. P.; SHEPHERD, D. A. *Empreendedorismo-9*. AMGH Editora, 2014.

LIMA DE CARVALHO ROCHA, E.; AUGUSTA, A.; FREITAS, F. Avaliação do Ensino de Empreendedorismo entre Estudantes Universitários por meio do Perfil Empreendedor. *RAC-Revista de Administração Contemporânea*. Jul. /Ago, v. 18, n. 4, p. 465–486, 2014. Disponível em: http://www.anpad.org.br/periodicos/content/frame_base.php?revista=1.

LIMA, L. M. E.; CAMPREGHER, C. L.; HOELTGEBAUM, M.; MACHADO, D. D. P. N. *A Importância do Plano de Negócios no Ensino de Empreendedorismo nas IES*. 2006. INPEAU.

LUECKE, R. *Ferramentas para empreendedores: ferramentas e técnicas para desenvolver e expandir seus negócios* (R. Vinagre, Trad.). Rio de Janeiro: Record.(Obra original publicada em 2005). [Links], 2009.

MARCARINI, A.; SILVEIRA, A.; HOELTGEBAUM, M. O desenvolvimento do empreendedor nas universidades como instrumento de geração de novos negócios. Third International Conference of the Iberoamerican Academy of Management. Anais... p.1–28, 2003.

MATLAY, H.; CAREY, C.; MATLAY, H. Creative disciplines education: a model for assessing ideas in entrepreneurship education? *Education+ Training*, v. 52, n. 8/9, p. 694–709. Emerald Group Publishing Limited, 2010.

MENDES, J. *Manual do Empreendedor–. Como construir um empreendimento de sucesso*. Ed. Atlas. São Paulo, 2009.

MIZUKAMI, M. DA G. N. *Ensino: as abordagens do processo*. Editora Pedagógica e Universitária, 1986.

PARDINI, D. J.; SANTOS, R. V. Empreendedorismo e interdisciplinaridade: uma proposta metodológica no ensino de graduação. *Encontro de Estudos sobre Empreendedorismo e Gestão de Pequenas Empresas*, v. 2, p. 227–240, 2001.

SALUSSE, M. A. Y.; ANDREASSI, T. O ensino de empreendedorismo com fundamento na teoria effectuation. *RAC-Revista de Administração Contemporânea*, v. 20, n. 3, p. 305–327, 2016. Associação Nacional de Pós-Graduação e Pesquisa em Administração.

SARASVATHY, S.; DEW, N. Effectuation and Over - Trust: Debating Goel and Karri. *Entrepreneurship Theory and Practice*, v. 32, n. 4, p. 727–737. Wiley Online Library, 2008.

SCHMIDT, C. M.; DOMINGUES, M. J. C. DE S.; HOELTGEBAUM, M. *Ensino de Empreendedorismo: uma análise nos cursos de administração das IES de Blumenau/SC*. INPEAU, 2005.

SOUZA, S. DE; HOELTGEBAUM, M.; PERFEITO, J. *O Ensino de Empreendedorismo dos Programas de Graduação em Administração no Estado de Santa Catarina Brasil*. INPEAU, 2006.

TEZZA, G. O. A.; SILVEIRA, A.; HOELTGEBAUM, M. *O Ensino do Empreendedorismo nos Cursos de Administração das Instituições de Ensino Superior Paranaenses e Catarinenses: Uma Análise Comparativa*. INPEAU, 2005.

TOMIO, D.; HOELTGEBAUM, M. A problemática da formação dos administradores: o empreendedorismo como alternativa de adaptação no ensino do curso de administração. *Encontro de Estudos sobre Empreendedorismo e Gestão de Pequenas Empresas*, p. 92–105, 2001.

CAPÍTULO 11

EDUCAÇÃO EMPREENDEDORA DE FORMA TRANSVERSAL COM BASE NO PROJETO CÉLULAS EMPREENDEDORAS EM PERNAMBUCO

Elizabeth R. Tschá[1]
Genésio Gomes[2]
Eraldo Guerra[3]

A sociedade em que vivemos caracteriza-se, cada vez mais, pelas constantes mudanças nas estruturas de mercados, pelo acelerado processo de inovação tecnológica, o surgimento da sociedade do conhecimento e a agressiva competição mundial. No contexto dessas mudanças, novas exigências são requeridas das pessoas, das organizações e dos governos, sendo estas cada vez mais diversificadas e rigorosas.

Uma delas é a valorização das pessoas com o seu dito capital humano, que se tornam primordiais na inserção de qualquer país na sociedade do conhecimento e economia empreendedora, tendo em vista que as pessoas constituem agentes de mudanças, criadores e disseminadores de conhecimentos inovadores, parceiros de criação de novas possibilidades e é só por meio delas que se pode promover o tão almejado desenvolvimento. Dentro desta perspectiva, promover a cultura empreendedora e desenvolver atitudes e valores culturais favoráveis à capacidade e iniciativa de empreender afiguram-se como primordiais.

Na maioria dos países desenvolvidos e em desenvolvimento, o empreendedorismo está sendo tratado como eixo prioritário, pois se entende que o desenvolvimento econômico, social e sustentável dos países na atual conjuntura global requer uma formação empreendedora, e esta só é possível por meio da implantação de uma educação de qualidade com foco em inovação, visão social e de cunho coletivo, tendo em vista que cada vez mais a eficácia do desenvolvimento se dá por meio do empreendedorismo coletivo (compartilhado), que não vê os empreendedores como elementos separados e isolados, mas sim os encara como uma associação, grupo ou filiação, em que eles trabalham juntos em prol

---

[1] Professora de empreendedorismo na UFRPE.

[2] Idealizador e coordenador do Células Empreendedoras.

[3] CEO & fundador do ecossistema de Células Empreendedoras Life-up.

de um objetivo em comum, que tem como consequência o desenvolvimento do empreendedorismo (AMÂNCIO; VALLE e WILKINSON, 2005; LUNDVALL, 1997; STORPER, 1997 apud ROSSI, et al., 2014), que beneficia todo o coletivo envolvido.

No Brasil, o interesse em empreender cresceu muito nas últimas décadas. O empreendedorismo e o desenvolvimento do espírito empreendedor passaram a ser valorizados tanto na esfera de mercado quanto na governamental, em virtude dos impactos gerados pelas ações dos empreendedores que envolvem tanto desenvolvimento econômico quanto social.

Se de um lado tem-se as organizações que tentam se adequar a esta economia do conhecimento, passando a valorizar pessoas que apresentam competências empreendedoras, ou seja, os intraempreendedores, do outro, tem-se os jovens, que passam a exigir formações e oportunidades de carreira que os auxiliem a agir de maneira empreendedora, quer seja para fins de mercado tradicional (empreendedor tradicional de negócio e intraempreendedor) quer seja para fins sociais (empreendedorismo social).

Este novo cenário se configura cada vez mais com pessoas, com perfil empreendedor, atuantes junto ao governo e às empresas, identificando problemas e propondo soluções em conjunto. Mas, para isso, tanto as pessoas quanto o poder público e as empresas precisam estar integrados, agindo de maneira coletiva dentro do ecossistema, por meio da ação empreendedora que advém de uma educação focada no despertar do espírito empreendedor coletivo e que se apresenta como mais adequada aos novos tempos.

Sob a ótica do empreendedorismo, uma organização que tem um papel importante é a universidade, devido ao fato de a mesma poder contribuir, através de suas atividades (ensino, pesquisa e extensão), com o desenvolvimento de uma cultura empreendedora que incentive e promova o desenvolvimento do espírito empreendedor e a articulação entre educadores, alunos, organizações e governo, que, agindo de forma coletiva, pode transformar realidades, por meio dos empreendimentos que desenvolve.

No entanto, apesar de a educação empreendedora hoje ser de suma importância para o Brasil, diversas habilidades e competências, hoje exigidas para o profissional ter um comportamento empreendedor na atual sociedade do conhecimento e na economia empreendedora, não são ensinadas nas instituições de ensino tradicionais (públicas e privadas).

A grande maioria das instituições de ensino brasileiras ainda adota modelos e práticas educacionais criados para a era industrial que não contribuem para a formação de jovens autônomos, ratificando a formação de "mão de obra" e não de empreendedores, sendo o empreendedorismo tratado apenas como uma disciplina cujos conteúdos são depositados e desarticulados. No entanto, constata-se já no país o surgimento de algumas escolas/ universidades de referência em empreendedorismo, além de entidades inovadoras que promovem a educação empreendedora de ponta, fora dos mecanismos/padrões tradicionais.

O objetivo deste capítulo é mostrar algumas das iniciativas oriundas dentro de uma instituição de ensino, que vêm se apresentando como adequadas para os novos tempos,

Capítulo 11: Educação Empreendedora de Forma Transversal com Base no Projeto Células Empreendedoras em Pernambuco

agindo em prol do fomento ao empreendedorismo coletivo e que constitui um contraponto às práticas tradicionais e hegemônicas de educação. O caso em questão é o Células Empreendedoras, que é um programa/metodologia surgido em 2008, por meio das iniciativas do professor Genésio Gomes, que, como coordenador do curso, se viu diante de um desafio: o de oferecer um curso que integrasse as demandas dos alunos e as do mercado. Tal relação foi estabelecida a partir da tentativa de desenvolver um projeto de curso que articulasse uma formação mais participativa, voltada para práticas socioculturais de aprendizagem contextualizada nas necessidades demandadas que também visassem a criação e o desenvolvimento de ecossistemas de inovação e educação empreendedora em universidades, entidades públicas, empresas e escolas técnicas.

Criou-se então um ecossistema empreendedor como um programa transversal de extensão baseado na educação libertadora e na aprendizagem sociocultural. O sucesso do projeto foi imediato e outros cursos, bem como outras instituições de ensino de Pernambuco e de outros estados, aderiram ao Células Empreendedoras como programa transversal de empreendedorismo. Vários prêmios nacionais foram conquistados e parcerias foram firmadas com entidades a fim de promover o empreendedorismo.

11.1. EDUCAÇÃO EMPREENDEDORA DE FORMA TRANSVERSAL

Não há dúvidas quanto à importância da educação para o ser humano. Nesse sentido, a educação para o empreendedorismo é, antes de qualquer coisa, educação.

A educação abrange mais do que saber, pois inclui cultura, valores, princípios e comportamento. A educação é a forma pela qual o homem se faz homem. Assim, constitui um processo pelo qual a sociedade reproduz a si mesma (LOPES, 2010).

Em um mundo em que o conhecimento leva ao desenvolvimento, não é nenhuma novidade que a inovação e o espírito empreendedor sejam elementos primordiais para o desenvolvimento econômico e social de uma nação.

Segundo Dolabela (2003, p. 24):

> O espírito empreendedor é um potencial de qualquer ser humano e necessita de algumas condições indispensáveis para se materializar e produzir efeitos. Entre essas condições, estão, no ambiente macro, a democracia, a cooperação e a estrutura de poder tendendo para a forma de rede. Sem tais "aminoácidos", formadores de capital social, há pouco espaço para o afloramento do espírito empreendedor, que é um dos componentes do capital humano.

Nesse contexto, segundo Nespoli (2005, p. 58):

> A educação e o conhecimento assumem o papel estratégico no desenvolvimento de oportunidades, e a relação educação e conhecimento vai além da significância na aprendizagem, uma vez que não é possível o êxito de condições subjetivas sem instrumentação das objetivas. O ser humano não faz o que quer, mas, sim, aquilo que objetiva subjetivamente possível, e fará tanto mais, quanto mais for dotado de competências humanas para tal realização.

Educar implica em dialogar, despertar a rebeldia, a criatividade, a força da inovação para construir um mundo melhor. É substituir a lógica do utilitarismo e do individualismo pela construção do humano, do social, do coletivo e da qualidade de vida para todos (DOLABELA, 2003). No contexto educacional é substituir a prática domesticadora da educação pela sua prática libertadora (FREIRE, 2003).

A educação libertadora envolve dialogo. Ser dialógico é empenhar-se na transformação constante da realidade, por meio do conhecimento; e o conhecimento é tarefa de sujeitos e não de objetos (FREIRE, 2003).

A verdadeira tarefa de educar perpassa sempre pela reflexão sobre o futuro, o que nos coloca diante de análises sobre as transformações que vivem as pessoas, empresas, instituições, sociedades e países no mundo contemporâneo. Nele, a educação empreendedora é o processo de construção de novos padrões de comportamento, a partir de descobertas interessantes sobre potencialidades pessoais, contexto cultural, motivações e sonhos (SELA et al., 2006).

O ser empreendedor é alguém que sonha e busca transformar seu sonho em realidade, tal como discorre Dolabela (2003). A realização deste sonho é a energia que impulsiona o empreendedor e dá significado à sua vida. O empreendedor é aquele capaz de gerar novos conhecimentos por meio de saberes sintetizados nos pilares da educação estabelecidos pela Unesco em 2010: aprender a saber, aprender a fazer, aprender a conviver e aprender a ser.

O ato de transformar sonhos em realidade e o papel que este ato representa na sociedade envolvem um constante refletir sobre o sentido do ser e seu posicionamento em relação a *questões sociais*. Isto implica em questionar como o sonho a ser realizado pode mudar o mundo para melhorar e transformar realidades.

Nesse sentido, o ser empreendedor é visto como um agente crítico, que reconhece o poder de fazer, criar e transformar próprio dos homens (FREIRE, 2003). Assim, se coloca como um agente transformador de realidades (como solucionador de problemas que afligem a sociedade) por meio dos empreendimentos colaborativos que desenvolve.

Semear o empreendedorismo, por meio de uma educação libertadora em busca da realização do sonho, é tomar o destino nas próprias mãos, conforme sintetiza Gilberto Dimenstein no prefácio da obra *Pedagogia Empreendedora*, de Fernando Dolabela.

São as pessoas com um perfil empreendedor que inovam e transformam o mundo ao redor delas, gerando riquezas e desenvolvimento para a comunidade em que moram (LEITE, 2012). Acreditamos que este perfil ou atitude empreendedora também pode gerar ações inovadoras de melhoria social e ambiental tão necessárias para a sustentabilidade e geração de riquezas a longo prazo.

Deste modo, não é difícil concluir que o conhecimento sobre o empreendedorismo deve fazer parte do panorama educacional do brasileiro, em todos os níveis de ensino. Lopes (2010, p. 21) chama atenção para esse fato ao dizer que:

> [...] os inúmeros profissionais e instituições que participam do Consórcio para a Educação Empreendedora (Consortium for Entrepreneurship Education, 2004), criado pelo professor Albert Shapiro (Universidade Estadual de Ohio), compartilham a sua visão de que a atitude e o comportamento empreendedor resultam de um longo processo de aprendizagem durante toda a vida do indivíduo. Enfatizam ser necessário incentivar e desenvolver, desde muito cedo, todas as atitudes, posturas de habilidades empreendedoras, e para isso é importante uma continuidade em todos os níveis — desde a escola fundamental até a superior.

O desafio da educação empreendedora se dá na superação da educação domesticadora, que se apresenta de maneira hegemônica dentro das instituições de ensino, que consolida um ambiente infértil ao desenvolvimento de sujeitos criativos, inovadores e empreendedores. Esta educação resulta em objetos personalizados como "alunos" que, muitas vezes, acabam desistindo dos cursos, desconhecendo o contexto social em que estão inseridos, não possuindo definições claras de vocação profissional e/ou simplesmente deixando de viver suas próprias ideias ou formação, se tornando meros reprodutores.

Estudos apontam que as políticas públicas relativas ao fomento de uma educação empreendedora nas universidades e escolas técnicas não são plenamente suficientes para produzir resultados significativos de alto impacto. Segundo pesquisa da Endeavor, menos de 50% dos alunos universitários cursou alguma disciplina de empreendedorismo, poucos gastam tempo e esforço para começar um negócio e a maioria ainda se sente insegura para tal (ENDEAVOR, 2012).

Os professores de empreendedorismo, por sua vez, muitas vezes não possuem perfil para a disciplina e nunca empreenderam. Um dos gargalos para a ampla disseminação do empreendedorismo está na ausência de educadores empreendedores que sirvam de exemplo e saibam do contexto social do que estão ensinando. Segundo pesquisa publicada em artigo na Enanpad com professores de empreendedorismo em universidades brasileiras, poucos deles empreendem atualmente, e a maioria não seguiu uma formação específica para ser professor de empreendedorismo. Muito frequentemente, as disciplinas de empreendedorismo são também atribuídas a professores sem histórico ou interesse aparente pelo tema (LIMA et al., 2014).

Neste cenário, as diversas habilidades e competências hoje exigidas para o profissional ter um comportamento empreendedor na sociedade do conhecimento não são ensinadas em grande parte das instituições de ensino superior e escolas técnicas brasileiras. A maioria adota práticas educacionais tradicionais e a educação empreendedora é vista e tratada de forma fragmentada e como uma disciplina isolada, cuja pedagogia, típica da era industrial, não contribui para a formação de jovens autônomos e ratifica a formação de "empregados". Existe também uma latente falta de ambientes de apoio à inovação, com as IES pouco interagindo com as empresas locais, governo, mercado e sociedade.

A ordem global da sociedade do conhecimento nos obriga a convivência com o novo, com o inusitado e nos força a encontrar mecanismos de conduta nesses novos contextos. São exigências dimensionadas por Filion que tornam imprescindível que os antigos paradigmas da educação deem lugar à formação de uma mentalidade empreendedora (GUERRA e GRAZZIONTIN, 2010). Se persistirmos na utilização das mesmas ferramentas, continuaremos a encontrar os mesmos resultados, que são inadequados às novas exigências.

Na educação, a busca por processos pedagógicos transformadores vem apontando para uma revisão do ensino tradicional em direção a aprendizagens significativas, em que a simples transmissão é substituída por processos de construção, interação e integração do conhecimento de forma contextualizada. A aprendizagem passa a ter foco na visão complexa do universo e na educação para vida (BEHRENS, 2006).

A educação e o empreendedorismo desta nova era não são vistos como elementos isolados, e sim como complementares, à medida que criam um meio em que se visualize e se viabilize as possibilidades de empreender: ideias, sonhos, vidas, carreiras, sempre de maneira colaborativa em uma relação que visa promover o desenvolvimento de todos.

A ação é fundamental no processo de educação empreendedora, de acordo com Heidi Neck (2013, apud LOPES, 2014), professora do Babson College, em Wellesley, EUA, tem como primeiro passo permitir que os alunos experimentem a realidade, para depois aprender conceitos e, por fim, construir novas empresas ou produtos. Para Neck, o método de trabalho criado por ela tem cinco práticas fundamentais para ajudar o aluno a agir de forma empreendedora, que se baseiam na ação, na prática e na reflexão: prática de brincar com as ideias, prática de empatia, prática de criação, prática de experimentação e prática de reflexão. Estas práticas constroem a capacidade de aprendizagem empresarial, e empreendedores de todos os tipos podem navegar em um mundo em constante mudança e incerto. O método vai além de compreender, conhecer e falar. Ele requer a sequência de agir, aprender e construir. Para ela, educadores têm a responsabilidade de implementar ambientes em que haja a probabilidade de os alunos identificarem e capturarem a oportunidade, isto é, a educação empreendedora.

Um dos conceitos que vêm sendo discutidos no âmbito da educação empreendedora é sua adoção como uma educação transversal, dada a nova realidade, a da sociedade do conhecimento. A transversalidade pressupõe um tratamento integrado de áreas e um

Capítulo 11: Educação Empreendedora de Forma Transversal com Base no Projeto Células Empreendedoras em Pernambuco

compromisso com as relações interpessoais no âmbito da escola, pois os valores que se quer transmitir ou que são experimentados na vivência escolar e a coerência entre eles devem ser claros para desenvolver a capacidade dos alunos de intervir na realidade e transformá-la, tendo essa capacidade relação direta com o acesso ao conhecimento acumulado pela humanidade (MEC, PCN, 1998, V. 1, p. 65 apud NESPOLI, 2005).

A educação para o empreendedorismo de modo transversal envolve o ensino para a vida, ou seja, é centrada na ação, tendo em vista que empreender é ação contextualizada com a realidade, pois se empreende para solucionar problemas reais, e é multidisciplinar devido ao fato de que empreender envolve múltiplos conhecimentos de diversas áreas.

Além disso, vale salientar que o desenvolvimento com êxito não depende, apenas, do empreendedor ou das organizações, mas também do meio no qual o empreendedor esteja inserido (JULIEN, 2010). Segundo Leite (2012), o meio associa-se inteiramente às atitudes dos indivíduos, que dependendo do comportamento adotado podem modelar o ambiente no qual estão inseridos. Logo, da mesma forma que o meio modela o comportamento dos indivíduos, estes também são capazes de estabelecer relações transformativas no meio a partir do comportamento por eles adotados.

Sendo assim, a interação entre os indivíduos envolvidos no processo de criação, desenvolvimento e aplicação de novas ideias deve ser ponto crucial para o êxito de todos os participantes. É necessária a existência de um sistema colaborativo, em que todos estejam inclusos, com um único fim: a conquista de benefícios que satisfaçam clientes, empresa e empreendedores de forma geral, ou seja, todos os envolvidos no processo (MARUYAMA, 2015).

Esse sistema colaborativo é o que se denomina como ecossistema empreendedor e que foi mencionado, por exemplo, como resultante da iniciativa desenvolvida no Babson College, denominada Projeto Ecossistema Empreendedor de Babson (originalmente Babson Entrepreneurship Ecosystem Project [BEEP]) (ARRUDA et al., 2013).

O surgimento deste termo ocorreu por conta do "estudo das diferentes tentativas de estímulo ao empreendedorismo" (ARRUDA et al., 2013, p. 5). A formação deste ecossistema acontece quando:

> Os envolvidos no projeto compreenderam que não havia apenas uma característica que determinava o sucesso do empreendedorismo local, pelo contrário: um ecossistema inteiro de variáveis era necessário para estimular o empreendedorismo que se sustentasse ao longo do tempo, causando de fato impactos sociais e econômicos positivos para a economia.

O ecossistema empreendedor é desenvolvido por protagonistas muito peculiares e essenciais que, unidos, formam um meio propício para a otimização do empreendedorismo. Estes são designados como atores, que se sucedem como sendo: "programas de aceleração, espaços de coworking, entidades de apoio (governo, e outras entidades), incubadoras e hotéis tecnológicos, instituições de ensino superior (IES), grupos organizados de investidores em startups, movimentos locais e outros atores e startups" (SEBRAE-PR, 2015).

A partir da próxima seção, pretende-se compartilhar a experiência do projeto Células Empreendedoras, que se apresenta como um projeto que atua e entende a educação empreendedora como tranversal.

11.2. O PROJETO CÉLULAS EMPREENDEDORAS

As Células Empreendedoras constituem-se em um projeto coletivo, do qual participam grupos de alunos, professores e profissionais de diversas áreas do conhecimento, que visa desenvolver empreendimentos colaborativos que objetivam firmar a ação empreendedora enquanto meio de vida sustentável através de ferramentas sociais e um ecossistema de ações de fomento à criatividade e a inovação. Isto significa criar um meio em que se visualize e se viabilize as possibilidades de empreender: ideias, sonhos, vidas, carreiras, de maneira colaborativa em uma relação que vise promover o desenvolvimento de todos que são parte do Células Empreendedora.

Conforme exposto, para atingir a sua missão, o projeto estabeleceu alguns valores: sentido do ser, social, coletividade, espírito empreendedor, ação dialógica, ecologização de saberes. Os valores são trabalhados de acordo com as necessidades de cada célula. A metodologia desenvolvida pelo projeto é multidisciplinar, flexível, participativa, transversal e pautada pela educação libertadora de Paulo Freire.

O projeto surgiu em 2008, no curso de sistemas da informação da Faculdade Integrada do Recife (FIR–Estácio) (CRUZ NETO, 2009). Na ocasião, o professor Genésio Gomes (fundador do projeto), recém-empossado ao cargo de coordenador do curso, vivia um conflito dentro da organização, fomentado pelos alunos que exigiam um maior dinamismo e integração do curso com o mercado de trabalho.

Neste contexto, querendo atender as demandas dos alunos e pôr em prática os conhecimentos socioculturais de aprendizagem que aprendera durante o doutoramento em tecnologias educacionais, o professor iniciou uma série de diálogos com os alunos, que culminou no incentivo ao desenvolvimento de ações que viessem a satisfazer estas necessidades dos alunos, da instituição de ensino e do professor.

As ações desenvolvidas culminaram na criação de um projeto colaborativo que emergiu a partir dos alunos. O sucesso do projeto foi imediato e consequentemente outros cursos da FIR/Estácio aderiram ao projeto. Com o ingresso do professor Genésio na UPE (Universidade de Pernambuco), parcerias foram firmadas e outras instituições de ensino de Pernambuco e de outros estados (Universidade Federal Rural de Pernambuco [UFRPE], Universidade Católica de Pernambuco [UNICAP], Universidade Federal de Pernambuco

[UFPE], Universidade Estadual do Mato Grosso [Unemat], Universidade Federal do Mato Grosso [UFMT], Instituto Federal do Mato Grosso [IFMT]) vieram a aderir ao projeto e a criar células acadêmicas com este perfil "empreendedor". Hoje já são centenas de células empreendedoras espalhadas por instituições de ensino de vários estados ou em programas de empreendedorismo como o Startup&Makers, da Campus Party Recife. Como exemplo, apenas no programa Células Empreendedoras Mato Grosso, recentemente lançado, são 300 jovens e 120 professores que participam e ajudam a construir o que se denomina, dentro do projeto, de um ecossistema colaborativo de educação empreendedora.

Logo o que se iniciou como um projeto de extensão em uma IES, em 2010, tomou uma dimensão multi-institucional e passou a se chamar Células Empreendedoras com várias inovações incorporadas dentro das práticas educacionais direcionadas à formação empreendedora. Assim, o Células vem acumulando prêmios em empreendedorismo e inovação na educação, entre eles, os de Educação Transformadora 2015 (da Rede Global de Empreendedorismo) e Educação Empreendedora Brasil 2012 (da Endeavor), além de ter resultados reconhecidos em projetos de estudantes e parceiros ganhadores dos prêmios de entidades como Santander Universidades Empreendedorismo, ImagineCUP, Brasil Criativo, Revista Forbes, Desafio Brasil, BlackBerry Jam, entre outros; além de premiações locais como melhor projeto de extensão/empreendedorismo nas instituições e eventos em que foi usado.

Atualmente, o Células Empreendedoras atua na UPE e participa/coordena ações de educação empreendedora de relevância nacional em parceria com entidades como Endeavor, Sebrae, Campus Party, Unesco, Brazil+Empreendedor, Rede Brasileira de Cidades Inteligentes e Humanas, Secretaria de Empreendedorismo da Prefeitura do Recife, entre outras entidades.

Na UPE, são desenvolvidas as seguintes atividades:

1. **Disciplina de formação de empreendedores:** o professor Genésio, apesar de estar vinculado ao curso de engenharia da computação da Poli/UPE, decidiu transformar a disciplina, que era restrita apenas aos alunos do curso na qual ele estava vinculado, em uma disciplina eletiva para todos os cursos da Escola Politécnica da Universidade de Pernambuco. A disciplina possui 72h de carga horária e congrega alunos dos diversos cursos de engenharia da UPE, além de empreendedores convidados por ele de diversas outras instituições. A mesma se baseia em métodos como *design thinking* e *lean startup* e é dividida nas etapas de inspiração (autoconhecimento e observatório de problemas), concepção (geração e modelagem de ideias), inovação (prototipação e validação) e expansão (rodadas de negócios e estratégicas de captação de recursos). Esta disciplina serve de base inclusive para a seleção e a formação dos consultores usados nas ações em outros estados.

2. **Quina das ideias:** promoção de eventos regulares com palestras e dinâmicas inovadoras para a expansividade das ideias dos participantes, eventos necessários para se manter a motivação dos alunos durante todo o ano letivo. Participam alunos de diversos cursos e instituições.

3. **Mentorias com base em agenda de oportunidades:** encontros de mentoria focados em editais de fomento, desafios, premiações e rodadas de negócios. Uma agenda de oportunidades é oferecida/divulgada aos alunos/professores informando mensalmente editais, subsídios e prêmios nas linhas de empreendedorismo, inovação e economia criativa. Sessões de mentoria são organizadas com base nas oportunidades divulgadas.

4. **Polinovação:** processo seletivo de inovações com apresentação das mesmas dentro do evento de empreendedorismo da instituição UPE. As melhores ideias ganham prêmios em forma de benefícios que auxiliam o empreendimento das mesmas.

Paralelamente às ações da UPE, o Células Empreendedoras promove, sobretudo em estados fora de Pernambuco, ações voltadas à criação de ecossistemas de empreendedorismo em universidades, eventos e escolas técnicas. Para isso, é oferecido anualmente um pacote de produtos/serviços para uma rede de universidades conveniadas. Pacote este formado pelas seguintes ações (ofertado nesta ordem cronológica):

1. **Formação de multiplicadores:** realização do educadores empreendedores e/ou do agentes sociais empreendedores para formação de professores e agentes públicos em educação empreendedora, inovação na educação, smartcities, negócios sociais, além da metodologia Células Empreendedoras. Benefícios: capacitação de multiplicadores no estado da arte da atual indústria criativa e de startups, bem como nos princípios e práticas da metodologia Células Empreendedoras. Participam usualmente 50 professores por turma.

2. **Disponibilização de plataforma Células Empreendedoras:** licenças de uso da plataforma educacional para os alunos e professores, mentores e parceiros participantes das atividades do Células. Benefícios: apoio educacional para os participantes das atividades do Células Empreendedoras. Inclui cadastro de projetos, acesso a rede de células, mentores e parceiros, além de mecanismo de colaboração e serviços extras, tais como cursos online gratuitos.

3. **Formação Células Empreendedoras:**
    - *Maratona Células Empreendedoras* (estágio inicial): realização de maratona para formação de empreendedores e geração de novos negócios de alto impacto urbano. Benefícios: programa de formação composto por gamificações, workshops e mentorias visando a geração de ideias de alto valor agregado e transformação das ideias em modelos de negócios de impacto social. Participam usualmente cerca de 100 estudantes e 40 professores por maratona.

- *Living Lab Células Empreendedoras* (estágio de crescimento): realização de programa pré-aceleração para as melhores equipes surgidas das maratonas Células Empreendedoras. Benefícios: programa com workshops, mentorias e rodadas de investimentos para estruturar negócios de impacto urbano e social, visando uma melhor atração de investidores e/ou outras formas de captação de recursos. Participam usualmente as três melhores equipes de cada maratona.

4. **Campus Party:** acompanhamento especial das equipes em grandes eventos como a Campus e a rodada de negócios. Benefícios: participação da instituição e dos alunos neste que é o maior evento de tecnologia, empreendedorismo e economia criativa do mundo com acompanhamento exclusivo da equipe de organizadores da área especialmente voltada para startups do evento.

11.3. CÉLULAS EMPREENDEDORAS EM EVENTOS — PARCERIA CAMPUS PARTY: STARTUP — MAKERS (S&M)

A Campus Party é o maior acontecimento tecnológico do mundo! Criada há 16 anos na Espanha, ela atrai anualmente geeks, nerds, empreendedores, gamers, cientistas e muitos outros criativos, que se reúnem para acompanhar centenas de atividades sobre inovação, ciência, cultura e entretenimento digital.

Em 2008, quando teve sua grande estreia no país, a Campus Party Brasil, sediada na cidade de São Paulo, foi um sucesso. Em 2012, quando teve sua grande estreia em solo pernambucano, a Campus Party Recife foi a primeira edição nordestina do evento e reuniu cerca de 2.000 *campuseiros* na cidade de Recife.

Uma iniciativa inédita, que foi um sucesso na edição do Brasil da Campus Party, chega a Recife em 2014: é o Startup & Makers (S&M). Este evento envolve maker (termo que significa faça você mesmo ou, em inglês, *do-it-yourself*, ou simplesmente DIY). Esta cultura moderna tem em sua base a ideia de que pessoas comuns podem construir, consertar, modificar e fabricar os mais diversos tipos de objetos e projetos com suas próprias mãos. E envolve também empreendedores de startups, classificados como semente (em início de atividade) e consolidado (em operação). Em Recife, nos anos de 2014, 2015 e 2016, o Startup&Makers teve curadoria e coordenação do Células Empreendedoras.

Para efeito de ilustração de como funciona o evento, apresentaremos o programa Startup&Makers de 2015. O mesmo foi organizado por trilhas/áreas com temas de ampla relevância mundial, sendo elas: educação, saúde, negócios sociais, economia criativa, cidades inteligentes e tecnologia da informação. Um especialista de cada área foi selecionado para ser embaixador da trilha e ajudar na organização do evento.

No processo de seleção das S&M, levou-se em conta a inscrição, a documentação necessária e o potencial de negócio. A seleção foi feita pelos embaixadores, equipe do Células e mentores via plataforma online.

Trinta mentores/facilitadores de diferentes áreas foram selecionados para auxiliar as S&M, bem como para prepará-las para o contato com os investidores. Além disso, os mentores orientaram os participantes das S&M sobre como conseguir um bom aproveitamento nas atividades propostas na feira.

Durante o evento, as mentorias foram divididas em coaching por área/trilha e mentorias top. A primeira era para orientar as startups na lapidação de ideias, no preparo e na instalação no evento. Já a segunda envolveu um grupo seleto de mentores considerados como referência em diversas áreas, que tiveram sua mentoria pré-agendada com as startups consolidadas. Essas mentorias ocorreram de forma individual, ou seja, uma startup por vez, e também em sessão coletiva com investidores que tiraram dúvidas e deram conselhos para as startups semente e makers.

O S&M foi formado por dois palcos de conteúdo, que abrangeram temáticas gerais e específicas de cada trilha: palestras de abertura, workshop, maratona de negócios (apresentação de pitches para os jurados da área) e keynotes. Além disso, na feira, os S&M se instalaram em estandes com mesas redondas para atividades de mentoria, reuniões entre empreendedores, visita de investidores e do público em geral.

As startups semente foram divididas em trilhas, e cada startup apresentou um pitch de cinco minutos. Depois da apresentação, elas tiveram 20 minutos de feedback do júri formado por mentores, investidores e coordenadores de incubadoras ou aceleradoras.

Tanto as mentorias e os conteúdos de palcos quanto o júri foram compostos por várias parcerias do Células especialistas em diversas áreas, dentre eles: Wayra, Endeavor, Porto Digital, Células Empreendedoras, KeenLab, Artemísia, Gust e eBricks. Além de várias empresas e instituições de referência em Pernambuco envolvidas, como Sebrae, Universidade Federal de Pernambuco (UFPE), Universidade de Pernambuco (UPE), Universidade Federal Rural de Pernambuco (UFRPE) e o curso de Jogos Digitais da Universidade Católica (Unicap).

O evento contou com um *Demoday* (dia destinado à rodada de negócios com investidores), no qual participaram startups consolidadas pré-selecionadas pelos investidores da eBricks digital. Nele, foram oferecidos palestras e workshops sobre investimentos (conduzidos pelos investidores do eBriks) e relatos dos investidores sobre que tipo de startups em que investem e o que esperam de uma startup. Também houve palestras com relatos de startups em processo de investimento. Mentorias foram dadas a fim de preparar as startups para a sessão de pitches com os investidores, sendo que cada startup teve dez minutos para apresentação e 15 minutos de feedback dos investidores convidados.

Os makers foram observados nos próprios estandes por parte de um júri formado por mentores do Células Empreendedoras e entidades representativas do movimento maker (grupo que visa difundir a prática maker) e obtiveram feedback sobre os projetos.

Premiaram-se as S&M em duas categorias: inovação (escolhidas pelos jurados) e equipe revelação (escolhidas pela equipe do Células e mentores). Foram premiadas duas startups consolidadas, duas startups em formação para cada trilha e duas makers. Dentre as startups premiadas, tem-se a Célula Life-up, cujo caso será relatado na próxima seção.

Como as premiações foram oferecidos: troféus, licenças completas para o Bota pra Fazer, curso de aceleração da Wayra para um membro de cada uma das trilhas de startups em formação e acompanhamento do Células Empreendedoras com acesso à mentoria e aos investidores.

Com base em uma pesquisa feita ao fim do evento para obter o feedback, obteve-se como resultados principais para os participantes: maior visibilidade (divulgação dos produtos e serviços, convites para palestras e mídia espontânea), investimento e aceleração (empresas foram selecionadas para análise de investimentos pelo eBricks e por outros investidores), alguns convites para aceleração e participação de processo de incubação), parcerias (firmadas entre pessoas e empresas do evento e entre as próprias startups e makers), clientes (muitas conseguiram no próprio evento, ou a partir deste, captar clientes), feedbacks (foram fundamentais para o melhor aproveitamento do evento, identificação de oportunidades e lapidação de suas ideias), conteúdos (importantes tanto os dos palcos como os dos pitches) e, por fim, maior motivação para empreender.

11.4. CÉLULAS EMPREENDEDORAS — O CASO DA CÉLULA LIFE-UP

O projeto Life-up surgiu na Escola Técnica Estadual Professor Agamenom Magalhães (Etepam), em Recife, Pernambuco, criada e desenvolvida pelo professor Eraldo Guerra como uma proposta de oferecer uma educação empreendedora de forma inovadora para alunos do ensino médio. Para tal, os conhecimentos adquiridos em experiências profissionais e docentes pelo professor Eraldo Guerra foram compartilhadas com os educandos, permitindo, assim, criar startups com a finalidade de promover o aprendizado, a criatividade, a experiência profissional, o empreendedorismo e tudo mais o que agregasse valor à formação dos mesmos.

Assim, criou-se o cenário de fábrica de software, seguido do processo de incubação e aceleração que as startups vivem. Assumimos os papéis de uma empresa fluida, de forma que os alunos contribuíssem e construíssem a organização de nosso plano de aula de acordo com as necessidades de conhecimento, bem como as ações a serem realizadas para o sucesso de suas startups. Desde parcerias, visitas técnicas, metodologia de gerenciamento até o produto final. Essa experiência educacional se deu por meio de um ambiente colaborativo e estimulante, utilizando diversas ferramentas, como facilitadores desse processo (Trello [ferramenta para gestão de projetos], Google Drive [ferramenta para armazenamento e compartilhamento de arquivos], Google Docs [ferramenta para edição e compartilhamento de texto], Facebook [rede social]).

A proposta proporcionou alguns projetos desenvolvidos, que tinham como meta beneficiar a sociedade (empreendedorismo social).

Para tal, a adoção do método scrum para o gerenciamento da disciplina e dos projetos foi devida ao fato do mesmo ser ideal para projetos dinâmicos e suscetíveis a mudanças de requisitos, sejam eles funcionais ou não funcionais, sejam eles novos ou apenas requisitos modificados. No entanto, para aplicá-lo, é preciso entender antes os seus papéis, responsabilidades, conceitos e artefatos das fases do seu ciclo.

O scrum programa um esqueleto interativo e incremental através de três papéis principais, em que a execução de cada papel tem uma significância para o êxito do produto ou serviço, são eles: o product owner, o scrum team e o scrum master. Aplicar o scrum traz várias mudanças, principalmente culturais, na empresa em que se aplica a metodologia.

O primeiro passo para se implantar o método scrum é criar um grupo de estudos dentro da sala de aula para aprofundar os conhecimentos sobre o assunto e depois desenvolver um treinamento para toda a sala com o objetivo de nivelar o conhecimento adquirido. Ele deve ser vivenciado sob a orientação de um profissional apto a fim de atuar como coach durante o processo de aprendizado.

O segundo passo é dividir as equipes e formar as células de trabalho e definir as responsabilidades. De acordo com os papéis do scrum, teríamos:

- **Product owner**: responsável por definir os itens que compõem o product backLog priorizados na sprint planning meetings, ele decide a data de reuniões e o que será abordado nelas, é responsável pelo retorno sobre o investimento do produto, prioriza os requisitos de acordo com o seu valor de mercado ou cliente, pode mudar os requisitos e prioridades a cada sprint, de acordo com o valor do mercado, e aceita ou rejeita o resultado de cada sprint justificando ao time o motivo.

- **Scrum master**: é quem garante que o time esteja totalmente funcional e produtivo, abstraindo qualquer impedimento, seja ele físico ou lógico; promove a colaboração entre as funções e áreas; protege o time de interferências externas, que venham comprometer seu desempenho; estabelece um controle que possa garantir que o processo está sendo seguido; participa e colabora com as reuniões diárias (daily stand-up), a fim de conhecer os impedimentos e eliminá-los, ter conhecimento do que está sendo feito e o que ainda falta, almejando a satisfação do cliente com a entrega do produto final.

- **Scrum team**: composto por cinco a nove membros, seleciona entre os itens priorizados (seja pelo valor do mercado, pelo cliente e em alguns casos pelo valor de negócio para o time) os que irão ser executados durante a sprint, tem todo o direito de realizar o que quiser dentro da sprint, a fim de cumpri-la.

Definidos os papéis de cada aluno, o próximo passo era entender um pouco como se daria o processo de desenvolvimento seguindo os preceitos do scrum, como utilizar o método ágil em projetos e como ajudaria a construir somente o que o cliente valoriza, não mais que isso, criando produtos e serviços melhor adaptados à realidade do cliente, evitando desperdícios e atrasos. As práticas do scrum trazem vantagens também ao gerenciamento, como:

- Participação da equipe mais efetiva na definição das atividades, gerando maior comprometimento, motivação e confiança.
- Consciência das pessoas sobre o que estão fazendo e o porquê, diferente de quando o processo é imposto e não foi construído com a equipe.
- Estímulo à colaboração entre os membros da equipe deixa o time mais coeso;
- Fortalecimento do trabalho de time: cada um sabe o que o outro faz e escolhe o que vai fazer, as responsabilidades estão visíveis e existe transparência e alinhamento para atender o objetivo do projeto, podendo ser utilizada a task board como ferramenta auxiliar.
- Estímulo aos relacionamentos e integração entre os membros da equipe, minimizando conflitos e melhorando a relação interpessoal.
- Incentivo ao compartilhamento e à disseminação do conhecimento, gerando um ambiente colaborativo bem comum ao ambiente de educação a distância (EAD).
- Maior visibilidade do desempenho da equipe e de cada membro.
- Maior participação e satisfação do cliente, que acompanha o processo a cada sprint.

Algumas dessas vantagens foram sendo perceptíveis durante o percurso do projeto; a cada reunião envolvendo os times, a mudança tornava-se cada vez mais presente e consequentemente as metas iam sendo atingidas.

Com as boas práticas aplicadas do scrum, tivemos a possibilidade de obter melhores resultados na gestão de projetos e nas aulas de empreendedorismo. O processo pode ter seu reúso em outras disciplinas como em diversos níveis acadêmicos, bastando apenas, através de capacitação desenvolvida sobre o processo ágil do scrum, identificar o que você precisa fazer para desenvolver produtos ou serviços de qualidade rapidamente, o que permite medir a produtividade de equipes, sempre deixando bem clara a função do scrum.

Assim, é recomendado um estudo sobre o scrum, sua adaptabilidade e aplicabilidade. O que nos permitiu chegar a projetos impactantes e reais.

O cangame, o pioneiro, foi um software multidisciplinar desenvolvido para o tratamento de crianças autistas. Ele proporcionou prêmios, viagens e um desenvolvimento interdisciplinar na vida dos alunos, uma vez que necessitaram conhecer as necessidades, a forma de tratamento e os desejos dos autistas e seus familiares. Sendo uma investigação científica e profissional sob a ótica de conhecer seu cliente/usuário, os concorrentes de mercado, tamanho de mercado, impacto de mercado, experiência do usuário etc. E, como todo empreendedor, os mesmos se tornaram multiplicadores de conhecimento e inspiradores, o que proporcionou outros quatro projetos: Atlantis Access, uma proposta de mobilidade urbana por meio do turismo acessível; Carpet Of Life, um tapete vegetal para a contenção e a prevenção da voçoroca, deslizamento de encostas e assoreamento de rios; Speak Up, uma análise comportamental do mutismo seletivo e da fobia social, com a finalidade do desenvolvimento de um jogo de integração social; e o Atlantis Health, para gerenciamento de informações hospitalares por meio do conceito de smart city.

Saindo de uma sala de aula para tomar toda a escola, além dos referidos resultados positivos, constatou-se que tal proposta proporcionou um enriquecimento cultural e social, um maior interesse dos alunos em sala de aula e fora dela. O que vem a contribuir para a redução da evasão escolar e o desinteresse dos alunos pela disciplina de empreendedorismo. A prova desses resultados vem a ser a qualificação de tais projetos em diversos eventos científicos, tecnológicos e empreendedores, o que vem a ser um estímulo para outros alunos e para que esse modelo possa ser replicado em outras instituições. Esse modelo deu tão certo que fui eleito pela Microsoft o melhor educador empreendedor de ensino médio de 2011, ganhamos o prêmio construindo uma nação do instituto cidadania como melhor proposta de educação empreendedora para o ensino médio em 2013, em 2015 fui convidado a fazer parte do Microsoft Innovative Educator Expert (MIE Expert) e também repliquei esse modelo em três turmas de mestrado em engenharia de software e algumas formações de educadores.

Atualmente, os alunos encontram-se em universidades e estagiando em boas empresas, gerenciando seus projetos ou criando novos, como é o caso do Serviço de Entrega por Economia Partilhada (Step.box), que é um empreendimento comercial com diversas responsabilidades sociais, como:

- Criação de cooperativas de transportadores, em que serão financiadas dez bicicletas, permitindo que qualquer pessoa que tenha interesse possa trabalhar como transportador. Isso proporciona uma renda extra, desenvolvendo o arranjo produtivo local. Ao final, o indivíduo paga pela sua bicicleta e o dinheiro é revertido para uma nova, dando a oportunidade a uma outra pessoa.
- Campanha Transporte um sorriso, por meio da qual, no dia das crianças, todos os brinquedos doados ao Step.Box foram coletados de graça e entregues a orfanatos e creches.

Assim, a estimativa é que em breve esse modelo educacional possa ser replicado e beneficie a sociedade, alunos e educadores, fazendo com que a educação seja inovadora, inspiradora e continue com o senso de responsabilidade social, multiplicando e compartilhando conhecimento por toda sua trajetória de vida, de forma que o conhecimento não se limite às paredes da sala de aula!

11.5. CÉLULAS EMPREENDEDORAS ALÉM DAS FRONTEIRAS E O CASO DE MATO GROSSO

A metodologia Células Empreendedoras expandiu suas fronteiras para além de Pernambuco, local de sua origem, quando Géniso Gomes, idealizador do Células Empreendedoras, foi convidado para desenvolver programas de empreendedorismo usando a metodologia do Células em três instituições públicas de ensino superior do estado do Mato Grosso — Unemat, UFMT e IFMT.

A proposta compreendeu um conjunto de atividades baseadas nesta metodologia, visando o fomento de um ecossistema de empreendedorismo. Para realização do objetivo proposto, o projeto foi estruturado em sete etapas. Primeiramente, na etapa um, fez-se um trabalho de divulgação e mobilização para motivar alunos e professores das três instituições a participar. Em paralelo, foi desenvolvido um portal eletrônico do ecossistema empreendedor de Mato Grosso, voltado ao desenvolvimento das ações do projeto e para a colaboração de todo o ecossistema de empreendedorismo em Mato Grosso. Este portal seria alimentado/construído pelos participantes do projeto.

Na sequência, foram iniciadas as maratonas Células Empreendedoras (fases: observatório, ideação, inovação e expansão, etapas dois, três e quatro). Foram oferecidos cursos em forma de competição (gamificação), voltados à formação dos empreendedores e à troca de conhecimentos entre os diversos atores do ecossistema. Participam em cada maratona cerca de 100 alunos, 40 professores e três educadores do Células Empreendedoras, além de atores do ecossistema local (aceleradoras, governo, empresários, investidores etc.). Espera-se como resultado das maratonas várias startups modeladas com ideias de alto valor agregado, equipes motivadas a transformá-las em negócios e o estabelecimento de parcerias entre todos os atores do ecossistema presentes.

As três melhores equipes de cada maratona são premiadas com troféus e subsídios para transformar suas empresas em formação em negócios de alto impacto. Este processo de premiação/competição (gamificação), aliado a práticas inovadoras de educação, faz com que alunos, professores e membros externos convidados (aceleradoras, governo, empresários) se tornem bastante engajados, promovendo com isso a qualidade de todas as ideias/startups/negócios gerados.

Um representante das equipes ganhadoras das maratonas, junto com o professor mobilizador de destaque de cada instituição (serão pessoas ao todo), será premiado com uma viagem de intercâmbio para conhecer outros ecossistemas de referência mundial (etapa cinco). Visitarão o ecossistema do Porto Digital, um dos melhores parques tecnológicos do mundo, bem como os alunos e os professores participarão da Campus Party Recife, tido como um dos maiores eventos de tecnologia, empreendedorismo e inovação do planeta. Esta é uma oportunidade única para troca de experiências e do Mato Grosso ter um grupo de alunos e professores dispostos a repassar os conhecimentos e contatos adquiridos.

Na etapa seis, as três melhores equipes de startups de cada maratona participam de um programa de pré-acelaração voltado à prototipação da solução usando a cidade como laboratório (*living lab*). O *living lab* é um conceito associado ao desenvolvimento de cidades inteligentes e humanas, em que universidade, governo e iniciativa privada se unem para a construção/viabilização de soluções reais para os problemas da cidade. Por isso, a primeira etapa das maratonas diz respeito a um "observatório da cidade", de modo que os empreendedores possam se focar no que realmente importa para o desenvolvimento local.

O programa de pré-acelaração é composto por mentorias online e presenciais durante dois meses com mentores de referência nacional em empreendedorismo, aliado ao uso de uma metodologia e plataforma células empreendedoras para *living labs*. Durante estes, os alunos e professores participantes da jornada ao Porto Digital e Campus Party repassarão os conteúdos e network gerados aos demais participantes através de eventos presenciais e online.

O projeto é finalizado na etapa sete, com uma conferência de inovação e empreendedorismo no Parque Tecnológico de Mato Grosso, em que os resultados de todo o projeto serão apresentados à comunidade. O evento contará ainda com palestras de renome e uma rodada de negócio em que os empreendedores concluintes do programa de pré-aceleração apresentarão seus projetos a investidores externos. Poderá participar do evento toda a comunidade integrante do projeto, ou seja, alunos, professores e demais atores membros do Células Empreendedoras.

Tais etapas e suas atividades criam, sobretudo, as bases para que as instituições de ensino possam ter autonomia para continuar o desenvolvimento do ecossistema fomentado-o através dos professores e alunos ali capacitados, assim como novas universidades e escolas técnicas possam ser envolvidas em anos subsequentes.

Acredita-se que a partir destas ações as instituições participantes, seus professores e alunos estejam aptos a participar da rede Células Empreendedoras e de seus projetos vinculados. Nossa rede funciona hoje como um balcão de negócios, em que, após a formação inicial e inclusão no portal, naturalmente diversos projetos (startups, eventos, cursos, negócios etc.) são criados e desenvolvidos colaborativamente. Além disto, somos comumente convidados a realizar projetos maiores, em que convidamos empreendedores e mentores para participar.

11.6. CONSIDERAÇÕES FINAIS

A partir de tudo quanto foi discutido acima, podemos perceber a importância do empreendedor na sociedade do conhecimento, e da educação empreendedora como transversal. Entendendo seu papel no ecossistema empreendedor, pode-se fornecer as condições necessárias para o afloramento de um empreendedorismo de alto impacto que gere desenvolvimento, na medida em que se desenvolve o capital humano (empreendedores), contudo, é preciso desenvolver os diversos aspectos que envolvem a educação empreendedora, tendo em vista que a mesma, como uma educação transversal, auxilia a compreensão da realidade, estimula a reflexão sobre transformações e inovações, busca ações planejadas e tecnicamente embasadas, além de estimular e compelir a transformar positivamente diversas realidades, nas esferas pessoal, econômica e social.

As ações desenvolvidas pelo Células Empreendedoras constituem um movimento contra-hegemônico à educação tradicional, que se apresenta como uma nova forma de ensinar e desenvolver o empreendedorismo no contexto das instituições de ensino. O mesmo é uma construção coletiva, pautado em uma educação libertadora e transversal, devendo ser compreendido como um processo, e, por isso, algo não finalizado.

Suas práticas constituem uma ação empreendedora de cunho social que impulsionam a formação e o desenvolvimento de movimentos coletivos na região em prol do fortalecimento dos laços sociais e do desenvolvimento de todos os envolvidos. E são calcadas em uma nova sociabilidade sedimentada no sentido do ser, na visão social, na visão da coletividade, no espírito empreendedor, na ação dialógica e na ecologização dos saberes de todos os envolvidos. Salienta-se que as práticas são desenvolvidas em um meio que possui e permite a formação de parcerias com diversos atores do ecossistema empreendedor brasileiro.

As experiências vivenciadas têm contribuído para a formação de estudantes de diversos cursos, não só de Pernambuco, mas também de outros estados, como o Mato Grosso, permitindo aos futuros profissionais dispor de um ambiente real como laboratório e ferramentas facilitadoras para novas possibilidades de realização colaborativa de sonhos profissionais.

Além disto, as ações do projeto colaboram para geração de conhecimento sobre formas e práticas de empreender sonhos. Todo o conhecimento gerado como resultado do projeto retorna à sociedade através de um conhecimento disponível contextualizado na realidade e totalmente passível de ser replicado em outros ambientes e situações. Evidencia-se que a contribuição mais salutar neste processo é a de proporcionar a todos os envolvidos o encontro consigo mesmos. A questão primordial consiste em dar condições para que as pessoas possam viver do que lhes traz brilho aos olhos de forma digna, autônoma, assegurando sua própria identidade e conquistando sua sustentabilidade por meio de um empreender que gere desenvolvimento.

As iniciativas do Células Empreendedoras podem servir de exemplo para outras instituições que queiram desenvolver a capacidade de sonhar e de realizar este sonho de forma colaborativa e contextualizada. Entendendo a educação empreendedora não como uma disciplina isolada, mas multidisciplinar, trabalhada de forma transversal dentro de um ecossistema empreendedor e apoiada pelo mesmo, ela fomenta o empreendedorismo, e, acima disto, gera desenvolvimento econômico, social e de seres cidadãos.

Hoje, o projeto em Mato Grosso está servindo de referência para sua expansão em vários estados do Brasil. A meta é a cada ano poder atender um número cada vez maior de universidades, ofertando a mesma sequência de ações de promoção de um ecossistema empreendedor, quais sejam:

1. Formação de educadores.
2. Realização de maratonas Células Empreendedoras para formação de empreendedores.
3. Oferta de um portal com todas as startups, projetos e ações do ecossistema.
4. Programa *living lab* para os melhores projetos de cada maratona.
5. Conferência final de empreendedorismo expondo todos os resultados para a comunidade.

Além de promover o desenvolvimento empreendedor de cada ecossistema universitário ou de escola técnica, nossa meta é propiciar a integração entre as diferentes universidades do Brasil veiculadas ao projeto.

Os benefícios advindos do projeto são:

- Criação de um ecossistema multidisciplinar e multi-institucional de apoio ao empreendedorismo universitário.
- Criação e fomento de centros de criatividade, inovação e empreendedorismo nas diversas universidades e escolas, compostos de laboratórios de empreendedorismo/criatividade/inovação e formação adequada de educadores empreendedores e agentes sociais.
- Oferecimento de uma vivência empreendedora (com visão social) ainda na faculdade aos estudantes e professores participantes.
- Fomento de uma rede de mentores, células de alunos/professores e empresas/instituições e captação de parceiros que desejam apoiar o empreendedorismo universitário.
- Criação de oportunidades reais de crescimento profissional e pessoal para todos os envolvidos.

11.7. REFERÊNCIAS BIBLIOGRÁFICAS

AMÂNCIO, R.; WILKINSON, J.; VALE, G. M. Desbravando fronteiras: o empreendedor como artesão de redes e artífice do crescimento econômico. In: ENANPAD, 29, 2005, Brasília. *Anais*- Brasília: Enanpad, p. 1 — 13, 2005 — EDIPUCRS. Rio Grande do Sul: PUCRS, 2009. Disponível em : http://www.pucrs.br/edipucrs/cplp/arquivos/audy.pdf. Acesso em: 05/05/2013.

ARRUDA, C.; COZZI, A.; NOGUEIRA,V.; COSTA, V. da. *O ecossistema empreendedor brasileiro de Startups: uma análise dos determinantes do empreendedorismo no Brasil a partir dos pilares da OCDE*, 2013. Disponível em: http://acervo.ci.fdc.org.br/AcervoDigital/Relat%C3%B3rios%20de%20Pesquisa/Relat%C3%B3rios%20de%20pesquisa%202013/O%20Ecossistema%20Empreendedor%20Brasileiro_12112013.pdf/. Acesso em: 23/01/2016.

BEHRENS, M. A. *O paradigma emergente e a prática pedagógica*. Petrópolis, RJ: Vozes, 2005.

_____. *Paradigma da complexidade: metodologia de projetos, contratos didáticos e portfólios*. Petrópolis, RJ: Vozes, 2006.

CRUZ NETO. *Tecnologia da informação gerando novas oportunidades*. Revista FERA, p. 28, 08/2009.

DOLABELA, F. *Pedagogia Empreendedora*. São Paulo: Cultura, 2003.

DORNELAS, J. C. A. *Empreendedorismo: Transformando ideias em negócios*. Rio de Janeiro: Campus, 2001.

FILION, L. J. Empreendedorismo: empreendedores e proprietários-gerentes de pequenos negócios. *Revista de Administração*, São Paulo, v. 34, p. 05-28, 04–06/1999.

FREIRE, P. *Pedagogia do Oprimido*, São Paulo: Paz e Terra, 36ª edição, 2003.

GUERRA, M. J.; GRAZZIOTIN, Z. J. *Educação empreendedora nas universidades brasileiras*. In:

JULIEN, Pierre-André. *Empreendedorismo regional e a economia do conhecimento*. São Paulo: Saraiva, 2010.

LIMA, E., HASHIMOTO, M.,MELHADO, J., ROCHA, R. Caminhos para uma Melhor Educação Superior em Empreendedorismo no Brasil. *XXXVIII Encontro da ANPAD*. Rio de Janeiro, 2014. Disponível em: http://www.anpad.org.br/admin/pdf/2014_EnANPAD_ESO1960.pdf. Acesso em: 21/06/2016.

LOPES, R. M. A. *Educação Empreendedora: conceitos, modelos e práticas*. Rio de Janeiro: Elsevier, 2010.

LOPES, Cristina Lúcia Janini. Educação Empreendedora: Um estudo do Projeto Empreendedorismo 10.0 aplicado aos alunos do Curso Técnico em Informática . *Rev. de Empreendedorismo, Inovação e Tecnologia*, 1(1): 39-44, 2014 — ISSN 2359-3539.

LUNDVALL B. *The globalising Learning Economy*. Brussels: Tser Programme, 1997.

MARUYAMA, F. M. *Ecossistema de empreendedorismo, o que é e por que devo entendê-lo?*, 2015. Disponível em: http://destinonegocio.com/br/empreendedorismo/ecossistema-de-empreendedorismo-o-que-e-e-por-que-devo-entende-lo/. Acesso em: 21/01/2016.

NESPOLI, Ziléa Baptista. *Pedagogia e empreendedorismo* — Curitiba: IESDE, 2005.

ROSSI, F.; SCHMIDT, C. M.; ALVES, J. K. D.; DREHER, M. T. *Empreendedorismo Coletivo: a Experiência da Região Oeste do Paraná no Contexto do Turismo Sustentável*. 2014. Disponível em: http://www.egepe.org.br/anais/tema09/304.pdf/. Acesso em: 01/03/2016.

SELA, V. M; SELA, F. R; SELA, D. Q. Ensino do Empreendedorismo na Educação Básica, voltado para o desenvolvimento econômico e social sustentável: um estudo sobre a metodologia "Pedagogia Empreendedora" de Fernando Dolabela. *Anais EnANPAD*, 2006. Salvador, 2006.

Capítulo 12

A GAMIFICAÇÃO COMO EXPERIÊNCIA DIDÁTICA NO ENSINO DE EMPREENDEDORISMO

Marcus Linhares[1]
Aislan Rafael R. Sousa[2]

Uma consequência do mundo digital e conectado é que as informações livres, fragmentadas e sem filtros chegam aos indivíduos pelos mais variados canais, e cabe a estes definir o que é relevante ou não. Isso gera uma dispersão por conta da quantidade e uma falta de aprofundamento de conteúdo, quando se trata de qualidade.

Assim, na atualidade, a efemeridade passou a ser uma das principais características do comportamento humano quando se trata do acesso às informações, e muito se fala em estratégias de retenção da atenção. Isso vale para o posicionamento das marcas empresariais, para o mercado publicitário, para estratégias de diferenciação de produtos e, sobretudo, para o processo de ensino-aprendizagem.

Neste capítulo, especifica-se os impactos que tais transformações provocam na educação, sobretudo no ensino de empreendedorismo, e propõe-se uma ferramenta capaz de amenizar os efeitos da dispersão: a gamificação, com a demonstração dos efeitos desse instrumento quando aplicada ao ambiente de aprendizagem de ensino de empreendedorismo.

A tecnologia GestorBOX (www.redegbox.com.br) foi considerada pelo Instituto Endeavor e pela Fundação Telefônica/Vivo a melhor técnica de ensino de empreendedorismo nos anos de 2012 e 2013, respectivamente.

Atualmente, mais de 2.000 pessoas utilizam a plataforma, e estes números definiram um direcionamento para que, neste capítulo, fossem demonstrados dados que comprovam a força de um instrumento que possibilita aos educandos uma experiência didática diferenciada.

---

[1] Professor do Instituto Federal do Piauí (IFPI), cofundador do GestorBOX, diretor administrativo do Instituto Multicom de Tecnologia Gerencial. E-mail: marcuslinhares@ifpi.edu.br.

[2] Professor do Instituto Federal do Piauí (IFPI), cofundador do GestorBOX, diretor de tecnologia do Instituto Multicom de Tecnologia Gerencial. E-mail: aislanrafael@ifpi.edu.br.

12.1. CENÁRIO

Em tempos de internet e de uma sociedade pós-digital, muito se fala de uma possível falência dos métodos tradicionais de educação. A educação tradicional é resultado de um sistema fabril que tentou, ao longo do tempo, aplicar a formação com o mesmo padrão de produtividade e escala industrial, diminuindo a importância da liberdade criativa e desenvolvendo limitações de desempenho.

É possível perceber, no cotidiano, falhas no sistema, e não nas pessoas. Por tal motivo, é possível elencar indicadores presentes nesse cenário:

1. **A educação não é algo trivial**, visto que as pessoas aprendem de maneira particular em função de suas habilidades de percepção e absorção de conteúdos, práticas e interesses.

2. **As experiências didáticas são limitadas**, pois existe uma repetição de aplicação de metodologias em sala de aula, que foram difundidas ao longo do tempo, impondo uma lacuna entre a forma de apresentar conteúdos e produzir conhecimento de maneira eficaz. E cabe lembrar que o processo de ensino-aprendizagem é subjetivo e necessita muito mais que conteúdo, material ou estrutura, pois depende realmente da vivência de novas experiências.

3. **A relação quase que imutável entre tempo, espaço e capital**, ou seja, as instituições de ensino definem os horários de aula e impõem sua estrutura, sem buscar entender como isso afeta a experiência de ensino-aprendizagem. Em relação ao capital, ainda existe uma indicação de que quem aplica um maior capital financeiro obtém como retorno melhores condições no processo educacional.

4. Por fim, **o indicador de abstração**, ponto de reflexão e justificativa deste capítulo é crucial, visto que as condições ideais da educação compreendem: favorecer a abstração, estimular a percepção de oportunidades e incentivar o comportamento criativo.

Neste sentido, tal análise se faz pertinente no que se refere à importância de proporcionar uma interação entre a realidade descrita, com as transformações que submetem o cenário a uma postura diferenciada de seus agentes.

Isso perpassa pela busca da aplicação de um comportamento que agrega criatividade, autoconfiança, resiliência e atitude, tão comuns às características difundidas pelo empreendedorismo.

Não à toa, ano após ano, o ensino de empreendedorismo ganhou espaço no ambiente tradicional de ensino, sendo abordado das formas mais construtivas, visto seu caráter desenvolvimentista.

12.2. ENSINO DE EMPREENDEDORISMO NO BRASIL

Ao longo do tempo, o empreendedorismo vem crescendo no país. A pesquisa Global Entrepreneurship Monitor (GEM)[3] realiza avaliações anuais sobre a atividade empreendedora em diversos países. No Brasil, essa pesquisa divulga dados anualmente desde 2002, entre eles, a taxa de empreendedorismo, que é a porcentagem da população na faixa etária entre 18 e 64 anos, que são empreendedores com negócios em estágio inicial ou consolidado. Em 2002, a taxa total de empreendedores ficou em 20,9%, e, no ano de 2014, esse número saltou para 34,5%, havendo nesse período de tempo um aumento de aproximadamente 65%. A pesquisa realizada em 2014 mostra que 71% dos brasileiros que iniciam um novo negócio empreendem por oportunidade. Isso significa dizer que os mesmos estão empreendendo por identificarem uma chance de negócio, mesmo possuindo alternativas de emprego e renda.

No Brasil, o ensino de empreendedorismo surge como disciplina em um curso de pós-graduação na década de 1980 e começa a ser mais amplamente difundido na década de 1990. O ensino de empreendedorismo vem crescendo progressivamente no país, desde a educação básica ao ensino superior, na formação complementar ou como disciplina, de forma transversal ao currículo, tanto na rede privada como na pública (SOUSA, 2012). Diante de uma iniciativa de políticos brasileiros para que o ensino de empreendedorismo fosse adotado como obrigatório no currículo do ensino fundamental, médio, superior e na educação profissionalizante, o Conselho Nacional de Educação emitiu um parecer orientando que o empreendedorismo fosse tratado no currículo como tema transversal (BRASIL, 2010).

Dentro das universidades, existem potenciais empreendedores. A Endeavor, em conjunto com o Sebrae, realizou uma pesquisa relacionada ao empreendedorismo dentro das universidades brasileiras, abrangendo aproximadamente 70 instituições de ensino superior (ENDEAVOR, 2014). Esta pesquisa contou com aproximadamente cinco mil estudantes. Observou-se que 57,9% deles pensam em abrir um negócio no futuro, e, destes, 60% querem abrir sua empresa em até três anos; ou seja, a maioria dos alunos deseja empreender e quer fazer isso logo. Ainda segundo a pesquisa, 48,7% dos estudantes já cursaram alguma disciplina relacionada ao tema e 63% dos formandos também a fizeram, e isto revela que o alcance do ensino em empreendedorismo tem aumentando. Mas quando são observados apenas os alunos que não estão ligados à área de negócios, esse número cai para 30% de interação com alguma disciplina relacionada ao empreendedorismo. Portanto, ainda é um desafio levar o ensino de empreendedorismo aos cursos que não são ligados à área de negócios.

Existe uma quantidade considerável de trabalhos científicos relacionados ao empreendedorismo ou ao empreendedor, porém o mesmo não acontece quando se trata dos impactos do ensino do empreendedorismo (RIBEIRO, 2014).

---

[3] Disponível em: http://www.gemconsortium.org.

Entretanto, há estudos que apontam que o ensino de empreendedorismo tem se mostrado eficiente na prática. Estudo realizado por Valcanaia (2010) com alunos egressos do período entre 2004 e 2008 da Universidade Regional de Blumenal (Furb), que tiveram contato com o empreendedorismo através de disciplinas, aponta um índice de empreendedorismo duas vezes maior que a média nacional. Outro estudo, realizado por Augusta e Freitas (2014), investigou o perfil empreendedor de 407 alunos do curso de administração de instituições de ensino superior (IES) da cidade de Fortaleza, que passaram ou não por atividades educacionais de formação em empreendedorismo. Augusta e Freitas indicaram que o perfil empreendedor dos alunos que participaram de atividades educacionais de formação em empreendedorismo apresentou alterações favoráveis nas dimensões que o compõem quando comparado aos que não participaram. As dimensões analisadas foram autorrealização, planejamento, inovação, assunção de riscos, liderança e sociabilidade. As dimensões de autorrealizador, planejador, inovador e de assumir riscos foram as que mais se destacaram entre os que participaram de atividades educacionais de formação em empreendedorismo.

Apesar do crescimento progressivo do ensino em empreendedorismo no Brasil, o mesmo não tem alcançado os empreendedores em potencial de forma efetiva. Potenciais empreendedores podem ser entendidos como pessoas que não empreendem ainda, mas têm a intenção de empreender. A Confederação dos Jovens Empreendedores (CONAJE, 2015) realizou uma pesquisa relacionada ao perfil do jovem empreendedor brasileiro. Nela foram apontados dois principais motivos para não empreender: (i) financeiro e (ii) não se sentir preparado. Dos empreendedores em potencial da pesquisa, observou-se que 43% não possuem acesso a nenhuma forma de capacitação e 40% fizeram cursos aleatórios sobre o tema. Pode-se concluir daí que é necessária a criação de formas mais efetivas para que o ensino de empreendedorismo alcance de fato os interessados. Cabe alertar que o ensino de empreendedorismo pode extrapolar as disciplinas em sala de aula, cursos, palestras, eventos de imersão, entre outros, e procurar meios não convencionais, como os jogos, para atingir um público cada vez maior.

É esse arcabouço de opções, agregadas ao ensino de empreendedorismo, que permite que o comportamento criativo dos agentes educacionais diversifiquem as experiências didáticas ou crie variações e inovações para adequar instrumentos, já em destaque, ao cotidiano do contexto educacional.

Um exemplo dessas variações ou inovações é a inclusão dos jogos, especificamente, ao ensino de empreendedorismo.

12.3. APRENDER JOGANDO OU JOGAR APRENDENDO?

No Brasil, o uso de jogos com fins educacionais é uma forte tendência. Em 2013, foi realizado pela Gedi Games (2014) o primeiro censo da indústria brasileira de jogos, em que foram entrevistadas 133 empresas, as quais produziram 1.417 títulos de jogos. Neste censo, observou-se que, do total de títulos de jogos, 47,8% foram classificados como jogos sérios, ou seja, em que a principal preocupação não é a de entretenimento, podendo envolver conteúdo educacional e/ou de treinamento. Do total de títulos de jogos, 43,8% são educacionais. Em vista disso, é possível afirmar que existe, no país, um grande esforço para utilizar jogos com fins educativos.

Uma pesquisa realizada pela National Purchase Diary (NPD Group), em 2015, empresa que realiza pesquisas na área de marketing e atua em mais de 20 países, revela que 82% dos brasileiros em uma faixa etária compreendida entre 13 e 59 anos são consumidores de jogos. A propagação da cultura dos jogos faz com que a população esteja familiarizada com seus elementos. É evidente que outras áreas buscam aproveitar essa cultura, pela importante característica do engajamento do público. Daí que uma das áreas que têm pesquisado sobre a incorporação dos elementos de jogos é a educação, pois os profissionais da educação podem fazer uso dos benefícios dos jogos incorporando seus elementos dentro de suas práticas.

Na percepção científica dos jogos, como derivação das atividades lúdicas, Huizinga (2000) ressalta que, à primeira vista, todo ser pensante é capaz de entender que o jogo possui uma realidade autônoma, mesmo que sua língua não possua um termo geral capaz de defini-lo, e que a relevância do jogo é inegável.

Partindo destas premissas como início da resposta à provocação feita no título deste capítulo, alguns pensamentos podem ser organizados como justificativas lastreadas em uma visão pedagógica.

O ambiente planejado, motivador, competitivo e organizado que os jogos proporcionam potencializa a concentração e a disciplina dos atores envolvidos, possibilitando o desenvolvimento e a aprendizagem de várias habilidades.

Em ambientes de aprendizagem, estudantes com ou sem deficiência de aprendizagem podem vivenciar experiências diferenciadas nos jogos, que são usados como recursos que facilitam a assimilação dos mais diversos conteúdos pedagógicos.

Esse preceito, sobre a sugestão do uso de jogos, é uma forma de impulsionar o processo de aprendizado, por meio de retenção de atenção, desenvolvimento da percepção de regras, convivência, relacionamento de saberes concorrentes, reforço da autoestima, aprendizado a partir de erros, fixação de valores ao perceber pessoas e culturas, vivência do concreto e abstrato, real e metafórico, resolução de problemas, concentração e habilidades perceptuais e psicomotoras (FARDO, 2013).

Portanto, a utilização dos jogos em ambientes de aprendizagem constitui uma abordagem de engajamento dos envolvidos nos parâmetros e objetivos atrelados ao processo de aplicação dos conteúdos, ou seja, a implementação de uma metodologia interativa jogável propõe uma aprendizagem natural e simultânea entre aprender jogando e jogar aprendendo.

A utilização destes instrumentos e seus processos pode ser sistematizada, com a finalidade de adequar a aplicação ao contexto do ambiente de aprendizagem.

12.4. PASSOS PARA A APLICAÇÃO DE JOGOS EM AMBIENTES DE APRENDIZAGEM

12.4.1. Pensamentos

Os jogos, as brincadeiras ou até mesmo os ambientes gamificados necessitam de motivações especiais para que os indivíduos consigam interpretar o universo ao seu redor, de maneira lúdica.

Assim como toda motivação, sua base de sustentação é a capacidade que o indivíduo tem de perceber suas necessidades, anseios ou interesses. Dessa forma, a imersão dos indivíduos no processo de aprendizagem depende da possibilidade que o mesmo, ou seu grupo, perceba o jogo como um mecanismo inovador de interação, desafios, diversão ou simplesmente entretenimento.

A partir destas percepções, se faz necessário compreender que, em meio a estas interações, é possível definir termos recorrentes sobre os tipos de pensamentos que são suscitados nos ambientes lúdicos, como: concretos, abstratos, metafóricos e criativos.

Os pensamentos concretos se referem às percepções vinculadas àquilo que é concreto, que está ao redor do indivíduo, sobretudo suas limitações, planos, iniciativas em seu cotidiano, relacionamento com as pessoas em um círculo no qual todos estão ligados pela consistência e existência real dos aspectos pensados.

Já o pensamento abstrato é algo que o indivíduo cria ou imagina, por meio de um processo mental em que as percepções estão desvinculadas do mundo real, dado que as atividades intelectuais são capazes de romper, criando uma nova interação com o ambiente concreto, ressaltando sentimentos desejáveis ou simulados em relação aos sentimentos reais e sensações físicas ou mecânicas que servirão apenas como alicerce do raciocínio para atingir a abstração.

Uma vez desenvolvida a capacidade de distinguir o concreto e o abstrato, os indivíduos conseguem interagir, por meio dos jogos, de maneira mais potencializada com a linguagem comum: a metáfora. A linguagem metafórica traz o aspecto figurativo, que é antagônico à frieza da linguagem literal. Isso possibilita ao lúdico — e à abstração — a percepção de novos significados para os ambientes, sobretudo, os de aprendizagem.

Da mesma maneira que a metáfora aplica uma expressão fora do seu sentido normal, a percepção metafórica exercita a abstração no decorrer das atividades de estímulo à criatividade, que por sua vez gera um comportamento ativo no educando, confirmando a máxima que a criatividade não se aprende, se estimula!

Para o educador, combinar tais indicadores e percepções pode ser uma tarefa no mínimo desafiadora, porém, ao se permitir envolver tanto quanto (ou mais) seus educandos, este mundo de imaginação proporcionado pelos jogos passa a ter potenciais infinitos de utilização e de resultados.

12.4.2. Propósitos

Para a análise dos *propósitos* da utilização de jogos em ambientes de aprendizagem, é necessário organizar todos os objetivos e estratégias destes jogos, a fim de que seja construída uma relação eficaz entre tais aspectos e os objetivos dos aplicadores e as habilidades e competências a serem desenvolvidas pelos jogadores.

Deste modo, as correlações entre os jogos e as disciplinas dependem bastante do grau de criatividade dos professores em abordar um tema transversal em suas aulas.

O pensamento estratégico na utilização de jogos é justamente o de criar ambientes de aprendizagens e experiências diversificadas para que os estudantes percebam a importância de vivenciar o processo em sua forma comportamental, desenvolvendo assim novos agentes, com atitudes e conhecimentos capazes de se destacar de forma inovadora em um mundo cada vez mais comum.

12.4.3. Prospecção

Para partir para a prática de utilização dos jogos em ambientes de aprendizagem, se faz necessário um primeiro confronto entre os objetivos do professor e os objetivos do jogo.

Para auxiliar nesta prospecção, apresenta-se, na seção seguinte, o *GestorBOX* (www.redegbox.com.br), que é uma plataforma de game-capacitação especializada em ensino de empreendedorismo, com o objetivo de levar aos futuros empreendedores uma nova experiência didática.

O conceito de game-capacitação é uma referência à flexibilidade proporcionada por um instrumento que oferta a dinâmica advinda dos mecanismos de jogos, ao formato tradicional de capacitação.

Em suma, os conhecimentos e habilidades a serem desenvolvidos por tal ferramenta partem do princípio que o modelo teórico e conteudista pode ser adequado aos preceitos dos jogos e vice-versa.

Portanto, tais conhecimentos e habilidades são pertinentes a todos os agentes, sejam eles educadores e educando, proporcionando ainda mais uma convivência ou relacionamento entre si, quebrando mais um paradigma dos processos tradicionais de aprendizagem, em que professores e alunos deveriam ser atores e reprodutores, respectivamente.

12.4.4. Produção

A produção do contexto de aplicação refere-se ao momento prático de vivenciar o jogo como um objeto de ensino-aprendizagem. Ou seja, após a conscientização do professor e da sua turma sobre a percepção do *pensamento* e da usabilidade dos conceitos de abstração como instrumento didático, da definição dos *propósitos*, a fim de tornar a aplicação dos jogos uma prática capaz de atingir resultados eficazes e da *prospecção* correta destes jogos, para dar sustentabilidade à estratégia e objetivos a serem atingidos, chega a hora de produzir um ambiente propício para a experiência didática.

Por fim, a produção para a aplicação necessita de informações capazes de mensurar o grau de engajamento e satisfação dos envolvidos, sejam eles professores ou alunos. Para isso, o professor deve usar constantemente sua forma de mediação para coletar os feedbacks quanto às formas de aplicação, acompanhamento, mediação, ambiente e aproveitamento.

Os instrumentos de avaliação ou de coleta de informações podem ser os mais diversos, porém, após o próximo passo (*parametrização*), serão expostas algumas sugestões para que as análises sejam feitas, os resultados sejam colhidos e os aprendizados sejam construídos com a utilização da plataforma GestorBOX.

12.4.5. Parametrização

A *parametrização* corresponde ao fechamento de um processo cíclico, ou seja, a definição dos instrumentos de avaliação e o controle não correspondem ao fim da aplicação dos jogos. A avaliação serve-se de instrumentos de dados para aperfeiçoar as práticas e articular as novas aplicações.

Com isso, o professor obterá um número significativo de informações, inclusive de indicações de como utilizar o GestorBOX como forma de engajar seus alunos, desenvolvendo competições e possibilitando uma classificação dos alunos que mais pontuam nos jogos da plataforma, além de outras maneiras de utilizar as pontuações dos jogos da plataforma para premiações ou ajudar em avaliações qualitativas.

12.5. GESTORBOX: AMBIENTE VIRTUAL DE APRENDIZAGEM GAMIFICADO APLICADO AO ENSINO DE EMPREENDEDORISMO

A gamificação pode ser conceituada como o uso de elementos do design de jogos em um contexto que não é de jogo (DETERNING et al., 2011). Em vez de utilizar toda a estrutura de um jogo, pode-se fazer uso de dinâmicas e mecânicas, ou seja, dos elementos de jogos. O objetivo de fazer uso de tais elementos é o de estimular, gerar e propiciar a apropriação das experiências que os mesmos podem gerar. Em um conceito mais amplo, a gamificação pode ser compreendida como um ambiente de aprendizagem diversificado, com um sistema de decisões e recompensas todo voltado para aumentar e chegar ao mais alto nível de engajamento (KAPP, 2012).

Para Kapp (2013), existem dois tipos de abordagens para a gamificação aplicada à educação: (i) gamificação estrutural e (ii) gamificação de conteúdo. A gamificação estrutural implica em adicionar elementos de jogos ao ambiente de aprendizagem, sem a necessidade de fazer alterações significativas no conteúdo. Um exemplo dessa abordagem é o professor que, em sala de aula, divide os alunos em grupos, passa desafios, atribui pontos para cada desafio e oferece recompensas, podendo até ser apenas reconhecimento. A gamificação de conteúdo utiliza o pensamento e o uso de elementos de jogos aplicados diretamente ao conteúdo para que o ato de aprender se torne o mais próximo possível à experiência de jogo. O Duolingo[4] é uma plataforma de software que utiliza gamificação de conteúdo, pois utiliza os elementos de jogos de uma forma consistente e adaptando seu conteúdo para ensinar idiomas aos seus usuários.

Atualmente, o novo contexto do mundo digital e conectado propicia a criação de ferramentas educacionais, contribuindo para surgir os ambientes virtuais de aprendizagem. Entende-se por ambiente virtual de aprendizagem uma plataforma que disponibiliza ferramentas de comunicação, colaboração, administração e relatórios para auxiliar o ensino a distância (ROMERO e VENTURA, 2010). Com o objetivo de aumentar o engajamento dos alunos, os elementos de jogos têm sido adicionados aos ambientes virtuais de aprendizagem.

O GestorBOX é um ambiente virtual de aprendizagem gamificado aplicado ao empreendedorismo que implementa a gamificação de conteúdo. A abordagem utilizada pela plataforma é denominada de game-capacitação. Ela consiste em dividir o conteúdo a ser abordado em tópicos, de modo a facilitar a criação de níveis e fases. A partir dos tópicos é que se cria um contexto contendo narrativa e personagens. Dentro desse contexto, o participante passa a ter o papel de jogador (*player*), o qual interage de forma ativa com os desafios, que são simulações lúdicas de situações em que se aplica o conhecimento empreendedor. A abordagem é ilustrada pela Figura 12.1.

Para a tomada de decisões, o jogador precisa ter acesso ao conteúdo que é oferecido como complemento (por exemplo, textos, vídeos, relatórios, entre outros), disponibilizado dentro ou fora do ambiente de aprendizagem. Ao final da participação no GestorBOX, emite-se um certificado equivalente a um curso de empreendedorismo de 30 horas.

FIGURA 12.1: REPRESENTAÇÃO DA ABORDAGEM GAME-CAPACITAÇÃO.

Para o processo de gamificação do GestorBOX, foram utilizadas oito técnicas principais: (i) narrativa; (ii) níveis; (iii) desafio e missões; (iv) pontos; (v) medalhas e conquistas; (vi) rankings; (vii) reforço e feedback; e (viii) personalização.

---

[4] Disponível em: https://www.duolingo.com/.

Parte III: Metodologias e Técnicas de Educação Empreendedora e Formação de Professores

12.5.1. Qual problema o GestorBOX resolve?

- O ensino de empreendedorismo é, geralmente, conceitual e sem interações.
- Ou utiliza teorias e best-sellers de vencedores.
- Tem pouca experimentação e vivência.
- Geralmente, é uma contabilidade de vitórias e derrotas.
- Utiliza-se a miopia do empreendedorismo (partindo da visão de que a maioria dos professores utiliza apenas o plano de negócios como instrumento único de aprendizado).
- E utilizam pouco o conceito de inovação.

O GestorBOX não é um simulador, ele é um instrumento criado com o objetivo de tornar o ensino de empreendedorismo atraente e divertido, com a possibilidade de difundir o espírito empreendedor em jovens capazes de desenvolver cientificamente ações gestoras, sendo, portanto, futuros construtores do conhecimento empreendedor.

Tudo isso a partir de orientação planejada, com análise de riscos concretos, conhecimento e habilidade dos atos administrativos, conhecimento sobre o empreendedorismo e a inovação tecnológica de uma maneira divertida e atraente por meio de um jogo empreendedor online.

12.5.1.1. Narrativa

Figura 12.2: Abertura do jogo.

A narrativa é apresentada através de histórias e personagens para que o jogador (*player*) apresente um comportamento frente a um contexto. No primeiro acesso ao ambiente é apresentada uma introdução. O mesmo acontece no início de cada nível ou fase. As introduções são um conjunto de histórias que podem ser compostas por textos e/ou vídeos, com o objetivo de explicar a dinâmica a ser seguida. As histórias são utilizadas para transmitir informações e guiar os usuários, criando uma experiência interativa que tem como propósito engajar.

12.5.1.2. Níveis

O ambiente apresenta dois níveis principais: plano de carreira e mercado. Esses dois níveis estão subdivididos em fases.

O uso de níveis dentro do ambiente foi proposto com os seguintes objetivos: (i) que o jogador tenha uma percepção de progresso com o objetivo de gerar engajamento, (ii) reforço no desenvolvimento de habilidades com o objetivo de estimular o aprendizado dentro do ambiente e (iii) motivação para superação dos desafios servindo mais uma vez como instrumento de engajamento.

FIGURA 12.3: NÍVEIS DE CARREIRA E MERCADO.

12.5.1.3. Desafio e missões

São elementos que orientam os jogadores sobre quais atividades devem ser desenvolvidas. Os desafios são importantes para que o jogador tenha algo que chame sua atenção durante a interação com o ambiente. As missões dentro do ambiente são representadas pelas fases, as quais devem ser resolvidas em sequência. A fase é uma representação de um conjunto de situações, sendo que cada situação representa um desafio dentro do ambiente. A situação é composta por um problema em que o *play*er deve escolher uma das decisões sugeridas pelo GestorBOX. Cada situação pode possuir um conteúdo relacionado, acessível através de um botão na tela, servindo de arcabouço teórico para o jogador.

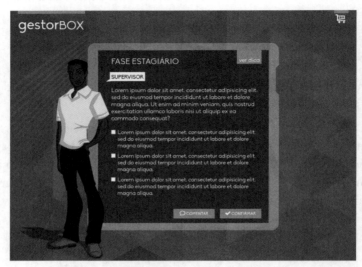

FIGURA 12.4: DEFINIÇÃO DOS DESAFIOS E MISSÕES.

12.5.1.4. Pontos

O sistema de pontuação funciona como moeda de troca por ações do jogador. O ambiente possui três sistemas de pontuação: (i) por experiência; (ii) pontos resgatáveis e (iii) pontos de reputação.

Os pontos por experiência são adquiridos ao solucionar as situações propostas nas fases, ou seja, ao resolver os desafios propostos na narrativa do jogo. O ambiente possui uma moeda virtual (G$), que corresponde a pontos resgatáveis. Os mesmos são adquiridos ao realizar ações dentro do ambiente. Diferentemente dos pontos por experiência, a moeda virtual pode ser utilizada na loja virtual do ambiente para ser trocada por itens que podem ser virtuais ou físicos que servem de motivação extra aos jogadores. Os pontos de reputação são representados por estrelas, sendo que a quantidade de estrelas mede a reputação do jogador dentro do ambiente, ou seja, mede o quão confiável um determinado jogador pode ser.

12.5.1.5. Medalhas e conquistas

O sistema de medalhas e conquistas pode ser entendido como uma versão mais robusta dos pontos em que se faz uma representação visual de alguma realização ou conquista do

Capítulo 12: A Gamificação como Experiência Didática no Ensino de Empreendedorismo

usuário. Trabalha-se com um sistema de medalhas que representam o nível de conquista do jogador em uma determinada fase. Ao finalizar uma fase, o *player* recebe uma medalha que pode ser de ouro, prata ou bronze. A medalha a ser conquistada vai depender do desempenho, e este é medido pelo número de estrelas recebidas durante a resolução dos desafios propostos nas situações que compõem a fase.

FIGURA 12.5: AMBIENTE DO EDUCANDO.

12.5.1.6. Classificação (ranking)

Sistema que serve para comparação entre os jogadores. Também serve como uma forma de visualizar a progressão dos jogadores dentro do ambiente, despertando um senso de competição. Com o surgimento das redes sociais, o sistema de classificação (ranking) conta com o incentivo social. O jogador é colocado dentro do ranking, tendo acesso aos usuários mais próximos (melhores e piores) dentre os seus amigos. O sistema de classificação utilizado no ambiente lista os amigos em ordem decrescente de pontos de experiência. Os amigos podem ser adicionados através do e-mail ou da lista de amigos da rede social.

12.5.1.7. Reforço e feedback

O sistema de reforço e feedback serve para fornecer informações importantes ao *player*, valorando os resultados das ações realizadas dentro do sistema. O ambiente conta com alguns momentos em que são mostrados os feedbacks. No painel principal, é possível acompanhar todas as pontuações e o andamento da fase mais recente através de uma barra de progressão. Ao término de cada situação, e do conjunto delas que compõem as fases, são mostrados os pontos de experiência adquiridos e as estrelas; estes representam o desempenho na solução do desafio proposto. Ao final de cada fase, são mostrados os pontos de experiência, as estrelas e a moeda virtual acumulados. Ainda ao final da fase se mostra a respectiva medalha adquirida de acordo com o desempenho. Um ponto de feedback central é o currículo, que é público para que outros jogadores o acessem. Através do currículo é possível verificar o andamento do jogador em cada fase, suas pontuações e suas conquistas.

12.5.1.8. Personalização

O sistema de personalização possibilita transformar e personalizar itens que compõem o sistema de acordo com o gosto pessoal. Essa possibilidade tem como objetivo promover o engajamento, a motivação, o sentimento de posse e o controle sobre o sistema. Dentro do ambiente, atualmente é somente possível personalizar o avatar, representação visual de um personagem, que representa o jogador dentro do ambiente.

12.6. CONSIDERAÇÕES FINAIS

Em um estudo realizado por Sousa (2015), foi possível demonstrar, através de experimentos, que o uso do ambiente de aprendizagem gamificado GestorBOX influenciou positivamente as variáveis que formam o perfil empreendedor dos participantes.

No estudo, foram realizados dois experimentos. O instrumento de medição do perfil empreendedor utilizado no estudo foi um questionário estruturado contendo 21 variáveis. As variáveis serviram como instrumento para analisar os seguintes comportamentos empreendedores: (i) assume riscos; (ii) detecta oportunidade; (iii) liderança; (iv) espírito planejador e (v) sociabilidade.

O primeiro estudo foi conduzido com dois grupos, que totalizaram 75 alunos, aos quais foram aplicados o questionário, sendo que o primeiro grupo utilizou a plataforma e o segundo não. O segundo estudo foi conduzido com um grupo de 23 de alunos que responderam ao questionário antes e depois da utilização da plataforma.

Nos dois estudos, as análises dos questionários indicaram que o uso do ambiente gamificado de aprendizagem apresentou médias maiores nas variáveis analisadas e, portanto, houve uma percepção positiva em todas as cinco variáveis do comportamento do perfil empreendedor analisado.

Percebeu-se que, utilizando elementos de uma cultura voltada para o entretenimento, especificamente com elementos de jogos no processo de estímulo ao aprendizado, é possível desenvolver elementos inovadores de abstração, com a finalidade de ensinar.

E como o empreendedorismo tem como um dos seus princípios o comportamento criativo, os jogos se apresentam como uma grande ferramenta de retenção de atenção, de aproveitamento de conteúdo e de aplicação prática.

E seguindo a tendência mundial, tem surgido, cada vez mais, plataformas de aprendizagem que utilizam elementos de jogos em diferentes áreas de conhecimento, e entre estas, a área de empreendedorismo.

Porém, convém alertar que o uso de jogos ou o uso dos seus elementos na educação, exclusivamente, não são a solução para a educação em si, e que os jogos se integram a outras abordagens pedagógicas visando melhorar a experiência de aprendizagem. Deste modo, trazem inovações para dentro e, principalmente, fora da sala de aula, no espaço e horário que sejam mais atraentes para o aluno.

12.7. REFERÊNCIAS BIBLIOGRÁFICAS

AUGUSTA, A.; FREITAS, F. *Avaliação do Ensino de Empreendedorismo entre Estudantes Universitários por meio do Perfil Empreendedor.* ANPAD, v. 18, p. 465–486, 2014.

BORGES, S. et al. *Gamificação Aplicada à Educação: Um Mapeamento Sistemático.* Anais do Simpósio Brasileiro de Informática na Educação, n. Cbie, p. 234–243, 2013.

BRASIL, M. DA E. *Parecer CNE/CEB nº 13/2010*, 2010.

CAPONETTO, I. et al. *Gamification and Education: A Literature Review.* n. 2009, p. 50–57, 2014.

CONAGE. *Perfil do Jovem Empreendedor Brasileiro.* Disponível em: http://www.conaje.com.br/download_arquivos.html?arquivo=6. Acesso em: 10/04/2015.

DETERDING, S. et al. Gamification: toward a definition. *Chi 2011*, p. 12–15, 2011. Disponível em: http://gamification-research.org/wp-content/uploads/2011/04/02-Deterding-Khaled-Nacke-Dixon.pdf. Acesso em: 22/05/2016.

DICHEVA, D. et al. *Gamification in Education: A Systematic Mapping Study.* Educational Tecnology & Society, v. 18, n. 3, p. 1–14, 2015.

ENDEAVOR. *Empreendedorismo nas Universidades Brasileiras 2014 — Resultados Quantitativos.* Disponível em: https://endeavor.org.br/empreendedorismo-nas-universidades-2014/. Acesso em: 10/04/2015.

FARDO, M. L. A. Gamificação Aplicada em Ambientes de Aprendizagem. *RENOTE*, p. 1–9, 2013. Disponível em: http://seer.ufrgs.br/renote/article/view/41629. Acesso em: 15 abr. 2015.

GEDI GAMES. *I Censo da Indústria Brasileira de Jogos Digitais.* Disponível em: http://migre.me/rMcKc. Acessado em: 21/09/2015.

HUIZINGA, J. *Homo Ludens.* 4. ed. São Paulo: Editora Perspectiva S. A., 2000.

KAPP, K. M. *The gamification of learning and instruction: game-based methods and strategies for training and education.* San Francisco: Pfeiffer, 2012.

_____. *The gamification of learning and instruction fieldbook: Ideas into practice*. 1. ed. [s.l.] Pfeiffer, 2013.

LINHARES, M. V. D.: C.H.O.Q.U.E.: *Tratamento para o Surto Empreendedor*. E-book disponível em: www.choqueonline.com.br. Acesso em: 22/05/2016.

NPD Group. *New Report from The NPD Group Provides In-Depth View of Brazil's Gaming Population*. Disponível em: http://migre.me/uuZQr. Acesso em: 10/12/2015.

RIBEIRO, R. D. L. A contribuição das instituições de ensino superior para a educação empreendedora. *Revista Brasileira de Gestão e Desenvolvimento Regional*, v. 10, p. 295–313, 2014. Disponível em: http://www.rbgdr.net/revista/index.php/rbgdr/article/view/1482/405. Acesso em: 10/12/2015.

ROMERO, C.; VENTURA, S. Educational Data Mining: A Review of the State of the Art. *IEEE Transactions on Systems, Man, and Cybernetics, Part C (Applications and Reviews)*, v. 40, n. 6, p. 601–618, 2010. Disponível em: http://ieeexplore.ieee.org/document/5524021/. Acesso em: 10/06/2015.

SOUSA, A. R. R. DE. *GestorBOX: Ambiente Virtual de Aprendizagem Gamificado Aplicado ao Ensino de Empreendedorismo*. Recife: CESAR EDU, 2015.

SOUZA, S. A. DE. A introdução do empreendedorismo na educação brasileira: primeiras considerações. *Educação & Linguagem*, p. 77–94, 2012. Disponível em: https://www.metodista.br/revistas/revistas-metodista/index.php/EL/article/view/3291. Acesso em: 10/06/2015.

Capítulo 13
A PRÁTICA DA FORMAÇÃO DE PROFESSORES DE EMPREENDEDORISMO

Marcos Hashimoto[1]
Fernando Correa Grisi[2]

O presente capítulo visa discutir a importância de um assunto ainda pouco debatido no Brasil — a qualidade da formação de educadores em empreendedorismo.

Muito tem se falado sobre a importância da inovação e do papel das micro e pequenas empresas na economia de um país. A maioria dos jovens já empreendeu ou pretende abrir um negócio nos próximos anos.[3] Estamos falando de milhões de pessoas que vão empreender e que precisarão de suporte educacional para isso. Diante deste contexto, a questão que queremos destacar é: de quantos bons e experientes educadores vamos precisar para formar este contingente de jovens potenciais empreendedores?

Em 2013, um grupo de educadores em empreendedorismo formado por representantes da PUC-SP, Insper, FAAP e ESPM criou de forma cooperativa um programa de suporte educacional ao ecossistema empreendedor brasileiro e promoveu encontros mensais em universidades paulistas, reunindo mais de 200 pessoas que, em sua maioria, já atuavam com o ensino de empreendedorismo no Brasil.

Apresentaremos a seguir o resultado desses debates, a partir, primeiramente, de uma contextualização do ensino e da formação de empreendedores nas instituições de ensino superior (IES), e, depois, da apresentação de um estudo de caso, que consiste no programa de formação de professores de empreendedorismo a distância, pelo qual foram qualificados 110 professores até 2015.

---

[1] Faculdade Campo Limpo Paulista (FACCAMP) e Universidade de Indianapolis (UINDY).

[2] Cultura Empreendedora (Escola de Empreendedorismo).

[3] LIMA, E.; HASHIMOTO, M.; MELHADO, J.; ROCHA, R. *Caminhos para uma Melhor Educação Superior em Empreendedorismo no Brasil*. Caderno de pesquisa n. 2014-03. São Paulo: Uninove, 2014.

13.1. ENSINO DE EMPREENDEDORISMO NO BRASIL

13.1.1. CONTEXTUALIZAÇÃO DO PAPEL DA UNIVERSIDADE NA SOCIEDADE MODERNA

Muitos da nossa geração de professores não sabem exatamente o que significa o impacto social do empreendedorismo no ensino superior, mas já passamos por isso antes, na década de 1960, quando a universidade foi obrigada a romper com seus paradigmas para atender à demanda da sociedade.

Até então, a universidade existia para gerar conhecimento científico e transmitia este conhecimento através do ensino, com o intuito de formar jovens que dessem continuidade ao ciclo da geração do conhecimento e de entregar para a sociedade indivíduos pensantes, reflexivos, com boa capacidade cognitiva e raciocínio lógico. Além, é claro, do estado da arte do conhecimento nas mais variadas linhas do pensamento científico, fosse nas ciências humanas, sociais, exatas ou filosóficas.

O rápido desenvolvimento econômico que as economias emergentes vivenciaram na década de 1970 exigiu das IES um novo tipo de indivíduo, um profissional, pronto para atuar no mercado de trabalho, para liderar a aplicação dos avanços tecnológicos na produção de bens e serviços.

Desde então, cada vez mais o ensino superior foi adotando seu papel fundamental na formação de mão de obra especializada, criando novos cursos de natureza profissionalizante, e abandonando, sob a queixa da comunidade científica, seu papel na geração do conhecimento puro para a geração de conhecimento aplicado e na capacitação de seus alunos no uso de técnicas e ferramentas que pudessem ser aplicados ao ambiente profissional (Figura 13.1).

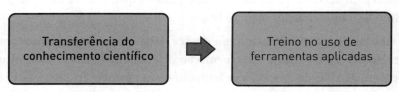

FIGURA 13.1: MUDANÇA DO PAPEL DA UNIVERSIDADE NOS ANOS 1970.

Cursos de enfermagem, secretariado, publicidade, turismo, gestão ambiental e vários outros não são considerados áreas do pensamento científico, embora seja preciso formar profissionais especializados para atuar nestas áreas, uma responsabilidade da IES. Neste movimento, as faculdades privadas ganharam força.

Embora muitos acadêmicos puros tenham torcido o nariz para estas mudanças, no fundo, as especializações técnicas não mudaram muito o jeito de ensinar. Assim como as IES, as organizações também dependem muito de ordem, precisão, conformidade, regras bem estabelecidas, hierarquia, conhecimento compartimentalizado nas especializações, rigor disciplinar, planejamento, objetividade nos sistemas de avaliação, rigidez na eliminação de desvios de procedimentos, e assim por diante. As IES estavam bem alinhadas com o perfil que o mercado de trabalho exigia.

13.1.2. O PAPEL DA UNIVERSIDADE NA FORMAÇÃO DE EMPREENDEDORES

O advento do empreendedorismo como fenômeno social crescente na última década vem exigindo da comunidade acadêmica mais uma mudança de paradigma, pois, a contragosto e pelo caminho mais difícil, as universidades estão descobrindo que formar um empregado é diferente de formar um empreendedor.

Equivocam-se as instituições que acham que estão atendendo esta emergente demanda pela pura introdução do ensino de negócios em suas grades curriculares. Embora importantes, os conceitos de negócios não são suficientes para preparar o universitário para enfrentar os complexos desafios do negócio próprio. Uma disciplina de empreendedorismo só replica o modelo de transferência de conhecimento aplicado, na forma do uso de ferramentas práticas como planos de negócios ou análise de forças e fraquezas, mas não atende o desenvolvimento de competências e habilidades necessárias ao empreendedor desde o primeiro dia que em decide desenvolver seu conceito de negócios (Figura 13.2).

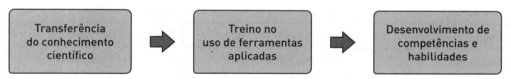

FIGURA 13.2: NECESSIDADE DE MUDANÇA DO PAPEL DA UNIVERSIDADE PARA A FORMAÇÃO DE EMPREENDEDORES.

Algumas universidades de ponta já perceberam isso e estão tentando adequar suas propostas pedagógicas e a formação de professores para desenvolver as competências de trabalho em equipe, liderança, visão crítica, capacidade de resolver problemas, construção de valor etc. Destaque-se que a maior parte destas habilidades e competências será útil tanto para o aluno que seguirá a carreira executiva como para o que abrirá um negócio próprio.

Se isso fosse suficiente, nada mais precisaria mudar. Bastaria apenas continuar disseminando a importância do desenvolvimento destas habilidades e competências. Entretanto, existe mais uma variável que diferencia o empreendedor do empregado. O indivíduo que se forma na universidade hoje é incompleto, não tem pleno domínio de todo o conhecimento e das habilidades necessárias para desempenhar bem sua profissão; no entanto, este indivíduo complementa sua formação no seu emprego. Lá ele terá pares, chefes, estrutura, orientação, monitoria e até treinamentos específicos complementares.

Ele estará dentro de um ambiente protegido, que facilitará a complementação do seu aprendizado prático e a sedimentação das habilidades e das competências necessárias para o exercício de sua profissão.

Ao contrário do empregado, o jovem que vai abrir o próprio negócio estará, desde o primeiro dia, sozinho, por sua conta e risco, tomando decisões importantes para o negócio sem nenhuma orientação, sujeito à sua própria inexperiência e imaturidade, reforçando o que muito se fala em empreendedorismo que o aprendizado acontece na prática, na tentativa e no erro. Lamentavelmente, o preço pago pelo jovem empreendedor neste árduo modelo de aprendizado prático pode ser a morte prematura de seu negócio, sem contar os danos psicológicos e o impacto nas suas reservas financeiras.

Existem muitas diferenças entre o profissional que as IES entregam para o mercado de trabalho hoje e o empreendedor que as IES precisarão entregar (Quadro 13.1).

	EMPREGADOS	**EMPREENDEDORES**
Conhecimentos	Especialistas	Generalistas
Formação prática	Complementa no emprego	Complementa no seu negócio
Autonomia	Segue as regras existentes	Cria as próprias regras
Motivação	Crescer na carreira	Crescer o negócio
Erro e fracasso	Evita ou é penalizado	Aprende ou não evolui
Liderança	Baseada na hierarquia	Baseada na cooperação
Relações externas	Mínima — foco no interno	Máxima — foco no desenvolvimento de contatos e parcerias
Uso de recursos	Planejar o uso do que tem	Improvisar e construir a partir do que não tem
Recompensas	Obtém satisfação a curto prazo	Obtém satisfação a longo prazo
Incerteza	Baseia-se na previsão do futuro	Baseia-se na construção do futuro
Contexto	Ambiente controlado e estável	Ambiente dinâmico e instável
Modelo mental	Racional cartesiano	Intuitivo criativo

QUADRO 13.1: DIFERENÇAS ENTRE EMPREGADOS E EMPREENDEDORES.

Os seguintes postulados resumem as conclusões do posicionamento das IES na formação de empregados e empreendedores:

- **P1**: formar empreendedores é diferente de formar empregados.
- **P2**: o desenvolvimento de competências e habilidades é mais importante para o empreendedor do que para o empregado.
- **P3**: o empregado complementa sua formação no emprego, enquanto o empreendedor complementa sua formação na criação e no desenvolvimento do próprio negócio.
- **P4**: as IES não estão preparadas para propiciar o desenvolvimento de competências e habilidades na formação de empreendedores.

Vimos, assim, que as IES precisam se reinventar para entregar este novo tipo de profissional para a sociedade. As IES precisam adequar suas metodologias e desenvolver novos paradigmas educacionais. Esta profunda transformação não é possível sem envolver o protagonista deste processo, os educadores.

13.1.3. O PAPEL DO PROFESSOR NA FORMAÇÃO DE EMPREENDEDORES

A busca por um modelo educacional que prepare melhor os jovens para desenvolver este perfil empreendedor esbarra na falta de estudos relevantes sobre os fatores que diferenciam empresas nascentes bem-sucedidas das que foram descontinuadas involuntariamente. Esta carência de estudos é fruto da enorme dificuldade em estabelecer parâmetros confiáveis e relevantes das causas de mortalidade, sobretudo devido à grande variedade de circunstâncias às quais os mais diversos tipos de negócios estão sujeitos. Consequentemente, as técnicas e ferramentas ensinadas em sala de aula serão sempre incompletas, parciais e não generalizáveis.

O conhecimento gerado por estudos da academia deve ser provado, testado, evidenciado e, finalmente, publicado. Assim, o conhecimento explícito pode ser transferido na forma de textos, aulas e quaisquer meios de comunicação. O outro tipo de conhecimento é chamado de tácito, mais difícil de ser documentado, registrado, analisado e, consequentemente, ensinado. Este tipo de conhecimento é adquirido pela experiência, na intuição, pela tentativa e erro, não pode ser generalizado e explica porque é difícil estudar e pesquisar empreendedorismo, quanto mais teorias.

Não por acaso, empreendedores experientes questionam não só o modelo tradicional de ensino de empreendedorismo, mas o próprio conceito de "ensinar empreendedorismo". Na concepção de quem já trilhou este caminho, pouco do que ele aprendeu na prática poderia ter sido ensinado na faculdade. E o problema, mais uma vez, não é aprender os conceitos de negócios, pois esta é a parte "ensinável" do empreendedorismo. O problema é como transmitir o conhecimento tácito do empreendedor (Figura 13.3).

Parte III: Metodologias e Técnicas de Educação Empreendedora e Formação de Professores

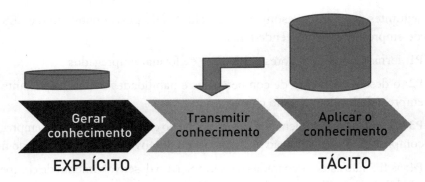

FIGURA 13.3: DESPROPORCIONALIDADE NA RELAÇÃO ENTRE CONHECIMENTO TÁCITO E CONHECIMENTO EXPLÍCITO EM EMPREENDEDORISMO.

E aqui chegamos a um grande dilema existencial no posicionamento do empreendedorismo no meio acadêmico. Enquanto, por um lado, grande parte da comunidade acadêmica não considera o empreendedorismo (e outras áreas profissionais) como um campo de estudo científico, fato confirmado pela existência de poucas teorias na área, por outro lado, os empreendedores acham que o empreendedorismo não pode ser ensinado, e uma evidência seriam os casos de jovens que abandonam o curso superior para se dedicar ao seu próprio negócio.

Assim, o desafio do professor não é o de "ensinar empreendedorismo" (transferir o conhecimento explícito), mas buscar mecanismos que facilitem o "aprendizado de empreendedorismo" pelos alunos, por meio do desenvolvimento das competências e habilidades necessárias para que eles desenvolvam o seu próprio repertório tácito.

Os seguintes postulados resumem as conclusões sobre o posicionamento do meio acadêmico na relação entre o conhecimento tácito e explícito na formação de empreendedores:

- **P5**: existe pouco conhecimento explícito sobre empreendedorismo de relevância para a formação de empreendedores.
- **P6**: o conhecimento tácito adquirido por empreendedores experientes gera desconfiança na capacidade da universidade de formar empreendedores.
- **P7**: o conhecimento explícito exerce menos influência na formação de empreendedores do que o conhecimento tácito gerado na própria vivência empreendedora.
- **P8**: o professor de empreendedorismo não está preparado para levar o aluno a assimilar competências e habilidades empreendedoras.

Portanto, o grande desafio aqui é fazer com que o educador que forma novos empreendedores no meio acadêmico utilize práticas, metodologias, ferramentas e abordagens pedagógicas diferentes das praticadas hoje para desenvolver as competências e habilidades empreendedoras baseadas no conhecimento tácito adquirido na jornada empreendedora.

13.1.4. Um novo modelo educacional para formar empreendedores

Para responder a este desafio, o meio acadêmico precisa mudar novamente, mas desta vez, a mudança seria mais profunda, pois o jovem que escolhe a carreira empreendedora precisará de uma formação bastante distinta da que as IES vêm oferecendo até hoje. O Quadro 13.2 resume algumas das profundas mudanças necessárias nas competências desenvolvidas nos jovens universitários:

- A subordinação precisa dar lugar ao protagonismo.
- O cumprimento de regras precisa dar lugar à destruição criativa.
- A melhoria contínua precisa dar lugar à inovação.
- O planejamento precisa dar lugar à improvisação.
- A racionalidade precisa dar lugar à intuição.
- A especialização precisa dar lugar à visão integrada do todo.
- A eficiência precisa dar lugar à experimentação.
- A penalização do erro precisa dar lugar ao aprendizado pelo erro.

Quadro 13.2: Mudanças paradigmáticas das competências empreendedoras.

As competências empreendedoras devem ser aprendidas na prática, pela exposição do empreendedor a situações e vivências que o levarão à incorporação de algumas lições, que, de outra forma, dificilmente seriam aprendidas.

Enquanto muitas universidades possuem departamentos específicos para ajudar os jovens na inserção em suas carreiras executivas, a carreira empreendedora está limitada à ajuda das empresas juniores e incubadoras, quando existem, para minimizar esta dura exposição prematura do jovem empreendedor ao mundo real dos negócios.

A discussão aqui é se a academia já não foi longe demais na sua primeira grande mudança, a ponto de desvirtuar seu papel de gerar conhecimento para formar os jovens para sobreviver em uma economia capitalista. Seriam estas mudanças uma real necessidade de adequação da universidade aos tempos modernos? Cabe à universidade assumir esse importante papel social, e se reinventar e romper seus próprios modelos educacionais para atender a uma demanda de mercado?

Enquanto a academia não decide se precisa e quer fazer esta mudança, o mercado encontra seus próprios caminhos. Modelos alternativos de desenvolvimento pessoal pipocam por todo o mundo. No Brasil, muitas iniciativas estão surgindo, embora nem todas com o foco principal na formação do empreendedor, porém oferecem a tão almejada oportunidade de aprendizado prático. Algumas delas estão listadas a seguir:

No Brasil:

- **Educando o Espírito Empreendedor (3E)**: oferece treinamentos em inovação, empreendedorismo e comunicação, personalizados ou em grupos, sempre assessorados por atividades de coaching e mentoria para os participantes. Disponível em: http://www.3esp.com.br/.[4]
- **Amani Institute**: escola de inovação social que oferece programas no Kenya e no Brasil. As atividades são práticas e visam resolver problemas sociais reais que promovem o desenvolvimento de habilidades profissionais e pessoais. O programa de um ano é dividido em três fases, terminando com os participantes conduzindo seus próprios projetos sociais. Disponível em: http://amaniinstitute.org/.
- **Cultura Empreendedora**: oferece programas de educação continuada em empreendedorismo para crianças, adolescentes, adultos e especialistas. O processo de aprendizagem envolve um ciclo que começa com a ideia e termina com a sua realização depois de 48 encontros. Disponível em: http://culturaempreendedora.com.br/.
- **Escola de Inovação em Serviços (EISE)**: promove uma ruptura do modelo corporativo tradicional a favor de uma abordagem construtivista, baseada nos princípios do design thinking e da prática interacionista. Concentra-se em serviços por acreditar que qualquer atividade humana é uma prestação de serviço. Disponível em: http://eiselab.com.br/en/.
- **Escola de Design Thinking**: dissemina os conceitos e a metodologia design thinking no Brasil. O curso de imersão em design thinking dura quatro meses, mas também possui cursos de curta duração abertos e para empresas, além de oferecer projetos de consultoria com o uso da metodologia. Disponível em: http://www.escoladesignthinking.com.br/.
- **Estaleiro Liberdade**: escola de empreendedorismo que ensina por meio do autoconhecimento. Usa as bases da antroposofia, *art of hosting*, comunicação não violenta, design thinking, lean startup, storytelling, pensamento visual, entre outras tendências, para ajudar os alunos a construir os próprios projetos de vida. Disponível em: http://estaleiroliberdade.com.br/.
- **FazInova**: oferece cursos gratuitos online e um workshop de longa duração, o Laboratório dos sonhos, que trabalha competências empreendedoras como: improvisação, criatividade, relacionamentos, negociação, visão, argumentação, storytelling, urgência, iniciativa e recursos. Disponível em: http://www.fazinova.com.br/lab.
- **Founder Institute**: programa americano de lançamento de novos negócios. Com duração de quatro meses, a proposta é tornar o modelo empreendedor do Silicon Valley

---

[4] A Editora Alta Books não se responsabiliza pela manutenção e atualização dos sites sugeridos nesta obra, assim como a disponibilidade de seu material.

global. Presente no Brasil, passa por todas as etapas de construção de um negócio, da concepção ao levantamento de fundos. Disponível em: http://fi.co/?target=sao_paolo.

- **Polifonia**: programa de seis meses de duração de formação de protagonistas criativos, que impõe desafios com diversos níveis de dificuldade para forjar as competências e a atitude empreendedora, incluindo resolução de problemas e dilemas de empresas reais. Inclui workshops e palestras abertas, organizadas pelos próprios alunos, além de coaching e coworking. Disponível em: http://polifonia.com.br/.

- **Rede Ubuntu**: rede colaborativa de formação de empreendedores. Desenvolve competências empreendedoras em indivíduos e organizações por meio de programas individuais no formato de coaching e em grupo, no formato de aceleradora de projetos sociais. A ênfase dos programas é no indivíduo, promovendo o autoconhecimento. Disponível em: http://www.redeubuntu.com.br/.

- **Social Good Brasil**: plataforma de formação de empreendedores sociais com duração de quatro meses, que reúne uma ferramenta virtual, redes de relacionamento, encontros presenciais "mão na massa", mentorias e metodologias como canvas, design thinking, prototipagem e lean startup. Disponível em: http://socialgoodbrasil.org.br/.

- **THNK**: a Escola de Liderança Criativa, cuja sede fica em Amsterdam, Holanda, possui uma série de programas de formação de líderes para o meio corporativo, com várias franquias pelo mundo. O objetivo é capacitar líderes a conduzir processos de quebra de padrões para gerar e implantar inovações e ruptura. Disponível em: http://www.thnk.org/program-landing/global-creative-leadership-program-sao-paulo-brasil/.

Fora do país existem muitas iniciativas distintas. Procuramos evidenciar as escolas que promovem o autoconhecimento, as competências empreendedoras e de liderança e as ferramentas de design e criatividade. Algumas destas iniciativas já estão sendo adotadas por universidades, inicialmente como programas extracurriculares ou em projetos de cooperação com as escolas livres:

- **D. School**: escola de design da Univeridade de Stanford. Aberta para alunos de quaisquer cursos de Stanford, oferece aulas, workshops, *bootcamps*,[5] laboratórios e mentoria para desenvolvimento de projetos de inovação. Também oferece cursos executivos de curta duração e realiza eventos em parceria com a comunidade empreendedora local. Disponível em: http://dschool.stanford.edu/.

- **General Assembly**: criada em Nova Iorque, em 2011, a escola atua nas áreas de negócios, tecnologia e design, com cursos em tempo integral e parcial, por meio de parcerias com universidades locais e workshops de curta duração. Os principais cursos duram três ou quatro meses e são orientados para empreendedores digitais. Disponível em: https://generalassemb.ly/.

---

[5] *Bootcamp*: período de imersão em um retiro afastado para fins de treinamento específico.

- **Hyper Island**: criada em 1994, na Suécia, possui uma série de programas de formação executiva de curta duração em várias partes do mundo, mas os principais cursos, de um a dois anos de duração, são orientados aos temas de design, mídias digitais e direção de arte. Os cursos são práticos e realizados em parcerias com empresas de multimídia locais. Disponível em: https://www.hyperisland.com/.
- **Kaospilots**: escola de inovação dinamarquesa que reúne conceitos de negócios com design. Estimula o pensamento criativo por meio de atividades culturais e pela construção de comunidades para a resolução de projetos práticos de consultoria. Reconhecida como uma das melhores escolas de design do mundo pela BusinessWeek e Fast Company. Disponível em: http://www.kaospilot.dk/.
- **Knowmads**: fundada por empreendedores em Amsterdam, oferece programas de formação em negócios com princípios de design ancorados em prática e trabalho em equipe. As atividades práticas visam o desenvolvimento de algumas competências empreendedoras, como gestão, comunicação, colaboração, tomada de decisão e liderança. Disponível em: http://www.knowmads.nl/.
- **Mycelium School**: comunidade de aprendizado no qual uma rede de colaboradores dedica tempo e conhecimento para formar empreendedores sociais, em um programa de 12 semanas. Estas jornadas de aprendizagem contam com mentores para a orientação de atividades práticas em times e a integração com os espaços urbanos. Disponível em: http://mycelium.is/.
- **Schumacher College**: escola britânica de sustentabilidade cuja proposta é oferecer um leque de ofertas transdisciplinares de cursos de pós-graduação, não tendo nenhum campo especial de formação, embora com um viés claro em sustentabilidade. Os principais programas duram em média 15 semanas. Disponível em: https://www.schumachercollege.org.uk/.
- **Stockholm School of Entrepreneurship (SSES)**: criada por meio de uma parceria entre cinco universidades suecas, realiza cursos de empreendedorismo e inovação para os seus alunos, além da realização de competições de empreendedorismo, eventos, workshops e pesquisas acadêmicas. Disponível em: http://www.sses.se/.
- **Team Academy**: escola finlandesa de empreendedorismo de nível superior, com bacharelado de quatro anos e pós-graduação, na qual os participantes desde o início trabalham com o projeto de negócios, em times, com clientes reais, priorizando o desenvolvimento de habilidades e as competências dos alunos. Disponível em: http://teamacademy.nl/.
- **The Do School**: escola suíça de empreendedorismo social baseada na vivência prática, cujo programa tem quatro passos, que começam com a geração de uma ideia para mudar o mundo, passando pela prototipagem, validação, planejamento e, por fim, suporte e apoio na execução do projeto concebido. Disponível em: http://thedoschool.org/.

- **International Youth Initiative Program (YIP)**: programa sueco de formação de jovens para transformá-los em transformadores sociais globais. Com duração de um ano e período integral, o curso abrange temas semanais, estágios e projetos sociais, e o currículo tem suas bases na antroposofia e no empreendedorismo social. Disponível em: http://yip.se/.

Verifica-se, assim, que o mercado vem se adaptando para atender à crescente demanda, dada a morosidade no processo de adaptação da academia. O movimento de algumas universidades no exterior para adotar estas práticas por meio de parcerias com estas escolas livres denota uma tendência para acelerar esta adaptação. Já que os dogmas e as tradições acadêmicas dificultam as mudanças de dentro para fora, tais parcerias mostram um caminho viável de mudança de fora para dentro que pode chegar ao Brasil também.

13.2. ESTUDO DE CASO: PROGRAMA DE FORMAÇÃO DE PROFESSORES DE EMPREENDEDORISMO A DISTÂNCIA

É crucial a construção de uma metodologia para a formação de empreendedores, não deixando de lado o que já é praticado nas universidades brasileiras e pelas ações de instituições independentes. Com o objetivo de reunir as melhores destas ações, os professores Marcos Hashimoto, da Faccamp, Fernando Correia Grisi, da PUC-SP, e Thiago de Carvalho, do Insper, elaboraram um programa online ao vivo de formação de professores de empreendedorismo com 20 horas de duração, que alinha as experiências destes três educadores de empreendedorismo.

O programa é online e faz uso de uma ferramenta de videoconferência, em que o facilitador responsável pelo conteúdo divide seu tempo em apresentações e teorias, debates e motivação para a realização de atividades práticas que visam proporcionar a vivência de atitudes inovadoras e criativas que são muito praticadas por empreendedores de sucesso.

Durante os seis meses de desenvolvimento da proposta, algumas dificuldades surgiram: a primeira era adaptar o ensino para os professores, pois o curso atende quem já é professor, e a segunda foi pensar na gestão das experiências em sala de aula que pudessem ser aplicadas em aulas de empreendedorismo.

Algumas questões norteadoras do planejamento giraram em torno de como estimular atitudes inovadoras em salas de aulas tradicionais, questões sobre a efetividade do ensino prático de empreendedorismo e das práticas para despertar comportamentos e estimular atitudes.

A oficina foi desenhada para que os participantes tivessem domínio dos principais conceitos de empreendedorismo e formas de trabalhar o tema junto aos alunos, não só por meio de técnicas expositivas, mas, sobretudo, por técnicas pelas quais efetivamente se estimulasse o desenvolvimento de competências empreendedoras dos alunos, seja por meio de atividades individuais e em grupos, ou por interações entre facilitadores e os participantes entre uma aula e outra.

As turmas são formadas por grupos de até 20 pessoas, com o seguinte perfil:

1. Professores de empreendedorismo.
2. Professores que pretendem lecionar empreendedorismo.
3. Professores que não lecionam empreendedorismo, mas têm interesse no tema.

Com duração total de 60 horas, sendo 11 encontros ao vivo de 2h cada e mais 38 horas de atividades entre as aulas, o conteúdo foi assim organizado:

- **Módulo um** (8h): *cultura empreendedora* — objetiva analisar o atual panorama do ensino de empreendedorismo nas IES do Brasil, discutir e conhecer o conceito, processo e perfil empreendedor, compreender as principais habilidades empreendedoras — assumir riscos, networking, visão do futuro, postura diante do erro, pró-atividade etc. — do empreendedor e como desenvolvê-las com os alunos e compartilhar e praticar dinâmicas de sensibilização e práticas em sala de aula.

- **Módulo dois** (6h): *going live* — objetiva entender e estimular atitudes do empreendedor para fazer acontecer, estimular pequenas ações práticas dos alunos que vão levar, aos poucos, ao negócio que eles conceberam ou conceberão e mostrar ao aluno como a prática é diferente da teoria: como improvisar, usar redes de relacionamento e lidar com emergências.

- **Módulo três** (8h): *educando adultos para negócios* — objetiva identificar as diferenças entre processos de aprendizagem de crianças, adolescentes e adultos, verificar a eficácia do aprendizado, reconhecer a importância do aprendizado informal na área de empreendedorismo e negócios, produzir um roteiro para sua própria capacitação na área, reconhecer os diferentes níveis e objetivos de aprendizagem, comparar objetivos de aprendizagem de menor grau cognitivo aos de maior grau cognitivo, identificar as atividades requeridas e barreiras para uma pessoa se tornar um(a) empreendedor(a) ou executivo(a) bem-sucedido e diferenciar estudantes novatos de experts.

Descrição do conteúdo abordado nos módulos

Módulo um: Cultura empreendedora — desenvolvido pelo professor Marcos Hashimoto

- **Ensino de empreendedorismo no Brasil**: abrange uma parte expositiva, na qual se aborda os principais resultados de estudos recentes sobre o ensino de empreendedorismo no Brasil segundo depoimentos de alunos empreendedores e professores de empreendedorismo.

- **Conceito de empreendedorismo**: os participantes devem criar uma definição de empreendedorismo e, em grupos, devem conceber uma definição única para ser discutida e debatida com os colegas e o facilitador.

- **Competências empreendedoras**: apresenta-se as principais técnicas para estimular o autoconhecimento e o desenvolvimento de algumas competências e atitudes tipicamente empreendedoras. As técnicas são apresentadas na forma de desafios, que vão testar os limites das atitudes dos alunos, sempre visando elevar o autoconhecimento de seus próprios limites e procurando ampliar um pouco mais o seu domínio sobre estas competências.

Para que os participantes do programa possam, posteriormente, aplicar as técnicas vivenciais com seus próprios alunos, deverão eles mesmos executar os desafios. Entre uma aula e outra, os desafios são vivenciados e as dúvidas são tiradas. Em alguns casos, os objetivos pedagógicos também são apresentados. Em outros, os objetivos só são apresentados depois que as atividades são realizadas, de forma a não influenciar o comportamento espontâneo dos participantes.

Após a manifestação de todos os que executaram as atividades, o facilitador expõe os objetivos pedagógicos, os resultados esperados e quais conclusões os alunos podem tirar da vivência, lembrando que o facilitador deve, na medida do possível, apenas estimular os participantes a chegar às suas próprias conclusões, de forma não diretiva e espontânea. As descobertas devem vir deles próprios e não ser apresentadas pelo facilitador. A seguir, as descrições de alguns desafios propostos:

1. **Desafios para quebrar a rotina e experimentar o diferente.** Estes desafios, que podem ser realizadas no dia a dia, em casa, com a família ou com amigos, são exemplos de atitudes que as pessoas precisam assumir em suas vidas como um todo. Quando aprendem a se desvencilhar da zona de conforto que é a rotina, aprendem também a explorar novas possibilidades, ampliar a capacidade do cérebro de perceber oportunidades e vislumbrar soluções alternativas onde antes só existia uma. Eis alguns exemplos de desafios simples, mas que podem se tornar complexos se a pessoa não tiver flexibilidade e tolerância à mudança:

    - Experimentar uma comida diferente que nunca havia provado antes. A pessoa vai a um restaurante habitual e pede um prato do cardápio que nunca havia provado antes, de preferência um que acha que não gosta, mesmo sem ter provado antes. O que vai acontecer é que a pessoa pode se surpreender por gostar do prato e incorporar mais uma experiência ao seu repertório pessoal, ou pode não gostar, o que vale também como um aprendizado.

    - Realizar um trajeto diferente da casa ao trabalho ou qualquer mudança na rotina do caminho que usa sempre. Pode ser que a pessoa ache o novo caminho mais rápido, mais curto, mais bonito, qualquer comparação vale. Pode ser também que ache que o caminho novo não é melhor do que o anterior, o que também é um aprendizado. Pode ser que se perca nesta tentativa, o que representa uma nova experiência.

2. **Desafios para provocar a mudança em outra pessoa.** Uma coisa é aceitar a mudança, outra coisa é a mudança ser imposta para alguém. Como lidar com a rejeição de outra pessoa à mudança provocada por você é um exercício de maturidade e de autoconfiança. Alguns exemplos de atividades:

- Cumprimentar uma pessoa com a mão esquerda. É algo simples que pode ser feito com qualquer pessoa. Observe a reação das pessoas, por elas não esperarem, são pegas de surpresa e as reações são bem distintas. Algumas podem achar que se está brincando com elas e entram na brincadeira, estendendo a mão esquerda também. Outras podem buscar uma explicação para a mudança, observando se quem a cumprimenta tem um problema com o outro braço. E há aquelas que se sentirão ofendidas por se estar brincando com elas. São diversas as reações, permitindo diversos aprendizados sobre o comportamento humano diante do rompimento do padrão esperado.

- Ir a uma cidade desconhecida no fim de semana com alguém. A pessoa convida um amigo e, em um domingo de manhã, eles vão juntos à rodoviária, sem falar nada para o amigo. Peguem o primeiro ônibus que estiver saindo, não importa para onde. Ou a pessoa pega o carro de manhã, coloca a família dentro e pega qualquer estrada aleatoriamente e para em alguma cidade qualquer. Ao chegar nesta cidade, passam o dia lá, exploram o que existe na cidade, conhecem, visitam os lugares, conversam com as pessoas. No final do dia, voltam e compilam o que aprenderam. Acima de tudo, observe como a(s) pessoa(s) que estava(m) com você se comportou(taram). Se a viagem foi boa e a cidade legal, isso resultou em um bom dia, com gosto de aventura e de sair sem planejamento, com o prazer da descoberta, tudo que o empreendedor espera vivenciar com a aventura de abrir o negócio próprio. Mas se a viagem não foi boa e ninguém gostou da cidade, a pessoa vai ter que ouvir muito. Qualquer aventura na incerteza envolve riscos e você está fazendo outras pessoas embarcarem na sua aventura. O que dizer a elas se não der certo? Como lidar com as adversidades e manter a equipe coesa? Essas são algumas aprendizagens possíveis que o participante terá com esta atividade.

3. **Percepção das mudanças.** Mais alguns exercícios sobre mudança: a pessoa aceita e realiza a mudança e a percebe quando está acontecendo? As coisas mudam o tempo todo à nossa volta e não nos damos conta disso. Isso acontece porque as mudanças podem ser tão imperceptíveis, graduais, que não percebemos quando aconteceram ou estão acontecendo. O exercício a seguir ajuda a entender como isso ocorre.

- Descobrir algo no ambiente de trabalho que sempre esteve lá e a pessoa nunca havia percebido antes. Pode ser no ambiente de trabalho ou em algum lugar em que se fica todos os dias, por muito tempo. A pessoa prestará atenção à sua volta. Olhará todos os detalhes, verá sob ângulos diferentes, mudando a perspectiva. O objetivo é encontrar alguma coisa neste local que sempre esteve lá e na qual nunca se havia prestado atenção. Se a pessoa não encontrar, fará uma pausa e procurará em outro dia, e nem sempre encontrará. Temos que prestar muita atenção para perceber, pois a mente nos prega peças e não vemos coisas que estão na nossa frente, porque nossa mente resolveu apagar o que não aceitou.

4. **Cultivar relacionamentos.** O empreendedor está sempre conhecendo gente nova, retendo e alimentando os contatos importantes e aprendendo muito com eles. Normalmente só conhecemos pessoas novas quando somos forçados pelas circunstâncias e não por vontade própria, principalmente no caso das pessoas mais tímidas. Os dois exemplos de desafios a seguir testam a "cara de pau" de abordar desconhecidos para aprender algo com eles.

    - Iniciar uma conversa com desconhecidos. É uma atividade simples, mas extremamente desafiadora para os mais tímidos, que têm vergonha de se expor e medo da rejeição. Por meia hora, saia na rua e aborde desconhecidos para iniciar uma conversa. A estratégia para isso pode variar para cada pessoa e também faz parte do aprendizado. Alguns escolhem ir a um balcão de bar, em que pode haver mais argumentos para puxar uma conversa. Outros vão a pontos de ônibus ou filas de supermercado ou bancos. Algumas pessoas simplesmente abordam transeuntes na rua para oferecer ou perguntar algo. Não importa a estratégia, o importante é realizar o contato. Ao passar pelas primeiras dificuldades, a autoconfiança é alimentada e a tarefa vai se tornando mais fácil.

    - Conhecer uma pessoa muito diferente de você e aprender algo com ela. O exercício se repete, mas, desta vez, procurando pessoas muito diferentes. Pode ser um clérigo, um "filhinho de papai", um adolescente, um mendigo por opção. O importante não são as diferenças físicas, mas as de opinião, de crenças, de valores. Se a pessoa é católica, pode procurar fazer amizade com um judeu. Se é corintiano, procure fazer amizade com um palmeirense. A ideia da conversa é sempre entender o outro, os motivos por trás das escolhas e crenças que o outro tem. Não é necessário concordar com a pessoa, e sim entender o seu ponto de vista e compreender os motivos pelos quais ela pensa diferente. Isso ajudará a incorporar novas formas de pensar, pois desenvolve novas possibilidades de interpretação e aumenta a tolerância à diversidade e à mudança.

5. **Lidar com recursos escassos.** O empreendedor, no início do seu empreendimento, não vai ter todos os recursos (espaço, dinheiro, pessoas etc.) que quer. Ele vai ter que improvisar muito e fazer muito com pouco. Existem várias atividades que exploram esta capacidade. Uma simples é descrita a seguir:

   - Tomar banho com as luzes apagadas: à noite, ao tomar banho, apague as luzes. No escuro, procure seguir a rotina completa do banho e observe as dificuldades e como lida com elas. Este é um exercício que ensina como lidamos com a falta de um recurso fundamental, a visão. A pessoa vai fazer algumas coisas erradas, como confundir o shampoo com o condicionador, mas, além de divertido, é um excelente aprendizado que pode ser estendido para outras atividades cotidianas, como um dia sem celular, ou sem carro, ou sem computador, ou sem casa, ou sem comida na geladeira.

6. **Identificação de oportunidades**. Embora os participantes possam aprender técnicas de criatividade, para a atividade empreendedora, a criatividade deve ter um propósito bastante específico, como identificar oportunidades para um novo negócio. Para isso, deve-se proporcionar vivências para estimular a identificação de oportunidades, como na sugestão a seguir:

   - A volta no quarteirão: os alunos são divididos em equipes e cada uma precisa dar uma volta em um quarteirão específico dentre os adjacentes à escola e, durante a caminhada, olhar à sua volta e conceber pelo menos três oportunidades de um novo negócio. Ao fim de 15 minutos, voltam para a sala para compartilhar o que encontraram. Este exercício precisa ser repetido pelo menos três vezes ao longo do curso, pois os alunos não percebem boas oportunidades já na primeira volta. Conforme se trabalham técnicas para examinar o ambiente com outras perspectivas, os alunos vão aprendendo a desenvolver novos pontos de vista para perceber oportunidades que não tinham identificado antes.

7. **Visão de futuro.** Desenvolver um olhar voltado para o futuro que o empreendedor espera construir para sua vida e seu negócio é um hábito que ajuda a fortalecer a determinação e a persistência, reforçar a motivação intrínseca e tomar melhores decisões estratégicas. Dentre as várias atividades para estimular esta competência, uma delas é:

   - Uma carta para o futuro; cada aluno deve escrever uma carta (em sala ou em casa) para si mesmo ou para um amigo, com a data de exatos 20 anos à frente. Nesta carta, ele vai contar tudo o que aconteceu nestes 20 anos. É um exercício bem diferente de simplesmente escrever o que ele acha que vai acontecer nos próximos 20 anos, pois, nesta carta, ele escreve o que já aconteceu, como se o futuro fosse visto sob a perspectiva do passado. Este exercício mental é importante para reforçar detalhes não só de como ele se vê no futuro, mas, principalmente, para enfocar como ocorreu a trajetória que o levou a este futuro. Opcionalmente, o professor pode pedir

Capítulo 13: A Prática da Formação de Professores de Empreendedorismo

para os alunos lerem sua carta em público para ouvir comentários do grupo e/ou pedir para colocarem a carta dentro de um envelope selado endereçado para eles mesmos e entregar ao professor lacrado. O professor os guarda exatamente por um ano e os envia para eles pelo correio. A reação dos alunos sobre a concepção de futuro que eles tiveram um ano atrás é muito interessante, para não falar divertida.

8. **Fracasso e erro.** O fracasso e o erro fazem parte da vida e do aprendizado do empreendedor. Viver em uma sociedade em que os jovens são excessivamente protegidos do mundo torna a possibilidade de errar um grande desafio para os jovens futuros empreendedores. Criar jogos e atividades em que não existem vencedores e todos perdem é uma forma de ensiná-los a lidar com este tipo de frustração. Uma sugestão é a que segue:

    - CV de fracassos. Cada aluno deverá escrever um currículo diferente do que sempre fez, pois, em vez de colocar suas conquistas e realizações, só vai enfocar seus erros e fracassos. Esta atividade pode ser feita em sala ou em casa, e pode ser lida e compartilhada em público ou não, dependendo da maturidade da turma. É importante notar que existe uma tendência natural do aluno de esconder seus fracassos por vergonha e até mesmo "esquecer" propositadamente. É muito comum escreverem coisas que deram errado com eles, sem ter sido necessariamente sua culpa, mas aí não serve. Precisam ser atividades que indubitavelmente foram responsabilidade do aluno. Pode ser uma decisão errada no trabalho, uma brincadeira de mau gosto que o fez perder uma amizade, uma escorregada na lei, uma atitude preconceituosa ou uma compra errada. Quanto maior o prejuízo, melhor. Na discussão é importante reforçar que todos devem mostrar o que aprenderam com este erro e valorizar este aprendizado e não o erro em si.

9. **Autoconfiança.** É uma das características mais marcantes e importantes do empreendedor de sucesso, embora seu excesso possa ser um problema também. É muito difícil pensar em atividades práticas que desenvolvam a autoconfiança, mas todas aquelas que estimularem o aluno a superar os seus limites ajudam a desenvolver esta competência. Pode ser pular de paraquedas ou de bungee jump, reclamar de algo que julga estar errado, enfrentar um valentão que está abusando de uma pessoa menor ou ir a um lugar público e dar um grito.

    - O grito: O aluno irá a um lugar público, pode ser uma rodoviária, um supermercado cheio, uma estação de metrô, um cinema ou lugares com aglomeração de desconhecidos, e, do nada, vai dar um grito e sair andando como se nada estivesse acontecido. A maioria das pessoas tem vergonha de se expor, principalmente assim, sem motivo aparente. Por isso não vale um show de rock ou um jogo de futebol, porque aí não vai chocar ninguém. Para ajudar, oferece-se algumas orientações sobre o momento certo, discute-se sobre os riscos que correrá, com quem ir para não se sentir sozinho etc. Pode parecer uma bobagem, mas o sentimento e as emoções no momento serão muito similares àqueles que o empreendedor sentirá diante de sua primeira apresentação em público ou quando for tomar uma decisão importante, exigindo o máximo de sua confiança em si mesmo.

10. **Uso de filmes**. Entre os encontros, dentre as atividades exigidas, sempre se sugere um filme do circuito comercial, de fácil acesso pela internet ou por meio de locadoras, a que os alunos devem assistir para discutir suas lições sobre negócios e atitudes empreendedoras. Ao recomendar o filme, o facilitador pode, opcionalmente, encaminhar um roteiro de avaliação, que ressalta os pontos importantes do filme aos quais se deve prestar atenção. Outra opção, para deixar a possibilidade de aprendizado o mais aberta possível, é não dar nenhuma orientação prévia ao aluno a respeito do filme. Após assistirem, o facilitador promove um debate aberto, ou guiado pelo roteiro, para explorar o que o filme ensina sobre empreendedorismo e negócios. A seguir, apresenta-se uma lista de exemplos de filmes e os temas que cada um aborda (Quadro 13.3):

NOME	TEMA	ASSUNTOS DISCUTIDOS
Amor sem escalas	Empreendedorismo	Carreira empreendedora, superação, burocracia, propósito, tomada de decisão, sócios, desprendimento, novato versus veteranos, demissão, rejeição de ideias.
Bagdá café	Empreendedorismo	Perfil empreendedor, relacionamento pessoal, liderança, recuperação do negócio, começar do zero.
Cidadão Kane	Empreendedorismo	Narcisismo, excesso de autoconfiança, relação com o dinheiro, vida pessoal e profissional, poder e autonomia, visão de futuro, valores.
Decisões extremas	Negócio	Perseverança, investidores, sociedade, inovação.
Erin Brockovich	Empreendedorismo	Determinação, quebrar regras, influenciar pessoas, pequenos contra grandes.
Jerry Maguire	Negócio	Princípios e valores, decisão de empreender, fidelidade do cliente, coragem, liderança, perseverança, fracassos.
O Aviador	Negócio	Gestão profissional, perfil empreendedor, liderança, pensar fora da caixa, determinação, uso do capital, concorrência, desenvolvimento de produto.
A Rede Social	Negócio	Escolha de sócios, proteção de uma ideia.

QUADRO 13.3: SUGESTÕES DE FILMES PARA DEBATES COM OS ALUNOS.

Capítulo 13: A Prática da Formação de Professores de Empreendedorismo

Módulo dois: Going live — desenvolvido pelo professor Fernando Grisi

Os programas tradicionais que encontramos sobre o ensino do empreendedorismo estão muito focados em ferramentas como planos de negócios, estudos de caso e de histórias de empreendedores de sucesso.

Isso ajuda a chamar a atenção para o assunto, mas a questão é: como estimular atividades práticas que proporcionem experiências aos alunos? Como levar a aula para a prática e para a simulação real do ambiente competitivo? Como preparar alunos para empreender, liderar e criar organizações capazes de competir globalmente?

Conseguimos isso estimulando os alunos a ter ideias inovadoras e apresentar as que representem boas oportunidades de negócio para a turma. Os seguintes temas fazem parte deste módulo:

- **Como transformar ideias em negócios**: discute-se com os participantes sobre a melhor maneira de vivenciar o processo de identificar oportunidades de negócios usando técnicas de cenários futuros, pesquisa e identificação de forças competitivas (cinco forças de Porter).

- **Ferramentas de modelagem de negócios**: apresenta-se a parte teórica de Business Model Canvas e do plano de negócios. Discute-se com os participantes sobre a importância de se pensar bem antes de iniciar um empreendimento. Mostra-se as principais diferenças e usos das duas metodologias.

- **Como aplicar um estudo de caso sobre empreendedorismo**: apresenta-se um caso de sucesso de empreendedorismo social que começou em sala de aula e se transformou em um negócio de sucesso. Discute-se as etapas do processo de empreender e de como estimular os alunos a empreender através de um bom estudo de caso real. O principal objetivo deste segundo módulo é o de fazer com que os professores pratiquem as principais etapas do processo empreendedor, pois para se ensinar bem empreendedorismo é preciso praticar e aplicar os conhecimentos em situações reais.

- **Como transformar ideias em negócios**: o objetivo desta primeira aula do segundo módulo é mostrar que a vivência dos comportamentos e do processo de empreender pode melhorar o ambiente em sala de aula. Para transformar a sala em um laboratório de experiências, é preciso criar um ambiente em que os alunos possam vivenciar o processo de transformar ideias em negócios.

Enfatizar para os alunos a importância da visão sistêmica e do mindset inovador através da experiência da criação de um negócio pode ser um bom caminho para se ter um bom curso de empreendedorismo.

Ao se estimular esta discussão através de vídeos com o tema — de onde vem as ideias —, os participantes são levados a discutir as principais diferenças entre ideia e oportunidade de negócios. Uma boa ideia praticamente não vale nada, pois o que vale é a execução, e, para que isso ocorra mais facilmente, é necessária uma boa pesquisa de mercado. Qual é o tamanho desse mercado? Quais as inovações possíveis? Quais os recursos necessários para se transformar uma simples ideia em um negócio de impacto?

Após a apresentação de uma técnica de análise de oportunidades de negócios, os alunos preparam em casa duas tarefas:

1. Validar a ideia e apresentar uma oportunidade de negócio: baseados no desafio do exercício da volta no quarteirão, os participantes devem preparar um pitch de três minutos sobre uma de suas ideias. A banca de avaliadores (professores convidados) avaliará as melhores ideias, mas se eximirá de apresentar pareceres e feedbacks sobre as ideias, porque o importante aqui é o aprendizado sobre a melhor forma de apresentá-las e não questionar se as ideias são boas ou não.

2. Assistir a vídeos sobre o Business Model Canvas, elaborar planos de negócios e dicas de investidores para discussão na aula seguinte.

    - **Ferramentas de modelagem de negócio.** Seguindo o processo empreendedor, após a identificação de uma oportunidade de negócio, o próximo passo é o pitch da oportunidade de negócio e a discussão com alguns participantes selecionados. Os participantes são orientados sobre como dar feedback.

O importante aqui é destacar que uma boa oportunidade de negócio facilita muito a modelagem e o planejamento do futuro negócio. Estimular os alunos para a oportunidade de empreender em sala de aula facilita o aprendizado de técnicas e teorias para ajudar os futuros empreendedores. Enfatiza-se que errar em sala de aula só implica em perda de pontos, mas que os erros no mercado real resultam em perda de dinheiro, tempo, energia, confiança, recursos etc.

O objetivo desta aula é saber como será o negócio utilizando o Canvas e o plano de negócios, respondendo a duas perguntas:

- Como construir as premissas do negócio?
- Como orientar o aluno a usar o Canvas de negócios? (que abrange os seguintes planos: marketing e vendas, operacional, recursos humanos e financeiros e demais seções de um plano de negócios).

O objetivo principal é aprender a modelar um negócio de acordo com a oportunidade de negócio identificada, passando ao aluno o desafio de planejar, tomar decisões e testar a viabilidade de um negócio.

Como atividade extraclasse, os participantes são orientados a fazer uma apresentação de no máximo dez slides com as premissas do negócio que será construído a partir da oportunidade identificada na aula em que se fez o exercício da volta no quarteirão.

- **Como aplicar um estudo de caso sobre empreendedorismo.** Como a prática/vivência do empreendedor pode ajudar a estimular o empreendedorismo nas universidades? Discute-se, neste ponto, sobre formas de aplicar casos de ensino que representam exemplos reais e a importância das notas de ensino (*teaching notes*).

É importante discutir técnicas de engajamento dos alunos na aprendizagem via estudos de caso. Ao pensar nessa aula, seguimos o padrão da Harvard Business School, referência mundial em estudos de caso, em que os alunos assistem a um vídeo que mostra como aprender com casos reais.

Ao fechar o segundo módulo com um estudo de caso real e com a criação de negócios em sala de aula, podemos envolver os alunos no lado prático. Trazer a realidade de mercado para dentro da sala de aula é um dos principais desafios de um bom curso, seja ele de empreendedorismo ou não.

Módulo três: Ensinando adultos para negócio — desenvolvido pelo professor Thiago de Carvalho

O principal objetivo do terceiro e último módulo do curso é fazer a gestão do aprendizado. Como as pessoas aprendem? O que as motiva a aprender? Quais são as principais diferenças entre o ensino teórico e o prático?

1. **Por que e como as pessoas aprendem o que aprendem?** Promove-se a apresentação e a discussão das atividades sobre alfabetização e os sete pilares da alfabetização para a informação. Enfoca-se como adultos e crianças se diferenciam em sua abordagem para cada um dos pilares.

    Apresenta-se os níveis de avaliação e da pesquisa para a avaliação do curso e debate-se sobre os mais importantes e o nível de aplicabilidade nos cursos que o participante ministra. Então, os participantes criam avaliações para os alunos do curso, que as ministram considerando cada um dos quatro níveis de avaliação.

2. **Ensinando adultos a serem autodirigidos.** Discute-se sobre as formas de descrever os objetivos de aprendizagem por meio de verbos de ação.

    Em seguida, estuda-se sobre o processo de desenvolvimento de experts: Ayrton Senna (Fórmula 1), Bobby Fischer (xadrez), Michael Bloomberg (finanças), Michael Jordan (basquete), entre outros.

3. **Progressão de adultos em direção à expertise.** Como fazer um plano de mudança? Quais as principais técnicas de autoavaliação? O que você aprendeu no curso e como aplicar uma técnica de medição de aprendizado?

Nessa última aula do curso, é importante facilitar o processo de formação do educador. No caso de professores, enfoca-se como o participante percebe seus próximos passos como educador. No caso dos alunos, pode se adaptar para como o aluno do curso se percebe como futuro empreendedor.

Discute-se e apresenta-se as principais ferramentas de ensino do empreendedorismo, proporcionando aos futuros educadores a busca e a identificação da sua melhor técnica de ensino, a percepção de com quais delas terá mais facilidade e a diferenciação daquelas que serão mais dificilmente aplicadas.

13.3. CONSIDERAÇÕES FINAIS

Embora seja um curso curto e com as limitações que os cursos online têm, o projeto-piloto evidenciou excelentes resultados, demonstrados através do alto nível de satisfação dos participantes, que declararam que o curso traz abordagens inovadoras para o desenvolvimento de cursos de empreendedorismo de alta qualidade e intensamente focados no desenvolvimento das competências empreendedoras. Este tipo de avaliação qualificou o curso para ser implantado de forma contínua, com turmas regulares e outras variações do curso, como a versão presencial, que permite a aplicação prática de algumas dinâmicas e atividades do programa.

O curso acena com um caminho altamente viável e escalonável para levar o ensino de empreendedorismo para outro patamar, pois vai além da formação em negócios e permite que a atitude e o comportamento empreendedor sejam desenvolvidos dentro dos princípios mais modernos da educação de adultos.

Apesar de este caminho ter demonstrado alta receptividade, tanto entre empreendedores como entre educadores, os desafios ainda são muitos. Uma abordagem de facilitação do aprendizado, em muitas circunstâncias, entra em conflito com a tradicional ideia de ensino, na qual um professor ensina e os alunos passivamente aprendem. Na trajetória dos empreendedores, a prática é fundamental; assim, o conceito de aprender fazendo nunca fez tanto sentido quanto na formação de empreendedores. Embora o curso traga algumas atividades que estimulam este nível de aprendizado, apenas alunos engajados aceitam sair de sua posição passiva com a consciência de que o aprendizado prático, que o desafia a sair de sua zona de conforto, é o que vai efetivamente contribuir para o seu desenvolvimento.

Parte IV
EDUCAÇÃO EMPREENDEDORA NAS INSTITUIÇÕES SEBRAE-SP, SENAC-SP E IED-SP

PARTE IV

EDUCAÇÃO
EMPREENDEDORA
NAS INSTITUIÇÕES
SEBRAE-SP,
SENAC-SP E IED-SP

CAPÍTULO 14

O PAPEL DO SEBRAE NO ENSINO DE EMPREENDEDORISMO E O CASO DA ESCOLA DE NEGÓCIOS SEBRAE-SP ALENCAR BURTI

Rose Mary Almeida Lopes

U m livro sobre educação empreendedora e ensino para o empreendedorismo não poderia deixar de abordar o relevante papel desempenhado pelo Serviço Brasileiro de Apoio às Micro e Pequenas Empresas (Sebrae) na promoção e no fomento do empreendedorismo via formação, capacitação e treinamento de empreendedores e potenciais empreendedores.

Decerto que o elenco de ações, de iniciativas e de programas desenvolvidos e oferecidos pelo sistema Sebrae em todos os estados do país no que se refere ao desenvolvimento da cultura empreendedora e, especificamente, da educação empreendedora tem uma história de mais de uma década, com diversas contribuições feitas regionalmente pelas unidades estaduais do Sebrae, bem como pelo Sebrae nacional.

A história do Sebrae é longa, e sua criação, em 1990, como serviço social autônomo, também se deu pela trajetória e transformação do antigo Centro Brasileiro de Assistência Gerencial à Pequena e Média Empresa (Cebrae), que fora criado em 1972. Quem desejar se inteirar pode consultar o documento disponível na internet com o título: "O Sistema Sebrae — dados históricos, um documento da Universidade Corporativa Sebrae" (SEBRAE, 2015).

Mesmo que o foco deste capítulo seja descrever uma nova ação do Sebrae-SP na criação de uma Escola de Negócios, que proporciona, em parceria com o Centro Paula Souza, uma educação tanto em nível de ensino médio quanto superior inteiramente gratuita, não podemos deixar de delinear o quadro geral das iniciativas, produtos e programas que o sistema Sebrae oferece em todo o Brasil no sentido da educação empreendedora.

Deste modo, enfocamos primeiramente este quadro geral do Sebrae, para depois nos determos especificamente no caso da Escola de Negócios Sebrae-SP Alencar Burti.

14.1. AÇÕES, PRODUTOS E PROGRAMAS DE EDUCAÇÃO EMPREENDEDORA E ENSINO DE EMPREENDEDORISMO DO SISTEMA SEBRAE

O Sebrae tem sido um importante agente do desenvolvimento econômico do país. Sua missão se volta para dar melhores condições para a competitividade e sustentabilidade dos pequenos negócios, oferecendo apoio aos potenciais e atuais empreendedores. Assim, declara em sua missão que se volta a "fomentar o empreendedorismo para fortalecer a economia nacional" (SEBRAE, 2012).

O planejamento estratégico para o período 2013–2022 contempla soluções para os empreendedores e para as empresas em que o Sebrae visa proporcionar entregas em nível de excelência para seus clientes — os empreendedores e empresários e seus negócios/empresas.

Também contempla a "atuação no ambiente dos pequenos negócios". E aqui, além da intervenção direta para potencializá-lo para os pequenos empreendedores, o Sebrae visa cumprir objetivos relacionados à promoção da educação e da cultura empreendedora. A descrição deste objetivo estratégico foi assim formulada: "Propor e articular estratégias para promover o empreendedorismo na educação formal. Promover a cultura empreendedora por meio de iniciativas que estimulem a sua disseminação junto à sociedade, contribuindo para a criação de pequenos negócios" (SEBRAE, 2012, p. 19). E o indicador apontado para monitorar se estes objetivos foram alcançados é o número de potenciais empreendedores atendidos pelo Sebrae no período de referência (SEBRAE, 2012, p. 23).

Deste modo, percebe-se que o Sebrae se posiciona de modo a desenvolver e oferecer metodologias para a educação básica, profissional e superior, tanto em instituições públicas quanto privadas. Essas metodologias podem ser oferecidas como atividades extracurriculares, transversalmente ou como parte integrante do currículo.

Para disseminar a educação empreendedora, o Sebrae, desde 2013, opera o Programa Nacional de Educação Empreendedora (PNEE), composto por um grande portfólio de metodologias para que as instituições de ensino possam estimular o desenvolvimento de atitudes e comportamentos, ou seja, as competências empreendedoras, e incentivar o potencial empreendedor dos alunos.

Neste sentido, propõe o desenvolvimento de parcerias com as entidades e instituições de ensino para que estas possam formar os dirigentes, gestores e professores na implantação destas metodologias.

O programa foi concebido visando proporcionar um equilíbrio entre despertar nos alunos o desejo de querer fazer e buscar as condições para realizar o que se propõe ou alcançar o desafio, bem como propõe interatividade, aplicação embasada nos conteúdos de forma a buscar alternativas estratégicas para alcançar e realizar os projetos de vida e carreira. Ou seja, motiva a pensar, refletir e incorporar o conhecimento para agir transformando as possibilidades à sua volta.

Para maiores informações sobre o programa, sugere-se acessar: www.pnee.sebrae.com.br, ou entrar em contato com o Sebrae mais próximo, pois estes produtos, cursos e programas são disponibilizados pelo Sebrae em todas as suas unidades federativas.

Como mencionamos antes, no Sebrae-SP tem-se o caso de uma escola de negócios, em uma iniciativa única até agora, e que passamos a enfocar na próxima seção.

14.2. ESCOLA DE NEGÓCIOS ALENCAR BURTI/ SEBRAE-SP

Muitas iniciativas relativas ao empreendedorismo, à capacitação no comportamento empreendedor e à educação empreendedora foram desenvolvidas pelo Sebrae-SP desde 2001. Essas diferentes iniciativas inspiraram o Sebrae-SP a desenvolver um ambiente voltado para o desenvolvimento da cultura empreendedora que tem como o principal desafio desenvolver programas e soluções que atraiam e despertem o jovem das novas gerações para a discussão e o entendimento do empreendedorismo (SCHNEIDER, 2016a).

Procurou-se aprofundar o entendimento do que o "querer empreender" significava para o jovem (SCHNEIDER, 2016a), daí que se buscaram informações em pesquisas como a Global Entrepreneurship Monitor (GEM Brasil) de 2013, que revela que 34% dos empreendedores do país, já na faixa dos 30 anos, eram da geração Y, ou do milênio ou geração da internet, nascida a partir de 1980. Sociologicamente, esta geração se caracteriza por ter sido criada afastada dos trabalhos braçais, superestimulada com informação e com muitas facilidades materiais. Assim, acostumou-se a obter as coisas com pouco esforço. Deste modo, não se submete mais a fazer atividades subalternas, com pouco significado e importância, e quer alcançar seus objetivos e desafios de forma mais rápida. Viveu estimulada por múltiplas tarefas, em ação, facilitadas por muitos aparelhos eletrônicos e pela era da conexão das telecomunicações.

Então, os jovens desta geração são motivados por desafios, se revelam comprometidos com valores, buscando um balanceamento entre a qualidade de vida e a vida profissional; e uma "marca registrada" é a vontade de empreender.

O estudo GEM de 2014 mostrou que, no Brasil, o empreendedorismo era cada vez mais impulsionado por identificação de oportunidades, e que o jovem brasileiro percebe a trajetória empreendedora como uma forma de viabilizar seus projetos, buscando a inovação, planejando-se e estruturando-se para empreender. Os dados revelaram que 50% dos respondentes se percebiam com o conhecimento, habilidade e experiência para iniciar seu negócio. Todavia, estes mesmos dados levam à dedução que 50% deles não se percebem preparados para empreender, e que havia necessidade e espaço para oferecer capacitação empreendedora para estes jovens.

Então, as iniciativas anteriores de educação empreendedora culminaram, em 2014, na decisão de desenvolver uma escola em um acordo de parceria com o Centro Estadual de Educação Tecnológica Paula Souza (Ceeteps), autarquia do governo do estado de São Paulo, que se reporta à Secretaria de Desenvolvimento Econômico, Ciência, Tecnologia e Inovação. E é responsável pela gestão de 220 escolas técnicas estaduais (Etecs) e 66 faculdades de tecnologia (Fatecs). Estas escolas e faculdades oferecem cursos técnicos de nível médio e superiores tecnológicos em centenas de municípios paulistas.

No desenvolvimento do projeto desta escola voltada para o empreendedorismo, adotou-se o seguinte lema do professor e escritor austríaco radicado nos EUA, Peter Drucker, considerado o pai da administração moderna: "Empreendedorismo não é ciência nem arte, é prática."

A Escola de Negócios Sebrae-SP Alencar Burti[1] nasce para cumprir o desafio de fazer com que o empreendedorismo fosse discutido e permeasse as práticas pedagógicas da instituição de ensino. Seu objetivo é o de preparar melhor os empreendedores, especialmente os alunos que desejam empreender a partir da identificação de uma oportunidade. Assim, se almeja que os alunos desenvolvam todas as habilidades de que necessitam para viabilizar seus projetos empreendedores.

Para isto, então, foram criadas a Etec Sebrae e a Fatec Sebrae, ou seja, uma escola técnica e uma faculdade de tecnologia, que oferecem cursos de nível técnico e superior tecnológico gratuito. O projeto pedagógico da escola de negócios procura integrar as práticas de trabalho, negócios e pesquisa na formação acadêmica do aluno (SEBRAE-SP, 2014, relatório da EN).

Para os cursos técnicos integrados ao ensino médio (Etim) em administração, logística, marketing (36 meses), bem como os cursos técnicos de administração e marketing (18 meses), e o de gestão de pequenos negócios a distância (semipresencial, com 800 horas em três módulos), o Ceeteps já possuía proposta de educação experimentada, com matriz e projeto pedagógico desenvolvidos pelo centro. Para estes cursos, dentro do acordo assinado entre as duas instituições, o Sebrae-SP solicitou que a discussão do empreendedorismo fosse inserida o máximo possível nas disciplinas (SCHNEIDER, 2016b). Assim, o projeto pedagógico destes cursos é de responsabilidade do parceiro Ceeteps, mas com viés em práticas empreendedoras e disciplinas que tragam o contexto em empreendedorismo. Em cada semestre os alunos trabalham um projeto integrador, com foco em empreendedorismo; por exemplo, empreendedorismo social, ou usam, por exemplo, jogos de tabuleiro com foco em gestão (DE MARCO, 2016).

---

[1] A Escola de Negócios se situa no bairro Campos Elíseos, no centro da cidade de São Paulo.

O Sebrae contribuiu para a formação dos professores da Etec Sebrae oferecendo o repasse da metodologia do curso de formação de jovens empreendedores (curso para ensino médio, uma das soluções de EE do PNEE). Esta capacitação foi voluntária, assim, alguns professores a fizeram, e ela contribuiu também para a capacitação de professores e diretores de outras escolas e faculdades do Centro Paula Souza. Tanto é que sua diretora superintendente já ressaltava em 2014 que alguns cursos técnicos, em sua grade curricular, já ofereciam a disciplina de empreendedorismo. E que haveria um esforço de ampliação da oferta desta disciplina de modo que até o final de 2015 todas as unidades de nível técnico e médio a tivessem (LAGANÁ, 2014).

De qualquer modo, o Sebrae-SP agrega a esta formação técnica do aluno o potencial de apoio e formação empreendedora que o Sebrae-SP possui. Explica-se mais à frente como o Sebrae-SP proporciona esta complementação, por meio do núcleo de empreendedorismo instituído na escola.

No caso dos cursos da Fatec Sebrae — gestão de negócios e inovação e o de marketing —, o Ceeteps não os possuía prontos. Assim, "eles já foram criados com a lógica de inserção do empreendedorismo" (SCHNEIDER, 2016b). Especialmente o de gestão de negócios e inovação, ele já foi criado para qualificar e capacitar potenciais empreendedores e os responsáveis pela gestão das PMEs (SEBRAE-SP, Revista Conexão, 2014). O aluno, ao completar o curso tecnólogo de gestão de negócios e inovação, estará apto para trabalhar em projetos de empreendedorismo e inovação em empresas de todos os setores, bem como para empreender um negócio próprio.

O ineditismo do curso de gestão de negócios e inovação fez com que, já no primeiro vestibular, houvesse grande número de inscrições — 652 para 35 vagas, em uma proporção de 18,63 por vaga (SEBRAE-SP, Relatório de Atividades EN 2014, p. 10). O curioso é que tem atraído também candidatos que já possuem formação completa no nível superior, e até empreendedores com negócios existentes, que percebem que a formação oferecida por este curso vai lhes permitir uma diferenciação no mercado de trabalho, ampliando suas chances de contribuir como gestores inovadores em empresas ou gerir melhor seus próprios negócios (SCHNEIDER, 2016b).

Os professores da Fatec Sebrae receberam o repasse da metodologia da disciplina de empreendedorismo. Assim, o tema empreendedorismo é abordado em sala de aula por professores capacitados, bem como pela implementação de pedagogias ativas.

Os resultados da EN de 2014 até agora (dados de relatórios internos da EN, 2016), incluem alunos formados e matriculados. Dos formados, constam:

- Total de formados entre 2014 e o 1º semestre de 2016:
    - Etec modular administração, marketing e comércio: 114 alunos.
    - Etec EAD comércio: 25 alunos.

O total de alunos matriculados até o 1º semestre de 2016 foi de 977. Ou seja, já bastante próximo da capacidade máxima de 1.050, que deve ser atingida até 2018 (SCHNEIDER, 2016). Nas tabelas a seguir, desmembra-se este total de matriculados por curso na Etec Sebrae e na Fatec Sebrae, no 1º semestre de 2016. Na Tabela 14.1, mostra-se o total atual de alunos matriculados nos diferentes cursos: o maior número de matriculados é do ensino técnico integrado ao ensino médio em administração (Etim administração), com 130 alunos. A seguir, com 103 alunos, posiciona-se o curso de ensino técnico integrado ao ensino médio em marketing. O curso de ensino técnico integrado ao ensino médio em logística contava com 28 matriculados. O curso técnico modular em administração tinha 27 matriculados. Nas modalidades de ensino a distância, oferecido em diferentes dias da semana, computavam-se 35 matriculados nas 2ª e 4ª, 31 nas 3ª e 5ª e 63 nos sábados.

ETEC SEBRAE — MATRICULADOS ATUALMENTE		
TURMA	ALUNOS MATRICULADOS	%
ETIM ADMINISTRAÇÃO	130	31,10%
ETIM MARKETING	104	24,885
ETIM LOGÍSTICA	28	6,70%
ETEC MODULAR ADMINISTRAÇÃO	27	6,46%
ETEC ADM — EAD 2ª e 4ª	35	8,37%
ETEC ADM — 3ª e 5ª	31	7,42%
ETEC ADM — EAD Sábados	63	15,07%
TOTAL	418	

TABELA 14.1: MATRICULADOS NA ETEC SEBRAE NO 1º SEMESTRE DE 2016.

Fonte: relatório interno da EN, 2016.

A Tabela 14.2 focaliza os matriculados na Fatec no curso tecnólogo de gestão de negócios e inovação. No período da manhã, somavam-se 185 matriculados, ao passo que o noturno totalizava 199. No curso tecnólogo em marketing eram 175 matriculados.

FATEC SEBRAE — MATRICULADOS ATUALMENTE		
TURMA	ALUNOS MATRICULADOS	%
FATEC GNI MANHÃ	185	33,09%
FATEC GNI NOITE	199	35,6%
FATEC MKT NOITE	175	31,31%
TOTAL	559	

TABELA 14.2: MATRICULADOS NA FATEC SEBRAE NO 1º SEMESTRE DE 2016.

Fonte: relatório interno da EN, 2016.

14.2.1. O Núcleo Sebrae SP de Empreendedorismo (NSE)

O Sebrae-SP criou, no espaço da escola, o Núcleo Sebrae-SP de Empreendedorismo (NSE), que tem como proposta ser um espaço vivencial de aprendizagem. Seu espaço foi especialmente desenhado para atender ao público jovem. Este é estimulado por meio da aplicação do conhecimento a criar, cocriar e inovar as ideias de negócios, e o espaço oferece diversas atividades, programas e ferramentas para desenvolver as competências empreendedoras.

Os alunos da escola recebem dupla assistência. Além da assistência do professor em sala de aula, eles também recebem a assistência dos consultores especializados do Sebrae, que lhes apoiam com consultoria e mentoria para a elaboração e execução dos seus projetos e em como implementá-los na prática de forma complementar ao ensino acadêmico.

O NSE também oferece atividades complementares de ensino para alunos da Etec Sebrae e da Fatec Sebrae. Normalmente, o planejamento das atividades complementares é feito no semestre anterior. Para se ter ideia do tipo de atividades desenvolvidas, podem ser citadas as seguintes (conforme relatório de atividades da EN de 2014 ou o planejamento de workshops da Fatec dos dois primeiros semestres de 2016):

- Oficina para levantamento de expectativas.
- Programa de educação financeira "Eu, meu dinheiro e o mundo".
- Oficinas com temas como criatividade e empreendedorismo.
- Curso "Uso estratégico de patentes no planejamento de negócios", uma capacitação para o uso da ferramenta de busca e análise de patentes Questel/Orbit.
- Workshops como "Qual é o seu modelo de negócio pessoal?", "Oficina de fracasso", "Desenvolvimento do cliente" e "Storytelling como ferramenta de negócios".

O NSE atua por meio de um portfólio de soluções diferenciado para empreendedores e negócios em diferentes estágios de desenvolvimento, e estas soluções são explicadas na sequência.

14.2.1.1. Programa de mentoria

A proposta de mentoria, oferecida pelos consultores NSE aos alunos da EN, é apresentada aos alunos entrantes na segunda semana de aulas, através da oficina de levantamento de expectativas, quando o aluno é informado sobre a proposta da EN, qual é o papel do Sebrae-SP na escola de negócios, os diferentes programas e atividades que serão oferecidos durante sua vida acadêmica e pós-formação acadêmica.

Um dos aspectos fundamentais e diferenciados desta escola em relação a outras escolas de negócios é o acompanhamento permanente e sistemático de especialistas em gestão no apoio aos projetos iniciantes, como também aos possíveis negócios já em andamento.

O programa prevê uma série de estágios/marcos durante os quais o aluno desenvolve a sua ideia ou o seu negócio, estabelecendo-se parâmetros de trabalho que contemplam o desenvolvimento do modelo de negócios, pesquisas de mercado, validação de segmentos de clientes, proposta de valor do negócio, válidos tanto para ideias de projetos como para negócios em andamento, buscando consolidar ou até reposicionar e/ou repensar o negócio. Os consultores se revezam dentro das necessidades do aluno nas diferentes áreas de gestão, administração, marketing, finanças e e-commerce. E envolvem os consultores especialistas da EN, assim como também, consultores nas áreas jurídicas, de políticas públicas e segmentos específicos de atividades como, por exemplo, alimentos, moda, startups, empreendedorismo social, economia criativa etc. Dependendo da demanda do projeto, são destacados outros consultores do Sebrae-SP para este acompanhamento.

Ao longo dos últimos três anos, mais de 100 alunos já foram atendidos por este programa. Atualmente, são atendidos aproximadamente 50 alunos, nos mais variados segmentos de negócios. Sendo que algumas ideias de negócios surgiram das atividades em sala de aula, de oportunidades vislumbradas no ambiente de mercado, como também de ideias que já permeavam a cabeça do aluno, mas necessitavam de uma orientação. Outros negócios já estavam em andamento e necessitavam de alguma forma de direcionamento para melhoria, implementação/implantação de processos ou divulgação.

14.2.1.2. Incubadora de projetos

A incubadora tem a missão de apoiar alunos e empreendedores da comunidade externa que possuam ideias de negócios nascentes e inovadores. Oferece apoio e suporte inicial para o desenvolvimento de projetos, com um programa de incubação desde a área de gestão de pessoas com a oficina de modelo de negócios pessoal, gestão de equipes e liderança. No desenvolvimento da ideia de negócio, utiliza metodologias como *design thinking* e *lean canvas*. Busca, com isso, estimular o empreendedorismo, promover a cultura de inovação incentivando a criação de empresas com produtos/serviços inovadores, favorecendo a cocriação e a cooperação.

Os alunos podem se inscrever a qualquer momento, pois a chamada de projetos é permanente, sendo o ingresso semestral, respeitando o calendário de finalização de um ciclo e início do próximo. O NSE oferece suporte na construção do modelo de negócio, na validação das hipóteses, na construção de Mínimo Produto Viável (MVP), ou seja, no desenvolvimento do projeto. A proposta é que os projetos e os empreendedores cheguem ao mercado mais preparados, com maior potencial de manutenção e sustentabilidade. Após a saída dos projetos, faz-se o acompanhamento para saber as evoluções e conquistas, avaliando novos estágios de maturidade, avanços ou descontinuidade do projeto.

A partir de 2015, a incubadora de projetos passou a ter participação dos alunos do curso de marketing da Fatec Sebrae, realizando um trabalho de apoio no desenvolvimento das ações dos projetos incubados em relação ao planejamento de marketing.

Desde o ano de 2015, houve 34 projetos incubados. Exemplos de projetos incubados em 2014 são mostrados na Figura 14.1:

Aeris 2: Plataforma de compras institucionais.

Soul Cream: Sorvetes naturais e expressos.

Estacinnapp: Aplicativo para vagas de estacionamento ociosas.

MPR: Containers subterrâneos receptores de resíduos sólidos.

Beeyou: Rede de relacionamentos profissionais por meio de vídeos.

KN: Plataforma mobile para divulgação de ações dos jogos universitários.

FIGURA 14.1: PROJETOS DE NEGÓCIOS INCUBADOS EM 2014.
Fonte: Sebrae-SP. Escola de negócios. Relatório de atividades 2014, p. 13.

A taxa de formalização dos projetos já chegou a 15%. Para isso, contribuem as outras unidades do Sebrae-SP que colaboram com seus especialistas que são trazidos para cooperar nos projetos (SCHNEIDER, 2016b).

No primeiro semestre de 2016, estavam com 20 projetos incubados, envolvendo um total de 47 participantes (média de dois a três por projeto). Schneider sinaliza que 35% destes projetos estão agora em fase de desenvolvimento.

Abriram também a incubadora para receber projetos externos aos da escola.

14.2.1.3. Espaço de *coworking*

Trata-se de um ambiente que foi especialmente desenhado para que os estudantes e parceiros possam compartilhá-lo para desenvolver seus projetos. Com infraestrutura de mesas, cadeiras, armários e computadores, possuem oito estações para atendimento aos projetos.

14.2.1.4. Programa de capacitação — speed mentoring

O programa speed mentoring tem como propósito principal a melhor formatação dos modelos de negócios propostos pelos participantes, potencializando ideias, times ou empresas nascentes, de forma que consigam uma inserção mais eficaz no mercado pretendido e alcancem um crescimento sustentável de longo prazo.

Sempre com uma temática setorial definida, o programa conta com um total de 40 horas de atividades teóricas e práticas, divididas em oito oficinas, alocadas ao longo de quatro semanas. Além de rodadas de mentorias e bate-papos com especialistas dos setores em questão. Os eixos trabalhados são: desenvolvimento pessoal do empreendedor, modelagem e planejamento, viabilidade financeira e resultados, e mercado e parceiros. Deste modo, se ampliam as conexões e redes de contatos, favorecendo a colaboração e os compartilhamentos, além de gerar um ambiente que estimula a criação de novos negócios.

Ao todo, já foram mais de 130 projetos participantes nos diferentes programas, sendo eles: pitch gov, mulheres, startup world, moda e beleza, sustentabilidade, economia criativa, alimentação e bebidas, educação e tecnologia da informação e comunicação.

14.2.1.5. Meetings e eventos

O NSE também promove eventos e encontros sobre empreendedorismo, trazendo atores relevantes do ambiente de negócios e do ecossistema empreendedor e do ambiente de negócios. Algumas destas atividades são: bate-papo empreendedor, bate-papo com autor, com renomados escritores e especialistas em empreendedorismo (palestra e noite de autógrafos), simpósio de educação empreendedora (realizado anualmente, propiciando a discussão de temas de interesse das IES sobre educação empreendedora). Também promovem palestras e oficinas que contribuem para a formação dos empreendedores.

14.2.1.6. Observatório acadêmico de empreendedorismo

O observatório acadêmico de empreendedorismo tem por objetivo possibilitar, através de estudos e discussões sobre o tema empreendedorismo, o desenvolvimento e aprimoramento do corpo docente da instituição, do aluno através do estudo científico e da rede de empreendedorismo das IES e ensino médio/técnico, como fatores norteadores do desenvolvimento e disseminação da educação empreendedora, objetivando inserir o docente como agente transformador das práticas empreendedoras e de inovação e, desta forma, produzir conteúdo de relevância para o ecossistema empreendedor, contribuindo para a formação do aluno da Escola de Negócios Sebrae-SP/Alencar Burti.

Entre as ações realizadas, como forma de apoiar o programa de iniciação científica e tecnológica da Fatec Sebrae, o observatório promove o bate-papo com pesquisador, em que professores e alunos de diferentes IES compartilham experiências em desenvolvimento de pesquisas acadêmicas com relevância educacional e mercadológica.

O observatório acadêmico de empreendedorismo apoia a participação dos alunos em congressos nacionais e internacionais e já possibilitou a participação destes no Congresso Red EmpreendeSUR em 2014, em São Paulo, e em 2015, em Mar Del Plata, Argentina, quando foram apresentados cinco artigos envolvendo sete alunos e três professores. Além disso, o corpo docente da Fatec Sebrae participou do Yircob´s 2014 na Turquia com o artigo *Perfil Empreendedor de Professores: Um Estudo de Caso*, inserindo a EN, através da pesquisa científica, no cenário acadêmico nacional e internacional pelo viés da disseminação do conhecimento.

14.2.1.7. Programa externo NSE — HUB de empreendedorismo nas universidades

Desde a inauguração da Escola de Negócios, o Sebrae-SP tem recebido grande demanda das prefeituras que também querem uma escola de negócios Sebrae-SP em sua região e das IES que querem ter um núcleo de empreendedorismo em sua instituição de ensino (SCHNEIDER, 2016a).

Deste modo, o projeto da EN expandiu suas fronteiras e tem trabalhado em conjunto com as IES para a implantação de núcleos de empreendedorismo e metodologias que possam atender às demandas solicitadas, sensibilizando para uma futura implantação de núcleos de empreendedorismos ou espaços que possam desenvolver esse ambiente empreendedor.

Entre essas iniciativas, está o Hub Sebrae-SP. *Hub* é um termo proveniente da área de informática e se refere a um dispositivo com diferentes portas, que permite conectar pequenos equipamentos de variados tipos. Por analogia, o Hub tem como objetivo aproximar e integrar diferentes agentes do ecossistema empreendedor no contexto universitário, conectando principalmente os alunos e ex-alunos empreendedores com as incubadoras, aceleradoras, instituições e investidores relevantes na região.

Portanto, o Hub se refere às atividades desenvolvidas pela Escola de Negócios Sebrae-SP Alencar Burti em parceria com os escritórios regionais do Sebrae-SP, a partir de um cronograma de atividades desenvolvido conjuntamente com a faculdade ou a universidade, tendo como objetivo o desenvolvimento de projetos e ideias inovadoras de alunos e ex-alunos destas IES.

Assim, já foram fechados convênios com três faculdades privadas para a criação de um Hub Sebrae-SP de Empreendedorismo dentro destas instituições. Isso permite colocar as práticas e os processos que vêm sendo desenvolvidos com os alunos no núcleo de empreendedorismo do Sebrae-SP em diferentes contextos.

Visa-se fomentar o desenvolvimento de boas ideias de projetos e de negócios, incubando-os na instituição parceira e, quando estes projetos e ideias de negócios estiverem no estágio de serem transformados em empreendimentos, possa-se auxiliá-los na busca de financiadores.

Cabe ressaltar que os estudantes da IES parceira que tenham projetos podem utilizar a infraestrutura e os serviços oferecidos na EN, que, assim, vivenciam sua conexão com o ambiente empreendedor.

14.2.1.8. Expansão do Núcleo Sebrae-SP de empreendedorismo

O NSE já é percebido como um projeto inovador. Consequentemente, tem despertado a atenção de muitos atores e recebido muitas demandas. Atendendo à constante procura e pautado pela filosofia de ser uma instituição aberta ao ecossistema, o NSE está expandindo para as IES interessadas a metodologia de trabalho que aplica na EN.

Desta maneira, ele está contribuindo para difundir a cultura empreendedora, cada vez mais relevante no contexto do ensino formal, pois é preciso preparar o estudante para o novo mundo de trabalho, no qual as competências empreendedoras são demandadas e se tornaram fundamentais para o êxito profissional.

14.3. CONSIDERAÇÕES FINAIS

Neste capítulo, apresentamos um leque de soluções para a educação empreendedora oferecidas pelo Sebrae. São ofertadas soluções para todos os níveis de ensino, quer para escolas e instituições públicas como privadas.

Deste modo, diminui as barreiras que estas escolas e instituições teriam caso tivessem que criar as suas próprias soluções para inserir o empreendedorismo em suas grades curriculares ou mesmo em suas ações e práticas pedagógicas.

É importante o papel que tem exercido via Pronatec empreendedor para a difusão de uma visão mais ampla de projeto de carreira dos jovens, visto que contribui para fazê-los perceber que podem se inserir no mercado de trabalho melhor preparados, com postura e competências empreendedoras, quer em empresas já constituídas ou em seus projetos próprios.

No caso das IES, vai além ao oferecer acordos de cooperação técnico-financeira via edital para a implementação da educação empreendedora, que contempla uma contrapartida financeira. Ao cooperar com as IES com soluções e metodologias testadas, expertise e capacitação de professores, o Sebrae ajuda a encurtar o processo para a difusão de uma cultura mais empreendedora, promovendo mais oportunidades para o potencial empreendedor dos jovens.

No caso específico da Escola de Negócios Sebrae-SP Alencar Burti, é importante ressaltar que se trata de um projeto inovador ainda em processo de construção. E que enseja o desafio para as duas instituições envolvidas, que estão aprendendo a trabalhar juntas em uma proposta nova, com uma lógica educacional diferenciada. Trata-se de um processo complexo, mas que está permitindo testar maneiras diversas de agir na formação dos jovens.

A articulação, o alinhamento entre as duas instituições exige uma aproximação constante, via discussões de trabalho. Tanto no nível mais estratégico, com os diretores, quanto no nível dos professores, no seu trabalho cotidiano, ou mesmo dos alunos. Não é tão fácil absorver este novo modelo de atuação. É preciso constância no diálogo e na proximidade para que todos o absorvam e se alinhem. O que exige clareza e persistência.

Já ficou claro que se trata de um modelo interessante, em que tanto o Ceeteps quanto o Sebrae-SP podem aportar o que de melhor sabem fazer, com ganhos para ambas as instituições e para todos os envolvidos. O que reflete na qualidade da formação dos jovens potenciais empreendedores que estão vivenciando uma educação diferenciada, sendo expostos a um ambiente empreendedor muito rico.

O caminho está sendo pavimentado, coloca desafios e, ao mesmo tempo, oferece oportunidades de desenvolvimento para todos os envolvidos; quer sejam funcionários do NSE, profissionais das outras unidades do Sebrae-SP, alunos, ou professores, há um constante chamamento ao aperfeiçoamento, pelo compartilhamento das atividades e práticas do NSE.

O NSE também está desenvolvendo um modelo de atuação — atividades, ações, programas, conexões — em constante processo de melhoria e expansão para fora dos muros da escola, em parcerias diversas, envolvendo outras IES que iniciam sua trajetória de criação de suas culturas empreendedoras e de ambientes empreendedores.

Em articulação permanente com o mundo do trabalho, com a sociedade do conhecimento e com todos os tipos de atores que alimentam positivamente o ecossistema empreendedor.

O monitoramento dos resultados também está em processo de desenvolvimento. Decerto que já possuem métricas quantitativas quanto aos alunos matriculados, formados, quantidade de participantes nas diferentes atividades e ações, número de projetos incubados, formalizados, e avaliações qualitativas — de reação — das oficinas, workshops etc. realizados. Os cursos mais longos ainda não têm egressos.

Entretanto, se preparam para efetuar o monitoramento dos processos, com indicadores sobre estes egressos, de modo a saberem onde estão e o que estão fazendo, e, mais ainda, avaliar como foi a contribuição da escola para a sua trajetória e como isto está repercutindo para o empreendedorismo inovador e para a sociedade brasileira.

Os resultados até aqui são muito promissores. O que já foi feito oferece muitas lições e caminhos que podem ser imitados.

14.4. REFERÊNCIAS BIBLIOGRÁFICAS

GRECO, Simara Maria de Souza Silveira (Coordenadora). GEM 2014. *Empreendedorismo no Brasil. Relatório Executivo.* Disponível em: http://www.sebrae.com.br/Portal Sebrae/Estudos e Pesquisas/gem 2014_relatorio executivo.pdf. Acesso em: 10/07/2016.

LOPES, Rose Mary A. *Educação empreendedora. Conceitos, modelos e práticas.* Rio de Janeiro: Elsevier; São Paulo: Sebrae, 2010.

MACEDO, MARIANO DE MATOS et. al. *Empreendedorismo no Brasil.* Coordenação de Simara Maria de Souza Silveira Greco ; autores : Mariano Macedo Matos... [et al.] — Curitiba: IBQP, 2013. Disponível em: http://www.sebrae.com.br/Sebrae/Portal%20Sebrae/Anexos/GEM_2013_Pesquisa_Completa.pdf. Acesso em: 24/07/2016.

SCHNEIDER, Juliana Gazzotti. *Empreendedorismo na prática.* 2016a.

_____. *Entrevista concedida por telefone pela Gerente da Unidade Cultura Empreendedora* — Escola de Negócios Sebrae-SP Alencar Burti. São Paulo. 2016b.

SEBRAE. *Direcionamento Estratégico Sebrae 2022. 2012.* Disponível em: www.sebrae.com.br/Sebrae/Portal Sebrae/Anexos/Direcionamento Estrategico 2022.pdf. Acesso em: 30/08/2016.

_____. *Manual de Gestão do Programa Nacional de Educação Empreendedora. 2014.* Acesso ao Manual foi disponibilizada pela equipe da EN Sebrae-SP em julho de 2016.

_____. *O Sistema Sebrae — dados históricos* (um documento da Universidade Corporativa Sebrae. 2015. Disponível em: www.concepcaoconsultoria.com.br/images/upload//file/SEBRAE_SE 2015 — T-I/Documentos para Consulta/HISTÓRICO SEBRAE.pdf. Acesso em: 30/072016.

SEBRAE-SP. *Educação Empreendedora* (artigo de André Zara, com entrevista com Laura Laganá, Diretora Superintendente do Centro Paula Souza). Revista Conexão, 40, Jan.-Fev. 2014, p. 6-9.

Capítulo 15

COMO APRENDER PELO INVISÍVEL: BREVE RELATO E CONSIDERAÇÕES SOBRE UMA APLICAÇÃO DA METODOLOGIA DO *TEAM ACADEMY* NO CENTRO UNIVERSITÁRIO SENAC E NO IED SÃO PAULO

Clóvis Ferratoni[1]

"Sabe, professor, não queria aprender como se um raio caísse sobre a minha cabeça. Eu que não falo muito, nas suas aulas sinto que posso fazer isso aos poucos, da minha maneira, dividindo experiências com os outros colegas, aliás, gente que mal conhecia, mesmo após um ano e meio de convivência."

— Relato de um aluno da disciplina de gestão e desenvolvimento de produto e serviço, do curso de marketing, do Centro Universitário Senac.

"Clóvis, a gente sai cansada das suas aulas! Há sempre novas atividades a serem desenvolvidas, desenhamos, pintamos, e, ao mesmo tempo, estudamos e aprendemos."

— Relato de uma aluna da disciplina de varejo na moda, do curso de design de moda, do Istituto Europeo di Design (IED), de São Paulo.

"As corporações gostam da inovação, mas não dos inovadores."

— Henna Kääriäinen, ex-aluna do *Team Academy*, na Finlândia, cofundadora e coach do *Team Academy Brazil*.[2]

O *Team Academy* é uma metodologia de ensino de empreendedorismo e também de inovação considerada arrojada, mesmo para os padrões do primeiro mundo, por instigar a curiosidade sobre os resultados inovadores e surpreendentes a que os grupos chegam

---

[1] Coordenador do curso tecnólogo em gestão comercial e docente dos cursos superiores de moda (modelagem e estilismo) do Centro Universitário Senac.

[2] Disponível em: http://ideiasustentavel.com.br/inovar-para-sobreviver/. Acesso em: 26/07/2016.

de forma rápida, livre, não roteirizada, espontânea, e dialogada — talvez, seu maior diferencial. Esses grupos[3] costumam superar conflitos, primam pela interação, comprometimento e autonomia de seus pares, com boa dose de satisfação compartilhada entre eles e seus coaches.[4]

Há pouca literatura que aborda o *Team Academy*, por ser artesanal, por assim dizer. Isso ocorre com outras metodologias criadas, em diferentes épocas e instituições no mundo, voltadas a essas áreas do conhecimento. Empíricas, em grande parte, passam a ser apropriadas ou reunidas sob uma designação mais conveniente dos seus criadores. Não é incomum, portanto, que tenha sido criada em uma universidade finlandesa, a partir de vivências em sala de aula de um professor.

A pedagogia nele empregada é, segundo a publicação *Creating Team Entrepreneurs! — Introducing Jyväskylä University of Applied Science's Award Winning*, uma modificação radical do socioconstrutivismo e da aprendizagem exploratória. O socioconstrutivismo tem origem nas teorias de Jean Piaget (1896/1980) e de Lev Vygotsky (1896/1934). Da mesma forma, na aplicação do *Team Academy* vê-se nitidamente fundamentos das teorias desenvolvidas por Maria Montessori (1870/1952), no campo das diversas possibilidades que o lúdico permite à inteligência. Neste sentido, o *Team Academy*, atua, claramente, na interação indivíduo-meio. E, na condição de coach do *Team Academy*, diria que, de fato, o maior desafio é aplicar uma metodologia baseada em teorias[5] que tiveram, na sua essência, o desenvolvimento de crianças no mundo adulto contemporâneo. Considero equivocado, assim, considerar o *Team Academy* uma ferramenta de brainstorming ou de *design thinking*. Ao contrário, o *Team Academy* usa dessas ferramentas como apoio, mas, com certeza, não se limita a elas.

Espero que este capítulo possa ampliar a discussão na instituição de ensino, empresa ou local de trabalho sobre o novo em educação. A intenção, portanto, é apresentar a forma como tenho desenvolvido a metodologia do Team Academy, em sala de aula, de 2012 para cá, em disciplinas dos tecnólogos em gestão comercial e marketing, bacharéis em design de moda (estilismo e modelagem) e engenharia de produção, da pós-graduação

---

[3] Há, hoje, uma profusão de obras no estudo dos pequenos grupos. Contudo, um livro elementar, mas raro e que apresenta fundamentos sobre esse tema, cuja leitura recomendo, é *O pequeno grupo social*. OLMSTED, M. S. São Paulo, Herder, 1970.

[4] Mantive algumas nomenclaturas originais em inglês, empregadas na metodologia do *Team Academy*. Coach, neste texto, pode ser considerado como professor (ou docente), pelo fato de falar da sua aplicação em sala de aula em instituições de ensino superior, embora, na consultoria, tenha um significado distinto desse. Neste sentido, trabalhei com outros coaches, em sala de aula, incluindo os que vêm de outros países e o resultado se mostrou satisfatório, em virtude da confiança que temos na metodologia. Hoje, me encontro em uma fase de mesclar o *Team Academy* com outras metodologias, como, por exemplo, o Bota pra Fazer (BPF), como ferramenta de apoio. Apesar de ser estruturado, permite uma série de questionamentos internos e externos dos alunos, por meio virtual, e, na sala de aula, trabalhamos ideações com o *Team Academy*.

[5] Barros (2013) descreve as diferenças entre teoria e método, consideradas neste texto. Disponível em: http://www.reveduc.ufscar.br/index.php/reveduc/article/viewFile/433/224. Acesso em: 26/07/2016.

lato sensu em gestão de negócios em serviços de alimentação, assim como na orientação de projetos integradores (PIs), no Centro Universitário Senac (campus Santo Amaro).

O modelo de aplicação, aqui apresentado, foi o primeiro que desenvolvi baseado no *Team Academy*. Usando outras abordagens, também adaptei o *Team Academy* para orientar, em 2015, um grupo de quatro estudantes do bacharelado em sistemas de informação, que se sagrou vice-campeão, na categoria graduação, do Empreenda — concorrido concurso de empreendedorismo promovido pelo Senac SP. Em 2016, ele foi adaptado para orientar trabalhos de conclusão de curso (TCC) de um grupo de cinco concluintes da linha de gestão, do bacharelado em design de moda (estilismo).

Também, desde 2012, no Istituto Europeo di Design (IED) de São Paulo, o *Team Academy* foi aplicado em disciplinas do tecnólogo de design de moda e nas pós-graduações *lato sensu* em *fashion marketing and communication*, design estratégico e inovação e *branding experience*, assim como na orientação dos trabalhos de conclusão de curso (TCC).

Apesar de a aplicação do *Team Academy* sofrer alteração nesses cursos de pós-graduação, em virtude da brusca redução de horas que ocorre em alguns deles, ainda assim, tem sido possível observar resultados muito satisfatórios, sob a perspectiva do empreendedorismo e da inovação.

O que se pretende por meio deste relato é, antes de tudo, estimular a discussão para se buscar rotas alternativas para a educação de adultos, embora, na Finlândia, o *Team Academy* seja também empregado com jovens adolescentes, que cursam algumas escolas técnicas de ensino médio. Isso reforça uma suposição discutida, algumas vezes, na Rodada de Educação Empreendedora[6] (REE), de que o ensino do empreendedorismo e da inovação surte melhores efeitos quanto mais cedo o estudante tomar contato com ele. No caso do ensino superior, esse contato é recomendável que se dê na metade anterior do curso e não nos semestres finais.

Não se pretende aprofundar os conceitos acadêmicos acerca do emprego do *Team Academy* no Centro Universitário Senac e no Istituto Europeo di Design (IED) de São Paulo, que aperfeiçoo a cada dia. Busquei, portanto, me concentrar somente nos autores mais fundamentais cujos ensinamentos e modelos pratico e testo toda vez que inicio com um novo grupo.

Talvez aqui resida boa parte do relativo sucesso que os coaches têm obtido: a aplicação contínua das diversas teorias, métodos e técnicas, que, separadas ou conjuntamente, fornecem o rico suporte ao *Team Academy*, reconhecido pelo próprio Peter Senge como uma das metodologias que mais representam a essência do pensamento sistêmico (SENGE, 2009).

Nas *training sessions* — aulas —, os estudantes têm liberdade para brincar, desenhar, pintar, dançar, pular, sentar em rodas, manifestar opiniões, entre outros, embora seja

---

[6] Disponível em: http://www.educacaoempreendedora.org.br/rodada. Acesso em: 28/07/2016.

compreensível que haja distintos graus de adesão e satisfação nisso. Resgata, de tal modo, momentos da infância, trazendo especial qualidade aos projetos.

Há outras metodologias que contribuem direta ou indiretamente para o ensino do empreendedorismo e da inovação. Essas metodologias, nesse contexto, têm reconhecido valor. Por exemplo, nas que mais domino, apenas um ou poucos indivíduos são protagonistas. Falo isso com a experiência prática na aplicação do Babson Program for Entrepreneurship Educators e do Babson Entrepreneurship Program,[7] além de ser um dos pioneiros do emprego Bota pra Fazer (BPF)[8] no Brasil, entre várias capacitações.

A proposta de um projeto conduzido pelo *Team Academy*, ao contrário, preza por ser muito mais colaborativa, resolvida entre o grupo, pelo grupo e para o grupo. Espera-se que os estudantes abram mão de suas especificidades, dando lugar à disseminação do conhecimento na prática (BARATO, 2009). Entretanto, percebi, nos meus últimos encontros com colegas docentes da Babson College e técnicos da Endeavor, uma atenção maior para grupos, embora tardia, se comparada ao *Team Academy*, criado, nativamente nesse formato, há mais de 20 anos.

Círculos ou rodas de diálogo (BOYES-WATSON e PRANIS, 2010), visitas externas, leituras, pesquisas e relatórios, aulas em ambientes inovadores, como parques e florestas, até mesmo em cozinhas pedagógicas, são estimuladas; nestas últimas, são preparados pratos básicos, a fim de estimular a integração, independentemente do assunto que está se tratando. O emprego de círculos e rodas de diálogos não são novos na educação brasileira. Cheguei a usar o espaço de uma confortável sala e um aprazível parque, em um canil, em São Roque, SP, em que a *training session* foi finalizada com um agradável lanche, preparado pelos próprios estudantes. O uso do laboratório de informática também não é desprezado. A intenção é que os estudantes possam construir projetos que sirvam de meio para seu próprio aprendizado.

Metodologias, como a do *Team Academy*, são ainda novas no Brasil, mas não para o Centro Universitário Senac e o Istituto Europeo di Design (IED) de São Paulo, instituições de ensino contemporâneas, que acompanham o que há de mais moderno não só no campo da educação de jovens, adultos, mas também na de crianças, em países mais avançados.[9]

---

[7] Cursei o Babson Program for Entrepreneurship Educators, dividido em cinco módulos, de 2008 a 2010, por conta de um acordo de cooperação internacional entre a Babson College e o Senac SP. Em 2011, nos EUA, cursei o Babson Entrepreneurship Program.

[8] O Bota pra Fazer (BPF) é um portal de ensino de empreendedorismo, desenvolvido pela Endeavor, no Brasil, segundo a metodologia do Fasttrac, da Kauffman Foundation. Disponível em: http://botaprafazer.magiz.com.br/site/login. Acesso em: 21/07/2016.

[9] Embora distantes entre si, é conveniente conhecer o trabalho desenvolvido com grupos pela Kaos Pilot e Ideo. Disponíveis, respectivamente, em: http://www.kaospilot.dk/ e https://www.ideo.com/. Acessos em: 28/07/2016.

Capítulo 15: Como Aprender pelo Invisível: Breve Relato e Considerações sobre uma Aplicação da Metodologia...

15.1. UM POUCO DE HISTÓRIA

O *Team Academy* foi criado e desenvolvido na Universidade de Jyväskylä,[10] localizada na cidade homônima, que fica na região central da Finlândia. Lá, em 1993, Johannes Partanen,[11] então professor de marketing, e, mais tarde, fundador da Partus Ltd, um tanto quanto cansado de ver seus estudantes apáticos e, não raro, sonolentos em suas aulas, decidiu retirar as mesas e colocá-las no corredor, deixando, na sala de aula, somente as cadeiras formando um círculo, ou uma roda de diálogo, como assim preferem chamar alguns colegas da Society for Organizational Learning (SOL). Daí o formato original de sala que os coaches, graduados nessa metodologia, empregam na maioria das *training sessions*.

Em 1999, o *Team Academy* começou também a ser aplicado na Tampere University of Applied Sciences (também na Finlândia), em que é conhecido como Proakatemia.[12] Com seus programas de capacitação comercializados pela Partus Ltd,[13] além da Finlândia, está também presente na Espanha,[14] Hungria, Holanda, França,[15] Reino Unido,[16] Brasil,[17] Argentina,[18] Chile,[19] e China.

Em todos esses países, a Partus Ltd atua como uma rede internacional de aprendizagem, o que facilita o acompanhamento do trabalho dos coaches, embora o maior foco

---

[10] O *Team Academy* é empregado no Bachelor's Degree Programme in Business Management, e no Bachelor of Business Administration. Disponível em: http://studyguide.jamk.fi/en/Study-Guide-Bachelors-Degrees/Degree-Programmes-and-Courses-Offered/General-Descriptions-of-Degree-Programmes-instruction-in--Finnish/2015-2016/business-management/. Acesso em: 22/07/2016.

[11] Disponível em: http://www.tiimiakatemia.com/en/materials/johannes-partanen. Acesso em: 22/07/2016.

[12] Disponível em: http://proakatemia.fi/en/. Acesso em: 22/07/2016.

[13] Disponível em: http://www.tiimiakatemia.com/en. Acesso em: 22/07/2016.

[14] Na Espanha, o *Team Academy* desenvolveu uma de suas mais ativas bases internacionais de atuação, o *Mondragon Team Academmy*, na Universidad de Mondragon, em San Sebastían. Disponível em: https://www.linkedin.com/company/mta-labs-network---mondragon-tiimiakatemia---mondragon-team-academy. Acesso em: 22/07/2016.

[15] Na França, o *Team Academy* opera como metodologia de base do *Team Factory*. Disponível em: http://team-factory.fr/. Acesso em: 25/07/2016.

[16] No Reino Unido, o *Team Academy* iniciou com Alison Fletcher, e, hoje, funciona com o nome de Akatemia, operando em localidades como Bristol, Newcastle e Falmouth, aplicado nas seguintes instituições de ensino: University of West of England's, Lincoln Bishop Grosseteste University, University of Westminster e Edinburgh Napielr University. E, a exemplo do que já ocorre em escolas técnicas finlandesas de ensino médio, um programa piloto para 11 jovens de 13 a 14 anos de idade foi estabelecido pela Aldridge Foundation, no Brighton Academy Aldridge Community, em Sussex. Disponível em: http://www.akatemia.org.uk/. Uma entrevista, em português, com Alison Fletcher, também pode ser acessada por meio de: http://www.expedicaoliberdade.com.br/team-academy/. Ambos acessados em: 22/07/2016.

[17] No Brasil, a primeira instituição a capacitar cerca de 15 membros, entre gestores, técnicos e docentes, foi o Senac SP, capacitação da qual fiz parte, de 2011 a 2013.

[18] Na Argentina, minha colega de formação no Team Mastery — Program for Team Coaches, Natalia Cerruti, é assessora de inovação no Ministério de Educação e Esportes da nação argentina e fundadora da High Impact Learning. Disponível em: http://www.hilearning.org/espanol/index.html. Acesso em: 22/07/2016.

[19] No Chile, meu colega de formação no Team Mastery — Program for Team Coaches, Pablo Villoch, é fundador da Glocal Minds. Disponível em: http://www.glocalminds.com/. Acesso em: 22/07/2016.

de atuação e também o mais profícuo território de troca de informações ainda sejam a Europa. Destaque especial deve ser dado ao importante trabalho desenvolvido pelos coaches Pablo Villoch, no Chile, e Natalia Cerrutti, na Argentina. No Brasil, o *Team Academy* tem sido representado por Henna Kääriäinen, que também foi uma das minhas primeiras coaches. Desenvolve aqui o programa denominado *Team Academy Brazil*.

Uma curiosidade sobre a Finlândia é que praticamente toda a rede de educação é pública, sendo reconhecida pelo seu alto padrão educacional, em todos os níveis e bastante procurada na área das ciências aplicadas, por meio do VTT,[20] um dos mais reconhecidos centros pesquisas do Norte da Europa. Lá, a educação é muito facilitada por vasos comunicantes entre gestores e docentes, razão pela qual essa metodologia também é conhecida em boa parte do país, sendo também aplicada, parcial ou integralmente, em programas da Aalto University,[21] por exemplo. É muito comum, portanto, que ocorra a disseminação desses avanços entre as instituições, ação essa estimulada pelo governo, chegando rapidamente às empresas, onde tem sido aplicada em um ritmo crescente, notadamente na Finlândia.

Hoje, estou convencido de que, apesar de Johannes ter iniciado, quase que por instinto, uma das mais ousadas metodologias de ensino do empreendedorismo e da inovação, naquele mesmo momento se iniciava no MIT Management Sloan School[22] um outro embrião, que, mais tarde, foi um dos pilares de uma nova e moderna escola de gestão, ainda pouco conhecida dos brasileiros,[23] baseada, fundamentalmente, no pensamento sistêmico descrito por Peter Senge na sua obra *A Quinta Disciplina* (2009). Esse livro, em suas primeiras edições, na década de 1990, foi para Johannes um porto seguro para alavancar o *Team Academy*, haja vista que o pensamento sistêmico, iniciado em fins da década de 1980, ultrapassou os anos 2000, proliferou nos países desenvolvidos e foi o berço de muitas metodologias alternativas de ensino.

Mas, afinal, o que a medotologia do *Team Academy* tinha e mantém de tão diferente? Na Universidade de Jyväskylä, Johannes tão logo iniciou suas aulas no novo formato, colou nas paredes do campus cartazes com a seguinte chamada: "Você gostaria de fazer uma viagem ao redor do mundo e ainda aprender marketing pelo caminho?" 24 estudantes aceitaram o desafio. Começava, assim, uma metodologia inovadora que combinava aprendizado e busca de sonhos profissionais.

---

[20] Disponível em: http://www.vttresearch.com/. Acesso em: 22/07/2016.

[21] Em visita à Aalto University, pude constatar a importância que os gestores dão ao empreendedorismo e à inovação, praticamente presente em todos os seus programas de graduação. Disponível em: http://www.aalto.fi/en/.

[22] Disponível em: http://executive.mit.edu/faculty/profile/30-peter-senge. Acesso em: 22/07/2016.

[23] Impressiona-me que algumas aclamadas instituições brasileiras de ensino superior ainda fundamentem o ensino de administração e gestão, em grande parte, na administração científica (Frederick Winslow Taylor, 1856/1915), na teoria clássica da administração (Jules Henri Fayol, 1841/1925) e na burocracia (Karl Emil Maximilian Weber, 1864/1920).

Capítulo 15: Como Aprender pelo Invisível: Breve Relato e Considerações sobre uma Aplicação da Metodologia...

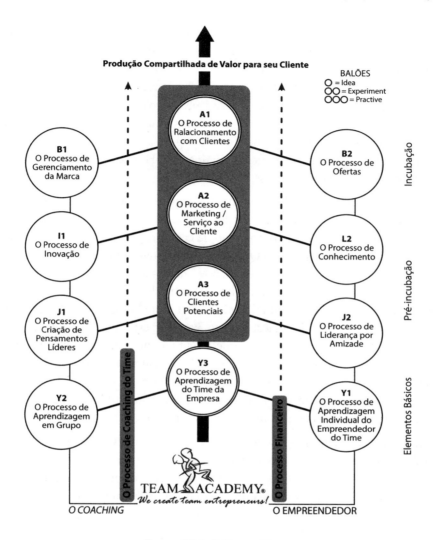

FIGURA 15.1: O *ROCKET MODEL*.

Fonte: adaptado de Partanen (2012, p. 13).

As *training sessions* são orientadas por um ou mais coaches, que questionam as equipes ao fazer perguntas e assegurar uma direção comum. Esses estudantes leem entre 60 e 80 livros sobre desenvolvimento pessoal, empreendedorismo, aprendizagem, liderança, marketing e vendas, em três anos e meio. O propósito dessas leituras é colocar em prática o aprendizado em seus próprios projetos. No final dos estudos, os estudantes fazem uma viagem ao redor do mundo com o dinheiro que eles ganharam com seus projetos.[24]

---

[24] De Brazil Team Academy (BTA). Disponível em: https://teamacademybrazil.wordpress.com/portugues/. Acesso em: 26/07/2016.

Hoje, nessa universidade, é oferecido no formato do *Team Academy* um bacharelado em administração de negócios, relativamente parecido com os que são ofertados em outras universidades europeias. O que chama atenção é que neste curso, a cada ano, os novos estudantes que chegam formam equipes e logo criam pequenas empresas reais. A partir daí, começam a buscar clientes e a desenvolver projetos no estilo aprender fazendo (*learning by doing*). São três anos e meio de estudos, quando são realizadas dezenas de projetos reais com clientes reais. Por meio de *training sessions*, esses estudantes aprendem, fundamentalmente, por meio da prática do diálogo (BOHM, 2008; ISAACS, 1999) sobre o desenvolvimento de suas empresas.

O curioso é que não há grade de disciplinas na forma como conhecemos no Brasil, sequer planos de ensino e avaliações formais. Os estudantes são avaliados segundo indicadores criados, em geral, por eles próprios no início de cada projeto, sendo acompanhados por meio de um sistema de qualidade, o Quality 47, pelo qual se mede, fundamentalmente, o desempenho da aprendizagem dos estudantes na resolução prática de problemas do cotidiano, sendo comparados no final. A linha mestra do processo é um interconectado sistema de fases e pontos, representado pelo rocket model (Figura 15.1). Curiosamente, a imagem e a palavra *rocket*, do inglês, foguete, parecem estar presentes em algumas das mais praticadas metodologias de empreendedorismo e inovação. Na Babson College, os alunos empregam um modelo chamado *rocket pitch* ("lançamento do foguete", em tradução livre) nas suas apresentações. Não obstante, o filme *O Céu de Outubro* (1999), do diretor Joe Johnston, parece também inspirar essa discussão, por abordar a sempre presente necessidade da persistência que o empreendedor precisa ter.

Por exemplo, um dos fatores que mais contam pontos, inclusive para efeito de remuneração dos estudantes, sócios dessas empresas, é o volume de leitura e postagem de *papers* (artigos) acerca dos autores lidos, convergentes com os problemas que estão sendo tratados naquele projeto. Embora haja uma lista de livros recomendados pelo The Team Academy Book of Books,[25] são estimuladas pelos coaches outras leituras afins,[26] assim como a criação de novos modelos a partir de suas próprias experiências, de acordo com a fase e o tipo de problema que estão enfrentando. Isso quer dizer que se precisam lidar com problemas relacionados a recursos humanos, os estudantes lerão, a seu tempo, obras acerca de recursos humanos. O mesmo acontece se não sabem fazer um fluxo de caixa — aliás, a maioria dos estudantes com que conversei, na Finlândia, jamais tinha visto um —, até arregaçarem as mangas e criarem os seus próprios — detalhe, sem terem tido um professor de finanças. O mesmo ocorria com os planos de negócios e de marketing. Os relatos que ouvi davam conta que os primeiros não saíam muito bons, mas, a partir

---

[25] Esta obra pode ser adquirida pelo site: http://tiimiakatemia.com/en/kauppa/the-team-academy-book-of--books. Acesso em: 25/07/2016.

[26] Questionei meus coaches, Mikael Hirvi e Jaana Hiltunen, no Team Mastery — Program for Team Coaches, sobre a necessidade de se ler somente livros contidos no The Team Academy Book of Books. Embora fossem importantes, não eximia que outras boas obras locais, ou mesmo de outros países, pudessem ser lidas.

dos próximos, muitos ganhavam até prêmios. Vi isso acontecer, mais tarde, com meus próprios estudantes. Mais curioso ainda é que essa metodologia de ensino, aparentemente sem regras, produz em torno de cinco a dez vezes mais empreendedores de sucesso, ou seja, mais que as escolas de administração da Europa produzem (PARTANEN, 2012).

É difícil isolar um fator que leve a essa taxa tão elevada, que despertou não só o interesse do governo finlandês, como de outros do mundo. As instalações do *Team Academy*, na Universidade de Jyväskylä, recebem delegações de todo o planeta, interessadas em conhecer as razões do sucesso da metodologia. Entretanto, asseguro, a maioria sai de lá frustrada, pois boa parte das respostas, seguramente, não está no campo do explícito, mas no do tácito, responsável, em grande parte, por diminuir a distância entre problemas e sua resolução.

15.2. REFLEXÃO PRÉVIA SOBRE MEU INTERESSE NA METODOLOGIA *TEAM ACADEMY*

Por atuar como coordenador de cursos, na gestão acadêmica e na consultoria a empresas, sei o quanto é delicado, mas necessário lidar com o contexto desafiador da aplicação de metodologias alternativas, destinadas ou não ao ensino do empreendedorismo e da inovação. Noto haver, no entanto, um exagerado apego a métodos que considero questionáveis sob a perspectiva do desejo de praticar uma educação transformadora.

Dou destaque à aula expositiva, por ser passível de uma discussão aprofundada. Acredito que tenha o seu valor em determinado contexto, quando se faz necessário dissecar um tema sob a ótica de um especialista. O educador Mário Sérgio Cortella, que domina essa técnica, sequer usa sofisticados recursos audiovisuais, para não dizer, nenhum. Admiro, portanto, uma aula expositiva, dada por quem domina o assunto.

O que coloco em discussão, e que fez aumentar o meu interesse pelo *Team Academy*, é a aula de baixa qualidade, mecânica, sem reflexão, seja do docente ou dos estudantes. Mas será esta a escola que desejamos? Nos prostrarmos à frente de uma sala e dar uma aula dessas, muitas vezes transmitida por um retroprojetor, como uma das poucas ou única possibilidade para compartilhar conhecimento?

Mais ainda, percebo a armadilha em que os estudantes caem quando demandam esse tipo de aula, na minha opinião ultrapassada, de origem que desconheço. Suspeito que tenha nascido da percepção que o retroprojetor e os softwares de apresentação (Power Point) podem salvar um tema mal explicado. Sob o risco de uma equivocada suposição que aprendem por slides, na sua grande maioria, simplificações e resumos breves daquilo que se pretende oferecer como conhecimento, os estudantes deixam de exigir a devida investidura acadêmica prévia ou posterior de uma aula em que esses recursos são usados. O contorno deste quadro preocupante fica sobremaneira comprometedor quando esses slides, depositados em portais, viram a única referência para estudo e avaliações.

O resultado se torna ainda mais preocupante quando os estudantes reproduzem este modelo, indo à frente da sala apresentar trabalhos, por meio desses mesmos recursos. Entristeço-me ao ver projeções com erros gramaticais e ortográficos, e, ainda, com os assuntos tratados de forma superficial. Isso reforça a suposição que o aprendizado passou ao largo dessas tecnologias, assim empregadas como método didático-pedagógico.

Faço essas afirmações com a humildade de quem abriu mão dessa trajetória. A qualidade do aprendizado de meus estudantes, depois de ter adotado o *Team Academy*, se estabeleceu em patamares bem mais sofisticados, com ganhos reconhecidos pela maioria deles, e pelos docentes, coordenadores e gestores. A minha qualidade de vida melhorou: passei a falar menos e de forma mais pontual, fazendo intervenções quando absolutamente necessárias; desenvolvi um senso apurado de audição e observação; e passei a sair das aulas mais sereno, restabelecido para uma próxima jornada.

Vez ou outra, faço uso de slides para tecer considerações específicas, ou como apoio audiovisual incontestе. Porém, não os tenho usado mais para dar aulas, mas, sim, para fazer apresentações. São coisas distantes entre si: uma aula não deveria se resumir a um conjunto de slides, por mais bem elaborados que fossem, bem como uma apresentação não deveria ser usada unicamente para esgotar o assunto de uma aula.

A caminhada é longa para todos os interessados em uma educação transformadora. Tem que ser boa para gestores, docentes, estudantes e comunidades de interesse. É aquela que devemos buscar na prática do ensino do empreendedorismo e da inovação por uma simples razão: essas áreas assim o exigem, por conta da relação risco versus oportunidade a que esses estudantes estarão submetidos na vida real, tocando seus futuros negócios ou atuando como intraempreendedores. Docentes serão lembrados pelos seus erros e acertos. Em grande medida, entendo ser este o papel dos autores deste livro.

São cada vez mais comuns também os espaços colaborativos de trabalho, cujo formato de entrega de resultados se distancia do tradicional escritório, departamento ou divisão para os quais gerações de estudantes foram treinadas, sem questionamento e inventividade. Isso já é passado em muitas organizações.

Vejo com esperança, por exemplo, a iniciativa de grandes empresas, que estão investindo de forma significativa em inovação aberta. Cito como um exemplo a Telefônica, com o seu projeto Open Future, e a incubadora Wayra.[27] Não posso ainda afirmar que o Telefônica Open Future adota uma linha ou escola de metodologia alternativa de ensino e aprendizagem de empreendedorismo e de inovação, mesmo porque seus propósitos são, em tese, empresariais. Contudo, este projeto é aqui citado para exemplificar o grau de

---

[27] Ao tempo em que este capítulo é escrito, estão em fase de discussão final as negociações para que o Centro Universitário Senac, por meio do seu Centro de Estudos Aplicados, do qual também faço parte, se torne mais uma instituição de ensino parceira da rede global Wayra. Uma das metodologias na fase de ideação e pré-incubação a ser empregada neste projeto será o *Team Academy*. Disponíveis, respectivamente, em: http://www.inatel.br/ e em http://wayra.co/. Acessados em: 23/07/2016.

exigência presente hoje no mercado de startups. Essa é uma das chances para que não se formem estudantes repetidores. Ao contrário, para que possam ser úteis nas empresas em que trabalham, virão a trabalhar ou que criarão, precisam ser inovadores, empreendedores e intraempreendedores reflexivos.

É senso comum que uma sociedade que empreende e inova é mais colaborativa e justa. E estados nacionais que têm a forte e perene disposição em apoiar essas iniciativas certamente desfrutam de um equilíbrio econômico além do satisfatório.

15.3. O EMBRIÃO DA DESCONSTRUÇÃO DE MODELOS DE AUTORES: DOIS EXEMPLOS SOBRE KOTLER

São extensas as possibilidades de emprego do *Team Academy*, incluindo aquelas empregadas no empreendedorismo social e na economia criativa, com destaque especial para o trabalho desenvolvido pelo coach Pablo Villoch, no Chile.[28] Neste capítulo, no entanto, vou apenas descrever uma aplicação de como meus estudantes passaram a desconstruir modelos de autores, reconstruindo-os sob novos sentidos, levando em conta época e contexto atuais.

Minha primeira aula baseada no *Team Academy* aconteceu, por mero acaso, no segundo semestre de 2012, no Centro Universitário Senac, tendo já cursado metade do Team Mastery — Program for Team Coaches.[29] Ao chegar ao laboratório de informática reservado para a disciplina de planejamento e gestão, do 4º período do bacharelado em design de moda (modelagem), descobri que, por ironia, o retroprojetor estava em manutenção. Planejava discorrer sobre termos da qualidade, usando cerca de 20 slides, elaborados no melhor estilo "Advinha o que vem depois do título?". Como explicaria todos aqueles nobres conceitos reproduzindo-os no quadro?

Lembrei-me de uma frase que Mimmu (apelido de Mikael Hirvi, um de meus coaches) falou, ao questioná-lo quando deveria começar a empregar o *Team Academy* em minhas aulas: "O momento certo chegará e você saberá como fazê-lo!" Fui à copiadora e pedi que, depois de impressa a minha apresentação, os títulos dos slides fossem separados dos conceitos, que vinham logo abaixo deles.

---

[28] Pablo Villoch é fundador da Glocal Minds. Disponível em: http://www.glocalminds.com/. Acesso em: 22/07/2016.

[29] Cursei o Team Mastery — Program for Team Coaches de 2012 a 2013, em virtude de um acordo internacional de cooperação entre a Universidade de Jyväskylä, representada pela Partus Ltd, e o Senac SP. Foram cerca de 15 os selecionados pelo Senac SP, que chegaram a concluir todo o programa, dividido em seis módulos: orientation and learning, friend leadership and leading thoughts, customers and marketing, innovation and knowledge creation, brand and offering e character of a team coach. A startup se deu em Kaskinen, na Finlândia.

Com tiras de títulos e conceitos impressos, ambos misturados, separados e dispostos sobre duas cadeiras, solicitei às quase 30 alunas que localizassem, de forma coletiva, o conceito que correspondesse ao título e os afixassem na lousa branca com fita-crepe (Figura 15.2).

FIGURA 15.2: QUADRO EM QUE AS ALUNAS AFIXARAM OS TÍTULOS CORRESPONDENTES AOS CONCEITOS.

Em seguida a um ruído insano, surgido por conta das inúmeras discussões de uma classe de jovens garotas que nunca viram nada acerca daquele assunto, descobri que estava diante de algo realmente grandioso: 25 minutos depois, a taxa de acerto entre conceitos e títulos havia sido de 98%.

Repeti, mais tarde, este tipo de exercício, não só no Centro Universitário Senac, mas no IED de São Paulo, para outras turmas, reproduzindo não só modelos de outros autores, mas também perguntas típicas de provas. Os acertos não foram menores quando as respostas eram dialogadas e respondidas coletivamente (Figura 15.3).

Capítulo 15: Como Aprender pelo Invisível: Breve Relato e Considerações sobre uma Aplicação da Metodologia...

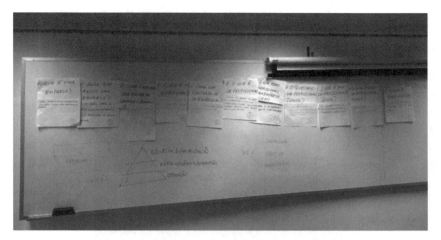

FIGURA 15.3: QUADRO USADO PELOS ESTUDANTES PARA RESPONDER, COLETIVAMENTE, QUESTÕES USUAIS DE PROVAS (EXEMPLO UM).

Receoso que essas práticas tivessem um efeito temporário nas próximas das aulas, mentia, dizendo: "Sabe, gente, esqueci o que tratamos há duas ou três semanas, quando afixamos aqueles conceitos e perguntas na lousa." E os estudantes eram quase unânimes ao responder, em detalhes, quais conceitos havíamos discutido (Figuras 15.4 e 15.5).

FIGURA 15.4: QUADRO USADO PELOS ESTUDANTES PARA RESPONDER, COLETIVAMENTE, QUESTÕES USUAIS DE PROVAS (EXEMPLO DOIS).

Parte IV: Educação Empreendedora nas Instituições Sebrae-SP, Senac-SP e IED-SP

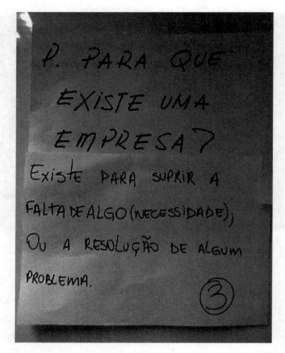

FIGURA 15.5: QUESTÃO USUAL DE PROVA, RESPONDIDA DE FORMA COLETIVA, NO QUADRO.

Só bem mais tarde, já como participante dos encontros da Society for Organizational Learning (SOL),[30] comunidade Brasil, e com a leitura de *Sincronicidade — O Caminho Interior da Liderança* (2015), de Joseph Jaworsky, pude compreender melhor e de forma mais ampla o sentido daquele primeiro episódio. Se é isso o que está pensando: sim, lida-se com o acaso em muitas das estratégias no *Team Academy*.

Investi na desconstrução de modelos de autores não menos consagrados, aqueles usados para formular questões e para os quais não admitimos o mínimo erro dos estudantes. Decerto, não estou falando aqui de fórmulas que servem a cálculos, mas de modelos nas ciências sociais aplicadas e humanas, que conduzem ao fomento e à cristalização de inúmeros modelos mentais, de difícil desmonte (SENGE, 2009). Porém, sugeri a um colega docente de matemática aplicada e estatística, diante de uma ávida turma de primeiro semestre do tecnólogo em gestão comercial, colocar equações incompletas na lousa para que fossem solucionadas coletivamente, o que resultou em bons resultados de aprendi-

---

[30] Os encontros são, geralmente, realizados na primeira sexta-feira de cada mês, de fevereiro a junho e de agosto a novembro, no Senac Aclimação, em São Paulo, SP. Disponível em: https://www.facebook.com/solbrasilonline. Acesso em: 25/07/2016.

Capítulo 15: Como Aprender pelo Invisível: Breve Relato e Considerações sobre uma Aplicação da Metodologia...

zagem, favorecendo, inclusive, uma aproximação maior dos estudantes com o docente e uma decorrente diminuição do estresse.[31]

Por que, afinal de contas, deveria questionar o que autores como Philip Kotler haviam escrito? Com todo o respeito que tenho a Kotler, era particularmente complicado explicar para uma sala de jovens que um modelo desenvolvido, havia pelo menos dez, 20 anos, ainda estava em vigor! Por essa razão, tomei coragem, separei dois de seus modelos, que se encontravam em slides em várias pequenas partes, e solicitei a outros estudantes que o reconstruíssem de maneira coletiva, segundo sua percepção atual (Figuras 15.6, 15.7, 15.8 e 15.9).

Muito mais que juntar e colar papéis na lousa, isso propicia uma rica discussão coletiva sobre a percepção que os estudantes nutrem sobre conceitos preestabelecidos, base natural de tantos modelos mentais a que se estão sujeitos (SENGE, 2009). E sua reconstrução permite apontar novos caminhos sobre a teoria.

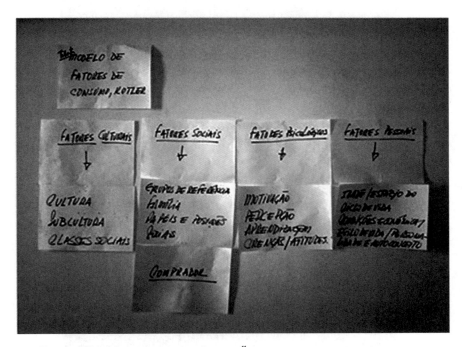

FIGURA 15.6: MODELO RECONSTRUÍDO DOS "FATORES QUE INFLUENCIAM O PROCESSO DE DECISÃO DE COMPRA".

---

[31] O estresse é aqui abordado sob a perspectiva de Walter Link, em encontro da Society for Organizational Learning, em São Paulo, SP, em maio de 2016. Disponível em: http://globalleadership.tv/practices/. Acesso em: 25/07/2016.

Parte IV: Educação Empreendedora nas Instituições Sebrae-SP, Senac-SP e IED-SP

Fatores Culturais	Fatores Sociais	Fatores Pessoais	Fatores Psicológicos	
Cultura Subcultura Classe Social	Grupos de Referência Família Papéis e Posições Sociais	Idade e estágio do ciclo de vida Ocupação Condições Econômicas Estilo de Vida Personalidade	Motivação Percepção Aprendizagem Crenças e Atitudes	COMPRADOR

FIGURA 15.7: MODELO ORIGINAL DOS FATORES QUE INFLUENCIAM O PROCESSO DE DECISÃO DE COMPRA.

Fonte: adaptado de Kotler (1998, p. 163).

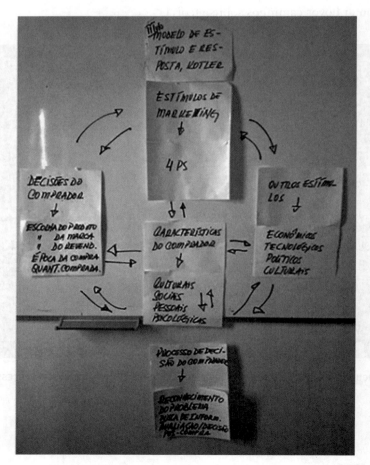

FIGURA 15.8: RECONSTRUÇÃO DO "MODELO DE ESTÍMULO E RESPOSTA".

Capítulo 15: Como Aprender pelo Invisível: Breve Relato e Considerações sobre uma Aplicação da Metodologia...

Estímulos de marketing	Outros estímulos	Características do comprador	Processo de decisão do comprador	Decisões do comprador
Produto	Econômicos	Culturais	Reconhecimento do problema	Escolha do produto
Preço	Tecnológicos	Sociais	Busca de informações	Escolha da marca
Ponto de venda	Políticos	Pessoais	Avaliação	Escolha do revendedor
Promoção	Culturais	Psicológicos	Decisão	Época de compra
			Comportamento pós-compra	Quantidade comprada

Figura 15.9: "Modelo de estímulo e resposta" original.[32]

Sugiro experimentar autores que são referências nas suas respectivas áreas de conhecimento. Um modelo não precisa ser representado por uma figura ou um quadro. Ele pode ser descrito na forma de um paradigma (KUHN, 1998), útil para desconstrução e reconstrução. Reforce, no entanto, que não é para reproduzir o modelo ou paradigma do autor.

Posso garantir que você vai ficar surpreso com o resultado. Cabe ainda uma recomendação: proponha aos estudantes pesquisar o modelo original, depois de desconstruído e reconstruído. E evite afirmar que está certo ou errado. Ao contrário, contribua com indagações e contemple a discussão. Naturalmente, em próximos encontros, estudantes mais indignados questionarão diferenças entre os modelos original e o recém-criado.

15.4. DESENVOLVENDO MEUS PRÓPRIOS MODELOS

Uma das vantagens do *Team Academy* se deve ao estímulo que recebi dos meus *coaches* para que desenvolvesse meus próprios modelos, além do incentivo para a aplicação de vários outros, não só de autores recomendados, como também dos meus autores preferidos, que li e cujos conceitos busquei validar, em condições práticas durante as *training sessions*.

Devo ter cerca de meia dúzia de novos modelos desenvolvidos que pretendo apresentar futuramente. Neste capítulo, me ative a relatar somente como adaptei essa metodologia ao ambiente de sala de aula, desconstruindo modelos de um autor consagrado.

Por acompanhar movimentos do *Team Academy* no mundo, de posse dos fundamentos e práticas necessárias à sua aplicação, abrem-se muitas oportunidades para o desenvolvimento de novas ideias de aplicação. Um grupo nunca é igual a outro e pessoas diferentes apresentam resultados diferentes. Isso, por si só, já exige renovadas leituras para a tão desejada geração de resultados inéditos no campo do empreendedorismo e da inovação. E, por se tratar de uma metodologia aberta, são bem-vindas as contribuições elaboradas pelos *coaches* e *coachees*.[33]

---

[32] Fonte: adaptado de Kotler (2000, p. 183).

[33] Coachees, neste texto, são o mesmo que estudantes. Cf. nota 4 deste capítulo.

Minha experiência na aplicação do *Team Academy* em sala de aula é livre e aberta a questionamentos, indagações e desconformidades, que surgem a todo momento. Mesmo podendo, à primeira vista, parecerem conflituosas, essas desconformidades são tratadas dentro do esperado para um projeto inovador por natureza, mas que preza pela pluralidade e respeito às opiniões individuais. Por esta razão, é altamente recomendável que os integrantes dos grupos se mantenham em constante contato por meio de seus canais de comunicação, além de participar das *training sessions* semanais, bem como compartilhem suas habilidades, competências, conhecimentos técnicos e atividades sobre as quais estão responsáveis. O propósito é fazer com que, cada um do grupo, a seu tempo e modo, tire proveito da autonomia que lhe é dada. Do contrário, lhe seria entregue um roteiro a ser preenchido, a classe seria dividida em grupos, estimulando-se a competição e não a cooperação.

A conclusão a que cheguei foi que os estudantes não aprendem tanto pelas vivências dessas práticas em sala de aula, mas entre os períodos entre elas, quando passam a observar fatos e situações na vida prática, ainda não notados, anteriormente. Neste sentido, *How to be an explorer of the world: portable life museum* (2008) é um livro cujos variados exercícios de exploração contribuem para aplicação de outras dessas práticas com os estudantes. Outra evidência é que muito menos pelo conhecimento explícito, visível e escrito, os estudantes aprendem pelo tácito e invisível.[34] A Figura 15.10 apresenta uma estrutura de "janelas" por onde ideias podem transformar-se em planos, por meio do diálogo, conduzido por duas abordagens do conhecimento: o tácito e o explícito. Os ganhos com o emprego da metodologia se dão de forma mais natural e evidente pelo tácito.

FIGURA 15.10: A ESTRUTURA DE JANELAS DO PROCESSO DO *ROCKET MODEL*.

Fonte: adaptado de Partanen (2012, p. 14).

---

[34] A teoria da criação do conhecimento, de Nonaka e Takeuchi, é um modelo que ilustra o fluxo de conhecimento através de quatro janelas. É o núcleo do *Rocket Model*. Cada processo é uma aplicação de sua teoria básica. Citados por Partanen (2012, p. 14).

Capítulo 15: Como Aprender pelo Invisível: Breve Relato e Considerações sobre uma Aplicação da Metodologia...

15.4.1. Sugestão de etapas a serem criadas para a aplicação da metodologia do *Team Academy* em sala de aula

1. **A agenda**: as disciplinas com as quais trabalho são medidas em horas/aulas,[35] podendo variar nos cursos de graduação de 36h a 72h, no Centro Universitário Senac, e de 40h a 80h, no Istituto Europeo di Design (IED) de São Paulo. Já nos cursos de pós-graduação, há poucas discrepâncias entre as duas instituições: no Centro Universitário Senac, são, em geral, 16 horas/aulas, divididas em quatro encontros, e, no Istituto Europeo di Design (IED) de São Paulo, de cinco a seis encontros de três horas/aulas. O grande desafio foi encontrar em que partes do *Team Academy* me concentrar para obter resultados de qualidade nos projetos propostos, considerando que há uma redução significativa de tempo entre graduação e pós-graduação, nas duas instituições. Obviamente, quanto mais tempo se permanece com os estudantes, maior a qualidade das entregas (*birth givings*)[36] realizadas por eles, mesmo porque é muito importante que os estudantes tenham um tempo para realizar leituras, assistir a vídeos propostos, preparar as entregas, sendo preferível que sejam realizadas em sala e apresentadas no mesmo dia, por meio de vários formatos — desde desenhos e esboços em folhas de *flip chart*, *role playing*,[37] protótipos e maquetes. Porém, as que demandam investigação acerca de outras variáveis e de levantamentos externos são, geralmente, deixadas para a próxima semana.

2. **As instalações**: definida uma agenda, é fundamental fazer a opção por um local que propicie um ambiente de aprendizagem adequado, como descrito nas "Leis do Coach".[38] Em certa medida, posso dizer que passei pelos mesmos percalços quando comecei a aplicar o *Team Academy* em minhas aulas no Centro Universitário Senac e também no Istituto Europeo di Design (IED) de São Paulo. Na Universidade de Jyväskylä, Johannes Partanen, o pessoal da limpeza recolhia as mesas do corredor e as arrumava de novo na sala de aula, voltando-a ao formato original, ou seja, em fileiras. Já no meu caso, no Centro Universitário Senac, só duas salas se adaptavam, a rigor, ao formato de sala preconizado pelo *Team Academy*. Essas salas, únicas no campus, possuem confortáveis cadeiras que podem ser dispostas em círculo;

---

[35] Uma hora/aula, nessas duas instituições, tem 50 minutos.

[36] *Birth giving* é o termo que empregamos para as entregas (ou apresentações, para ficar mais claro, embora também em inglês o termo mundialmente usado na metodologia seja *delivery*), que ocorrem entre as diferentes etapas do projeto. É importante nunca desmotivar os alunos por conta de entregas pouco satisfatórias. Ao contrário, motivar mesmo as entregas mais simples estimula que as próximas sejam melhores.

[37] Além do *role playing*, boa parte das técnicas empregadas em dinâmicas de grupo podem ser testadas, porém é comum que com o passar do tempo cada coach desenvolva as suas próprias dinâmicas. No começo, aplicava as que havia aprendido com meus coaches e algumas mantenho até hoje.

[38] Os coaches do *Team Academy* procuram se orientar por sete "leis" e dez "teses", descritas no livro *The Team Coach's Best Tools* (2012).

todavia, eram, na maior parte do tempo, reservadas para reuniões da gestão, não para aulas. Passados os naturais questionamentos do porquê as minhas aulas seriam dadas nessas salas e não nas "comuns", encontrei as condições ideais para trabalhar com esta metodologia. Assim, tenho trabalhado até hoje nessas salas. No Istituto Europeo di Design (IED) de São Paulo, há uma única sala, cujo formato pode ser adaptado para colocar as cadeiras em círculo, e, por várias vezes, tive que usar o auditório e adaptá-lo, fazendo nada mais que um simples círculo de cadeiras. Por si só, isso demonstra aqui, na Finlândia, ou na maioria dos países que conheço, a dificuldade de se criar um espaço simples, em uma instituição de ensino, em que cadeiras possam ser dispostas assim. E essa é uma condição importante para quem deseja experimentar esta metodologia.

3. **Os Projetos**: o *Team Academy* traz resultados bem mais consistentes, visíveis e contornáveis quando aplicado na execução ou coexecução de projetos, como particularmente tem sido o caso dos projetos integradores (PIs) dos cursos de graduação e pós-graduação, no Centro Universitário Senac e dos TCCs, no IED de São Paulo. A razão disso é que projetos têm finalidade própria, bem como objetivos mínimos a serem alcançados. A própria maneira como se dá a capacitação dos coaches, no *Team Academy*, é na forma de projetos, além do extenso programa de leituras e publicação de *papers*. É natural que ocorra um estranhamento dos estudantes para a consecução de um projeto dessa natureza. Sobre isso, certa vez, perguntei à minha coach Jaana Hiltunen se ela esclarecia que ia empregar o *Team Academy* ao iniciar um novo grupo. Ela me assegurou que não tinha por hábito fazê-lo e que os próprios coachees notavam as diferenças. Honestamente, falando sobre recaídas, me questiono se devo falar ou não sobre a metodologia que será empregada. Em geral, opto por esclarecer os seus pontos-chave, mas entendo que o ideal é realmente não falar nada, ou o mínimo necessário. Agrada-me, portanto, a curiosidade que o aluno demonstra em querer saber o que acontecerá na próxima *training session*.

Tratar de grupos em instituições de ensino superior e de pós-graduação é sempre um território que exige muito cuidado, porque, longe de ser apenas uma percepção isolada pessoal, alguns desses estudantes têm dificuldade flagrante de socialização na sala de aula, mesmo quando cursam os semestres mais avançados. Em quase 25 anos na educação de adultos, ainda me surpreendo com os descompassos, contrariedades e mesmo discussões a que chegam por discordarem da opinião de seus colegas.

A metodologia do *Team Academy* está longe de resolver todos esses problemas, mas, de certa forma os abranda, à medida que promove, quase que obrigatoriamente, o diálogo entre os pares. Minha experiência me diz que o desempenho desta metodologia é melhor quando não se ultrapassa 24 estudantes, sendo que o ideal são turmas ainda inferiores a este número.[39] Porém, já lidei com turmas superiores a 30 estudantes, e, embora mais trabalhosas, os grupos formados, de três a seis integrantes, geraram resultado ao menos satisfatórios.

O uso dessa metodologia tem se expandido para outras áreas do conhecimento e disciplinas, muito em virtude da proliferação da formação de coaches de diferentes formações. Por exemplo, quando da minha formação no *Team Mastery*, havia graduados em psicologia, arquitetura, administração, hotelaria, engenharia, pedagogia, comunicação social, que é o meu caso, entre outras. Daí, se supõe a miríade de percepções de como a metodologia pode ser empregada, as naturais resistências, mesmo entre experientes pares pós-graduados, e os resultados que se espera dela. No meu caso, a tenho utilizado particularmente na ideação (SMITH, 2008), resolução de problemas complexos (KAHANE, 2008) e como ferramenta de facilitação de diálogo (BOHM, 2008; ISAACS, 1999).

O *Team Academy* não é isento de críticas e posições contrárias, que respeito por entender a distância de realidades entre a Finlândia e os países em que é aplicado, o necessário aprofundamento teórico e prático, o fato de a maioria das referências ser em inglês, e conflitos internos a que coaches e coachees são submetidos. Aprendi a lidar com essas recaídas, críticas e contrariedades de trabalhar com uma metodologia nova. Logo volto a me animar quando estudantes me abraçam e dizem ter melhorado, afirmam ter saudades das minhas aulas, ou mesmo pelo reconhecimento recebido de coordenadores e gestores.

Para poder aplicar o *Team Academy*, e creio que qualquer outra metodologia, é recomendável obter a sua maestria, realizando os programas recomendados pelos seus criadores, indicados neste capítulo. Sugiro também iniciar suas leituras com autores em linha com o pensamento sistêmico, apresentado por Peter Senge, como Adam Kahane, Walter Link, Joseph Jaworski, Otto Scharmer, Betty Sue Flowers, Keri Smith, Lorenzo Tébar, Francesca Emilani, Malcom Glawdwel, Alexander Osterwalder, Antônio Carlos Valença, Jarbas Novelino Barato e outros não autores que vá descobrindo por sua jornada, a exemplo do que ocorre nos encontros da Society for Organizational Learning (SOL).

15.5. REFERÊNCIAS BIBLIOGRÁFICAS

BARATO, J. N. *Educação profissional: saberes do ócio ou saberes do trabalho*. São Paulo, Senac SP. 2009.

BARROS, J. D. *Teoria e metodologia — algumas distinções fundamentais entre as duas dimensões, no âmbito das Ciências sociais e Humanas*. Disponível em: http://www.reveduc.ufscar.br/index.php/reveduc/article/viewFile/433/224. Acesso em: 26/07/2016.

BOHM, D. *Diálogo: comunicação e redes de convivência*. São Paulo, Palas Athenas, 2008.

BOYES-WATSON, C; PRANIS, K. *No coração da esperança: guia de práticas circulares*. Escola Superior da Magistratura da AJURIS. Associação dos Juízes do Rio Grande do Sul / Projeto Justiça para

---

[39] Cf. nota 1 deste capítulo.

o Século XXI. Disponível em: http://www.justica21.org.br/arquivos/Guia_de_Praticas_Circulares.pdf. Acesso em: 22/07/2016.

FLETCHER, A. *Team Academy*. Disponível em: http://www.expedicaoliberdade.com.br/team-academy/. Acesso em: 22/07/2016.

ISAACS, W. *Dialogue: the art of thinking together*. Danver, Crown Business, 1999.

JAWORSKI, J. *Sincronicidade: o caminho interior da liderança*. São Paulo, Senac–SP, 2014.

KÄÄRIÄINEN, H. *Team Academy*. Disponível em: http://ideiasustentavel.com.br/inovar-para-sobreviver/. Acesso em: 26/07/2016.

KAHANE, A. *Como resolver problemas complexos*. São Paulo, Senac, 2008.

KOTLER, P. *Administração de Marketing*. 10 ed. São Paulo, Prentice Hall, 2000.

_____. *Administração de Marketing*. 5 ed. São Paulo, Atlas, 1998.

KOTLER, P; KEVIN, L. K. *Administração de Marketing: a bíblia do Marketing*. 12 ed. São Paulo, Pearson — Prentice Hall, 2006.

KUHN, T. S. *A estrutura das revoluções científicas*. 5 ed. São Paulo: Perspectiva, 1998.

LINK, W. *Stories & practices that empower real change*. Disponível em: http://globalleadership.tv/practices/. Acesso em: 25/07/2016.

MIT MANAGEMENT SLOAN SCHOOL. *Peter Senge*. Disponível em: http://executive.mit.edu/faculty/profile/30-peter-senge. Acesso em: 22/07/2016.

OLMSTED, M. S. *O pequeno grupo social*. São Paulo, Herder, 1970.

PARTANEN, J. *The team coach's best tools*. Jyväskyla, Kopijyvä, Oy. 2012.

RODADA DE EDUCAÇÃO EMPREENDEDORA (REE). *Conexões para o ensino do empreendedorismo*. Disponível em: http://www.educacaoempreendedora.org.br/rodada. Acesso em: 28/07/2016.

SENGE, P. *A quinta disciplina*. 24 ed. Rio de Janeiro: Best Seller, 2009.

SMITH, K. *How to be an explorer of the world: portable life museum*. New York: Penguin, 2008.

UNIVERSITY OF JYVÄSKYLÄ. *STUDY GUIDE*. Bachelor's Degree Programme in Business Management; Bachelor of Business Administration. Disponível em: http://studyguide.jamk.fi/en/Study-Guide-Bachelors-Degrees/Degree-Programmes-and-Courses-Offered/General-Descriptions-of-Degree-Programmes-instruction-in-Finnish/2015-2016/business-management/. Acesso em: 22/07/2016.

TIIMIAKATEMIA. *Creating Team Entrepreneurs!* — Introducing Jyväskylä University of Applied Science's Award Winning. Disponível em: http://teamfactory.fr/wp-content/uploads/2013/12/Introducing-Team-Academy-1.pdf. Acesso em: 25/07/2016.

_____. *Johannes Partanen*. Disponível em: http://www.tiimiakatemia.com/en/materials/johannes-partanen. Acesso em: 22/07/2016.

ÍNDICE

A

Aceleradora/s 125–126

Adaptive learning 94

Agência de Gestão Tecnológica - AGT 144–145

AIESEC 193

Alfabetização para a informação 279

Aliança Empreendedora 192

Ambiente/s de aprendizagem 243, 247, 250–256

Artemísia 66, 232

Ashoka 66

Atividades complementares de ensino 289

Autoeficácia 17, 24, 25, 27, 30

Autonomia, autônomo/a 262, 276

B

Babson College 3, 31, 41, 49, 226, 227, 300, 304

Beleza Empreendedora 194

Blockchain 94

Bota pra Fazer (Endeavor) 51, 129, 134–135, 136, 191, 233, 298

C

Campus Party 231–233

C ao Cubo 194

Células Empreendedoras 231, 233–234

Censo da Educação Superior 15

Ciclo de Aprendizagem Vivencial - CAV 70

Cohousing(s) 57

Coliving(s) 57

Comissão Europeia 5, 6, 23, 24, 29, 34

Comitê de Capacitação, Informação e Disseminação 190

Conaje Capacita 194

Conceituação de empreendedorismo 7

Conhecimento 23

Cooperativa(s) 60, 61, 63

Corporate venture 89

Co-Working(s) 121, 228, 267, 291

Crowdfunding 89

D

Demoday 192, 232

Demografia das Empresas IBGE 2013 13

Departamento de Empreendedorismo e Gestão 160, 168, 172, 173, 176, 179

Design Thinking 85, 111, 123, 133, 152, 153, 155, 170, 207, 217, 218, 229, 266, 267, 290, 298

Diretorado Geral para Empresas e Indústrias 32

Doing Business 11, 14

Do it yourself/Do it ouverselves 68

E

EAD 16, 45, 163, 164, 165, 168, 176, 287, 288

Educação/educacional 155–156

Educação empreendedora 160–163

Educação e Treinamento para o Empreendedorismo – EET 33

Effectuation 85, 207, 209, 217, 218

Empreenda 299

Empreendizagem/empreendizagens 74, 55–80, 75

Empregos 8, 11, 45, 62, 105, 203, 218

Empresa(s) Júnior(es) 106, 184, 194

Empresômetro 10

Enactus 193

Endeavor 4, 12, 191, 195, 196, 202, 212, 215, 225, 229, 232, 243, 245, 300

Ensinagem(ns) 69

Escala, escalável(is) 66, 107, 123, 157, 244

Escritório de Transferência de Tecnologia - ETT 146

Estudo GUESSS Brasil 4, 28, 29, 44

European Confederation of Junior Enterprises – JADE 32

Experimentação 43

F

Ferramentas de gestão 90, 109, 172, 186, 190

FIESP 174

FIRJAN 113, 116

Fluxonomia 4D 68, 69, 76

Fórum Estadual das Micro e Pequenas Empresas - FEMPE 190

Fundador/a/es/as 31, 51, 64, 73, 74, 83, 228, 301

G

Gestão 172–179

Global Entrepreneurship Index – GEDI 9

Grupo de Institutos, Fundações e Empresas - GIFE 72

Guia para educadores 46

H

Hackathon(s) 89, 120, 124, 125

Hackerspace 36

HUB 154, 293–294

I

Ideias e Oportunidades 24, 25, 26

IDH 71

IE Business School 82

Impact Journey 68

Incubação de empresas 103, 105, 185, 188

Incubadora 99, 100, 101, 102, 105, 106, 107, 108, 112, 113, 115, 116

Índice de Cidades Empreendedoras 195, 196

Iniciar negócio como parte do curso 41

Intenção de Empreender 4, 17, 28, 29, 30, 31, 32, 34, 246

J

JADE - European Confederation of Junior Enterprises 32

Junior Achievement 193, 194, 202

K

Kaos Pilot 66, 68, 300

Kauffman Foundation 29, 51, 300

L

Laboratório 36, 44, 300, 307

Lean Canvas 290

Lean Startup 85, 123–127, 129, 138, 207, 217, 229, 266, 267

Learning management system - LMS 90

Lei Geral da Micro e Pequena Empresa 11

Índice

LIFE UP 233–237

Lócus de controle 30

M

MA em Educação em Empreendedorismo e Empreendimentos 49

Mapa do Ensino Superior 16

Massachussets Institute of Technology - MIT 3, 92

Material Didático 59, 162, 164, 165, 168, 169–170, 175–177

MBA Gestão Empreendedora 160, 173, 174, 175, 176

Mentores 89, 120, 124, 230–231, 232, 233, 238, 268

Micro(s) Empreendedore(s) Individual(is) – MEI 10

Mínimo Produto Viável - MVP 290

Minor em Empreendedorismo e Inovação 167, 169, 171, 176

P

Papo de Universitário 194

Paradigma 40, 249, 261, 313

Parque Científico e Tecnológico da PUCRS 145, 147, 154

Paulofreirar 75

Percepção dos alunos 174

Perspectiva dinâmica 7

Pesquisa Nacional por Amostra de Domicílios Contínua - PNAD 9

Pitch(es) 67, 114, 120, 124, 148, 171, 232, 278

Plano de Desenvolvimento Institucional 186

Política(s) pública(s) 11, 34, 49, 57, 61, 72, 73, 76, 80, 99, 187, 225, 290

Polo de Tecnologia, Informação e Comunicação Social 192

Pontapé 191, 194

Pontifícia Universidade Católica do Rio Grande do Sul 143

Portal do Empreendedor MEI 10

Porto Digital 57, 61, 77, 232, 238

Prototipagem 90, 101, 121, 123, 124, 126, 133, 138, 153, 267, 268

Protótipo(s) 36, 67, 90, 127, 137, 150, 155, 315

R

Reflexão(ões) crítica(s) 59

Rodada de Educação Empreendedora – REE 51

S

Sala de Aula Invertida 69

Schumacher College 68, 268

SEBRAE 55–80

SENAI 174, 185, 189

SESI 173, 175, 185

Setor 2,5 72

Simpósio de Educação Empreendedora 292

Singularity University 68, 151

Sistema colaborativo 227

Speed Mentoring 291

Startup(s) 57, 59, 62, 66, 67, 72, 76, 89, 114, 120, 123

Sulear 61

Suporte Educacional 259

T

Taxa de desemprego 9
Team Academy 45, 66, 68, 268, 297–318
Teoria do U 68
Terceira Itália 61
Transversal/ transversalidade 221–242
Treinamento 24, 28, 33, 35

U

UNESCO 59, 60, 61, 66, 224, 229
Utilidade 8

V

Vale do Silício 57, 61, 137
Validade externa 29
Venture capital 89

W

Workshop Choice 194

Y

YIP 66, 68, 268

CONHEÇA OUTROS LIVROS DA ALTA BOOKS!

Negócios - Nacionais - Comunicação - Guias de Viagem - Interesse Geral - Informática - Idiomas

Todas as imagens são meramente ilustrativas.

SEJA AUTOR DA ALTA BOOKS!

Envie a sua proposta para: autoria@altabooks.com.br

Visite também nosso site e nossas redes sociais para conhecer lançamentos e futuras publicações!

www.altabooks.com.br

/altabooks ▪ /altabooks ▪ /alta_books

ALTA BOOKS
EDITORA

Impressão e acabamento:

Grupo Smart Printer
Soluções em impressão